A expansão do Brasil
e a formação dos Estados na Bacia do Prata

Argentina, Uruguai e Paraguai

Luiz Alberto Moniz Bandeira

A expansão do Brasil e a formação dos Estados na Bacia do Prata

Argentina, Uruguai e Paraguai

(Da colonização à Guerra da Tríplice Aliança)

5ª edição revista e ampliada

Rio de Janeiro
2024

Copyright © Luiz Alberto Moniz Bandeira, 2012

PROJETO GRÁFICO DE MIOLO
Evelyn Grumach e João de Souza Leite

DIAGRAMAÇÃO DE MIOLO
Editoriarte

CIP-BRASIL. CATALOGAÇÃO NA FONTE
SINDICATO NACIONAL DOS EDITORES DE LIVROS, RJ

B166e   Bandeira, Moniz, 1935-
5. ed.   A expansão dos Brasil e a formação dos Estados na Bacia do Prata : Argentina, Uruguai e Paraguai (da colonização à Guerra da Tríplice Aliança) / [Luiz Alberto Moniz Bandeira]. – 5. ed., rev. e ampl. – Rio de Janeiro : Civilização Brasileira, 2024

   Inclui bibliografia
   ISBN 978-85-200-0783-9

   1. Brasil – Expansão territorial – História. 2. Brasil – Relações exteriores – América Latina – História. 3. América Latina – Relações exteriores – Brasil – História. 4. Bacia Platina – História. I. Título.

                         CDD: 981
12-1532.   CDU: 94(81)

EDITORA AFILIADA

Todos os direitos reservados. Proibida a reprodução, armazenamento ou transmissão de partes deste livro, através de quaisquer meios, sem prévia autorização por escrito.

Este livro foi revisado segundo o Acordo Ortográfico da Língua Portuguesa de 1990.

Direitos desta tradução adquiridos pela
EDITORA CIVILIZAÇÃO BRASILEIRA
Um selo da
EDITORA JOSÉ OLYMPIO LTDA.
Rua Argentina 171 — Rio de Janeiro, RJ — 20921-380 — Tel.: 2585-2000

Seja um leitor preferencial Record.
Cadastre-se e receba informações sobre nossos lançamentos e nossas promoções.

Atendimento e venda direta ao leitor:
sac@record.com.br

Impresso no Brasil
2024

In memoriam,
meu pai, Custódio, que tudo fez pelos meus estudos.
Saudade.

Para Margot, com o mesmo amor de 30 anos de convivência,
e nosso filho, Egas, nosso orgulho e nosso futuro.

Sumário

ABREVIATURAS *11*

NOTA À 4ª EDIÇÃO *13*

PREFÁCIO À 2ª EDIÇÃO *17*

PREFÁCIO À 1ª EDIÇÃO *23*

INTRODUÇÃO *27*

PRÓLOGO *31*

CAPÍTULO I

A dilatação das fronteiras da América Portuguesa • As Bandeiras e o Mercantilismo • O avanço na direção da Bacia do Prata • O choque com as Reduções Jesuíticas *37*

CAPÍTULO II

Buenos Aires no início do século XVII • Os cristãos-novos e o comércio português • A prata de Potosí • A conquista de Buenos Aires como objetivo dos portugueses *49*

CAPÍTULO III

A fundação da colônia do Sacramento • A teoria das fronteiras naturais • Portugal e Inglaterra no século XVII • O Tratado de Madri e a configuração territorial do Brasil *63*

A EXPANSÃO DO BRASIL E A FORMAÇÃO DOS ESTADOS

CAPÍTULO IV

O mercantilismo e a expansão territorial da América Portuguesa • A importância da navegação no Rio da Prata • D. João e o projeto de fundar o Império na América • A insurreição de Artigas e as invasões da Banda Oriental pelos portugueses   *57*

CAPÍTULO V

D. João VI e o Diretório de Buenos Aires • A criação da Província Cisplatina • A sublevação de Lavalleja e os saladeiristas de Buenos Aires • Bolívar, as Províncias Unidas e o Brasil • A guerra com as Províncias Unidas e a mediação da Inglaterra • A criação do Uruguai   *87*

CAPÍTULO VI

A ascensão de Rosas • As divisões políticas da Bacia do Prata • Os interesses aduaneiros de Buenos Aires e a tentativa de reconstrução do Vice-Reino do Rio da Prata • As guerras civis no Uruguai e no Brasil • O Tratado de 1843   *107*

CAPÍTULO VII

O Brasil e o reconhecimento da Independência do Paraguai • As relações entre o Brasil e a Inglaterra • A indústria saladeiril no Uruguai e no Rio Grande do Sul • A Grã-Bretanha e o governo de Rosas • A intervenção do Brasil nas guerras da Bacia do Prata   *125*

CAPÍTULO VIII

A Confederação Argentina após a derrocada de Rosas • A situação no Uruguai ao término da Guerra Grande • A intervenção do Brasil em 1854 • A posição da Bolívia na Bacia do Prata • Economia e Estado no Paraguai • A ruptura do isolamento • A diplomacia armada do almirante Ferreira de Oliveira   *145*

CAPÍTULO IX

O Império do Brasil como desdobramento do Estado português • O tráfico de escravos e as contradições com a Grã-Bretanha • A autonomia da política externa do Brasil • Mauá e a diplomacia dos patacões • A colonização do Uruguai • O Brasil em face da Bolívia e do Paraguai   *171*

CAPÍTULO X

O Brasil como grande potência na Bacia do Prata • As relações com a Confederação Argentina e o Estado de Buenos Aires • A rivalidade entre os portos de Montevidéu e Buenos Aires • A erva-mate e a competição entre o Brasil e o Paraguai • A ascensão de Solano López e a articulação com os blancos em Montevidéu • A intervenção no Uruguai em 1864   *199*

CAPÍTULO XI

López e o Estado do Paraguai • A preparação da guerra e a doutrina do equilíbrio político na Bacia do Prata • Fatores do conflito • O objetivo das operações de López • Armas norte-americanas para o Paraguai através da Bolívia • O Tratado da Tríplice Aliança • A disputa dos ervatais de Mato Grosso • A posição da Grã-Bretanha, dos Estados Unidos e da França no conflito   *227*

CONCLUSÕES   273

APÊNDICE   277

REFERÊNCIAS BIBLIOGRÁFICAS   289

FONTES IMPRESSAS   305

ARQUIVOS PESQUISADOS   309

ÍNDICE ONOMÁSTICO   311

Abreviaturas

ABMRE-E	Archivo y Biblioteca del Ministerio de las Relaciones Exteriores de España
AGN-A	Archivo General de la Nación — Argentina
AGN-U	Archivo General de la Nación — Uruguay
AHI	Arquivo Histórico do Itamaraty
AIBM	Archivo Inédito de Bartolomé Mitre
AMREC-A	Archivo del Ministerio de Relaciones Exteriores y Culto de Argentina
ANA	Archivo Nacional de Asunción
AN-TT	Arquivos Nacionais — Torre do Tombo — Lisboa
AVRB	Arquivo do Visconde do Rio Branco
BBA	Baring Brothers Archives
BESL	Biblioteca Especial de Solano López
BN-SM	Biblioteca Nacional — Seção de Manuscritos
IEB	Instituto de Estudos Brasileiros
PRO-FO	Public Record Office — Foreign Office
RAL	Rothschild Archives — London

Nota à 4ª edição

Time present and time past
Are both perhaps present in time future,
And time future contained in time past.

T. S. Eliot

Esta obra — *A expansão do Brasil e a formação dos Estados na Bacia do Prata* — baseou-se na minha tese de doutorado na Faculdade de Filosofia, Letras e Ciências Humanas da Universidade de São Paulo (USP). Eu a escrevi na segunda metade dos anos 1970, em meio ao clima de tensões entre a Argentina e o Brasil, cujo PIB, havendo crescido a uma extraordinária taxa de 11,2% a 14% ao ano entre 1968 e 1973, foi um dos fatores decisivos que permitiram ao regime militar (1964-1985) promover uma política de expansão econômica e intervenção nos países da América do Sul. Assim, quando decidi publicar a tese como livro, algum tempo depois, dei-lhe o título de *O expansionismo brasileiro e a formação dos Estados na Bacia do Prata*, com o qual saíram as suas três primeiras edições. Esta, porém, era a primeira etapa de um projeto mais amplo que visava a estudar as relações do Brasil com os demais países da América Latina até a segunda metade do século XX. Conforme ponderei na introdução à 1ª edição, no curso da pesquisa concluí que, com a guerra da Tríplice Aliança, o Estado brasileiro, desmembrado do Estado português, havia completado uma etapa histórica de seu desenvolvimento. Aí estava a tese. Entretanto, posteriormente, percebi que o termo "expansionismo" não era, teoricamente, correto para esta obra e entendi que devia corrigir o título para *A expansão do Brasil e a formação dos Estados na Bacia do Prata*.

O alargamento das fronteiras territoriais do Brasil não decorreu de uma política do Estado brasileiro, que ainda não existia, como aconteceu com os Estados Unidos. Ocorreu como um *processus en-soi*, em meio à colonização, sobretudo ao tempo em que Portugal estava sob o domínio de Espanha (1580-1644), ao contrário dos Estados Unidos, que somente dilataram suas fronteiras após se emanciparem da Inglaterra (1776-1783), como um projeto consciente de Estado soberano, um Estado político, *pour-soi* — *e.g.* os presidentes Thomas Jefferson (1801-1809) comprando territórios, como a Louisiana, e James Madison (1809-1817) ordenando a ocupação de outros. Quando Portugal e Espanha, em 1750, celebraram o Tratado de Madri, definindo os limites de suas possessões na América do Sul, o Brasil, antes de ser Estado, já abrangia cerca de 8 milhões de quilômetros quadrados e, após separar-se de Portugal, em 1822, conservou quase o mesmo perfil geográfico. Somente pequenas adições houve durante o Império e a República.

Conquanto pretendesse estudar as questões de conflito/cooperação entre os países na Bacia do Prata ao longo do século XX, a fim de escrever a tese de doutorado, iniciei a pesquisa desde a colonização do Brasil, com base no princípio, fundamental na mitologia germânica-nórdica, mas universalmente válido, de que o tempo é indivisível, é uno, que se identifica e se nega na sua evolução. Não se pode entender um fenômeno histórico sem saber como principiou, porque na gênese está a sua determinação ulterior. Estudar um Estado, como instância superior de ordenação e comando da sociedade, como ator político, entidade *pour-soi*, com uma constituição, demanda o conhecimento de sua gênese, de como surgiu e evolucionou, quantitativa e qualitativamente, ao longo da história. Para conhecer a essência de um Estado, no sentido ontológico, é fundamental conhecer-lhe a história, em todos os aspectos, porque foi na história que o Estado se realizou, se transmudou e modelou sua destinação. E, como Baruch de Spinoza (1632-1677) escreveu, "*omnis determinatio est negatio*". Toda determinação, delimitando o objeto no espaço e no tempo, é ao mesmo tempo uma negação. E este princípio vale com relação ao Estado, que não apenas se nega, nas mutações que lhe alteram a qualidade, mas anula outra vez a negação, determinada pelo caráter geral do *processus* e, em certa medida, pela sua especificidade. A negação, que ocorre nos fenômenos da natureza, aplica-se também à história.

O entendimento de um fenômeno (*Phänomen*) como a expansão do Brasil, e das sequências e consequências secundárias — a formação dos Estados na Bacia do Prata — requer o conhecimento do passado, como poderosa realidade, no presente, a modelar permanentemente o futuro, o devenir, o que está para acontecer, negando e, ao mesmo tempo, conservando e elevando a uma síntese superior o *processus* histórico do qual dimana. Necessário tornava-se, portanto, investigar os fatores determinantes da expansão do Brasil, gerados pelas necessidades do modo de produção da sociedade, como essência real do *processus* histórico, em cada época. Evidentemente, as necessidades do modo de produção, no século XIX ou nas primeiras décadas do século XX, são diferentes das que existiram no passado, inteiramente distintas das que se manifestavam ao tempo da colonização, entre os séculos XVI e XVIII, razão pela qual cada época tem de ser avaliada segundo seus problemas peculiares, de manutenção e desenvolvimento da sociedade. Daí que a ciência política precisa da história e com ela se deve integrar, para conhecer a natureza intrínseca, íntima, dos fenômenos econômicos, sociais e políticos, resultantes de mutações quantitativas e qualitativas, com as contradições imanentes, que movimentam e impulsam o *processus* histórico. E tais fenômenos só podem ser estudados em sua mediata progressão, compreendendo sua determinação essencial e estrutural, e não apenas a acidentalidade, os epifenômenos de conjuntura (*Begleiterscheinungen*).

A pesquisa de documentos, até a metade do século XX, por mim realizada nos arquivos e bibliotecas dos mais diversos países, aproveitei-a em outros livros e, posteriormente, integrei e atualizei as informações, de modo orgânico, na obra *Brasil, Argentina e Estados Unidos — Conflito e integração na América do Sul (Da Tríplice Aliança ao Mercosul)*, cuja 3ª edição revista a editora Civilização Brasileira publicou em 2010, com prólogo do embaixador Samuel Pinheiro Guimarães. Essa obra — *Brasil, Argentina e Estados Unidos — Conflito e integração na América do Sul (Da Tríplice Aliança ao Mercosul)* — começa onde *A expansão do Brasil e a formação dos Estados na Bacia do Prata (Da colonização à Guerra da Tríplice Aliança)* termina, ao estudar o advento da Argentina, como antítese, e o Mercosul, como síntese, dentro do qual os interesses dos dois países — Brasil e Argentina — se negam e se identificam, na alteridade, em outro nível, um nível mais alto e complexo de integração, numa relação ambivalente, de aproximação e distanciamento dos Estados Unidos, a potência hegemônica, que declina, porém ainda mantém a pretensão de dominar e anexar a América do Sul ao seu espaço econômico.

St. Leon (Baden-Württemberg), julho de 2011
Luiz Alberto Moniz Bandeira

Prefácio à 2ª edição

Quando, em 1971-1972, escrevi *Presença dos Estados Unidos no Brasil (Dois séculos de história)*, cuja primeira edição apareceu em 1973, observei que a Guerra da Tríplice Aliança (1864-1870) contra o Paraguai se afigurou aos Estados Unidos como o resultado de "uma conspiração dos interesses europeus, particularmente da Inglaterra, que frequentemente se valera do Império (brasileiro) como gendarme no Prata".[1] Posteriormente, ao empreender, a partir de 1974, a pesquisa para a minha tese de doutorado, sobre "O Papel do Brasil na Bacia do Prata", constatei que, embora a política continental do Brasil parecesse haver oscilado, em momentos distintos, entre uma orientação que refletia objetivos das grandes nações industriais e iniciativa de interesse nacional, o domínio inglês, como Celso Lafer ponderou, nunca foi "pacificamente consentido".[2] O Brasil, na verdade, não articulou a Tríplice Aliança nem moveu a guerra contra o Paraguai, como instrumento da Grã-Bretanha, conforme certos escritores, sobretudo nos países da Bacia do Prata, propalaram. Pelo contrário, rompera desde 1863 as relações diplomáticas com a Grã-Bretanha, onde a firma John & Alfred Blyth e a casa bancária do barão de Rothschild já faziam negócios com o governo de Francisco Solano López e não tinham interesse na deflagração da guerra contra o Paraguai. O próprio barão de Mauá, por alguns autores hispano-americanos apontado, equivocadamente, como representante financeiro de Rothschild, tudo fez para evitá-la, opondo-se à política do governo brasileiro na Bacia do Prata, e só se dispôs a conceder-lhe financiamento, depois de iniciadas as hostilidades, porque não tinha alternativa.

A EXPANSÃO DO BRASIL E A FORMAÇÃO DOS ESTADOS

O resultado da pesquisa tanto em arquivos do Brasil, do Uruguai, da Argentina e do Paraguai quanto dos Estados Unidos, da Grã-Bretanha e da França, comuniquei ao meu querido amigo, professor León Pomer, que publicara o livro *La Guerra de Paraguay — Gran Negocio*,[3] no qual sustentava, como os historiadores da escola revisionista na Argentina, aquela tese sobre os interesses britânicos na deflagração da Guerra da Tríplice Aliança. Pomer, a demonstrar sua grande honestidade intelectual e seriedade científica, escreveu-me uma carta na qual, embora buscasse justificar sua tese, reconheceu que

> *En cuanto a la Guerra estoy absolutamente persuadido que la Inglaterra no la provocó, incluso es probable que la haya querido evitarla. Entre tanto los intereses privados (Rothschild y Baring lo eran, y lo eran los ahorristas que compraban bonos de los respectivos empréstitos) la financiaran. No obstante que la mano no está directamente en la cosa, indirectamente los impulsos (materiales e ideológicos) actuaran de modo determinante.*[4]

Sem dúvida alguma, é fato que, sem os recursos financeiros supridos, sobretudo, pela casa Rothschild e pelo Baring Brothers, os Aliados dificilmente poderiam sustentar o esforço de guerra durante cinco anos. Mas nem por isso se podia atribuir a supostos interesses da Grã-Bretanha, como vários escritores o fizeram, a responsabilidade pela eclosão da Guerra da Tríplice Aliança, visando a incorporar o Paraguai ao mercado mundial ou, entre outros motivos, destruir um possível modelo de desenvolvimento econômico alternativo para o capitalismo. Isto demonstrei, documentadamente, na minha tese de doutoramento em Ciência Política pela Universidade de São Paulo, que, após alguns anos, transformei no livro *O expansionismo brasileiro e a formação dos Estados na Bacia do Prata*, do qual agora a editora Ensaio publica uma segunda edição.

Algum tempo depois, em 1989, tomei conhecimento, na biblioteca do Instituto de América Latina da Universidade de Estocolmo, onde me encontrava como professor visitante, que dois paraguaios — Juan Carlos Herken Krauer e Maria Isabel Gimenez de Herken — haviam publicado um pequeno livro,[5] no qual, com o apoio de sólida documentação, levantada quase à mesma época em que empreendi minha pesquisa, concluíam também que

> *Argentina y, sobre todo, Brasil no tuvieron mayores problemas en conseguir los recursos financieros e bélicos que necesitaran durante el desarrollo de la guerra (contra el Paraguay), pero resultaría muy difícil utilizar este argumento como sustentador de una política oficial británica de apoyo a la causa aliada: más bien, prevalecieron los intereses de grupos privados de aprovechar al máximo oportunidades de negocios. Esto, por otra parte, se dio asimismo en otros países europeos, en especial Francia y Bélgica.[6]*

Herken Krauer e Gimenez de Herken comprovaram que *"el interés oficial y privado británico residió, en un primer momento, no en propulsar en forma considerable la vida comercial"*.[7] E, após demonstrar que a Grã-Bretanha, já ao fim da década de 1850, fornecia cerca de 75% das importações do Paraguai, Herken Krauer e Gimenez de Herken salientaram que o Paraguai não constituía uma "economia fechada" ou "autossuficiente" ou oposta, em termos estruturais, ao processo de expansão do capitalismo em escala regional.[8] Pelo contrário, a ordem e a estabilidade políticas, que López lá assegurava, permitiam o avanço econômico contínuo e, aos olhos dos homens de negócios da City e dos *policy makers* do Foreign Office, favoreciam mais os interesses da Grã-Bretanha do que a desordem e a anarquia reinantes na Argentina.[9] Esta a razão pela qual os homens de negócios e as autoridades na Prússia e nos demais Estados alemães manifestavam grande simpatia pelo Paraguai até a eclosão da Guerra da Tríplice Aliança, conforme demonstrado pelo acadêmico alemão Heinz J. Dominick.[10] Por outro lado, o representante do governo francês no Paraguai, M. de Cuverville, foi acusado pelo marquês de Caxias de favorecer o marechal Francisco Solano López e de guardar seus bens pessoais, razão alegada para justificar a invasão e a pilhagem (exceto dos arquivos) das sedes dos consulados franceses em Luque e Assunção.[11]

A EXPANSÃO DO BRASIL E A FORMAÇÃO DOS ESTADOS

Assim, segundo Juan Carlos Herken Krauer e Maria Isabel Gimenez de Herken, especular que a Grã-Bretanha não assumiu um papel direto para alcançar o "objetivo estratégico" de destruir e subjugar o Paraguai, senão que deixou esta tarefa a cargo de potências "subimperiais", como o Brasil e a Argentina, constitui uma formulação teórica, que se baseia em *supuesto con escasa fundamentación documental y que requiere un alto grado de teorización conspiracional*.[12] Estas palavras eu desejei acrescentar, como prefácio à segunda edição deste meu livro — *O expansionismo brasileiro e a formação dos Estados na Bacia do Prata* —, a fim de apresentar aos leitores brasileiros, em resumo, as conclusões a que dois pesquisadores paraguaios chegaram e que confirmam o resultado da pesquisa por mim realizada há 18-20 anos sobre um tema tão controvertido: a Guerra da Tríplice Aliança.

Mas não posso deixar também de referir-me ao importante trabalho de pesquisa realizado por Francisco Doratiotto para sua dissertação de mestrado *As relações entre o Império do Brasil e a República do Paraguai (1822-1889)*, defendida no Departamento de História da Universidade de Brasília em 1989, na qual o autor chegou a essas mesmas conclusões, comprovando-as e ampliando-as com abundante documentação. A dissertação de Francisco Doratiotto, em dois volumes, bem que poderia ter sido defendida como tese de doutoramento, devido à sua excelência e qualidade acadêmica.

Köln, novembro de 1994
Luiz Alberto Moniz Bandeira

NOTAS

1. Moniz Bandeira, 1973, p. 105.
2. Celso Lafer, "Uma interpretação do sistema das Relações Internacionais do Brasil", *Revista Brasileira de Política Internacional*, setembro/dezembro de 1961, nos 39-40, p. 82.
3. León Pomer, *La Guerra del Paraguay — Gran Negocio!*, Buenos Aires, Ediciones Calden, 1968.

4. Carta de León Pomer a Moniz Bandeira, São Paulo, 12/4/1977. Arquivos do Autor.
5. Juan Carlos Herken Krauer e Maria Isabel Gimenez de Herken, *La Gran-Bretaña y la Guerra de la Triple Alianza*, Asunción, Editorial Arte Nuevo, 1983.
6. Ibidem, p. 58.
7. Ibidem, p. 17.
8. Ibidem, p. 59.
9. Ibidem, p. 39.
10. Heinz Joachim Dominick, *Der Krieg der Tripel Alliance in der Deutschen Historiographie und Publizistik*; zur Erfoderung der historischen Lateinamerikabilder im 19, und 20, Jahrhundert (Europäischer Hochschullschriftten reihe 3, Geschirrt und ihre Hilfswissenschaft; Bd. 420), Frankfurt/Berna/Nova York/Paris, Peter Lang Verlag, 1990.
11. Ibidem, p. 196.
12. Herken Krauer e Gimenez de Herken, op. cit., pp. 58-59.

Prefácio à 1ª edição

Embaixador Álvaro Teixeira Soares

Este soberbo painel de investigação histórica sobre *A expansão do Brasil e a formação dos Estados na Bacia do Prata*, de Luiz Alberto Moniz Bandeira, já consagrado autor de *Presença dos Estados Unidos no Brasil*, traz uma angulação, em certos trechos, máxime no jogo diplomático do Prata, inteiramente nova, quanto a temas entre si correlatos da vida internacional do Rio da Prata, ou melhor, do Cone Sul, consoante a expressão há pouco elaborada por especialistas.

Moniz Bandeira tomou como centro do seu trabalho objetivo, metódico, flexível e bem entretecido a política internacional do Brasil-Reino e do Brasil-Império, não se esquecendo naturalmente do vigoroso período colonial, quando política e mercantilismo se deram as mãos.

Com muita propriedade assinala que, com o estatuto de Reino Unido a Portugal e Algarve, foi o Brasil o único país do continente americano que participou do Congresso de Viena. E com inumerável riqueza de dados históricos que foram colhidos em arquivos norte-americanos, ingleses, franceses, argentinos e espanhóis, nos apresenta o desenrolar, por vezes taquicárdico, da nossa política internacional em face dos vizinhos, em particular Argentina, Paraguai e Uruguai. Não deixa de dar particular realce à influência decisiva, e opressora por vezes, da política, dos capitais e do comércio inglês, preponderante na evolução das relações do Brasil com o estuário do Prata. Momento houve em que o estuário do Rio da Prata se transformou num dos pontos críticos da política internacional do mundo.

A EXPANSÃO DO BRASIL E A FORMAÇÃO DOS ESTADOS

Com singular espírito crítico, Moniz Bandeira procura abrir um caminho, ou abrir caminhos novos, no emaranhado dessa política internacional feita de assomos personalistas de caudilhos ou chefetes eleitorais, de próceres militares, de aproveitadores de ocasiões falazes. Quando nos defrontamos, por exemplo, com a política agressiva de Rosas, ocorreu que um ministro inglês em Buenos Aires fora retirado do posto por haver feito promessas ao ditador de Palermo em nome do seu governo, promessas desfeitas pelo próprio Foreign Office.

Outros aspectos dessas correntes e contracorrentes históricas de singular importância são postos em devido destaque como o papel dos saladeiristas do Rio Grande no entretecimento de interesses através da fronteira, bem como esmiúça o papel dos ervateiros brasileiros (em particular, do Paraná) em certa quadra anterior à Guerra da Tríplice Aliança, ante a concorrência paraguaia.

Da correspondência de Maillefer, ministro de Napoleão III, ao conde Walewski, ministro dos Negócios Estrangeiros de França, Moniz Bandeira extraiu a pitoresca denominação do diplomata de ver o Império do Brasil como uma "Rússia tropical".

Moniz Bandeira dá particular destaque à política, por vezes sinuosa, ou quase sempre sinuosa, dos capitalistas ingleses que, arruinado o nosso grande Mauá, se dedicaram à obra de armar o Paraguai (como o fez o famoso industrial e empresário Blyth) ou de promover o progresso ferroviário argentino. Moniz Bandeira, neste particular, afirma que foi o capitalismo inglês o motor de causação da soldagem da Argentina, evoluída esta de um federalismo exagerado a um unitarismo sadio, que só lhe deu consciência ecumênica de si mesma em termos de política e de economia. O capitalismo inglês, na quadra 1870-1910, exerceu preponderante ação no panorama político-econômico da Argentina.

Muito haveria a respigar através das páginas deste trabalho, alicerçado em abundantes pesquisas históricas e relampejante de sínteses felizes. O historiador, atento a personalidades e a fatos, sabe joeirar as pesquisas feitas em arquivos estrangeiros, para o abono robusto de suas teses ou de seus pontos de vista. Assim, para citarmos apenas um exemplo, particularmente agudo é o capítulo dedicado à expansão das fronteiras portuguesas na América, em contraste com a estreiteza revelada pelos vice-reis de Lima ou de Santa Fé de Bogotá. Os bandeirantes impelem o Brasil vicentino para um Brasil amazônico ou andino. A surpresa que se apodera dos vice-reis e dos adelantados dos platôs andinos não encontra adjetivo adequado, porque por toda parte espanhóis e portugueses passam a enfrentar-se, ora no campo de batalha, ora diante do tabuleiro diplomático; e na maior parte dos casos, ou bélicos ou políticos, a vitória pende para o lado dos portugueses e dos bandeirantes. Estes últimos serão os obreiros da expansão do Brasil central, bem como da criação da fronteira ocidental, fronteira que nos apresentou assuntos controversos com a Colômbia, o Peru, a Bolívia e o Paraguai. Dizia Disraeli em momento de profunda reflexão: "*Man is a being born to believe.*" É o que sentimos ante o livro de Moniz Bandeira. Quando procedemos a um balanço histórico do passado dinâmico (e não do passado morto), como faz Moniz Bandeira neste vasto painel, nos convencemos e nos enfronhamos na lição que Lavisse, seguindo Ratzel, preconizava como sendo isto: o grande passado é sempre sua transmutação no grande presente. Como nervuras poderosas, os bandeirantes vão descobrindo os grandes rios internos — o São Francisco, o Tocantins, o Araguaia, o Paraná, o Paraguai e o Uruguai —, rios que desenharam um Brasil central, muito diferente do Brasil litorâneo, sendo ademais carreadores de prodigiosa riqueza.

Procônsules coloniais, como o conde de Sarzedas a explorar seus Goiases, ou como o conde de Bobadela a demarcar fronteiras imensas desde Punta del Este até o Rio Jauru, consolidaram a obra impetuosa dos bandeirantes e souberam dobrar ou triplicar o tamanho do Brasil. Por isso mesmo, não havia como deter esses bandeirantes, esses mamelucos, esses gaúchos, esses negros de quilombos escondidos, esses soldados de arcabuzes e espadagões, soldados de Pombal no resguardo da nossa "fronteira imperial", como me dizia Oswaldo Aranha, referindo-se aos pagos sulinos.

Tudo isso Moniz Bandeira esquadrinha, sem rompantes ou bravatas; antes com singeleza objetiva, provando que o historiador se afirma pela descoberta feita nos arquivos, antes de qualquer coisa, e pelo conhecimento de fontes numerosas nem sempre fáceis de serem encontradas.

História é um devir constante e incontrolável. Os povos novos só ganham com a capitalização desse passado. Que somos afinal senão herança? Por isso mesmo é no passado que sentimos as diretrizes secretas da nossa sensibilidade política a projetar-se no mundo externo, bem como na convivência com os demais povos. O mérito do livro de Moniz Bandeira está nessa messe abundante de informações preciosas que esclarecem e norteiam, que ensinam e dignificam. Mérito inquestionável para qualquer um de nós, eruditos ou não eruditos, mas sempre estudiosos de uma grande lição histórica.

Introdução

Esta obra constitui a primeira etapa de um estudo mais amplo sobre o conjunto das relações do Brasil com os demais países da América Latina,[1] que deve estender-se, dentro do quadro de competição interimperialista, até a segunda metade do século XX. Entretanto, no curso do trabalho, concluímos que, após o término da guerra com o Paraguai, um ciclo histórico se completou na evolução do Estado brasileiro, cujo papel, dali por diante, seria qualitativamente diverso daquele que desempenhara até então. E isto nos impunha uma pausa, na medida em que esta conclusão, em si, encerrava uma tese.

O esforço de pesquisa, que empreendemos, visou a deslindar quais as influências que esse ou aquele setor das classes sociais exerceram na projeção continental do Estado brasileiro. Seu objetivo foi dimensionar, através de um levantamento histórico, em nível econômico, social e político, os interesses que, em diversos momentos, compeliram o Brasil e os demais países da América Latina ao confronto ou à aproximação. Dentro dessa perspectiva, traçamos a seguinte linha de hipóteses:

1. As razões geopolíticas, pelas quais Portugal e Espanha se bateram ao tempo da colonização, marcaram o relacionamento do Brasil com seus vizinhos, sobretudo a Argentina, dificultando, várias vezes, a inteligência e a solução racional dos litígios.

2. Muitas situações de conflito, conquanto parecessem geradas por fatores regionais, tiveram frequentemente como causa mediata interesses econômicos e políticos de grandes nações industriais, disputando posições ou tentando cortar tendências nacionais que decerto contrariavam os fluxos de seu comércio.

A EXPANSÃO DO BRASIL E A FORMAÇÃO DOS ESTADOS

3. A política continental do Brasil parecia ter oscilado, em momentos distintos, entre uma orientação que respondia a estímulos de grandes nações industriais e iniciativas de interesse nacional.

Embora o estudo procurasse situar o Brasil diante do conjunto da América Latina, o trabalho de pesquisa concentrou-se nas suas relações com os países da Bacia do Prata, por ser esta uma zona de entroncamento histórico, onde os esforços de colonização de Espanha e Portugal depois de se desenvolverem, no Cone Sul, separados pelas florestas e pelos Andes, concluíram e se entrelaçaram com os movimentos da política internacional.

O procedimento básico da pesquisa, a partir do estudo da bibliografia existente, consistiu na coleta de dados, especialmente em fontes primárias, por meio de consulta à correspondência diplomática do Brasil com os países da Bacia do Prata e, conforme as necessidades, com outras nações, direta ou indiretamente, vinculadas aos problemas da região. Este trabalho seria impossível sem a ajuda que recebemos da Fundação de Amparo à Pesquisa do Estado de São Paulo, do Conselho Nacional de Pesquisa, da Fundação Ford, do Social Science Research Council e do Joint Committee on Latin American Studies of the American Council of Learned Societies, de Nova York, bem como do Deutscher Akademischer Austauschdienst, da República Federal da Alemanha. Estas instituições nos propiciaram os recursos necessários para que efetuássemos a pesquisa não apenas no Brasil, mas, também, em vários outros países, como Uruguai, Argentina, Paraguai, Bolívia, Estados Unidos, França e Grã-Bretanha, em cujos arquivos tratamos de recolher o máximo possível de documentação. Uma grande parte, que se refere ao período posterior à guerra do Paraguai e ao século XX, colhida, principalmente, nos National Archives, em Washington, no arquivo do Quai d'Orsay, em Paris, e no Public Record Office, em Londres, será utilizada, posteriormente, em outra obra.

Um grande número de pessoas também nos auxiliou, de várias maneiras, no curso deste trabalho. Em primeiro lugar, o estímulo e o apoio que nos deram os professores Lúcio Kowarick, nosso orientador para a tese de doutoramento na Universidade de São Paulo, Fernando Henrique Cardoso e Francisco C. Weffort foram o elemento fundamental e o ponto de partida para a elaboração desta tese. A esses nossos amigos aqui consignamos a mais profunda gratidão. Aproveitamos a oportunidade para agradecer ao ex-senador Afonso Arinos de Melo Franco e ao professor Richard Morse a colaboração que nos deram, logo no início, para a concretização deste projeto. O embaixador Álvaro Teixeira Soares e o professor León Pomer, ambos especialistas em questões da Bacia do Prata e nossos velhos amigos, prestaram-nos, igualmente, inestimável colaboração, não só discutindo conosco alguns pontos obscuros, como colocando à nossa disposição, para consulta e pesquisa, livros e documentos de suas bibliotecas e valiosos arquivos. A professora Eulália Maria Lahmeyer Lobo, com gentileza e generosidade, emprestou-nos, por outro lado, alguns de seus trabalhos, que complementaram as nossas investigações. E o apoio do historiador Nelson Werneck Sodré, bem como o de Ênio Silveira, meu editor, nunca nos faltou.

Em todos os países nos quais estivemos várias vezes e por muitos meses, inúmeras pessoas conosco cooperaram durante o decurso deste trabalho. Não esquecemos a contribuição dos professores Ariosto Fernandes, Juan Pivel Devoto e Juan Antonio Oddone, no Uruguai, onde vários outros amigos, como Hugo Cardoso, Guillermo Chiflet e Vivian Trías, também nos ajudaram. Na Argentina, a assistência de Concepción Orruma e Liliana Lewinski foi fundamental para o êxito de nossa pesquisa. E não podemos deixar de mencionar o concurso que Edgard Tríveri, Isidoro Gilbert, Rogelio Garcia Lupo, Nora Lúcia Siegrist, Sílvia Mallo e vários outros jornalistas e pesquisadores nos prestaram, fornecendo-nos informações, materiais impressos ou proporcionando-nos contatos. Paulo Schilling, quando ainda residia em Buenos Aires, propiciou-nos o acesso ao general Juan Enrique Gugliamelli, que nos franqueou o arquivo da revista *Estratégia* e nos cedeu uma coleção de todos os seus números. O ex-presidente Arturo Frondizi, o ex-embaixador Oscar Camillión, os ex-ministros das Relações Exteriores da Argentina Miguel Ángel Cárcano, Zavala Ortiz e Juan Carlos Puig concederam-nos longas entrevistas. O ex-deputado Domingo Laino, um grande líder do povo paraguaio, facilitou-nos, em Assunção, tudo o que pôde, como professor de História e nosso particular amigo. Queremos ainda registrar o apoio que recebemos da professora Olinda Bareiro, integrante da equipe do professor

A EXPANSÃO DO BRASIL E A FORMAÇÃO DOS ESTADOS

Dieter Nohlen, da Universidade de Heidelberg, que executou a pesquisa sobre cooperação e conflito na Bacia do Prata.

Em Washington, em Paris e em Londres, vários amigos, direta ou indiretamente, cooperaram conosco para o êxito da pesquisa, grande parte da qual utilizaremos na próxima etapa do nosso estudo. O professor Reinhard Liehr, do Ibero-Amerikanisches Institut e da Frei Universität de Berlim, bem como os Dr. G. Knight, diretor do N. M. Rothschild Archives — London, e Dr. M. J. Orbell, diretor do Baring Brothers Archives, ambos em Londres, deram grande contribuição para a complementação desta obra, facilitando-nos o acesso a importante documentação sobre as relações dos banqueiros ingleses com o Brasil e a Argentina. A cooperação de Elias da Rocha Barros, também na Inglaterra, e do professor Brady Tyson, em Washington, foi muitíssimo valiosa. E não podemos deixar de mencionar, por fim, o auxílio da professora Maria Lucia Cunha, que revisou, montou e datilografou os originais desta tese.

A colaboração que recebemos das instituições e dos amigos acima citados não significa, evidentemente, endosso das opiniões que expressamos nesta tese. Ela nos foi dada, generosa e desinteressadamente, e daí o seu grande valor.

Rio de Janeiro, novembro de 1981.
M.B.

NOTAS

1. *Brasil, Argentina e Estados Unidos — Cooperação e conflito na América do Sul (Da Tríplice Aliança ao Mercosul)*, cuja 3ª edição a editora Civilização Brasileira publicou em 2010, dá continuidade a esta obra — *A expansão do Brasil e a formação dos Estados na Bacia do Prata (Da colonização à Guerra da Tríplice Aliança)* —, incorporando, ampliando, desenvolvendo e atualizando os livros *O eixo Argentina-Brasil — O processo de integração da América Latina* e *Estado nacional e política internacional na América Latina — O continente nas relações Argentina-Brasil (1930-1992)*, do mesmo autor.

Prólogo

A emergência da "Rússia Tropical"

Juan Carlos Herken Krauer

O estudo de Luiz Alberto Moniz Bandeira sobre a formação dos Estados na Bacia do Prata nos dá elementos para refletir, à luz de novos acontecimentos, sobre o porquê e o como da emergência, entre outros temas, daquilo que alguns chamaram de "Rússia tropical", ou seja, o Brasil como grande potência continental, e até certo ponto global, ocupando a quinta maior superfície do mundo, em termos de controle nacional de território. Existe um debate que tem que ver, antes de qualquer outra coisa, com a época colonial, e com a dinâmica que permite explicar a contínua e desenfreada expansão portuguesa, e portanto brasileira, muito além dos modestos limites impostos pelo Tratado de Tordesilhas. Há eventos políticos muito claros. Em primeiro lugar, o fato de o Reino de Portugal ter sido parte do Reino de Espanha, de 1580 (depois da vitória militar de Felipe II em Alcântara) a 1640, o que permitiu uma expansão natural, as entradas e bandeiras, da costa atlântica até a hinterlândia continental, cujas fronteiras seriam reconhecidas pelo Tratado de Utrecht em 1713. Mais um equívoco político por parte da coroa espanhola: a expulsão dos jesuítas em 1776. Com isso se inicia a decadência das "missões" ou "reduções" no centro da América do Sul, e por sua vez a desaparição da única barreira que podia, até certo ponto, conter a expansão dos bandeirantes.

Seria injusto atribuir demasiados equívocos geopolíticos às famílias monárquicas de então — que obviamente não estavam em condições de

A EXPANSÃO DO BRASIL E A FORMAÇÃO DOS ESTADOS

prever que viria uma "época de nações" —, mas algum historiador tinha que desvendar as entranhas mentais da dinastia espanhola dos Habsburgo (1516-1700), que tampouco parece ter sido superada pela dinastia dos Bourbon, para explicar como aquela que, em meados do século XVI, era a maior potência econômica, territorial e militar do mundo ocidental, sobretudo depois da derrota dos turcos na Batalha de Lepanto (1571), deu início a um processo de tal descalabro, de desmembramentos e insolvências financeiras que faria da Espanha, no século XIX, um país marginal e pobre, perdendo de maneira desonrosa até suas últimas grandes possessões (Cuba, Porto Rico, Filipinas, em 1898). Todas as outras potências marítimas europeias — França, Holanda, Inglaterra, Portugal — lograram conservar algumas colônias até bem avançada a segunda metade do século XX.

Moniz Bandeira descreve e analisa com precisão de historiador os eventos que permitiriam, sobre a base original da expansão portuguesa, que o Reino do Brasil, estabelecido em 1808 com a transferência da Corte de Lisboa para o Rio de Janeiro, consolidasse e ampliasse a expansão territorial, já como Estado independente de Portugal em 1822. Há muitas desvantagens nas monarquias, mas também há vantagens, e uma delas é o princípio da continuidade, que se dá de maneira quase biológica, e é talvez o fator que determina a eficácia, em longo prazo, de uma concepção estratégica da política exterior, antes como agora, ao fazer com que muitas rivalidades internas na estrutura de poder nacional se neutralizem, e até mesmo se apaziguem, em áreas de "interesse supremo do Estado". No restante da América do Sul se tenderá, ao longo do século XIX, ao contrário, a um conjunto de "protoestados" altamente instáveis, a maior parte deles mergulhada em guerras civis.

Tampouco causa estranheza então que o Reino do Brasil, longe de ser um joguete nas mãos das potências europeias de então, tenha desenvolvido uma política de alianças e de conflitos, quer seja com a Grã-Bretanha, com a Holanda ou a França, quer seja com a nascente força dos Estados Unidos, destinada a assegurar seu papel hegemônico no continente sul-americano. Impede a navegação comercial estrangeira no Amazonas, apesar das pressões da Grã-Bretanha e dos Estados Unidos, em 1850, e a facilita em 1866, quando necessitava livrar-se de possíveis conflitos que dificultassem o desenvolvimento da Guerra da Tríplice Aliança (1864-1870). Da mesma maneira, resiste durante muito tempo às pressões da Grã-Bretanha para a proibição do tráfico de escravos africanos, chave para o funcionamento da economia brasileira da época, o que provoca a ruptura das relações em 1863.

Conflito que dizimou o Paraguai no século XIX, a "Grande Guerra", essa tragédia sul-americana, selará grande parte das disputas fronteiriças irresolutas no continente, ainda que, por sua vez, caiba ao Paraguai participar da última conflagração militar, a Guerra do Chaco (1932-1935), que delimitará a fronteira com a Bolívia. Permite ao Brasil legitimizar como seus todos os territórios ao norte do Rio Apa, asim como o livre acesso fluvial à rica região do Mato Grosso, cujo acesso ferroviário desde a costa atlântica acabava de ser estabelecido na segunda década do século XX. A Argentina legaliza sua possessão das Missões, entre os rios Paraná e Uruguai, ainda que o reivindicado território do Chaco seja finalmente restituído ao Paraguai por meio de uma arbitragem norte-americana.

As diversas especulações que viram nessa guerra uma manipulação maquiavélica da parte da Grã-Bretanha para destruir um regime hostil ao câmbio livre e aos interesses britânicos não tem o menor embasamento factual. O que alguns chamavam de "Prússia sul-americana" era um pequeno Estado baseado em uma economia agropecuária rudimentar, com alguns esboços de modernização em infraestrutura e pequenas plantas industriais, realizados sobretudo por técnicos britânicos. Um país que, justamente, necessitava do livre comércio e da livre negociação para poder conectar-se com o restante do mundo. O Paraguai dos López tinha pouco peso efetivo e, apesar de numerosos esforços, não conseguiu finaciamento externo, nem internacional, nem regional, nem antes, nem durante a guerra, e sim embarcou em uma campanha propagandística internacional de supervalorização de seus recursos populacionais, econômicos e militares cujo resultado mais eficaz foi atemorizar todos os seus vizinhos. Nessa "guerra clássica de fronteiras", buscando um novo equilíbrio de poder regional, o que predominou foi uma falta de informações genuínas sobre os recursos de uma e de outra parte, e uma

A EXPANSÃO DO BRASIL E A FORMAÇÃO DOS ESTADOS

retórica agressiva que terminaria por engendrar uma tormenta militar, cuja duração e cujos gastos e destroços superariam em muito a imaginação e os desejos iniciais. Ao que se deverá somar a inexperiência e a falta de sagacidade do líder paraguaio, Francisco Solano López. A quem teria ocorrido enfrentar, sozinho, sem fontes de financiamento externo e sem poderes diplomáticos de envergadura, o Império do Brasil?

A eficácia da diplomacia brasileira se demonstra uma vez mais na racionalidade das alianças. Ao formar frente comum com Argentina e Uruguai e esquecer qualquer pretensão territorial com respeito a esses países, elimina toda posibilidade de outras explosões locais que dificultem uma vitória militar destinada a solucionar a incógnita das fronteiras com o Paraguai. E, apenas iniciado o conflito, busca melhorar suas relações com as potências europeias e com os Estados Unidos, para impedir que alguém buscasse abrir alguma outra frente em algum outro lugar. Para a Argentina, o butim final dessa guerra seria muito menor — até certo ponto, insignificante. Da perspectiva geopolítica e geoeconômica tradicional, com os parâmetros desse século e da guerra de fronteiras, a Buenos Aires teria sido muito mais positivo ter-se aliado ao Paraguai, para impedir que o "poder espacial" brasileiro, já nessa época considerável, seguisse se expandindo. Talvez os dirigentes argentinos carecessem precisamente dessa capacidade de pensar e atuar em longo prazo, que existia no Brasil, resultado do princípio da continuidade, prevalecente em estruturas de poder monárquicas.

O trabalho de Moniz Bandeira é revigorante, porque não tenta apresentar um quadro idílico do ponto de vista brasileiro, insistindo em uma perspectiva científica que explica as ambições hegemônicas do Brasil no continente, com base nas exigências de um modelo econômico determinado, e essa simbiose entre "metrópole" original e "colônia original" que faz do Brasil um caso único na história das Américas. O corte provocado pela separação das colônias hispânicas é muito mais violento e conflituoso, e determinará, na maioria dos casos, décadas de instabilidade institucional. Emerge assim a "Rússia tropical", que, como a original, apresentará logo uma grande diversidade étnica em um dos maiores espaços nacionais do planeta.

O debate sobre a história do Prata no século XIX seguirá, sem dúvida, mas convém ressaltar que, nesta era da assim chamada globalização, os esquemas geopolíticos tradicionais, fruto na realidade de uma visão de mundo setecentista, perdem relevância. A sinergia entre países "grandes" e "pequenos" se faz cada vez mais necessária para tirar proveito de economias de escala em nível regional, como maneira de manter — e até mesmo ganhar — a competitividade econômica mundial e para assinalar um tipo de participação no poder mundial que reside de maneira crescente em um perfil associativo — veja-se a União Europeia — em vez de meramente nacional.

Berlim, 18/07/2008.

Capítulo I

A DILATAÇÃO DAS FRONTEIRAS DA AMÉRICA PORTUGUESA • AS BANDEIRAS E O MERCANTILISMO • O AVANÇO NA DIREÇÃO DA BACIA DO PRATA • O CHOQUE COM AS REDUÇÕES JESUÍTICAS

Quando invadiram o Império Inca, os espanhóis logo se defrontaram com os mananciais de prata e outros minérios, a cuja extração se dedicaram, explorando a força de trabalho dos nativos, por eles escravizados. Embora a Cordilheira dos Andes representasse uma espécie de muralha natural, obstáculo difícil de transpor, a facilidade com que puderam saciar a fome de riquezas foi o que influiu, decisivamente, para arrefecer-lhes o ímpeto de expansão e fixá-los do lado do Pacífico.

Os luso-brasileiros, pelo contrário, nada encontraram além de pau-brasil e nunca se conformaram com o fato de não descobrirem, em seus domínios, minas de ouro e prata, tão abundantes nas possessões espanholas. A busca do Eldorado, que então nomes como Peru e Potosí simbolizavam,[1] levou-os, assim, a iniciarem o avanço pela hinterlândia da América do Sul, rompendo a linha de demarcação que o Tratado de Tordesilhas estabelecera.

As povoações que Martim Afonso de Souza fundou, primeiramente, no litoral (São Vicente) e, após ascender a serra do Mar, no Planalto de Piratininga (São Paulo), serviram como trampolim para o desbravamento do sertão, onde diziam existir montanhas de ouro, prata e esmeralda.[2] Naquele momento, segundo Frédéric Mauro, a cultura da cana-de-açúcar se desenvolveu como derivativo da procura do ouro, ligada ao pano de fundo peruano.[3]

A EXPANSÃO DO BRASIL E A FORMAÇÃO DOS ESTADOS

O que se cuidava, àquela época, não era desbravar ou colonizar o Brasil, mas sim, encontrar o Peru, de cuja conquista alguns portugueses cogitaram, frustrados com a aparente pobreza da terra que lhes coube pelo Tratado de Tordesilhas.[4] A criação do governo-geral da Bahia, em 1549, isto é, apenas quatro anos depois de descobertas as minas de Potosí, refletiu, provavelmente, essa preocupação. Tomé de Souza, designado governador geral, não escondia seu propósito de transformar o Brasil em outro Peru.[5] Em 1551, no Alto Peru pediu ao jesuíta Manoel da Nóbrega para acompanhar uma expedição, organizada por ordem de D. João III, com o objetivo de descobrir ouro no sertão.[6] Outrossim, por volta do mesmo ano, mandou uma galé, sob o comando de Miguel Henriques, adentrar os rios, "na direção donde ficava o Peru".[7] E, em 1553, Tomé de Souza informou a D. João III que, "correndo esta costa, achei entre o gentio nova mais quente d'ouro" e que, portanto, mandou que doze homens e um clérigo da Companhia de Jesus adentrassem o sertão, "via de Porto Seguro e por Pernambuco", com a esperança de que eles trouxessem "nova de algum grande tesouro".[8] E não foi sem motivo que a Corte de Madri se alarmou com as expedições dos portugueses à capitania do Maranhão, temendo que elas, bem-aprestadas, até de cavalaria, tomassem o rumo dos Andes.

Os primeiros paulistas, que arribaram do Planalto de Piratininga, alimentavam, efetivamente, a esperança de chegar ao Peru, alvo, durante muito tempo, das incursões ao interior do continente.[9] Estas incursões, facilitadas, a princípio, pela anexação do Reino de Portugal ao de Espanha, que durou 60 anos (1580-1640) e praticamente anulou a importância do Tratado de Tordesilhas, continuaram ao longo de dois séculos, até a descoberta das minas de ouro, em fins do século XVII, nas regiões de Minas Gerais, Mato Grosso e Goiás, para onde correram milhares de portugueses, com a ambição de opulentar-se rapidamente.[10] À parte suas consequências geopolíticas, essas expedições, denominadas entradas e bandeiras foram, sobretudo, verdadeiros empreendimentos econômicos, nos quais muitos comerciantes e senhores de terra, com objetivo de lucro, investiram grandes somas de capital.[11]

O domínio do Atlântico Sul pelos holandeses, com a ocupação do Nordeste brasileiro e de Angola, favoreceu-as, na medida em que afetou o tráfico de escravos negros para as colônias de Espanha e Portugal. Devido à escassez de força de trabalho, tornando-se a demanda maior que a oferta, os bandeirantes, conquanto não desistissem de encontrar o Eldorado ou alcançar Potosí, intensificaram a captura de indígenas,[12] preferencialmente daqueles já aculturados pelos jesuítas,[13] não só para empregá-los em suas próprias lavouras, mas, também, para vendê-los a outras capitanias e até mesmo exportá-los.[14] Em menos de seis anos, eles devastaram mais de trezentas aldeias ao redor de São Paulo, matando mais de 200 mil indígenas, e, ao avançar pelo sertão, dizimaram os numerosos tupiniquins que habitavam o Vale do Tietê e o Alto Paraíba.[15] O raio do despovoamento e da depredação, "característico inseparável das bandeiras", no dizer de Capistrano de Abreu,[16] estendeu-se à Bacia do Prata.

Desde 1616, os bandeirantes, cujo papel correspondia ao dos oficiais de tropa,[17] promoveram várias entradas na direção do porto dos Patos e do Rio Grande e investiram sobre o território do Paraguai, onde não só arruinaram as Missões/Reduções[18] guaranis, organizadas pelos jesuítas,[19] mas, também, as cidades espanholas de Guayra, Jerez e Villa Rica.[20] Essas expedições, empreendidas por verdadeiros exércitos, que muitas vezes mobilizavam mais de 2 mil homens,[21] recrudesceram com o correr dos anos, em franco desafio à autoridade do rei de Espanha, senhor também da Coroa de Portugal.[22]

Por volta de 1638, os bandeirantes já haviam massacrado todas as povoações que existiam ao longo de 350 léguas do Planalto de Piratininga e, arrodeando o Rio da Prata, arremetiam contra as Reduções do Uruguai e do Tape.[23] Naquele ano, conforme Olynto Sanmartin ressaltou,

> as invasões sucediam-se numa vertigem assustadora, (...) ondas bandeirantes solapavam as terras do sul, sem outro sentimento a não ser o do interesse comercial, que degenerava para o ângulo de represálias e sentido de esmagamento, diante da resistência encontrada.[24]

O Paraguai, cuja jurisdição se estendia sobre os atuais estados brasileiros do Paraná, Santa Catarina, Rio Grande do Sul e Mato Grosso do Sul, antiga Província do Itatim,[25] sofreu todas as consequências da ação

A EXPANSÃO DO BRASIL E A FORMAÇÃO DOS ESTADOS

predatória dos bandeirantes. Por onde trilharam, os luso-brasileiros, os mamelucos, "não deixaram mais que ruínas, algumas delas somente identificadas 100 anos depois".[26] E dos 300 mil nativos, capturados, nas Reduções, para escravizar, não mais que 20 mil chegaram a São Paulo, porquanto os demais pereceram no curso de 300 a 400 léguas que precisavam caminhar, acorrentados, coleiras no pescoço, transportando madeiras e outras cargas silvestres.[27]

Os assaltos às Reduções, redobrando-se a violência, não tiveram apenas o objetivo de aprisionar os indígenas. O estabelecimento daquelas comunidades obstaculizava a expansão do comércio português, quebrantando-lhe a articulação, que se assentava na aliança entre os bandeirantes e os mus[28] e, desde 1550, já se estendia à cidade de Assunção.[29] Assim, segundo Jaime Cortesão, "feridos os portugueses e luso-brasileiros nos seus interesses de exploração comercial, primeira, embora precária, forma de exercício da soberania, a reação não se fez esperar".[30] E os jesuítas, no mais das vezes, tiveram que arrostá-la sozinhos.

Com efeito, durante muito tempo, os bandeirantes contaram com a tolerância, quando não com a conivência, das autoridades de Assunção e de Buenos Aires e, várias vezes, os espanhóis, particularmente os encomenderos, a eles se associaram para a captura dos indígenas.[31] Comerciantes e colonizadores, fossem portugueses, espanhóis ou mamelucos os que se opulentavam de escravos e se assenhoreavam das terras, solidarizavam-se no combate às Reduções, que bloqueavam o acesso ao estoque de mão de obra e contrariavam os apetites mercantilistas, constituindo uma excrescência no contexto colonial, em virtude do caráter comunitário de sua organização.

Os índios não conheciam a propriedade privada.[32] Ela, a princípio, não existia nas Reduções e toda a produção dos indígenas era recolhida aos armazéns da comunidade, administrados pelos padres da Companhia de Jesus, que a repartiam de acordo com as necessidades de cada família.[33] Com base nesse modo de produção, as Reduções, chamadas de República pelos próprios jesuítas, progrediram, econômica e socialmente, tornando-se um polo de atração para as demais tribos, ainda pagãs e nômades. Calcula-se que as Reduções produziam, por ano, o equivalente a 1 milhão de pesos espanhóis, dos quais, gastando menos de 100 mil com a sua manutenção, os padres enviavam a maior parte para o Vaticano, por meio dos procuradores da Companhia de Jesus e, em muitas ocasiões, por intermédio de traficantes ingleses, que, favorecidos pelos Asientos, vendiam escravos negros às colônias de Espanha.[34]

O desenvolvimento das Reduções, que surpreendeu até a própria Companhia de Jesus, inquietou, porém, os colonizadores espanhóis, já em luta com os padres pela apropriação da força de trabalho indígena. E o governo de Madri, cedendo às representações, forçou os jesuítas a instituírem, de alguma forma, a propriedade privada, o que foi feito, não sem muita relutância.[35] Além das terras comuns a todos (tabambaé) e da área considerada como propriedade de Deus (Tupambaé), cada chefe de família passou a possuir, individualmente, uma gleba (abambaé) junto a suas palhoças, e nela trabalhava um ou dois dias da semana, para entregar a colheita aos armazéns da coletividade, recebendo, em paga, víveres, sementes, roupas ou qualquer outra coisa de que necessitasse.[36]

Evidentemente, como Clovis Lugon salientou, "o mundo colonial de maneira alguma aceitava e não podia aceitar a existência dessas comunidades indígenas livres"[37] e não poupou esforços para suprimi-las; primeiro, permitindo ou incentivando a obra de depredação, que os bandeirantes empreenderam, coadjuvada com igual violência e crueldade pelos encomenderos; depois, unindo-se portugueses e espanhóis em operações militares conjuntas, para esmagar, definitivamente, a República Guarani, a pretexto da execução do Tratado de Limites, firmado, em 1750, pelos governos de Lisboa e de Madri.

O fato de que os espanhóis admitiam, colaboravam ou mesmo participavam dos ataques às Reduções não significa que eles não se opuseram ao avanço dos bandeirantes nem tentaram expandir sua área de domínio.[38] A penetração luso-brasileira colidia, naturalmente, com os interesses de Assunção.[39] Os espanhóis ali radicados também intentaram, sob o comando de Domingos Martinez de Irala, encontrar uma passagem para o norte e chegar ao Peru, através do Itatim.[40] Um dos seus objetivos, além de romper o isolamento de Assunção, era ocupar o sul do território que mais tarde se converteria na província brasileira de Mato Grosso, onde

A EXPANSÃO DO BRASIL E A FORMAÇÃO DOS ESTADOS

se acreditava existir, na Serra do Maracaju, vizinhança do antigo povoado de Santiago de Jerez, um cerro de prata igual ao de Potosí.[41]

Mas, impossibilitados por diversos fatores de evoluir naquela direção, os colonos de Assunção voltaram-se para o sudeste, com a finalidade de encontrar uma saída, estabelecendo um porto no litoral do Atlântico,[42] que lhes permitisse a articulação direta com a Espanha e com as correntes do comércio internacional. Juan de Garay fundou novamente Buenos Aires, em 1580, e Hernando Arias de Saavedra, conhecido como Hernandarias, tratou de realizar o velho plano de atingir a costa de Santa Catarina, a partir da criação de uma cidade no curso superior do Rio Uruguai.[43]

Os bandeirantes, por sua vez, adentraram cada vez mais o continente, levando o rei de Espanha a cogitar seriamente em contê-los, porque suas intenções pareciam ser, na verdade, a conquista do Peru.[44] Antonio Raposo Tavares, que em 1648 atravessou a região de Vacaria, subiu o Rio Paraguai e chegou à bacia do Amazonas, passou por Santa Cruz de la Sierra, que poucos atrativos oferecia ao comércio português,[45] e alcançou os contrafortes andinos do Peru.[46] Luiz Pedroso, da mesma forma que, anteriormente, Antonio Castanho da Silva, galgou a Cordilheira dos Andes, onde tombou na luta contra os nativos. E, em 1690, Antonio Ferraz de Araújo e Manoel de Frias desceram o Tietê, até as Reduções de Chiquitos, e, após ameaçar Santa Cruz de la Sierra, foram fragorosamente derrotados.[47] Os bandeirantes entraram nas atuais províncias argentinas de Misiones, Corrientes e Entre Rios, indo até Santa Fé, e marcharam várias vezes no rumo de Buenos Aires, situada à margem ocidental do Rio da Prata, com o intuito de conquistá-la.[48] Era inevitável, portanto, que os interesses econômicos e políticos da Espanha e de Portugal aí se desenvolvessem e se chocassem, ganhando uma dinâmica própria.

NOTAS

1. "Peru e Potosí eram nomes que andavam na boca de todos os aventureiros, encanecendo-lhes a mente. Sabia-se que, aprofundando-se as terras interiores do Brasil, havia de dar-se com as minas opulentas de Coroa de Castela. Por

que não existirem tais divícias na possessão lusitana que estava no mesmo continente, que era prolongamento apenas do mesmo território?". Basílio Magalhães, *Expansão geográfica do Brasil até fins do século XVII*, Rio de Janeiro, Imprensa Nacional, 1915, p. 7. É necessário compreender que, para os luso-brasileiros do início do século XVII, as Índias de Castela eram o México e o Peru; e o Peru, a região das ricas minas de prata de Potosí (cujo esgotamento os luso-brasileiros ainda ignoravam), tudo ou quase tudo que o Tratado de Tordesilhas outorgou à Espanha. Na verdade, àquela época, a vice-realeza do Peru abrangia toda a América do Sul, salvo a faixa oriental, que correspondia ao Brasil, às Guianas e à costa atual da Venezuela, encontrando-se dentro dos seus limites toda a região das Reduções Jesuíticas, ao longo do Rio Paraguai, o Uruguai, a Argentina, a Bolívia e uma parte do Brasil de hoje. A província real do Paraguai e Rio da Prata tinha Assunção como capital e estava, numa certa medida, subordinada à Audiência de Charcas (atualmente Sucre), que, em 1617, foi desmembrada em duas novas províncias: a do Rio da Prata, com a capital em Buenos Aires, e a do Guairá ou Paraguai, cuja capital era Assunção. Sobre o assunto, ver Frédéric Mauro, *Do Brasil à América*, São Paulo, Perspectiva, 1975, p. 68.

2. Ibidem, p. 72.
3. Ibidem, p. 72.
4. Sérgio Buarque de Hollanda, *História geral da civilização brasileira*, tomo I (A Época Colonial), 2º vol. (Administração, Economia, Sociedade), São Paulo, Difusão Europeia do Livro, 1960, pp. 236 e 237.
5. Ver Sérgio Buarque de Hollanda, op. cit., p. 237. Basílio Magalhães, op. cit., p. 8.
6. Carta de Nóbrega a El-Rei, 1551, in Manoel Nóbrega, *Cartas do Brasil*, Belo Horizonte/São Paulo, Itatiaia/Edusp, 1988, p. 126.
7. Apud Francisco Adolfo de Varnhagen, *História Geral do Brasil*, tomo 1º, 6ª ed., 5ª ed. integral, São Paulo, Melhoramentos, 1956, p. 261.
8. Carta de Tomé de Sousa a El-rei com muitas notícias das terras do Brasil. Cidade do Salvador, 1553, junho 1. Cota 4509 XVIII, 8-8 — IAN/TT.
9. Basílio Magalhães, op. cit., p. 8.
10. "Bandeiras eram partidas de homens empregados em prender e escravizar o gentio indígena. O nome provém talvez do costume tupiniquim, referido por Anchieta, de levantar-se uma bandeira em sinal de guerra. Dirigia a expedição um chefe supremo, com os mais amplos poderes, senhor da vida e da morte de seus subordinados. Abaixo dele com certa graduação marchavam pessoas que concorriam para as despesas ou davam gente." J. Capistrano de Abreu, *Capítulos de História Colonial (1500-1880)*, Livraria Briguet, 1954,

A EXPANSÃO DO BRASIL E A FORMAÇÃO DOS ESTADOS

p. 178. "A bandeira não é outra coisa senão a organização tática das instituições escravizadoras, entradas principalmente, copiadas literalmente das que o Exército regular apresentava." Ricardo Román Blanco, *Las "Bandeiras" (Instituciones Bélicas Americanas)*, Brasília, Universidade de Brasília, Instituto de Ciências Humanas (Sec. História), 1966, p. 317.

11. "Tais entradas, quando não ordenadas pelo governo e custeadas pela Fazenda Real, eram encorajadas, protegidas e animadas pelas autoridades locais." Viana Moog, *Bandeirantes e pioneiros*, 2ª ed., Porto Alegre, Globo, 1961, p. 231. Essas autoridades, sem dúvida alguma, estavam ligadas à lavoura de cana-de-açúcar e ao comércio internacional, sendo que muitos bandeirantes eram judeus, cristãos-novos, certamente ligados aos mercadores marranos, cuja rede de negócios se estendia pelas colônias de Espanha e Portugal. Sobre o assunto, ver José Gonçalves Salvador, *Os cristãos novos: povoamento e conquista do solo brasileiro (1530-1680)*, São Paulo, Pioneira/Edusp, 1976, pp. 52-64 e 293-314.

12. Magnus Mörner, *Actividades Políticas y Económicas de los Jesuitas en el rio de la Plata*, Buenos Aires, Paidós, 1968, pp. 46-59.

13. "Não eram apenas os índios hostis o alvo de suas incursões. O que interessava era a posse do índio polido, elemento apreciável no desenvolvimento da incipiente civilização americana. Para isso espoliaram as Reduções Jesuíticas, o que mesmo a proeza econômica da Capitania de São Vicente não justifica." Olynto Sanmartin, *Bandeirante no Sul do Brasil*, Porto Alegre, Edições A Nação, 1949, p. 185.

14. Não corresponde exatamente à verdade histórica a explicação de que os paulistas se dedicaram à captura dos indígenas, porque não dispunham de recursos para comprar escravos negros e assim buscavam "remédio para a sua pobreza". Ver José de Alcântara Machado, *Vida e morte do bandeirante*, Livraria Martins Editora, 1965, pp. 231 e 232. Alfredo Ellis Jr., *O bandeirantismo paulista e o recuo do meridiano*, 3ª ed., São Paulo, Companhia Editora Nacional, 1938, pp. 38-46. Affonso d'E. Taunay, *História das bandeiras paulistas*, vol. 1, São Paulo, Melhoramentos, 1953, p. 41. José Gonçalves Salvador, op. cit., p. 292. O fato é que, como José Gonçalves Salvador acentua, os paulistas não só empregaram os indígenas nas lavouras e nos descobrimentos, como também fizeram "comércio deles, vendendo-os para Bahia, Pernambuco e até para fora do País". José Gonçalves Salvador, op. cit., p. 292. "Economicamente o bandeirismo foi a salvação do planalto, porque recorrendo ao escravo indígena desenvolveu um tipo de lavoura que correspondia às imposições do meio e cujos excedentes, quer de produtos, quer de braços, exportava para as zonas açucareiras e até para outras partes. Isto significa,

também, que os cristãos-novos encontraram nessa atividade um estímulo para o seu espírito de aventura e lucro. É possível dizer-se mesmo que o bandeirismo se constituiu numa indústria bem-organizada." Idem, op. cit., p. 314. "O magnífico ganho que lhes trazia (aos bandeirantes) a venda de índios escravos no Brasil e ainda no estrangeiro, sobretudo dos que já estavam iniciados nos rudimentos da agricultura e pecuária, lucro que ia crescendo desde que os holandeses do Norte do Brasil entravavam a importação de negros africanos." Pe. Luiz Gonzaga Jaeger S. J., *As invasões bandeirantes no Rio Grande do Sul (1635-1641)*, 2ª ed., Porto Alegre, Typografia do Centro S.A., s/d, p. 22. "Os escravos índios não eram mais destinados a servir seus senhores em uma economia de subsistência, mas (...) em sua maior parte, vendidos e revendidos aos estabelecimentos agroexportadores da costa do Brasil. Os índios do Paraguai eram verdadeiras mercadorias para os paulistas e, vantagem suplementar, tratava-se de "mercadorias que se transportavam pelos próprios pés." Maxime Haubert, "Prefácio", in Regina Maria A. F. Gadelha, *As Reduções Jesuíticas do Itatim: Um estudo das estruturas socioeconômicas coloniais do Paraguai (séculos XVI e XVII)*, Rio de Janeiro, Paz e Terra, 1980, p. 22. Vide também Regina Maria A. F. Gadelha, op. cit., p. 241.

15. Enrique de Gandia, *Las misiones Jesuíticas y los bandeirantes paulistas*, Buenos Aires, Editorial "La Facultad"/Bernabé & Cia., 1936, p. 45. Os bandeirantes "concorreram antes para despovoar que para povoar nossa terra, trazendo índios dos lugares que habitavam, causando sua morte em grande número, ora nos assaltos às aldeias e aldeamentos, ora com os maus-tratos infligidos em viagens, ora, terminadas estas, pelas epidemias fatais e constantes, aqui e alhures apenas os silvícolas entram em contato com os civilizados". J. Capistrano de Abreu, *Os caminhos antigos e o povoamento do Brasil*, 2ª ed., Rio de Janeiro, Sociedade Capistrano de Abreu/Livraria Briguiet, 1960, p. 75. Ver também J. Capistrano de Abreu, *Capítulos de História Colonial*, p. 181. "As bandeiras, de fato, devastaram grande parte do Império guaranítico, causaram pânico aos colonos espanhóis, afugentaram os derradeiros sobreviventes gentílicos para além de onde levaram suas irrupções. As depredações chegaram a tal ponto que as regiões do Paranapanema, do médio e do baixo Iguaçu e Itatim, ficaram despovoadas e ao abandono por dois séculos." General Raul Silveira de Melo, "Tiveram os bandeirantes fins políticos?", separata de *A Defesa Nacional*, dez. de 1954, p. 88.

16. J. Capistrano de Abreu, *Capítulos de História Colonial*, p. 181.

17. Ibidem, p. 185.

18. A primeira redução invadida pelos bandeirantes foi a de San Antonio, na margem direita do Ivaí. Em seguida, destruíram as de San Miguel, Jesus Ma-

A EXPANSÃO DO BRASIL E A FORMAÇÃO DOS ESTADOS

ria, San Pablo, San Francisco Javier, no Tibagi, e todas as demais que encontraram. Salvaram-se apenas as de Loreto e San Ignacio, no Paranapanema, que os jesuítas resolveram transplantar para abaixo do salto das Sete Quedas, entre o Paraná e o Uruguai. Após o esmagamento das Reduções do Guairá, os bandeirantes investiram contra as do Uruguai e do Tape. Vide J. Capistrano de Abreu, *Capítulos de História Colonial*, pp. 181-183.

19. "Real Cedula al Virrey del Peru, Marques de Mansera, para remedio y castigo de los portugueses de San Pablo del Brasil — 1638-9-16", in *Annaes do Museu Paulista*, São Paulo, Imprensa Oficial, 1931, tomo V, Documentos Bandeirantes do Archivo General de Indias em Sevilha, p. 131.

20. As missões ou reduções tinham como objetivo isolar os indígenas, reduzi-los "*as Ecc Ecclesiam et vitam civiliem*" em comunidades separadas dos colonizadores ibéricos. Gianpaolo Romanato, *Gesuti, guarani et emigranti nelle Riduzioni del Paraguay*, Ravena, Longo Editore, 2008, p. 19.

21. Ibidem, p. 131. Ver Enrique de Gandia, op. cit., pp. 31 e 32.

22. Testemunho do Pe. Francisco Diaz Taño, da Companhia de Jesus, in *Annaes do Museu Paulista*, tomo V, p. 106.

23. Real Cedula al Virrey del Peru, Marques de Mansera, 1638-9-16, loc. cit., p. 131.

24. Olynto Sanmartin, op. cit., p. 218.

25. "Correm ainda hoje no Paraguai as legendas de terror que o habitante da terra guarani recebeu dos seus antepassados e narra com admiração e espanto a bravura desses 'corsários da selva', como os chamou um jesuíta." Carta de Walter Rey, professor de literatura luso-brasileira na Faculdade de Filosofia de Assunção no Paraguai, in *Bandeirantes no Paraguai — Século XVII (Documentos Inéditos)*, Divisão de Arquivo Histórico, Prefeitura do Município de São Paulo, 1949.

26. Ibidem.

27. Enrique de Gandia, op. cit., p. 79. Ver também J. Capistrano de Abreu, *Capítulos de História Colonial*, pp. 184 e 185.

28. Chefes indígenas Aliados e parentes dos mamelucos de São Paulo, segundo o conceito de família tribal.

29. Jaime Cortesão, "A Província do Paraguai: Origens, Antecedentes Portugueses, Fundação, Progresso e Termo", in *Jesuítas e bandeirantes no Guairá — 1594-1640*, Manuscritos da Coleção De Angelis, Biblioteca Nacional, Divisão de Publicações e Divulgação, 1969, vol. I, p. 82.

30. Jaime Cortesão, "Introdução", in *Jesuítas e bandeirantes no Tape — 1615-1641*, Biblioteca Nacional, Divisão de Publicações e Divulgação, 1969, vol. III, p. 6. "Desde o meado do século e talvez mesmo antes, desde 1526, há

LUIZ ALBERTO MONIZ BANDEIRA

referências à presença de portugueses na região do Guairá, que, seguindo as trilhas estabelecidas pelos índios, chegaram às terras do Paraná." Alice Piffer Canabrava, *O comércio português no Rio da Prata — 1580-1640*, Boletim XXXV, História da Civilização Americana n° 2, Faculdade de Filosofia, Ciências e Letras da Universidade de São Paulo, 1944, p. 111. "Os esforços de infiltração comercial portuguesa na região ao norte do Rio da Prata deviam ter encontrado forte oposição por parte dos jesuítas, que iniciavam então o estabelecimento das aldeias indígenas que formaram as províncias do Tape e do Uruguai. Contudo, cremos que a infiltração comercial indicou o caminho para as bandeiras de apresamento que vieram depois." Ibidem, p. 116.

31. J. Capistrano de Abreu, *Capítulos de História Colonial*, p. 181. José Gonçalves Salvador, op. cit., p. 306. Regina Maria A. F. Gadelha, op. cit., pp. 22, 241 e 288. *Encomienda* era uma expressão utilizada na Espanha para designar as terras e as rendas outorgadas ao comandante de uma ordem militar. No caso, encomendava-se, isto é, confiava-se a um conquistador um núcleo de indígenas, com a responsabilidade de cristianizá-lo. Segundo Celso Furtado, "o encomendero, em razão da tutela que exercia sobre um grupo da população, passava a desempenhar funções de Direito Público, que o colocavam socialmente em posição só comparável à do senhor feudal da Europa na Idade Média". Celso Furtado, *La economia latino-americana desde la conquista ibérica hasta la Revolución Cubana*, Santiago de Chile, Editorial Universitaria, 1969, pp. 25 e 26.

32. Blas Garay, *El Comunismo de las Misiones — La Revolución de la Independencia del Paraguay*, Assunção, Instituto Colorado de Cultura, 1975, p. 47. Regina Maria A. F. Gadelha, op. cit., pp. 220, 264 e 266. Sobre o regime de propriedade nas Reduções, ver ainda Clovis Lugon, *A República Comunista Cristã dos Guaranis — 1610-1768*, Rio de Janeiro, Paz e Terra, 1968.

33. Magnus Mörner, op. cit., pp. 125 e 126. Blas Garay, op. cit., p. 67.

34. Regina Maria A. F. Gadelha, *As missões jesuíticas do Itatim — Estruturas socioeconômicas do Paraguai Colonial (século XVI e XVII)*, Rio de Janeiro, Paz e Terra, 1980, p. 220.

35. Blas Garay, op. cit., p. 48.

36. Ibidem, op. cit., p. 47. Regina Maria A. F. Gadelha, op. cit., p. 266. *Contribuições para a História da Guerra entre o Brasil e Buenos Aires (Uma testemunha ocular)*, São Paulo/Belo Horizonte, Edusp/Itatiaia, 1975, p. 38.

37. Clovis Lugon, op. cit., p. 49. O professor A. F. de Oliveira Freitas corrobora com a observação de Lugon, embora com uma visão reacionária, quando, ao justificar a destruição das Reduções Jesuíticas, escreveu com certa dose de exagero: "A República Tupi-guaranítica, falando a língua geral, dominaria a

A EXPANSÃO DO BRASIL E A FORMAÇÃO DOS ESTADOS

maior extensão da América do Sul, e conquistaria facilmente as regiões andinas, transformando o continente Austral num grande Estado autóctone, exclusivista, nacionalista, que mudaria totalmente a face atual cosmopolita da América do Sul." A. F. de Oliveira Freitas, *Geopolítica bandeirante — Primeira Parte — Sudoeste Brasileiro*, Porto Alegre, s/e, vol. I, p. 203.

38. J. R. Amaral Lapa, *Economia colonial*, São Paulo, Perspectiva, 1973, p. 36. Magnus Mörner, op. cit., pp. 34-54. Regina Maria A. F. Gadelha, op. cit., pp. 50, 74 e 82.

39. Regina Maria A. F. Gadelha, op. cit., pp. 76 e 77.

40. Ibidem, op. cit., p. 77.

41. General Raul Silveira de Melo, "Espionagens e incursões paraguaias em Mato Grosso antes da guerra", separata de *A Defesa Nacional*, fev. de 1955, p. 75. Regina Maria A. F. Gadelha, op. cit., p. 81.

42. Magnus Mörner, op. cit., pp. 28 e 42. Regina Maria A. F. Gadelha, op. cit., p. 140.

43. O plano era de Irala, que determinou, em 1553, a fundação de uma vila na confluência dos rios Paraná e Uruguai, batizada com o nome de San Juan. Ela serviria como ponto de apoio para o estabelecimento de outros povoados na região, o que permitiria aos espanhóis estender seu domínio até o litoral de Santa Catarina. San Juan, entretanto, não resistiu aos ataques dos índios charrua e chaná.

44. Enrique de Gandia, op. cit., p. 83.

45. O que restou aos portugueses, naquela região, foi o contrabando de cavalos e mulas, comprados aos espanhóis. J. R. Amaral Lapa, op. cit., pp. 37-38.

46. Basílio Magalhães, *Expansão geográfica do Brasil Colonial*, 3ª ed., Rio de Janeiro, Epasa, 1944, pp. 169-171. Miguel Angel Scenna, *Argentina-Brasil: cuatro siglos de rivalidad*, Buenos Aires, Ediciones La Bastilla, 1975, p. 40. Gianpaolo Romanato, op. cit., p. 29.

47. Sérgio Buarque de Hollanda, *Monções*, Rio de Janeiro, Casa do Estudante do Brasil, 1945, p. 67.

48. A. F. de Oliveira Freitas, op. cit., vol. 1, p. 165.

Capítulo II

BUENOS AIRES NO INÍCIO DO SÉCULO XVII • OS CRISTÃOS-NOVOS E O COMÉRCIO PORTUGUÊS • A PRATA DE POTOSÍ • A CONQUISTA DE BUENOS AIRES COMO OBJETIVO DOS PORTUGUESES

Buenos Aires, no início do século XVII, era uma aldeia mais pobre que Assunção, onde o governo regional das províncias do Rio da Prata e Paraguai se sediava. Vinte anos após a sua fundação, não se podia assegurar que sobrevivesse, com uma população bastante escassa, da ordem de 100 habitantes,[1] e sem o apoio da própria Espanha, empenhada em defender a prevalência do porto de Lima e a conexão pela via do Oceano Pacífico e do Caribe. Em 1590, o Cabildo escreveu ao rei de Espanha: *"y así quedamos tan pobres y necesitados que no se puede encarecer mas de que sacrifiquemos que aramos y cavamos con nuestras manos..."*.[2] E a Cédula Real de 28 de janeiro de 1594 ordenou seu despovoamento e proibiu o comércio com o Brasil. Àquela época, portanto, Buenos Aires continuava como porto fechado, com o que seus moradores não se conformavam.

Sua localização, à margem do Rio da Prata,[3] facilitava, no entanto, o acesso ao Alto Peru, através da rota de Córdoba, Santiago del Estero, Tucumán, Salta e Jujuy, deslocando o eixo da articulação comercial entre as colônias de Espanha e Portugal, que até então passava pelo Paraguai. E Buenos Aires logo adquiriu maior importância, devido, sobretudo, às atividades de contrabando realizadas pelos portugueses, que foram, a princípio, os grandes responsáveis pelo seu desenvolvimento, acarretando, em consequência, a estagnação econômica e o declínio político de Assunção. Não sem fundamento Maria Sáenz Quesada observou que a Argentina, desde os primórdios, foi atraída para o "espaço econômico do Atlântico português, como competidora ilegal do circuito comercial implantado em Sevilla".[4]

Sabe-se que, desde 1584-1585, quatro ou cinco anos depois de iniciada sua construção, Buenos Aires já mantinha intercâmbio regular com os portos do Brasil, para onde mandava prata, ouro, farinha e tecidos de algodão, em troca de objetos manufaturados, de origem portuguesa,[5] além de açúcar, ferro e, principalmente, escravos. Por volta de 1597, cerca de 250 escravos entravam, por ano, em Buenos Aires, com destino a Potosí, procedentes do Brasil.[6] Em 1603, seis anos depois, o número oficialmente apurado já era de 450, subindo, na década de 1620, para 1.500.[7] Das 16 embarcações que chegaram ao porto de Buenos Aires, nos primeiros meses de 1621, somente três tinham autorização legal. As outras contrabandeavam escravos do Brasil ou de Angola.[8] O comércio, naquela cidade, estava sob o controle dos portugueses.

A fim de estancar o extravio da prata de Potosí, que saía clandestinamente pelo porto de Buenos Aires como contrapartida dos escravos e das mercadorias ali desembarcadas, o rei de Espanha, em 1623, determinou a instalação da alfândega seca de Córdoba. A medida resultou inócua, diante dos interesses portugueses, que se entreteciam com os das regiões do Rio da Prata e do Alto Peru, correspondendo às necessidades do seu abastecimento e aos impulsos de expansão mundial da economia de mercado. Na verdade, a unificação dos dois reinos da Península Ibérica favorecera a organização do comércio de contrabando na América espanhola, da mesma forma que possibilitara a penetração dos bandeirantes além da linha de demarcação, fixada pelo Tratado de Tordesilhas.

Desde o primórdio de Buenos Aires, que coincidiu com a ascensão de Felipe II, rei de Espanha, ao trono de Portugal, os comerciantes lusos lá se estabeleceram e, envolvendo autoridades de Córdoba e da Audiência de Charcas, desdobraram sua rede de negócios a outras cidades, inclusive Lima, onde praticamente dominaram a praça.[9] Esses comerciantes, em sua maioria, eram judeus e mantinham estreitas vinculações com outros, da mesma nacionalidade, nos mercados de Londres e, particularmente, Amsterdã.[10] Conhecidos como cristãos-novos ou marranos — elemento fundamental da burguesia portuguesa — eles afluíram para a América, em virtude das perseguições do Santo Ofício, forma sob a qual a reação feudal à nova classe em ascensão se manifestava, sobretudo, na Península Ibérica. Em 1644, o diplomata português D. Francisco de Souza Coutinho (1597-1660) escreveu que Portugal era "mãe dos cristãos-novos" que iam para o Brasil.[11] E os portugueses que se estabeleciam em Buenos Aires eram suspeitos da fé hebraica e vigiados pelo governador e pelo comissário da Inquisição, cuja sede estava em Lima.[12] *"La sospecha de que en su mayoría podían ser judíos llegó a ser una obsesión de las autoridades eclesiásticas"*, observou La Fuente Machaín.[13]

A partir de 1618, com a notícia de que o Santo Ofício introduziria a Inquisição no Brasil, a emigração de marranos portugueses para a América espanhola intensificou-se e eles virtualmente se tornaram o núcleo principal da população de Buenos Aires, onde exerciam as mais diversas atividades, não só no comércio, mas, também, em outros ramos da economia e da própria administração pública. Em meado do século XVII, dos 1.200 habitantes que havia naquela cidade, 370, ou seja, 25% eram portugueses e esta proporção se elevaria muito mais, se computados os de segunda geração e os que estavam em trânsito.[14] Isto demonstra o quanto Buenos Aires, àquela época, significava como porto de intermediação entre os centros mineiros do Alto Peru e os mercados de Europa, África e Brasil, pela rota do Atlântico, que os portugueses controlavam. Conforme salientou o historiador R. de La Fuente Machaín, *"podemos afirmar que durante el siglo XVII, en Buenos Aires predominó el aporte lusitano en forma apreciable, dado que su número fue considerable, en relación con la población de la ciudad y su influencia se hizo sentir en todas las actividades y esferas (...)".*[15]

Com a ocupação, primeiro, do Nordeste brasileiro e, depois, de Guiné e Angola pelos holandeses, no segundo quartel do século XVII, os negócios através do porto de Buenos Aires foram, porém, seriamente afetados. Os portugueses perderam o domínio do Atlântico Sul e suas

A EXPANSÃO DO BRASIL E A FORMAÇÃO DOS ESTADOS

feitorias na África, o que contribuiu, sem dúvida, para aviventar ainda mais as bandeiras de apresamento, com vista a substituir os negros pelos indígenas e suprir a demanda de escravos, tanto do Brasil e Portugal quanto, possivelmente, da própria América espanhola,[16] cujo estoque de mão de obra se dissipava, rapidamente, nas minas do Alto Peru. E a ideia de conquista de Buenos Aires pelas armas começou a florescer, quando as dificuldades para o desenvolvimento das operações do comércio português lá surgiram, internamente, em consequência da rebelião de Lisboa e do rompimento da unidade da Coroa de Castela.

Em 1638, ao tempo em que Portugal ainda se achava sob o domínio de Madri, D. Juan de Lizarazu, presidente da Audiência de Charcas, manifestou o receio de que os luso-brasileiros atacassem Buenos Aires.[17] A ameaça realmente se configurava. Naquele mesmo ano, após o arrasamento das Reduções do Tape por Antônio Raposo Tavares, uma poderosa bandeira avançou pela margem direita do Rio Uruguai, na direção dos territórios que integrariam as províncias argentinas de Misiones e Corrientes, e foi liquidada pelos guaranis em Caazapá Guazú. Três anos depois, em 1641, cerca de 4 mil guaranis de Itatim,[18] com arcos e flechas, arcabuzes e, inclusive, uma pequena peça de artilharia, e sob o comando direto dos jesuítas, desbarataram em Mbororé, afluente do Rio Uruguai, outra bandeira, composta por 350 paulistas e cerca de 1.200 tupis e transportados em 130 canoas, sob o comando de Manoel Pires, genro de Antonio Raposo Tavares.[19] O exército guarani fora organizado na Redução de São Francisco Xavier pelo jesuíta Antonio Ruiz de Montoya (1585 –1652), com a aprovação da Corte de Espanha, *vis-à-vis* da permanente ameaça dos bandeirantes. A batalha ocorreu em março de 1641 e durou dez dias. Morreram mais de 2 mil homens.[20]

As Reduções do Tape foram destruídas. Os jesuítas e os índios, abandonando o gado, passaram para a margem direita do Rio Uruguai. O rebanho solto reproduziu-se como gado selvagem, cimarrón, originando a Vacaria do Mar.[21] Porém os luso-brasileiros não passaram. Gianpaolo Romanato, professor de história da Universidade de Pádua (Itália), considerou esse episódio militar *"piu relevante della storia dell'America coloniale*", decisivo para que toda a Província do Paraguai permanecesse sob o controle de Espanha.[22] O professor John Manuel Monteiro, autor do livro *Negro da Terra — Índios e bandeirantes nas origens de São Paulo*, chegou também à mesma conclusão de que "o 'desastre' de Mbororé marcou o fim de uma época".[23]

As expedições dos bandeirantes, evidentemente, não cessaram, após a derrota à margem do Mbororé. As Reduções, com os guaranis armados, puderam conter, durante a segunda metade do século XVII e início do século XVIII, a expansão luso-brasileira, na região do Prata.[24] Essas expedições, como, aliás, quase todas as outras, respondiam, grosso modo, aos interesses do comércio luso-brasileiro, em busca de índios, como força de trabalho para os engenhos de açúcar, jazidas de prata e ouro, diamantes e outras pedras preciosas, interesses alimentados por outras causas econômicas e sociais, com implicações geopolíticas. Dentro daquele contexto de acirramento das disputas coloniais, particularmente com a Espanha e as Províncias Unidas dos Países Baixos, as expedições, embora ocorressem desde o século XVI e início do século XVII, não podiam deixar de relacionarem-se com os fatores que condicionaram a restauração da soberania nacional de Lisboa. Coincidência ou não, mais ou menos àquela época em que os guaranis e jesuítas derrotaram e contiveram os bandeirantes em Mbororé, ocorreu um movimento para levar Buenos Aires, com o apoio da população portuguesa lá residente, a romper com o Vice-Reino do Peru e a aderir ao duque de Bragança, proclamado rei de Portugal com o nome de D. João IV, unindo-se ao Brasil, do qual, economicamente, ela bastante dependia.[25]

A derrota da bandeira de Manoel Pires em Mbororé, pouco referida pela historiografia oficial, obstaculizou a marcha dos bandeirantes para Buenos Aires e, ao conter-lhes o ímpeto, travou, nos limites dos saltos do Guairá Iguaçu e Uruguai, a expansão luso-brasileira através do território da Bacia do Prata.[26] O propósito de tomar Buenos Aires, contudo, não se desvaneceu. Ao contrário, revigorou-se, como objetivo geopolítico, diante das circunstâncias em que Portugal se encontrava, ao defrontar-se, de um lado, com as Províncias Unidas dos Países Baixos, que lhe retalhavam as colônias e lhe arrebatavam os mercados, e, do outro,

A EXPANSÃO DO BRASIL E A FORMAÇÃO DOS ESTADOS

com a Espanha, da qual se emancipara e que ainda não reconhecia a sua independência como nação.

Em 1641-1642, os holandeses prepararam o ataque a Buenos Aires, conforme desde 1630 planejavam,[27] com a intenção de obter o completo domínio do Atlântico Sul e tirar aos portugueses o controle tanto do tráfico de escravos quanto do contrabando de prata, aliás, já canalizada, em grande parte, para Amsterdã pelos marranos. Depois de se apoderarem pela força, em agosto de 1641, da costa de Angola até Benguela, esperava-se que os holandeses, a dominarem o Nordeste brasileiro, acometessem aquela cidade, cujo posto era estratégico na conexão com Potosí, a fim de recuperarem, diretamente, a corrente de comércio, da qual Amsterdã constituía a grande beneficiária e que até então os portugueses — cristãos-novos — se encarregaram de promover.

O governo de Madri, entrementes, adotara medidas de represália, por causa da secessão de Lisboa, reprimindo as atividades dos portugueses em suas colônias da América. As Cédulas Reais de 1641 não só recomendaram severa vigilância sobre os que moravam em Buenos Aires e em outras cidades do Vice-Reino do Peru como determinaram, caso conveniente fosse, sua destituição dos cargos públicos, a proibição de se fixarem em terras de Espanha, a remoção para o interior dos que viviam nas cercanias do porto e a interdição de manterem relações comerciais com os súditos da Coroa de Castela.[28] Como a vida de Buenos Aires dependia, essencialmente, do comércio marítimo com Portugal e suas colônias, temeu-se a decadência daquele porto, o que, de certa forma, chegou a ocorrer na segunda metade do século XVII.[29]

A situação de Portugal, naquela conjuntura, era sobremodo grave. Para uma nação de comerciantes, cujo palácio do governo era uma grande casa de negócios e o rei, o principal mercador,[30] o fechamento de Buenos Aires, somando-se à perda do Nordeste brasileiro e de Angola, que os holandeses ocuparam, representava um duro golpe. Além do comércio do açúcar, do qual as Províncias Unidas dos Países Baixos se assenhorearam, e do tráfico de negros, mais lucrativo que o dos indígenas,[31] Portugal ficara privado da prata, instrumento fundamental nas transações com o Oriente para a compra de pimenta e outras especiarias.[32] A

54

tomada de Buenos Aires pelos portugueses, por conseguinte, afigurava-se-lhes vital, não só a fim de reativar o intercâmbio com Potosí como, também, para impedir que os holandeses a capturassem.

Desde outubro de 1642, essa ideia circulava nos meios bem-informados de Lisboa, onde muitos fidalgos queriam mandar uma expedição armada a Buenos Aires, acreditando que seis navios apenas bastariam para subjugá-la.[33] Pouco tempo depois, em 1643, o Conselho Ultramarino tratou da questão, quando Salvador Correia de Sá e Benevides, que fora governador do Rio de Janeiro e comandante em chefe das Capitanias do Sul,[34] sugeriu a invasão de Buenos Aires, com os argumentos de que não havia esperança de reabrir o tráfico entre aquela cidade e o Brasil, para restabelecer o fluxo da prata, porque os portugueses não podiam continuar a fornecer-lhe negros como escravos, devido à ocupação de Angola pelos holandeses.[35] O plano consistia em despachar do Rio de Janeiro uma força naval, transportando cerca de quinhentos a seiscentos homens, para atacar Buenos Aires pelo estuário do Prata, enquanto os bandeirantes cruzariam o Paraguai e a invadiriam por terra.[36]

A tomada de Buenos Aires, segundo Salvador de Sá, não só possibilitaria o abastecimento do Brasil com couros e gêneros alimentícios como permitiria aos portugueses o domínio da Bacia do Prata, e abriria o caminho para ulterior avanço sobre as minas de prata de Potosí, empreendimento que não se configurava difícil, pois o número de luso-brasileiros residentes naquela região, sobretudo em Tucumán, era muito grande, comparado com a diminuta população de origem espanhola.[37] A ideia, a princípio, não vigorou, mas, em 1647, Salvador de Sá recebeu ordem para ocupar a praça de Buenos Aires, segundo o padre Antônio Vieira, também favorável ao empreendimento, como informou em carta ao marquês de Niza.[38] Os bandeirantes, especialmente Antônio Raposo Tavares,[39] voltaram a investir contra as Reduções Jesuíticas do Paraguai e, em 1651, planejaram um ataque combinado, por terra e mar, contra Buenos Aires.[40]

O assalto a Buenos Aires não se concretizou, em virtude, certamente, das imensas dificuldades com que Portugal se defrontava. Ao que parece, a reconquista de Angola, onde o manancial de escravos se en-

A EXPANSÃO DO BRASIL E A FORMAÇÃO DOS ESTADOS

contrava, teve prioridade, cabendo ao próprio Salvador de Sá comandar a operação, em 1648. E a esquadra, que conduziria a Buenos Aires as tropas de desembarque, não saiu nem do Rio de Janeiro nem de Santos, apesar da notícia dos preparativos, talvez porque os cruzadores holandeses infestassem as águas do Atlântico Sul, conforme hipótese do historiador inglês C. R. Boxer.[41] Por outro lado, os guaranis das Reduções Jesuíticas, aos quais o rei da Espanha autorizara a entrega de armas de fogo, frustraram, desde a batalha de Mbororé, todas as investidas que os bandeirantes fizeram para ganhar a margem ocidental do Rio Uruguai.[42]

Com a retomada de Angola e a expulsão dos holandeses do Nordeste brasileiro, em 1654, só a ocupação de Buenos Aires faltava para que Portugal, assegurando a conexão com Potosí, restaurasse completamente seu complexo comercial e as rotas de navegação no Oceano Atlântico, com a hegemonia sobre o Rio da Prata. E aí o objetivo não era mais apenas o de introduzir escravos africanos, através do porto de Buenos Aires, na América espanhola, conforme o vice-rei do Peru, D. Francisco Nestares de Marin, supunha, em 1653.[43] O que Portugal almejava era o controle de todo o comércio da região, que, além da prata, já abarcava outras mercadorias, tais como couros, carne-seca e erva-mate.[44]

A ordem internacional, porém, modificava-se. A fim de enfrentar a Espanha, na Península Ibérica, e as Províncias Unidas dos Países Baixos, no ultramar, Portugal tivera de associar-se à Inglaterra, através dos tratados de 1642 e 1654, consolidados, em 1661, pelo casamento de Catarina de Bragança, filha de D. João IV, com Carlos II, da Casa de Stuart. E, devido à sua fraqueza e isolamento, ficara numa situação bastante desvantajosa. Em troca de apoio político e proteção militar, Portugal concedera à Inglaterra privilégios econômicos e favores comerciais, que o reduziram, praticamente, à condição de vassalo e de testa de ferro na exploração dos negócios coloniais.[45] A burguesia portuguesa então se resignava em permanecer como agente de intermediação — papel que efetivamente já exercia — na formação do mercado mundial. Esta posição refletia a decadência do mercantilismo e o processo de sua superação pelo capitalismo industrial, do qual a Inglaterra estaria na vanguarda.

LUIZ ALBERTO MONIZ BANDEIRA

Diante de tal situação, o receio de Madri, em 1663, era de que os ingleses apoiados pelos portugueses, com base no Brasil,[46] atacassem Buenos Aires o que, com o estabelecimento de um condomínio no estuário do Prata, acarretaria, em curto prazo, o colapso do sistema oficial de comércio da América espanhola.[47] O ataque não se concretizou e mais de um século passaria até que, em 1806, as tropas do comodoro Home Popham, da Marinha britânica, desembarcassem naquela cidade, sem obter, aliás, maiores êxitos. Como, no entanto, a ameaça, que nunca deixou de preocupar as autoridades espanholas, partia, igualmente, de outras nações — França, Holanda e Dinamarca —, Portugal decidiu antecipar-se e tomar a iniciativa de apossar-se da riba setentrional do Rio da Prata.[48] E o príncipe-regente, D. Pedro de Bragança, ordenou que Manoel Lobo, governador do Rio de Janeiro, erguesse uma base militar diante de Buenos Aires. Cerca de trezentos soldados regulares do Exército português, em 26 de janeiro de 1680, iniciaram a construção da fortaleza, que se chamaria Colônia do Sacramento.

NOTAS

1. R. de Lafuente Macháin, *Los Portugueses en Buenos Aires (Siglo XVII)*, Madri, s/e, 1931, p. 9.
2. Ibidem, p. 89.
3. Os primeiros navegantes que passaram pela embocadura do Rio da Prata, em 1514, foram os portugueses Cristóvão de Haro e D. Nuno Manoel. No ano seguinte, o piloto Juan Diaz de Solís partiu da Espanha rumo àquela região, onde seu navio naufragou. "Aos ouvidos dos náufragos de uma das caravelas de Solís (...) chegaram referências fabulosas (...) transmitidas pelos indígenas, a respeito de um poderoso país — o Império do rei Branco, a Serra de Prata, o lago onde o sol dormia — situado em determinado local do continente, cujas riquezas superavam os sonhos mais ambiciosos. Tratava-se do Império dos Incas, mas o desconhecimento das distâncias e as terras interiores davam pábulo à ideia de que era um novo e mais rico reino, não visitado ainda pelos espanhóis." Rodolfo Puigross, *Historia económica del rio de la Plata*, 4ª ed., Buenos Aires, A. Peña Lillo Editor S.R.L., 1974, p. 15. Segundo Capistrano de Abreu, desde 1514 chegaram à Europa, levados pela armada de D. Nuno

A EXPANSÃO DO BRASIL E A FORMAÇÃO DOS ESTADOS

Manoel, os primeiros espécimes de metais preciosos encontrados nas águas do grande rio. Alguns companheiros de Solís, escapos à sanha dos índios, e depois tolerados, confirmaram estes indícios vagos. J. Capistrano de Abreu, *Capítulos de História Colonial*, p. 86. O espécime a que Capistrano de Abreu se referiu foi um machado de prata. Consultar também J. Capistrano de Abreu, *Os caminhos antigos e o povoamento do Brasil*, pp. 11-27 e 137. Ao que tudo indica, a expedição de Martim Afonso de Souza que, em 1530, deu início à ocupação do Brasil, destinava-se ao Rio da Prata. Cf. Basílio Magalhães, *Expansão geográfica do Brasil até fins do século XVII*, p. 11. J. Capistrano de Abreu, *Os caminhos antigos e o povoamento do Brasil*, p. 137. O Rio da Prata assim passou a chamar-se devido precisamente a esses achados de metais preciosos, o que originou a crença de que as minas se encontravam em suas imediações. De qualquer forma, embora Potosí estivesse mais distante, o acesso às minas de prata era fácil por aquela região, tornando Buenos Aires estrategicamente importante para o escoamento clandestino de enorme quantidade daquele metal. Ver Frédéric Mauro, op. cit., p. 75. Tulio Halperin Donghi, *Revolución y Guerra (Formación de una Elite Dirigente en la America Criolla)*, Buenos Aires, Siglo Veintiuno Editores S.A., 1972, p. 14.

4. María Sáenz Quesada, *La Argentina — História del país y de su gente*, 3ª ed., Buenos Aires, Editorial Sudamericana, 2004, p. 74

5. Alice Piffer Canabrava, op. cit., p. 44. Os manufaturados de origem portuguesa eram, na verdade, produzidos na Inglaterra, Holanda e França. "Os portugueses eram os grandes intermediários e o fato de deterem o comércio dos negros permitiu que eles desempenhassem importante papel no contrabando para as colônias espanholas." Alice Piffer Canabrava, op. cit., pp. 97-98.

6. Ibidem, pp. 67 e 82-86. "Todos sabiam, do Brasil até a África, que o porto de Buenos Aires, longe de estar fechado, era o maior porto negreiro das Índias." Virginia Carreño, *Estancias y Estancieros*, Buenos Aires, Editorial y Librerie Goncourt, 1968, p. 31.

7. Alice Piffer Canabrava, op. cit., p. 82.

8. Ibidem, pp. 83 a 68.

9. José Toribio Medina, *El Tribunal del Santo Oficio de la Inquisición en las Provincias del Plata*, Buenos Aires, Editorial Huarpes, 1945, p. 176. Frédéric Mauro, op. cit., p. 71. "O quartel-general da Inquisição, em Lima, vivia inundado pelas queixas contra a entrada de criptojudeus portugueses, através de Buenos Aires. (...) Daí não se segue, necessariamente, que todos o fossem, pois estigmatizar o comerciante rival, ou potencial competidor, era um meio fácil de denegri-lo aos olhos do mundo." Charles Ralph Boxer, *Salvador de Sá e a luta pelo Brasil e Angola — 1602-1686*, São Paulo, Companhia Edito-

ra Nacional, Col. Brasiliana, vol. 353, 1975, p. 94. "Talvez pela necessidade de estabelecer uma barreira contra os portugueses, o anátema de judeus e de inimigos da fé católica, a tal ponto que, na América espanhola, o fato de ser português implicava, no conceito popular, o fato de ser judeu." Alice Piffer Canabrava, op. cit., p. 134.

10. "Os cristãos-novos portugueses tiveram um papel importante no comércio lusitano com os senhorios de ultramar e com o Norte da Europa, e sua participação foi apreciável no desenvolvimento do capitalismo comercial, se bem que, segundo nos parece, tivesse proporções bem menores do que as que lhes são atribuídas por alguns autores." Anita Novinsky, *Cristãos-Novos na Bahia*, São Paulo, Edusp/Perspectiva, 1972, p. 34. "Na Holanda, importantes agentes portugueses, responsáveis pelo envio de armas para a guerra contra Castela, eram cristãos-novos." Idem, p. 50. "Na altura de 1624, havia em Amsterdã aproximadamente oitocentos judeus, cuja maioria se compunha de portugueses. Estes, com efeito, representavam cerca de três quartos de 1% da população total de Amsterdã." Arnold Wiznitzer, *Os judeus no Brasil Colonial*, São Paulo, Livraria Pioneira Editora/Edusp, 1966, pp. 36-37. "Eles entravam com o capital trazido de Portugal e que continuavam recebendo por intermédio de parentes e amigos que, temporariamente, impossibilitados de emigrar daquele país, desejavam investir uma parte de suas riquezas a segura distância da Inquisição e das garras da Coroa espanhola. (...) Mantinham eles relações de negócios em toda parte do mundo, tinham parentes e correspondentes no Brasil, nas províncias do Rio da Prata, no Marrocos, Turquia, Itália, Índia, Madeira, África e outros lugares." Idem, p. 37. "As intensas ligações comerciais entre os cristãos-novos do Brasil e seus parentes e patrícios de Amsterdã facilitaram a tarefa de reaproximação e de retorno à lei velha." Elias Lipiner, *Os judaizantes nas capitanias de cima*, São Paulo, Brasiliense, 1969, pp. 101-102. Sobre o papel dos cristãos-novos no comércio português ver ainda J. Lúcio Azevedo, *Épocas de Portugal Econômico* (Esboços de História), 4ª ed., Lisboa, Livraria Clássica Editora, 1978, pp. 263 a 268.

11. Apud R. de la Fuente Machaín, *Los Portugueses en Buenos Aires. (Siglo XVII)*, Madri, s/ed., 1931, p. 44.

12. Ibidem, pp. 101-103.

13. Ibidem, p. 104.

14. Ibidem, pp. 86-87. "Muito pouca gente no Rio da Prata suspeita até que ponto é portuguesa." Virginia Carrero, op. cit., p. 89. "Muitos portugueses alteraram seus nomes, espanholizando-os, para escapar às restrições impostas pelas autoridades de Madri." Ibidem, p. 97. "A Buenos Aires, em apenas um dia de abril de 1619, oito navios arribaram, transportando portugueses,

A EXPANSÃO DO BRASIL E A FORMAÇÃO DOS ESTADOS

que pagavam aos espanhóis para que os apresentassem como empregados." José Toribio Medina, op. cit., pp. 159-161. Ver Alice Piffer Canabrava, op. cit., pp. 134-140. José Gonçalves Salvador, op. cit., p. 46.

15. R. de la Fuente Machaín, op. cit., p. 87.

16. Sobre exportações de escravos índios, consultar J. Lúcio Azevedo, op. cit., pp. 155, 243-248. Alice Piffer Canabrava, op. cit., p. 118. Affonso d'E. Taunay, op. cit., vol. 1, p.37. Pe. Luiz Gonzaga Jaeger, S. J., op. cit., p. 22.

17. Cf. Charles Ralph Boxer, op. cit., p. 184. Os temores de D. Juan de Lizarazu eram, na verdade, bem antigos. Já em 1637, em carta ao rei Felipe IV, ele insistia na ameaça que as bandeiras representavam para o Vice-Reino do Peru, além dos danos que causavam às populações indígenas. Cf. José Gonçalves Salvador, op. cit., p. 55.

18. Região entre Chaco, ao norte do Paraguai, e o Pantanal.

19. "Relação de derrota sofrida pelos bandeirantes em Mbororé: escrita pelo padre Cláudio Ruyer." Redução de San Nicolau, 6 de abril de 1641, doc. XLII, in *Jesuítas e Bandeirantes no Tape — 1615-1641 —* Manuscritos da Coleção de Angelis, vol. III, p. 345. Neimar Machado de Sousa, A redução de Nuestra Señora de la Fe no Itatim: entre a cruz e a espada (1631-1659), dissertação apresentada como requisito parcial à obtenção do grau de Mestre em História, Programa de Pós-Graduação em História da Universidade Federal de Mato Grosso do Sul, Campus de Dourados, 2002, p. 73. John Manuel Monteiro, *Negros da Terra — Índios e bandeirantes nas origens de São Paulo*, São Paulo, Companhia das Letras, 1994, p. 78.

20. Gianpaolo Romanato, *Gesuti, guarani et emigranti nelle Riduzioni del Paraguay*, Ravena, Longo Editore, 2008, pp. 30-31.

21. Janete da Rocha Machado, *Povoado missioneiro: cenografia do Barroco — A Igreja e o teatro da vida*, Faculdade de Filosofia e Ciências Humanas, Curso de Licenciatura e Bacharelado em História, Pontifícia Universidade Católica do Rio Grande do Sul, Porto Alegre, 2007, p. 32, disponível em http://revistaseletronicas.pucrs.br/ojs/index.php/graduacao/article/view/2781/2123.

22. Gianpaolo Romanato, op. cit., p. 30.

23. John Manuel Monteiro, op. cit., p. 78.

24. Arno Álvarez Kern, *Missões: uma utopia política*, Porto Alegre, Mercado Aberto/Propaganda Editora Ltda., 1982, pp. 153-162.

25. Charles Ralph Boxer, op. cit., p. 161. Frédéric Mauro, op. cit., pp. 69 e 70.

26. "O padre Montoya proclamava em Madri que uma invasão do Peru e de Buenos Aires pelos paulistas havia sido frustrada pouco antes, como resultado da batalha de Mbororé." Charles Ralph Boxer, op. cit., p. 184. Sobre a importância histórica da Batalha de Mbororé na contenção do avanço luso-

brasileiro, ver *Jaime Cortesão*, "Introdução", in *Jesuítas e bandeirantes no Tape — 1613-1641* — Manuscritos da Coleção de Angelis, vol. III, p. 11. Basílio Magalhães, Expansão geográfica do Brasil Colonial, p. 146. Miguel Angel Scenna, op. cit., pp. 40 e 43. Magnus Mörner, op. cit., pp. 54-55.

27. "Os holandeses de Pernambuco tinham os olhos voltados para aquela praça (Buenos Aires), estando bem-informados a respeito da ausência de defesa na estrada para Potosí. A esquadra de Loncq, que tomara Olinda em 1630, tinha ordem para prosseguir em seus golpes e apoderar-se de Buenos Aires; (...) esta última parte do projeto não se concretizou. Em 1641-42 a ideia foi novamente trazida à baila por João Maurício de Nassau, que insistia sobre a necessidade de capturar Buenos Aires, antes que o fizessem os portugueses do Rio de Janeiro, liderados por Salvador Correia de Sá. Em 1642 iam já adiantados os preparativos de João Maurício de Nassau para tomar Buenos Aires; mas a empresa foi cancelada no último momento por causa da necessidade de acudir a expedição de Bower no Chile." Charles Ralph Boxer, op. cit., p. 186.

28. Alice Piffer Canabrava, op. cit., p. 156.

29. Idem, pp. 149 e 157.

30. "Ao chegarem as naus ao Tejo, toda a mercadoria desembarcava para os armazéns, na ribeira, pertencentes à Casa da Índia, sobre os quais se alçava o palácio real. Ali foi de 1505 em diante o solar do governo." J. Lúcio Azevedo, op. cit., p. 110.

31. Ibidem, pp. 245-247.

32. Ibidem, p. 136.

33. Cf. Charles Ralph Boxer, op. cit., pp. 183-186.

34. Seu título anteriormente era o de "almirante da costa do Sul e Rio da Prata, superintendente em todas as matérias de guerra da dita costa".

35. Charles Ralph Boxer, op. cit., pp. 183-186. J. Lúcio Azevedo, op. cit., p. 302.

36. Charles Ralph Boxer, op. cit., p. 184.

37. Ibidem, p. 184.

38. Carta do padre Antônio Vieira ao marquês de Niza, 20/1/1648, in *Annaes do Museu Paulista*, tomo V, pp. 1-20 e 34-79. Boxer, que também cita essa carta, diz não ter encontrado nenhum outro documento que confirmasse a informação de Vieira, mas admite a existência de algum fundamento na notícia, uma vez que os bandeirantes, a começar por Antônio Raposo Tavares, renovaram os ataques às Reduções Jesuíticas e, em 1651, os paulistas fizeram os preparativos para o ataque a Buenos Aires. Charles Ralph Boxer, op. cit., p. 392.

39. Foi nessa ocasião que Antônio Raposo Tavares destruiu as Reduções de Cruz de Bolaños, Xerez, Itutin, Nuestra Senhora de la Fé e outras, atravessou Chiquitos e Santa Cruz de la Sierra e, ganhando o Guaporé, o Mamoré e o Ma-

A EXPANSÃO DO BRASIL E A FORMAÇÃO DOS ESTADOS

deira, entregou-se à corrente do Amazonas, até o Pará. Ver Basílio Magalhães, *Expansão geográfica do Brasil Colonial*, pp. 169-170.

40. *Annaes do Museu Paulista*, tomo V, pp. 106-118. Charles Ralph Boxer, op. cit., pp. 392-393.

41. Charles Ralph Boxer, op. cit., p. 392.

42. Testimonio de una petición del padre Francisco Díaz Taño, de la Companhia de Jesus. La Asunción, 23 de enero de 1657, in *Annaes do Museu Paulista*, tomo V, pp. 98 e 99, estante 74, cajón 4, legajo 7.

43. Carta de D. Francisco de Nestares Marín a Su Magestad sobre puntos tocantes al puerto de Buenos Aires y a su defensa contra los rebeldes de Portugal. Potosí, 31 de mayo de 1653, in *Annaes do Museu Paulista*, tomo V, pp. 98 e 99, estante 74, cajón 4, legajo 7.

44. Rodolfo Puigross, op. cit., p. 44. Alice Piffer Canabrava, op. cit., pp. 122-124.

45. Vide Charles Ralph Boxer, *O Império Colonial Português*, Lisboa, Edições 70, 1977, p. 137. Fernando A. Novais, *Portugal e Brasil na crise do antigo sistema colonial (1777-1808)*, São Paulo, Hucitec, pp. 17-23 e 75-82. Andre Gunter Frank, *Acumulação mundial — 1492-1789*, Rio de Janeiro, Zahar Editores, p. 109. J. Lúcio Azevedo, op. cit., pp. 385-396.

46. Carta do governador de Buenos Aires, Joseph Martinez de Salazar, para os padres da Companhia de Jesus e, em especial, das Reduções do Paraná e Uruguai, pedindo-lhes que enviem trezentos índios e madeira para auxiliar a fortificação de Buenos Aires e a construção de seis embarcações; Buenos Aires, 29 de setembro de 1663, doc. II, in *Tratado de Madri — Antecedentes — Colônia do Sacramento — 1669-1749 —* Manuscritos da Coleção de Angelis, vol. V, Biblioteca Nacional, Divisão de Obras Raras e Publicações, Rio de Janeiro, 1954, pp. 25-27. Jaime Cortesão, "Introdução", p. 6.

47. Ibidem, p. 6.

48. Sobre as ameaças de outras nações europeias a Buenos Aires, ver Magnus Mörner, op. cit., pp. 46, 47, 94 e 95. Charles Ralph Boxer, *Salvador de Sá e a luta pelo Brasil e Angola — 1602-1686*, pp. 392-398.

Capítulo III

A FUNDAÇÃO DA COLÔNIA DO SACRAMENTO • A TEORIA DAS FRONTEIRAS NATURAIS • PORTUGAL E INGLATERRA NO SÉCULO XVII • O TRATADO DE MADRI E A CONFIGURAÇÃO TERRITORIAL DO BRASIL

A fundação da Colônia do Sacramento, como projeto do Estado português longamente estudado e amadurecido,[1] constituiu o desdobramento, em nível oficial, dos esforços que os luso-brasileiros, por meio das bandeiras, empreenderam, desde pelo menos 1636[2] e intensificaram, sobretudo a partir da rebelião contra a Espanha, para efetivarem sua presença na Bacia do Prata e prosseguirem o avanço sobre o resto da região. A necessidade de manter a conexão com Potosí e, reativando o comércio de contrabando com a América espanhola, fomentar o fluxo de prata, que a economia de Portugal, em crise, demandava, determinou, naturalmente, o desencadeamento da operação militar, comandada por Manoel Lobo com o duplo objetivo de assegurar o domínio de uma das margens do grande rio e, ao mesmo tempo, criar as condições para ulterior conquista de Buenos Aires.

Esta possibilidade era, àquela época, tão real e previsível que, ao comunicar ao vice-rei do Peru o desembarque das tropas de Manoel Lobo, na outra margem do Rio da Prata, o governador de Buenos Aires, D. Joseph de Garro, salientou que os habitantes de sua cidade eram, "na maior parte, portugueses, filhos ou descendentes deles" e que a "ardente paixão" pelos ocupantes de Colônia do Sacramento, manifestada com "pouca dissimulação", fazia-o "desconfiar de que os dois se deem

A EXPANSÃO DO BRASIL E A FORMAÇÃO DOS ESTADOS

as mãos".[3] Perspectiva semelhante — a de que a população de Buenos Aires, devido à forte presença portuguesa, aderisse à causa de Lisboa e acompanhasse o Brasil — existira, em 1640, quando o duque de Bragança rompeu a união com a Coroa de Castela, e Salvador de Sá considerou-a, três anos depois, ao propor a invasão daquela cidade, no Conselho Ultramarino.

Mas, não eram apenas os laços de nacionalidade o que impulsava considerável parcela da população de Buenos Aires para o lado de Portugal. Eram suas necessidades econômicas, uma vez que Portugal as atendia com o fornecimento de escravos da África, açúcares do Brasil, tecidos da Inglaterra ou de Flandres e outras mercadorias, a custos bem mais baixos do que as que entravam pelo porto de Lima, devido ao fato de ser a rota do Atlântico mais curta e o transporte, menos dispendioso. Essas mercadorias penetravam pelo interior da América espanhola, chegando aos centros mineiros do Alto Peru, o que acirrava as contradições entre o monopólio aduaneiro de Lima e Buenos Aires, cujos moradores, bem como os de Córdoba e Tucumán, beneficiavam-se, amplamente, do comércio clandestino promovido pelos portugueses.

Na medida, pois, em que as necessidades das populações do litoral do Rio da Prata coincidiam com os interesses mercantis de Portugal, Buenos Aires tendia a apartar-se do eixo de gravitação do sistema colonial de Espanha, assentado sobre o complexo Pacífico-Caribe, e a contrapor-se ao Vice-Reino do Peru. Esse fator, que induziria o governo de Madri a criar, quase um século depois da fundação da Colônia do Sacramento, o Vice-Reino das Províncias do Rio da Prata, favoreceu aos portugueses, cuja expansão comercial, segundo a opinião de Manfred Kossok, foi mais importante que a conquista de territórios por eles realizada, paralelamente, porquanto quebrantou, a começar de Buenos Aires, o monopólio comercial de Espanha na América do Sul.[4]

A teoria de que Portugal, com a construção da Colônia do Sacramento na riba setentrional do Rio da Prata, buscou fixar a fronteira natural de suas possessões, é, pelo visto, profundamente falha.[5] Como o embaixador Álvaro Teixeira Soares salientou, "aos portugueses muito importava a conquista de terras, mas, por certo, ainda mais a dos grandes rios, ou pelo menos uma das vertentes desses rios".[6] Sem dúvida alguma, o domínio dos grandes rios ou, pelo menos, de uma de suas vertentes importava mais para os portugueses porque representava o controle das vias de navegação e, consequentemente, do comércio. As fronteiras naturais, *omnia praeclara*, eram aquelas que, de acordo com as necessidades do modo de produção, o movimento dos negócios desenhava, estando os limites de expansão de Portugal, enquanto potência mercantil, na expansão de seus próprios limites.

Esta tendência, sofreada apenas onde e quando arrostasse obstáculos mais fortes, a colonização do Brasil, que se processou nos marcos da economia mundial de mercado e em consequência de suas injunções, demonstrou, tanto ao norte quanto ao sul. Em 1616, então sob a hegemonia de Madri, os portugueses instalaram-se na foz do Amazonas, onde ergueram o Forte do Presépio, que daria origem à cidade de Belém do Pará,[7] com o propósito de evitar que os holandeses e os ingleses se apoderassem da região.[8] Uma vez acampados, estrategicamente, no estuário, eles trataram de estender o controle sobre toda a Bacia do Amazonas, localizada na América espanhola, conforme o disposto pelo Tratado de Tordesilhas.[9]

No século XVIII, enquanto a corrida ao ouro e aos diamantes se realizava e as fazendas de gado se dilatavam pelo interior do Nordeste, a penetração portuguesa na Amazônia prosseguiu, facilitada pela sua vasta rede fluvial, apesar de que os franceses, já senhores de uma extensa área, a tentassem impedir.[10] O Brasil incorporou, então, três quartas partes da maior bacia hidrográfica do mundo e a conservou, porque a Inglaterra, a fim de alijar a França da região, conseguiu, ao negociar, em 1713, o Tratado de Utrecht, que ela reconhecesse a soberania de Portugal sobre a Amazônia e se conformasse com somente a faixa que margeava o Oiapoque.[11]

Ao sul, os luso-brasileiros fundaram, em 1660, a Vila de São Francisco, ocuparam, em 1675, a ilha de Santa Catarina e, em 1676, a zona da Laguna, que serviam como portos na direção do Rio da Prata, a pretexto de expulsão dos flibusteiros.[12] A fundação da Colônia do Sacramento não representava, assim, um ato isolado, mas uma iniciativa que, no seu

A EXPANSÃO DO BRASIL E A FORMAÇÃO DOS ESTADOS

desenvolvimento, implicaria a invasão das Províncias do Rio da Prata, ou seja, a ocupação de toda a margem oriental e dos territórios argentinos de Misiones, Entre Rios e Corrientes,[13] ficando os portugueses a controlar, em quase toda a sua extensão, a linha de comunicações entre Buenos Aires e os centros mineiros do Alto Peru.[14]

Segundo documento da época revela, os portugueses ainda pretendiam a implantação de mais duas colônias, uma no local onde os espanhóis ergueriam a cidade de Montevidéu — e, em 1723, chegaram a intentar sua construção[15] — e outra no Cabo Negro, a fim de estabelecer conexões permanentes entre os povoados e se apossarem das terras orientais, "com os gados, lenhas e madeiras" lá encontrados.[16] Era, como João Pandiá Calógeras a qualificou, uma "política imperialista de agressão",[17] que desequilibrava o sistema de segurança da área e ameaçava destruir um dos antigos núcleos da colonização espanhola, a cidade de Assunção, concretizando a velha aspiração portuguesa de dominar o estuário do Rio da Prata.[18]

Ao contrário, porém, do que ocorreu na Amazônia, cuja penetração praticamente se efetuou sem resistência — salvo, em alguns momentos, a dos franceses —, a presença portuguesa no Prata sofreu, desde o início, forte e violenta reação do governo de Buenos Aires, que mobilizou 250 soldados e 3 mil índios das Reduções Jesuíticas, para assaltar a Colônia do Sacramento, quase reduzida a escombros, poucos meses depois de sua fundação.[19] Uma guerra, que se prolongaria por mais de um século, começou, então, a refletir, em suas ações políticas e militares, as oscilações da conjuntura europeia e os conflitos entre outras potências, como a Inglaterra e a França, interessadas também na região. E os portugueses, ao se empenharem, política e militarmente, para defender a posição conquistada, não mais tiveram condições de evoluir sobre Buenos Aires e os territórios a oeste do Rio da Prata.

Em 1681, mediante um convênio provisório, o governo de Madri devolveu a Colônia do Sacramento a Portugal e, em 1701, reconheceu sua propriedade sobre aquela fortaleza, com a assinatura do Tratado de Alfonza.[20] Logo, entretanto, o quadro europeu modificou-se, ao definir-se um sistema de alianças, com a intervenção da Inglaterra, Holanda e

Áustria, de um lado, e da França, do outro, na guerra pela sucessão ao trono de Espanha. E a luta do Rio da Prata reacendeu-se. Portugal, forçado a envolver-se no conflito, não teve saída senão alinhar-se com a Inglaterra e a Holanda, países com os quais já estava economicamente entrelaçado e com os quais formou uma aliança defensiva e ofensiva, que lhe garantia, entre outros pontos, o apoio contra as pretensões territoriais de França e Espanha, tanto ao norte (Amazônia) quanto ao sul (Colônia do Sacramento) do Brasil.

Naquela circunstância, a dependência de Portugal em relação à Inglaterra agravou-se, sobremodo, com a assinatura, em 1703, do Tratado de Methwen, que culminou os atos de 1642, 1654 e 1661.[21] E Felipe, vice-rei de Espanha, ligado intimamente à França, desencadeou as hostilidades e ordenou ao governo de Buenos Aires que retomasse a Colônia do Sacramento. Em 1713, o Tratado de Utrecht, que, por influência da Inglaterra, assegurara aos portugueses a posse da Amazônia, restituiu-lhes também a Colônia do Sacramento, cujo domínio eles mantiveram até 1750, quando, com o Tratado de Madri, foi trocada pelo território dos Sete Povos das Reduções.

Pelo Tratado de Madri, com o qual o Brasil ganhou praticamente seus contornos definitivos, a Espanha cedeu o território das Reduções Orientais do Uruguai a Portugal, que, em compensação, abandonou e entregou-lhe a Colônia do Sacramento. Ao que parece, o governo de Madri considerou esse acordo muito vantajoso, pois lhe possibilitava atender aos reclamos dos mercadores de Sevilha, prejudicados pelo contrabando que fluía através da Colônia do Sacramento, em troca de um território sobre o qual sua soberania era, por assim dizer, nominal. E, conquanto renunciasse à Colônia do Sacramento, Portugal ficava com um território no qual ainda esperava encontrar minas de ouro, enquanto o marquês de Pombal podia ampliar o raio da perseguição que desencadeara contra os jesuítas.[22]

Se a soberania da Espanha sobre o território das Reduções era, como se sabe, nominal, a posse, *ipso facto*, não seria fácil para Portugal. Os indígenas, sob o comando dos jesuítas, rebelaram-se e, recusando-se a abandoná-lo, resistiram, com armas nas mãos, às forças conjuntas de

A EXPANSÃO DO BRASIL E A FORMAÇÃO DOS ESTADOS

Espanha e Portugal, que os acometeram para desalojá-los. A guerra durou vários anos e as tropas regulares dos dois países, que nela se envolveram, experimentaram sérios reveses, diante da tenacidade e da bravura com que os guaranis combatiam.[23] As dificuldades para a execução do Tratado de Madri, em que as fronteiras do Brasil se delinearam com base no princípio *uti possidetis*,[24] serviram então como pretexto para que os seus signatários o considerassem nulo, em face dos descontentamentos e desconfianças que suscitara.[25]

Desta forma, através da negociação de outro acordo, o Tratado de El Pardo (1761), Portugal recuperou a posição no estuário do Prata, embora logo a perdesse. A Espanha, vinculada à França pelo Pacto de Família,[26] entrou em conflito com a Inglaterra e estendeu as hostilidades a Portugal, que perdeu mais uma vez a Colônia do Sacramento, em 1762, e a recuperou, diplomaticamente, um ano depois, com a celebração do Tratado de Paris. A tensão, contudo, continuou e, em 1776, o governo de Madri ordenou outro ataque à Colônia do Sacramento, que se rendeu ao exército de D. Pedro Cevallos y Calderón, vice-rei das Províncias do Rio da Prata,[27] abrindo caminho para a negociação do Tratado de Santo Ildefonso, em 1777, o último negociado pelos dois reinos sobre os limites de suas possessões americanas. A Colônia do Sacramento e o território das Reduções Orientais voltaram à soberania de Espanha.

Os dois dramas — o político e o militar — que, segundo Teixeira Soares,[28] se desenrolaram em torno da Colônia do Sacramento, a partir de 1680, não tiveram desfecho, porém, à medida que refletiam as contradições entre as metrópoles, na constituição do mercado mundial. O que ali se disputava, em última análise, não era apenas o controle do comércio de couros, já a sobrepujar o da prata, mas a própria sobrevivência do sistema colonial de Espanha, cuja estrutura fiscal os portugueses e, por detrás deles, os ingleses erodiam com as atividades de contrabando. Durante anos, aquela fortaleza, que Capistrano de Abreu chamou de "ninho de contrabandistas antes que de soldados",[29] facilitou a introdução não só de escravos como, também, de toda espécie de manufaturas inglesas, sobretudo tecidos, na América espanhola.[30]

Com efeito, a Colônia do Sacramento, conquanto sua fundação resultasse de uma iniciativa do governo de Lisboa, servia, fundamentalmente, aos interesses comerciais da Inglaterra, que dela sempre se valeu, mesmo nos períodos em que a Espanha lhe outorgara o Asiento,[31] permitindo à South Sea Company a instalação de uma feitoria em Buenos Aires, para a vendagem legal de escravos.[32] Mas a importância da Colônia do Sacramento crescia, sobretudo, quando os governos de Londres e Madri rompiam relações e entravam em guerra, pois era com a intermediação dos portugueses que o comércio continuava.[33] Em 1762, quando a invadiram, os espanhóis apresaram 27 embarcações inglesas, lá ancoradas, com rico carregamento.[34]

As manufaturas originárias da Inglaterra e os escravos africanos, desembarcados naquela praça, de lá passavam para Buenos Aires e adentravam a América espanhola, na direção do Paraguai e do Chile, até o Alto Peru. Calcula-se que mais de 200 mil, subastados na Colônia do Sacramento, cruzaram o Rio da Prata, com destino às minas de Potosí e outras, rendendo fabulosa fortuna às Coroas de Portugal e da Inglaterra, os principais empresários do negócio.[35] Conforme os contemporâneos observavam,[36] os ingleses, na verdade, obtiveram maiores lucros com a Colônia do Sacramento que os próprios portugueses, cujas funções se limitavam às de simples corretores, transformada Lisboa num empório de duas correntes de comércio, que por lá cruzavam, uma saindo das colônias até a Inglaterra e outra, da Inglaterra para as colônias.[37]

O marquês de Pombal, no reinado de D. José I, levou Portugal a criar, com recursos próprios, várias companhias de comércio, uma das quais para promover o intercâmbio entre os portos do Brasil e o Rio da Prata, o que alarmou os ingleses e provocou sua reação.[38] O escopo de toda a política do marquês de Pombal, a partir de 1750, foi o de libertar o seu país da virtual condição de vassalo da Inglaterra. Entretanto, foi devido a esta condição que a Inglaterra, nas negociações de paz de 1713-1715, apoiou as pretensões de Portugal em relação à Amazônia, contra a França, e à Colônia do Sacramento, "que ela poderia usar como seu próprio território".[39] Aliás, as vitórias diplomáticas de Portugal, depois de contundentes derrotas militares no campo de batalha, exprimiram muito mais a ascensão

A EXPANSÃO DO BRASIL E A FORMAÇÃO DOS ESTADOS

do poderio econômico da Inglaterra capitalista, que as apadrinhava, e a decadência da Espanha do que a habilidade e o talento de seus embaixadores, segundo muitos autores brasileiros e hispano-americanos acreditam. A dilatação dos limites da América portuguesa, em outras palavras, consolidou-se à medida que, com a sujeição de Lisboa, conveio aos interesses comerciais e políticos da Inglaterra em luta contra a Espanha e França.

NOTAS

1. "Relação da Primeira Tomada da Colônia do Sacramento pelos Espanhóis — 25/11/1679 a 9/8/1680" — Doc. III, autor anônimo, in *Tratado de Madri — Antecedentes — Colônia do Sacramento (1669-1749)* — Manuscritos da Coleção de Angelis, vol. V, pp. 27-37. Álvaro Teixeira Soares, *Diplomacia do Império no Rio da Prata*, Rio de Janeiro, Brand Ltda., 1955, pp. 9-18.
2. *Expansão geográfica do Brasil Colonial*, pp. 162-164.
3. A. F. de O. Freitas, op. cit., vol. I, p. 175.
4. Manfred Kossok, El *Virreynato del rio de la Plata — Su Estructura Económica-Social*, Buenos Aires, Editorial Futuro S.R.L., 1959, pp. 26-29.
5. Sobre a teoria das fronteiras naturais, vide Aldo Janotti, "Uma questão malposta: A teoria das fronteiras naturais como determinante da invasão do Uruguai por D. João VI", *Revista de História*, Número Jubilar Bis, vol. LII, tomo I, São Paulo, 1975, pp. 315-341. Aldo Janotti, "Historiografia Brasileira e Teoria da Fronteira Natural", *Revista de História*, nº 101, vol. LI, São Paulo, 1975, pp. 239-263.
6. A. Teixeira Soares, op. cit., p. 8.
7. "A cidade do Pará, que está a 1º 28' de latitude austral e 239º 30' de longitude contada da ilha do Ferro, está a 10 léguas dentro dos limites da Coroa da Espanha, isto é, meio grau ao ocidente, do meridiano 330 que termina a 370 léguas contadas ao ocidente das ilhas de Cabo Verde." "Relação das Povoações e Fortalezas Fundadas pelos Portugueses fora da Linha de Tordesilhas, em domínio espanhol" — Doc. IV, autor desconhecido, in *Do Tratado de Madri à Conquista dos Sete Povos (1750-1802)* — Manuscritos da Coleção de Angelis, Biblioteca Nacional, Divisão de Publicações e Divulgação, 1969, vol. VII, p. 35.
8. Caio Prado Jr., *História econômica do Brasil*, 8ª ed., São Paulo, Brasiliense, 1963, p. 71. Arthur Cezar Ferreira Reis, *A Amazônia e a cobiça internacional*, 2ª ed., Rio de Janeiro, Edinova Ltda., 1965, pp. 25-35. Virgílio Nova

Pinto, *O ouro brasileiro e o comércio anglo-português*, São Paulo, Companhia Editora Nacional/MEC, 1979, pp. 29-34.

9. A. C. F. Reis, op. cit., p. 27. Lewis A. Tambs, *Geopolitic of the Amazon*, apud Charles Wagley, *Man in the Amazon*, Miami, University of Florida Press, 1975, p. 62.

10. "Para os efeitos da colonização, o grande rio e seus afluentes se apresentaram como verdadeiro prolongamento do litoral; e um prolongamento sem os percalços da navegação marítima." Caio Prado Jr., *Formação do Brasil Contemporâneo (Colônia)*, 7ª ed., São Paulo, Brasiliense, 1963, p. 63. Ver também Álvaro Teixeira Soares, *História da formação das fronteiras do Brasil*, 3ª ed., Rio de Janeiro, Conquista, 1975, p. 49.

11. A. C. F. Reis, op. cit., pp. 41-46. V. N. Pinto, op. cit., pp. 31-34.

12. Roberto C. Simonsen, *História econômica do Brasil — 1500-1820*, 4ª ed., São Paulo, Companhia Editora Nacional, 1962, p. 172. B. Magalhães, *Expansão geográfica do Brasil Colonial*, pp. 47-357 e 366.

13. João Pandiá Calógeras, "A política exterior do Império (as origens)", *Revista do Instituto Histórico e Geográfico do Brasil*, tomo especial, Imprensa Nacional, Rio de Janeiro, 1927, vol. I, p. 162. J. Capistrano de Abreu, *Sobre a Colônia do Sacramento*, Rio de Janeiro, Typographia Leuzinger, 1900, p. 15. J. C. de Abreu, *Caminhos antigos e povoamento do Brasil*, pp. 140-143. Sobre o assunto, consultar também A. Teixeira Soares, *Diplomacia do Império no Rio da Prata*, pp. 7-18. Jonathas da Costa Rego Monteiro, *A Colônia do Sacramento (1680-1777)*, 2 vols., publicação financiada pelo governo do Estado do Rio Grande do Sul, Porto Alegre, Oficinas Gráficas da Livraria do Globo, 1937. Simão Pereira de Sá, História topográfica da Nova Colônia do Sacramento, separata da *Revista do Instituto de Estudos Brasileiros*, nº 3, São Paulo, 1968. Rolando Segundo Silioni, *La diplomacia luso-brasileña en la Cuenca del Plata*, Buenos Aires, Editorial Rioplatense, 1975, pp. 74-77. Raúl Botelho Gonsalvez, *Processo del subimperialismo brasileño*, Buenos Aires, Editorial Universitaria de Buenos Aires, 1974, pp. 40-43.

14. J. P. Calógeras, op. cit., p. 161.

15. Carta do rei D. João V a Gomes Freire da Andrada, governador-geral do Rio de Janeiro e Minas Gerais, Lisboa, 23/3/1736, Publicações do Arquivo Nacional, vol. V, pp. 137 e ss., apud gen. João Borges Fortes, *Os casais açorianos — Presença lusa na formação sul rio-grandense*, Porto Alegre, Martins Livreiro-Editor, 1978, pp. 17-18. J. C. de Abreu, *Sobre a Colônia do Sacramento*, p. 15. Abadie Melogno, Washington Reyes e Oscar H. Bruschera, *La Banda Oriental — Pradera, Frontera, Puerto*, Montevidéu, Ediciones de la Banda Oriental, 1974, pp. 25-27. Blanca París de Oddone, Lúcia Sala Touron

A EXPANSÃO DO BRASIL E A FORMAÇÃO DOS ESTADOS

e Rosa Alonso, *De la colonia a la consolidación del Uruguay*, Montevidéu, Ediciones de la Banda Oriental, 1973, pp. 18-20. Gen. J. B. Fortes, op. cit., pp. 14-15. M. A. Scenna, op. cit., pp. 46-52.

16. J. C. de Abreu, *Sobre a Colônia do Sacramento*, p. 15.

17. J. P. Calógeras, op. cit., p. 161.

18. Ibidem, p. 161.

19. "Relação da Primeira Tomada da Colônia do Sacramento pelos Espanhóis" — 25/11/1679 a 9/8/1680 — Documento de autor anônimo, s/d, in *Tratado de Madri — Antecedentes — Colônia do Sacramento (1669-1749) — Manuscritos da Coleção de Angelis*, vol. V, pp. 27-37.

20. O Tratado de Alfonza ou Tratado de Aliança foi firmado em 18 de junho de 1701, entregando a Portugal a margem setentrional do Rio da Prata.

21. O Tratado de Methwen foi assinado em 27 de dezembro de 1703. Constava apenas de três artigos: 1° — Portugal obrigava-se para sempre a admitir os panos e outras manufaturas de lã britânicas, cuja importação fora anos antes proibida, qualquer que fosse a procedência; 2° — A Inglaterra também prometia para sempre receber os vinhos portugueses, que pagariam apenas dois terços dos direitos cobrados aos vinhos franceses; 3° — O tratado devia ser ratificado no espaço de dois meses. Como as importações de vinhos pela Inglaterra eram pequenas, Portugal pagava o déficit de sua balança comercial com o ouro do Brasil. O Tratado de Methwen tornou Portugal ainda mais dependente da Inglaterra, ao bloquear o seu desenvolvimento industrial. Sobre o assunto, consultar J. L. de Azevedo, op. cit., pp. 385-460.

22. Sobre o assunto, consultar Vicente G. Quesada, *La política del Brasil con las Repúblicas del rio de la Plata, Administración general*, Buenos Aires, Casa Vaccaro, 1919, pp. 13-18. C. Lugon, op. cit., p. 284. A. Janotti, "Uma questão malposta: a teoria das fronteiras naturais como determinante da invasão do Uruguai por D. João VI", loc. cit., pp. 321-322.

23. "Ceder terras com seus habitantes sempre se fez e se está fazendo; evacuar territórios, deixando os bens de raiz, levando os moradores apenas os móveis e semoventes, reporta à crueza dos assírios. Entretanto, as duas cortes julgaram consumar facilmente este ultraje à humanidade, se os jesuítas as ajudassem, pesando sobre o espírito dos índios. Os jesuítas acreditaram-se poderosos para tanto e bem caro pagaram este acesso de fraqueza ou de vaidade: quando os índios se levantaram, desmentindo ou antes engrandecendo seus padres, mostrando que a catequese não fora mera domesticação e a vida interior vibrava-lhes na consciência, aos jesuítas foi atribuída a responsabilidade exclusiva em um movimento natural, honesto, humano, por isso mesmo irresistível". J. C. de Abreu, *Caminhos antigos e povoamento do Brasil*,

pp. 147-148. Blas Garay, entre outros autores, atribui aos jesuítas a responsabilidade pela rebelião dos guaranis. Ver B. Garay, op. cit., pp. 91-112.

24. O Tratado de Madri considerou, pela primeira vez, o princípio do *uti possidetis*, que fundamenta a propriedade na ocupação, como direito normal para os territórios americanos. Mas somente Portugal ganhou. Em troca da Colônia do Sacramento, em solo que Espanha julgava pertencer-lhe, recebeu extensa região a oeste do Rio Uruguai e norte do Ibicuí, isto é, o território das Reduções Orientais, ocupadas por 30 mil guaranis e jesuítas expulsos, os territórios que formariam os estados brasileiros de Santa Catarina e Rio Grande do Sul, além de três quartos da Amazônia e a região do Mato Grosso.

25. As críticas portuguesas consistiam, sobretudo, no fato de que, com a cessão da Colônia do Sacramento, Portugal perdia todo o território ao norte da fortaleza, isto é, os campos do Uruguai. Ver A. Teixeira Soares, *Diplomacia do Império no Rio da Prata*, pp. 33-34.

26. O Pacto de Família foi promovido pelos Bourbon, que reinavam na França e na Espanha.

27. O Vice-Reino das Províncias do Rio da Prata foi criado em 1776.

28. A. Teixeira Soares, *Diplomacia do Império no Rio da Prata*, p. 9.

29. J. C. Abreu, *Caminhos antigos e o povoamento do Brasil*, p. 141.

30. R. Puigross, op. cit., pp. 43-53. Olga Pantaleão, *A penetração comercial da Inglaterra na América Espanhola de 1713 a 1783*, São Paulo, s/ed., 1946, pp. 15-16. Em Montevidéu, o professor Ariosto Fernandes realizou importantes pesquisas sobre a Colônia do Sacramento, às quais deu acesso ao Autor, permitindo-lhe uma avaliação mais nítida da significação comercial e política daquela fortaleza.

31. Como não dispunha de feitorias ou entrepostos na África, a Espanha recorreu a outras nações para o fornecimento de escravos às suas colônias. A autorização para esse tipo de comércio, denominada *asiento*, não só possibilitava a obtenção de grandes lucros como permitia o acesso às Índias Ocidentais. Com os escravos, outras mercadorias entravam clandestinamente na América espanhola. A concessão do *asiento* foi por isso disputada por Inglaterra, Holanda, França e Portugal. No início do século XVIII, em 1701, a França recebeu o *asiento*, mas foi substituída pela Inglaterra, em 1713, quando da assinatura do Tratado de Utrecht. Esse *asiento* foi confiscado em 1718, restabelecido pouco depois, revogado novamente em 1729, e extinto em 1739. Ver O. Pantaleão, op. cit., p. 20. Sobre os interesses ingleses na Colônia do Sacramento, consultar R. B. Gosalves, op. cit., p. 43. R. Puigross, op. cit., pp. 44-45, 51-53.

A EXPANSÃO DO BRASIL E A FORMAÇÃO DOS ESTADOS

32. Os ingleses não se limitaram a usar a feitoria da South Sea Company, que detinha o monopólio do comércio com a América do Sul desde 1711. Valeram-se também dos portos do Brasil e da Colônia do Sacramento, que continuaram a servir como as únicas bases de operação comercial, depois de 1750. Cf. O. Pantaleão, op. cit., pp. 157-158. Até 1739, a South Sea Company desembarcou em Buenos Aires cerca de 10.480 escravos, aos quais se somou enorme quantidade de mercadorias contrabandeadas. Cf. M. Mörner, op. cit., p. 122.

33. O. Pantaleão, op. cit., pp. 158-159.

34. Ibidem, p. 159.

35. A associação comercial das duas Coroas foi estudada pelo professor Ariosto Fernandes em Montevidéu.

36. Carta do jesuíta português Manuel de Campo ao padre Rico, 27/2/1742, apud M. Mörner, op. cit., p. 134.

37. Alan K. Manchester, *Preeminência inglesa no Brasil*, São Paulo, Brasiliense, 1973, p. 19.

38. O. Pantaleão, op. cit., pp. 158-159. A respeito da resistência do marquês de Pombal aos privilégios da Inglaterra, consultar A. K. Manchester, op. cit., pp. 48-60.

39. O. Pantaleão, op. cit., pp. 157-158.

Capítulo IV

O MERCANTILISMO E A EXPANSÃO TERRITORIAL DA AMÉRICA PORTUGUESA • A IMPORTÂNCIA DA NAVEGAÇÃO NO RIO DA PRATA • D. JOÃO E O PROJETO DE FUNDAR O IMPÉRIO NA AMÉRICA • A INSURREIÇÃO DE ARTIGAS E AS INVASÕES DA BANDA ORIENTAL PELOS PORTUGUESES.

A expansão territorial da América portuguesa alcançou o ápice, entre fins do século XVII, mais precisamente, entre a fundação da Colônia do Sacramento, ocasião em que as primeiras grandes descobertas de ouro também ocorreram, e a primeira metade do século XVIII. Com a assinatura do Tratado de Madri, em 1750, o Estado brasileiro já projetava geograficamente sua silhueta, que poucas modificações sofreria, no curso da história. Como Teixeira Soares salientou, enquanto os Estados Unidos só se expandiram, territorialmente, após a proclamação de sua Independência, o Brasil distendeu as fronteiras ainda quando colônia.[1] As necessidades básicas do modo de produção, assentado no trabalho escravo e na exploração extensiva das terras, impeliram os luso-brasileiros a se assenhorearem de imensas áreas, que o Tratado de Tordesilhas outorgara à Espanha, com atividades de agricultura, pecuária, garimpo e mineração. Mas foi a busca de riquezas materiais, sob os estímulos do mercado mundial, o fator decisivo da diástole, como nos Estados Unidos, e tanto isto é certo que, com o trabalho de extração do ouro, o processo de expansão territorial começou a declinar.

Sem dúvida alguma, o mercantilismo constituiu a principal força propulsora da conquista de territórios, que os luso-brasileiros, naquele período, empreenderam. A ocupação efetiva decorreu da necessidade de garantir o espaço físico, necessário à manutenção das linhas de comércio, o que se evidencia no fato de que o povoamento da região, que medeia a margem setentrional do Rio da Prata, o Uruguai e o Oceano Atlântico, só começou, realmente, a partir de 1736, cinquenta anos depois da fundação da Colônia do Sacramento, quando o rei de Portugal, D. João V, ordenou outro ataque e a ocupação da localidade de Montevidéu onde, anteriormente, já intentara construir uma fortaleza. O que a D. João V preocupava, fundamentalmente, era "facilitar aos navios portugueses do comércio a livre navegação" do Rio da Prata,[2] razão pela qual se impunha o domínio sobre uma de suas margens, pelo menos, com a defesa da Colônia do Sacramento, a retomada de Montevidéu, a construção de outra fortaleza em Maldonado e o povoamento, por imigrantes oriundos do arquipélago dos Açores, do litoral do Rio Grande de São Pedro, Santa Catarina e Paranaguá.[3]

Àquela época, a navegação através do Rio da Prata e seus afluentes já era vital para os portugueses, cujos interesses na região se tornaram mais complexos, à medida que, ao longo da primeira metade do século XVIII, a ocupação do oeste e a mineração do ouro estenderam as fronteiras do Brasil e impulsionaram a formação do seu mercado interno. O gado cimarrón (selvagem) proliferava, em quase toda a zona da Bacia do Prata, e os luso-brasileiros exploravam as chamadas vacarias do mar, predatoriamente, desenvolvendo a indústria e o comércio do couro e da carne de charque, dois produtos que, pela sua crescente importância econômica, pretendiam monopolizar.[4] O couro era matéria-prima essencial à indústria e suplantara a prata nas exportações para a Europa. A carne de charque, enviada ao Brasil e às ilhas do Caribe, servia para a alimentação dos escravos africanos.[5]

Não somente os rebanhos bovinos, entretanto, constituíam motivo de atração. Nos campos do sul, igualmente, existiam significativos estoques de mulas e cavalos, meio de transporte de tal forma imprescindível ao escoamento da produção de ouro, café e cana-de-açúcar, bem como ao armamento dos Exércitos, que os portugueses iam buscar em todas as partes,[6] até nos territórios do Paraguai[7] e da futura Bolívia,[8] recorrendo ao roubo e ao contrabando. Este tráfico de equinos foi, de certo modo, o mais importante e cresceu, sobremodo, na segunda metade do século XVIII, quando se rasgou, definitivamente, o caminho para o Rio Grande de São Pedro.[9]

A partir dos núcleos populacionais, formados entre as campanhas circunvizinhas da Colônia do Sacramento e a barra do Rio Grande, surgiram os aventureiros, que se notabilizaram como gaúchos. Esses gaúchos ou gaudérios, a "prole sinistra" como Capistrano de Abreu os chamou,[10] eram, em grande parte, mamelucos (índios charruas com portugueses e espanhóis), como os bandeirantes. Viviam a vaguear pelos pampas, como nômades montados em cavalos. Alimentavam-se com carne de boi e bebiam erva-mate. E empreendiam a tarefa de arrebanhar manadas de bois, mulas e cavalos, em paragens pertencentes à Espanha, na Banda Oriental do Rio da Prata, a fim de remetê-las ao interior do Brasil, como anteriormente os bandeirantes se dedicaram a prear indígenas, nas Reduções Jesuíticas. As lutas fronteiriças, pela apropriação das pastagens e do gado, ampliaram-se, então, com as incursões de pilhagem, as arriadas, convulsionando permanentemente aquela região, onde os problemas se avultavam, devido à dimensão geopolítica que o Rio da Prata adquirira, como artéria essencial à articulação da América portuguesa.[11]

Com o povoamento dos territórios a oeste da linha de Tordesilhas, determinado pelas atividades de garimpagem e mineração de ouro, as ligações entre o litoral e o interior da colônia passaram a depender do Rio da Prata.[12] Seus tributários, o Paraná e o Paraguai, formavam juntos não apenas o caminho mais curto como também a única via de comunicação existente entre o Rio de Janeiro e as províncias de Mato Grosso e Goiás.[13] Enquanto aqueles rios permanecessem fechados à navegação, povoados como Cuiabá só podiam vincular-se com o Rio de Janeiro, por meio de caravanas, que cortavam montanhas inóspitas e selvas onde indígenas aguerridos habitavam, necessitando levar até mesmo o alimento das mulas para a viagem, cuja duração muitas vezes chegava a 14 e 15 meses.[14]

O Rio da Prata representava, assim, a chave de acesso ao estuário superior do Paraná, Uruguai e Paraguai, que banhavam terras conside-

A EXPANSÃO DO BRASIL E A FORMAÇÃO DOS ESTADOS

radas das mais ricas e férteis do Brasil.[15] Por isto, apesar da perda da Colônia do Sacramento, em 1777, com o Tratado de Santo Ildefonso, os portugueses jamais desistiram da anexação da margem oriental daquele estuário e as tentativas para recuperá-la não cessaram, provocando conflitos e invasões, em que interesses particulares de estancieiros e comerciantes se confundiam ou eram as próprias razões de Estado. Em 1801, quando a Espanha atacou a praça de Olivença,[16] alguns proprietários e outros tantos aventureiros, originários do Rio Grande de São Pedro, investiram sobre os Sete Povos das Reduções, Santa Tecla, Batovi e Vila de Melo e se apossaram de suas terras, que desde 1777 também se achavam sob a jurisdição do Vice-Reino das Províncias do Rio da Prata.[17]

A guerra na Europa, contudo, não passava então de pretexto para precipitar e justificar a expansão mercantil e territorial, que se processava, incessantemente, pois já os estabelecimentos portugueses se alastravam por toda a região.[18] Conforme D. Felix de Azara advertia, àquele mesmo ano, os luso-brasileiros controlavam então o comércio de Misiones, parte do de Corrientes, Santa Fé e Paraguai e ameaçavam apoderar-se também de suas terras.[19] O Tratado de Badajoz[20] estancou a conflagração na fronteira e o vice-rei Del Pino, temendo novos avanços, ordenou a internação dos portugueses residentes em Buenos Aires.[21] Mas os luso-brasileiros, desalojados de Santa Tecla, Batovi e Vila de Melo, retiveram o território das Reduções Orientais, até as margens do Ibicuí, chegaram ao Jaguarão e por ele às imediações de Cuareim,[22] embora, em 1804, o vice-rei Sobremonte e o capitão-geral do Rio Grande houvessem firmado um convênio em que se reconhecia aquele *statu quo*.[23]

Os luso-brasileiros continuaram, dessa forma, a infiltrar-se na margem leste do Rio Uruguai, comumente denominada banda oriental, onde as condições se apresentavam mais favoráveis ao desenvolvimento da pecuária e dos seus derivados, em particular o charque.[24] E a disputa em torno da região recrudesceu com a transferência da Corte de Lisboa para o Brasil. O príncipe-regente, D. João, sonhava com a possibilidade de fundar um poderoso império na América[25] e acreditou que poderia reunir sob o mesmo cetro os Estados do Brasil e as colônias da Espanha, submetida, na época, por Napoleão Bonaparte.[26] E ao chegar ao Rio de

Janeiro, em 1808, o ministro Rodrigo de Souza Coutinho, conde de Linhares, enviou uma nota, espécie de *ultimatum*, ao Cabildo de Buenos Aires, comunicando-lhe o propósito de recorrer às armas contra o Vice-Reino das Províncias do Rio da Prata, de acordo com a Grã-Bretanha, caso ele não aceitasse suas "proposições amigáveis"[27] para formar com o Brasil "uma só nação".[28]

O Cabildo rechaçou a nota e o governo português se preparou para invadir não apenas a Banda Oriental, mas, igualmente, o outro lado do Rio da Prata e ocupar Buenos Aires,[29] como desdobramento da mesma política de retaliação que o induziria a ordenar a tomada de Caiena, na Guiana Francesa.[30] Segundo o plano, os paulistas marchariam sobre Assunção, Corrientes e Misiones, unindo-se, depois, às forças de Santa Catarina e do Rio Grande de São Pedro, no ataque a Montevidéu onde 2 mil homens da esquadra inglesa, comandada pelo vice-almirante Sir Sidney Smith, desembarcariam, a fim de cortar as comunicações com Buenos Aires. Era uma versão atualizada do velho projeto de Salvador Correia de Sá e Benevides.[31]

A evolução da guerra na Europa modificou, entretanto, a situação e o governo português teve que reexaminar a conveniência da operação armada contra as províncias espanholas da Bacia do Prata. De um lado, a Inglaterra, interessada na aliança com a Espanha, que se insurgia contra o jugo de França, retirou-lhe o respaldo. Do outro, a abdicação do rei Carlos IV e a prisão de seu filho e herdeiro, D. Fernando, abriram-lhe a perspectiva de podê-las anexar, sem derramamento de sangue. D. Carlota Joaquina, esposa de D. João, era a filha mais velha de Carlos IV e como tal reivindicou o governo do Vice-Reino das Províncias do Rio da Prata. Sua pretensão recebeu o apoio de vastos setores das classes dominantes em Buenos Aires, tradicionalmente ligadas aos interesses do comércio português, e alguns líderes, como Juan Martin Pueyrredon e Manuel Belgrano Saturnino Rodrigues Peña, quiseram proclamá-la regente, em nome de D. Fernando, ou coroá-la imperatriz da América.[32]

Sir Sidney Smith e outros de seus compatriotas também favoreceram o movimento, expressando de algum modo as aspirações do comércio inglês,[33] cujo interesse por Buenos Aires e Montevidéu se reacendera

A EXPANSÃO DO BRASIL E A FORMAÇÃO DOS ESTADOS

com as expedições de 1806 e 1807.[34] Mas, se a Inglaterra precisava de mercados e queria liquidar o Império Espanhol[35] sendo seu projeto fazer do Brasil um "empório para as manufaturas britânicas destinadas ao consumo de toda a América do Sul",[36] não lhe convinha, politicamente, que Portugal aumentasse a influência no Rio da Prata e se fortalecesse, com o domínio de toda a costa do Atlântico Sul.[37] Por isto, lorde Strangford se opôs resolutamente às manobras de D. Carlota Joaquina para assumir o poder nas Províncias do Rio da Prata e tentou impedir que D. João a auxiliasse com esse fito.[38]

Seus esforços obtiveram êxito, durante mais de um ano, até que as lutas revolucionárias, na região, recrudesceram, com a sublevação comandada por José Artigas, e ameaçaram alastrar-se pelo território do Rio Grande de São Pedro.[39] O príncipe-regente abandonou então a atitude de neutralidade em que se mantinha por instância de lorde Strangford e interveio no conflito, para defender a praça de Montevidéu, governada pelo vice-rei Francisco Javier Elío. Com a operação militar, na Banda Oriental, o governo português não somente se dispunha a reprimir o movimento revolucionário como a realizar alguns objetivos econômicos. Ao ocupar o Uruguai, em 1811, o general D. Diogo de Souza não escondeu o propósito de apropriar-se de toda a zona de pastagens — as férteis pastagens do Ibicuí — concedendo sesmarias onde a posse da terra não estava consolidada ou reconhecida[40] e ordenando ou permitindo as arriadas de gado.[41]

Os conflitos na Bacia do Prata, que antes espelhavam, fundamentalmente, os antagonismos no nível das metrópoles, adquiririam então uma dinâmica própria, devido a fatores econômicos e políticos gerados pelo desenvolvimento da colonização. A necessidade de arrebanhar muares[42] e a concorrência que a pecuária e as charqueadas da Banda Oriental faziam às do Rio Grande de São Pedro, 50% menos produtivas,[43] concorreram, naturalmente, para a invasão.[44] Mas foi sobretudo o fator político que a precipitou. O príncipe D. João, cujas tropas já haviam chegado ao Paraguai para combater as de Manuel Belgrano,[45] receava que Montevidéu caísse em mãos de Artigas e dos contingentes de Buenos Aires,[46] aumentando o perigo de que a "anarquia revolucionária" contaminasse o Brasil.[47]

O pretexto de resguardar a segurança de sua colônia correspondia, efetivamente, à intenção de Portugal, que, ao invadir a Banda Oriental, visava a conter o processo revolucionário, deflagrado a partir de Buenos Aires, com a sublevação de 25 de maio de 1810.[48] A intervenção militar, desejada e mesmo solicitada pelo vice-rei Elío, não conseguiu, entretanto, estancar a luta anticolonial pela independência das Províncias do Rio da Prata. Diante das pressões inglesas — e lorde Strangford tudo fez para afastar Portugal do estuário do Prata —,[49] D. João aceitou o armistício, em 26 de maio de 1812, retirando-se seu Exército da região, da mesma forma que o de Buenos Aires. E o movimento de Artigas, que não se conformava com a continuação do domínio espanhol sobre Montevidéu,[50] recobrou maior ímpeto e vigor, em meio das contradições sociais e políticas não resolvidas, antes acentuadas pela intromissão portuguesa na Banda Oriental.

A luta de Artigas apresentava, realmente, um caráter mais popular e colimava um projeto de transformação ainda mais radical que o da Revolução de Maio. Configurava uma insurreição rural, conduzida pelos próprios homens do campo, com um programa político que aspirava à constituição de uma república federal, respeitando-se a autonomia e a igualdade de todas as Províncias do Rio da Prata.[51] A certa altura, ele incitou os gaúchos do Rio Grande de São Pedro e os escravos negros à revolta contra Portugal, numa tentativa de atraí-los para o seu lado,[52] como já o fizera anteriormente com os indígenas, particularmente os guaranis das Reduções, que formavam uma força especial do seu Exército.[53]

Artigas, denominado Protetor dos Povos Livres pelas províncias de Santa Fé, Corrientes, Entre Rios, Misiones e Córdoba[54] apoiava a luta de libertação nacional na revolução agrária e se opunha à hegemonia de Buenos Aires e à sua pretensão de conservar o monopólio sobre o comércio do Rio da Prata. Aí residia a diferença básica entre o movimento que Artigas comandava e o de Buenos Aires, cujos líderes, defendendo interesses econômicos similares aos dos espanhóis, jamais o admitiram, "senão como o pior dos seus inimigos", segundo as palavras de Calógeras, "a ponto de sacrificar a seu ódio por ele a própria independência uruguaia, sob a bandeira das Províncias Unidas".[55]

A EXPANSÃO DO BRASIL E A FORMAÇÃO DOS ESTADOS

O governo português, empenhado na conservação do *statu quo*, não podia tolerar, consequentemente, o triunfo de Artigas, o triunfo da subversão republicana ao sul da Província do Rio Grande de São Pedro, pelos riscos que importava para a escravidão e a monarquia, fundamentos da ordem social e política do Brasil. Assim, quando a supremacia de Artigas se estendeu a Montevidéu, em 1815, D. João VI, arrependido do armistício de 1812, que considerava desairoso,[56] preparou-se para ordenar mais uma vez a invasão da Banda Oriental. E o fez após a declaração da independência das Províncias Unidas pelo Congresso de Tucumán, em 9 de julho de 1816, fato que tornava o processo revolucionário na região do Rio da Prata ainda mais perigoso para os interesses de Portugal.[57]

Cerca de 4.830 soldados da Divisão dos Voluntários Reais, veteranos da guerra contra Napoleão Bonaparte, avançaram pela margem esquerda do Uruguai, sob o comando do general Carlos Frederico Lecor, o barão de Laguna, e em 20 de janeiro de 1817 ocuparam Montevidéu. Portugal, desse modo, não somente desferiu duro golpe contra o segmento mais radical da revolução platense como se apoderou de um ponto estratégico vital para a segurança e a defesa das Províncias de Mato Grosso e Goiás, possibilitando-lhe anexar ao Brasil toda a Banda Oriental, havia muito cobiçada pela sua riqueza pecuária,[58] e conjurar qualquer veleidade sediciosa da Província do Rio Grande de São Pedro, sensível aos apelos de Artigas.[59] Era a concretização do antigo projeto do rei D. João V, que, em 1736, já determinara ao governador-geral do Rio de Janeiro e Minas Gerais, Gomes Freire de Andrada, o envio de uma expedição para tomar Montevidéu.[60]

NOTAS

1. A. Teixeira Soares, *História da formação das fronteiras do Brasil*, p. 23.
2. Carta do rei D. João V a Gomes Freire de Andrada, Lisboa, 23/3/1736, in Gen. J. B. Fortes, op. cit., pp. 17-18.
3. Arthur Ferreira Filho, *História geral do Rio Grande do Sul (1503-1964)*, 3ª ed., Porto Alegre, Editora Globo, 1965, p. 30. Gen. J. B. Fortes, op. cit., pp.

14-15. Rubio Brasiliano, *O Rio Grande do Sul e a Cisplatina*, Porto Alegre, Livraria do Globo, 1935, p. 44. Mário Dotta, Duaner Freire e Nelson Rodriguez, *El Uruguay Ganadero*, Montevidéu, Ediciones de la Banda Oriental, 1972, pp. 26-31. W. Abadie Reyes *et al.*, op. cit., p. 24.

4. R. Puigross, op. cit. p. 44.

5. Cecília Maria Westphalen, "Comércio Exterior ao Brasil Meridional no Século XVIII", *Revista de História*, vol. L, tomo I, São Paulo, 1974, p. 284.

6. *"Instrucción y órdenes que el Teniente del Gobierno de la Villa de Curuguati mandó ejecutar sobre los portugueses estabelecidos em Iguatemi."* D. Carlos Morphy, teniente-coronel de Infantaria — Cap. general de la Provincia del Paraguay, s/d. 1779 — v. 144, nº 4, Archivo Nacional de Asunción. Por esse documento, fica a saber-se que os mamelucos, ainda na segunda metade do século XVIII, continuavam a capturar indígenas, juntamente com mulas e cavalos, para o trabalho nas minas de ouro. Vide também A. Janotti, "Historiografia Brasileira e Teoria da Fronteira Natural", *Revista de História*, pp. 330-331.

7. Informe de Joseph Martinez Fontes, capitão de Dragões do porto de Buenos Aires sobre a penetração clandestina de portugueses na vila de Curuguati (Paraguai), com a finalidade de roubar cavalos e os contrabandear para as minas brasileiras. Asunción, 6/4/1773. C. 1773 — v. 133, nº 12 — Archivo Nacional de Asunción. Expediente sobre os acontecimentos ocorridos na vila de San Isidro (Curuguati), assinado por D. Agustín Fernando Pinedo Corón, Gov. de la Prov. del Paraguay, 8/10/1774. 1773 — v. 139, nº 6, ibidem.

8. J. R. A. Lapa, op. cit., p. 38.

9. Ernani da Silva Bruno, *Viagem ao país dos paulistas*, Rio de Janeiro, Livraria José Olympio Editora, 1966, pp. 95-96.

10. Vide J. C. de Abreu, *Caminhos antigos e povoamento do Brasil*, p. 141.

11. Carlos Oneto y Viana, *La Diplomacia del Brasil en el rio de la Plata*, Montevidéu, Librería de la Universidad, 1903, p. 8.

12. Idem, p. 8. Juan Bautista Alberdi, *Las disensiones de las Repúblicas del Plata*, Montevidéu, Imprenta Tipográfica a vapor, 1865. pp. 14-15.

13. J. B. Alberdi, op. cit., p. 15.

14. C. Oneto y Viana. op. cit., p. 8. J. B. Alberdi, op. cit.

15. J. B. Alberdi, op. cit., p. 15. C. Oneto y Viana, op. cit., p. 8.

16. Em 1801, França e Espanha assinaram um acordo que previa a invasão de Portugal, se este país não rompesse com a Inglaterra. Daí o ataque à praça de Olivença.

17. W. Abadie Reyes *et al.*, op. cit., pp. 80-81. A. Ferreira Filho, op. cit., p. 51.

18. "Memória de D. Felix de Azara sobre as necessidades e os meios de defender a fronteira sul contra os portugueses do Brasil", 9/5/1801, Doc. XXXV, in

A EXPANSÃO DO BRASIL E A FORMAÇÃO DOS ESTADOS

Do Tratado de Madri à conquista dos Sete Povos das Reduções — Manuscritos da Coleção de Angelis, vol. VII, p. 451. Felix de Azara era geógrafo e naturalista espanhol, tendo participado das Reduções demarcadoras de fronteira.

19. "Memória de D. Felix de Azara...", loc. cit., p. 451.

20. O Tratado de Badajoz, que pôs termo à guerra, foi assinado em 6 de junho de 1801.

21. Juan E. Pivel Devoto, *El arreglo de los Campos*, Montevidéu, Rio de Janeiro, Editorial Medina, 1974, p. 21.

22. W. Abadie Reyes *et al.*, op. cit., p. 81.

23. Ibidem, p. 81.

24. C. M. Westphalen, op. cit., p. 284. A. Janotti, op. cit., pp. 332-333.

25. A. K. Manchester, op. cit., p. 67.

26. M. Pereira da Silva, *História da fundação do Império Brasileiro*, tomo II, B. L. Garnier Editor, 1865, p. 95.

27. Nota ao Cabildo de Buenos Aires, 13/3/1808, assinada pelo conde de Linhares, in J. M. Pereira da Silva, op. cit., tomo II, p. 96.

28. Ibidem, p. 97.

29. A. K. Manchester, op. cit., p. 111.

30. O governo francês utilizava a Guiana como presídio militar e a ocupava com algumas tropas metropolitanas. Sua população era de aproximadamente 4 mil pessoas, das quais a sexta parte se constituía de brancos. Ver Lucas Alexandre Boiteux, *Nossas campanhas navaes — A conquista de Cayenna*, Rio de Janeiro, Imprensa Naval, 1939, p. 4.

31. A. K. Manchester, op. cit., p. 111.

32. J. P. Calógeras, op. cit., p. 166. Ariosto Fernandez, Manuel Belgrano y la Princesa Carlota Joaquina — 1808, separata de la *Revista Historia*, n° 3, jan.-mar. 1956, Buenos Aires, 1956, pp. 3-7.

33. "Smith (...) representava mais estreitamente que Stranford a atitude e os interesses da Inglaterra como o conjunto e a política comercial inglesa." John Street, *Gran-Bretaña y la Independencia del rio de la Plata*, Buenos Aires, Editorial Paidós, 1967, p. 126.

34. Em 1806 e em 1807 os ingleses realizaram duas tentativas frustradas de ocupar Buenos Aires e Montevidéu.

35. J. P. Calógeras, op. cit., p. 399.

36. A. K. Manchester, op. cit., p. 80.

37. Despacho de 29/12/1815, Thomas Sumter Jr., ministro dos Estados Unidos junto à Corte do Rio de Janeiro, a James Monroe, secretário de Estado, in William R. Manning, *Diplomatic Correspondence of the United States concerning the Independence of Latin-American Nations*, Oxford University Press, 1925, vol. II, p. 697.

38. William W. Kaufmann, *La política británica y la independencia de América Latina — 1804-1828*, Caracas, Universidad Central de Venezuela, 1963, p. 67. J. M. Pereira da Silva, op. cit., tomo II, pp. 56-57. J. Street, op. cit., pp. 114-116.

39. J. I. Teixeira Botelho, *O domínio português no Uruguai e a Campanha de Montevidéu*, Separata do *Boletim da Academia*, Nova Série, vol. II, Coimbra, Academia de Sciências de Lisboa/Imprensa da Universidade, 1930, pp. 5-6.

40. Nelson Werneck Sodré, *As razões da Independência*, 2ª ed., Rio de Janeiro, Civilização Brasileira, p. 105.

41. José Pedro Barrán e Benjamín Nahum, *Bases económicas de la Revolución Artiguista*, 4ª ed., Montevidéu, Ediciones de la Banda Oriental, 1972, p. 93.

42. A. Janotti, "Historiografia Brasileira e Teoria da Fronteira Natural", *Revista de História*, pp. 330-331.

43. "A pecuária gaúcha, de importância vital para o setor exportador, encontrava na pecuária platina um concorrente sob todos os aspectos vitorioso e, por consequência, em condições de numa conjuntura normal abalar-lhe os alicerces." Ibidem, pp. 332 e 334. "Nessa conjuntura, o charque do Rio Grande do Sul custava de 440 a 480 réis a arroba, mais 280 réis de fretes e direitos, enquanto que nesta praça o charque platino era colocado, inclusive transporte, a 400 ou 410 a arroba. Também se dizia que a qualidade do charque platino era superior à do Rio Grande do Sul." C. M. Westphalen, op. cit., p. 284.

44. A. Janotti, "Historiografia Brasileira e Teoria da Fronteira Natural", *Revista de História*, pp. 333 e 334.

45. A. K. Manchester, op. cit., p. 21. J. Street, op. cit., p. 208. O conde de Linhares enviara mil soldados ao Paraguai, a pedido do governador Velasco, a fim de enfrentar as tropas de Buenos Aires, sob o comando do general Belgrano, que já batia em retirada. A invasão não se consumou devido à oposição de Strangford.

46. Aviso reservado do conde de Linhares a D. Diogo de Souza, 6/6/1811, in J. M. Pereira da Silva, op. cit., tomo II, p. 303.

47. Nota confidencial de D. Rodrigo de Souza Coutinho à Junta Governativa de Buenos Aires, p. 229.

48. "As revoluções na América hispano-portuguesa foram movimentos anticolonialistas, de libertação nacional, que pelo seu caráter histórico ocupam um firme lugar entre as revoluções burguesas dos séculos XVIII e XIX." Manfred Kossok, *História de la Santa Alianza y la Emancipación de América Latina*, Buenos Aires, Ediciones Silaba, 1968, p. 31.

49. A. K. Manchester, op. cit., pp. 123-125. J. Street, op. cit., pp. 114, 125-130 e 208. H. S. Ferns, *Gran-Bretaña y Argentina en el siglo XIX*, Buenos Aires, Solar-Hachette, 1968, pp. 163-164.

A EXPANSÃO DO BRASIL E A FORMAÇÃO DOS ESTADOS

50. Artigas chefiou então a marcha que se tornou conhecida como o êxodo do povo oriental. Agustín Beraza, *El pueblo reunido y armado*, Montevidéu, Ediciones de la Banda Oriental, 1967, pp. 28 e 68. Carlos Machado, *História de los Orientales*, 39ª ed., Montevidéu, Ediciones de la Banda Oriental, 1973, pp. 48-52.

51. Blanca París de Oddone, "Colonia y Revolución", in *De la Colonia a la Consolidación del Uruguay*, Motevidéu, Ediciones de la Banda Oriental, 1973, p. 30. C. Machado, op. cit., pp. 60-77.

52. A. Janotti, "Historiografia Brasileira e Teoria da Fronteira Natural", *Revista de História*, p. 336. J. M. Pereira da Silva, op. cit., tomo III, p. 65. C. Machado, op. cit., p. 82.

53. Nelson de la Torre, Julio C. Rodriguez e Lucía Sala de Touron, *Artigas: tierra e revolución*, 2ª ed., Montevidéu, Bolsilibros Arca, 1971, pp. 41 e 44.

54. J. P. Calógeras, op. cit., p. 428. Jorge Abelardo Ramos, *Historia de la Nación Latinoamericana*, tomo I, Buenos Aires, A Peña Lillo Editor, 1973, p. 255.

55. J. P. Calógeras, op. cit., p. 425.

56. A. Janotti, "Historiografia brasileira e teoria da fronteira natural", *Revista de História*, p. 337.

57. "Esse Congresso declarou que as Províncias Unidas do Rio da Prata tornavam-se independentes da Espanha, concedendo a todos os seus cidadãos direitos iguais, sem distinção de descendência ou cor; terminou com o tributo imposto aos índios; aboliu a escravatura dos negros, considerando também livres os escravos forasteiros que entrassem nos domínios da República (...). Não convinha aos interesses da Monarquia portuguesa o estabelecimento de uma república no Prata e, menos ainda, esse dispositivo constitucional que acenava com a libertação dos escravos não só existentes no País como os que nele entrassem, o que dava margem a que os do Brasil procurassem na fuga a liberdade, como sucedeu na fronteira inúmeras vezes." *Contribuições para a história da guerra entre o Brasil e Buenos Aires — Uma testemunha ocular*, autor anônimo, São Paulo/Belo Horizonte, Edusp/Livraria Itatiaia Editora, 1975, pp. 113-114.

58. M. Dotta *et al.*, op. cit., pp. 48-49.

59. J. P. Calógeras, op. cit., p. 434. J. M. Pereira da Silva, op. cit., tomo IV, 1865, p. 9. A. Janotti, "Historiografia brasileira e teoria da fronteira natural", *Revista de História*, pp. 336 e 339. C. Machado, op. cit., pp. 82-83.

60. Carta do rei D. João V a Gomes Freire de Andrada, Lisboa, 23/3/1736, in gen. J. B. Fortes, op. cit., pp. 17-18.

Capítulo V

D. JOÃO VI E O DIRETÓRIO DE BUENOS AIRES • A CRIAÇÃO DA PROVÍNCIA CISPLATINA • A SUBLEVAÇÃO DE LAVALLEJA E OS SALADEIRISTAS DE BUENOS AIRES • BOLÍVAR, AS PROVÍNCIAS UNIDAS E O BRASIL • A GUERRA COM AS PROVÍNCIAS UNIDAS E A MEDIAÇÃO DA INGLATERRA • A CRIAÇÃO DO URUGUAI

A intervenção militar na Banda Oriental, não obstante constituir um ato contrário à independência das Províncias Unidas do Rio da Prata, processou-se com a conivência do Diretório de Buenos Aires,[1] cuja política girava, àquela época, em torno da força do Rio de Janeiro,[2] convertido no reduto dos exilados argentinos.[3] A tendência dos líderes portenhos, tais como Ignácio Alvarez, Carlos Alvear, Antonio Balcarce e Juan Martín Pueyrredón, era a de permitir, senão incentivar, a participação portuguesa nos conflitos do Rio da Prata,[4] pelo menos enquanto Artigas detivesse o poder na Banda Oriental e influísse nas províncias de Santa Fé, Entre Rios, Misiones e Corrientes.

Quase todos os integrantes do Diretório de Buenos Aires eram, em realidade, monarquistas,[5] tendo seu representante diplomático no Rio de Janeiro, D. Manuel José García, chegado a articular o plano para coroar o príncipe regente de Portugal, depois rei D. João VI, como imperador da América, no Congresso de Tucumán,[6] sob o argumento de que "os interesses da Casa de Bragança se tornaram homogêneos com os do nosso continente, em consequência do estabelecimento do trono no Brasil e da abolição do regime colonial".[7] Tomás Manuel de Anchorena defendeu a vantagem de coroar-se um príncipe português e recomendou a adoção de

A EXPANSÃO DO BRASIL E A FORMAÇÃO DOS ESTADOS

um sistema de federação para resolver as diferenças entre os povos.[8] Para os membros do Congresso de Tucumán, vinculados à burguesia mercantil, a independência das Províncias Unidas do Rio da Prata significava apenas substituir o monopólio de Madri sobre as rendas aduaneiras pelo de Buenos Aires. E por isto, a começar pelo próprio general D. José de San Martin,[9] preferiam o domínio português na Banda Oriental ao de Artigas, que tornaria possível uma ordenação alternativa do comércio litoral, com a utilização de Montevidéu e outros portos menores da outra margem do Rio da Prata para o intercâmbio com o ultramar.[10]

Também em Montevidéu havia uma facção favorável a Portugal, representada pelos grandes comerciantes e fazendeiros, para os quais a invasão da Banda Oriental representava a reabertura dos negócios, a garantia da propriedade, o fim do programa de reformas que Artigas executava.[11] Nas duas margens do Rio da Prata, as classes sociais alinharam-se com ou contra a invasão, segundo seus interesses em conter ou em radicalizar o processo de libertação nacional, iniciado por Buenos Aires, com o movimento de 25 de maio de 1810. Assim, dentro do mesmo contexto revolucionário e de conflitos civis, a intervenção portuguesa de 1816-1817, como a de 1811, sustentou-se nas dissidências que, internamente, dilaceravam as Províncias Unidas do Rio da Prata.

A princípio, inclusive os pequenos estancieiros e a burguesia comercial, ligada ao porto de Montevidéu, aderiram ao general Lecor,[12] que empregava todos os meios, da violência ao suborno,[13] a fim de estabilizar a supremacia portuguesa na Banda Oriental. Apenas os homens do campo, os gaúchos rebeldes, índios, escravos foragidos e libertos, bem como os que esperavam apossar-se de terras abandonadas, em suma, somente as camadas mais baixas e menos favorecidas da população apoiaram Artigas até a sua derrota em 22 de janeiro de 1820. O governo português teve que enfrentar, no entanto, forte oposição interna e externa para consolidar a conquista, com o general Lecor travando uma guerra que era impopular até no Rio de Janeiro.[14]

A Inglaterra protestara veementemente contra a iniciativa de D. João VI, que tentava adquirir alguma autonomia,[15] e o pressionou para que retirasse as tropas da Banda Oriental.[16] A Espanha adotara idêntica atitude, assim como outros países da Europa, ameaçando deflagrar a guerra contra Portugal e agravar uma situação que já tomava rumos inquietantes dentro e fora das fronteiras do Brasil. Dois meses depois da ocupação de Montevidéu, a Província de Pernambuco se insurgira contra a Corte do Rio de Janeiro e se proclamara República, com o apoio de comerciantes norte-americanos e o beneplácito do Departamento de Estado, que tacitamente lhe reconheceu o estado de beligerância.[17] De Baltimore e de outros portos nos Estados Unidos, com o pavilhão de Artigas e as patentes de corso por ele concedidas, dezenas de veleiros partiam então para atacar barcos portugueses, a causar enormes prejuízos às praças do Rio de Janeiro, Salvador, Recife, Lisboa e Porto.[18]

Em 22 de abril de 1821, nomeou seu filho primogênito, D. Pedro, regente do Brasil e, antes de partir para Lisboa, o que ocorreu quatro dias depois, reconheceu a independência das Províncias Unidas do Rio da Prata (Argentina), o que se efetivou através das notas de seu representante em Buenos Aires, João Manuel de Figueiredo, em abril e maio de 1821. Apesar de todos os obstáculos, D. João VI, em 1821, decidiu também oficializar a anexação da Banda Oriental ao Brasil, com o nome de Província Cisplatina. Seria, contudo, difícil conservá-la. Mesmo depois da derrota de Artigas e da adesão de Frutuoso Rivera, um dos principais chefes do seu exército,[19] o general Lecor jamais controlou totalmente o interior da Banda Oriental, o que tornava o domínio português efetivo apenas em Montevidéu e Colônia.[20] Sua política não satisfez nem aos beneficiários do regulamento de 1815, os que receberam terras doadas por Artigas, nem aos latifundiários, que não puderam recuperá-las.[21] As populações rurais continuaram a hostilizar os invasores. E os comerciantes de Montevidéu, simpáticos, no primeiro momento, às forças de ocupação, ressentiram-se com a montagem de uma estrutura neocolonial, transplantada do Brasil, em que os interesses de Londres e do Rio de Janeiro predominavam.[22]

Em 1821, quatro anos após a invasão, a economia da Banda Oriental estava exaurida, os rebanhos de gado manso e selvagem depredados pelas arriadas e matanças que os destacamentos militares do Rio Grande de São Pedro promoviam,[23] a indústria de couro e de charque em ruína, o comércio reduzido.[24] O descontentamento generalizara-se. E, em 19 de abril de 1825, Juan Antonio Lavalleja e mais 32 soldados, sustentados pelos estancieiros de Buenos Aires, desembarcaram em Agraciada, à margem esquerda do Rio Uruguai, e iniciaram a sublevação contra o domínio do Brasil, que conservara a Banda Oriental como Província Cisplatina, quando se separou do Reino de Portugal e se constituiu como Império autônomo e politicamente soberano. A população da Banda Oriental recebeu-os com entusiasmo e logo várias cidades caíram em seu poder.

De toda a parte os patriotas acorreram para juntar-se ao movimento, cujo sucesso levantou o moral dos habitantes das duas margens do Rio da Prata e surpreendeu os brasileiros. Frutuoso Rivera, que antes já abandonara Artigas para servir ao general Lecor, rompeu o juramento de fidelidade ao Imperador e se uniu aos insurgentes, levando as tropas sob seu comando. Assim, em pouco tempo, Lavalleja conseguiu formar um Exército de seis divisões, composto de bandos de gaúchos, de moradores de Montevidéu e de Buenos Aires e de parte do 6º Regimento de Cavalaria, com cerca de 1.500 a 2 mil homens, em condições miserabilíssimas e sem disciplina, mas excelentes ginetes, acostumados a usar armas de fogo e familiarizados com o terreno.[25] E a Assembleia de Florida, em 25 de agosto de 1825, declarou írritos, nulos, dissolvidos e sem nenhum valor todos os atos que formalizavam a anexação da Banda Oriental pelo Império do Brasil.

O governo das Províncias Unidas do Rio da Prata, a princípio, hesitou em definir, oficialmente, uma política diante da sublevação na Banda Oriental, condicionado pelos interesses dos comerciantes, que, em geral, desejavam a paz e temiam as consequências de um eventual confronto com o Brasil para as suas atividades. Com o objetivo de demonstrar sua neutralidade, proibiu, inclusive, o abastecimento dos corsários de Lavalleja em portos do país.[26] Mas os estancieiros, vinculados à indústria do charque e desalojados do mercado mundial pelos produtores do Rio Grande de São Pedro, queriam a reincorporação da Banda Oriental, onde havia grandes estoques de gado, e pressionavam em favor da insurreição, que eles próprios financiaram.[27] Os membros do Congresso Nacional, da Assembleia Provincial de Buenos Aires e o povo, excitados pelos sentimentos patrióticos, assumiram a mesma posição.

Desse modo, quando a notícia da resolução da Assembleia de Florida e da formação de um governo uruguaio independente chegou a Buenos Aires, a população prorrompeu em hostilidades ao Império do Brasil e atacou o seu consulado. A vitória das forças de Lavalleja, em Sarandi, aumentou ainda mais o fervor nacionalista e revolucionário dos portenhos, com o recrudescimento das manifestações contrárias à atitude conciliadora do governo de Buenos Aires, particularmente do ministro das Relações Exteriores, D. Manuel José García, o mesmo que cerca de dez anos antes participara do plano para coroar D. João VI, como imperador da América, no Congresso de Tucumán. O governo de Buenos Aires perdeu então o controle sobre o curso dos acontecimentos e o Congresso Nacional das Províncias Unidas decidiu incorporar a Banda Oriental, ao tempo em que acolhia e integrava os delegados que de lá chegaram.[28]

O governo do Brasil, a cujo Exército Lavalleja infligia sérias derrotas, respondeu com a declaração de guerra, em 10 de dezembro de 1825, e, sete dias depois, decretou o bloqueio do Rio da Prata. O imperador D. Pedro I, conjugando, possivelmente, o objetivo contrarrevolucionário com o ideal de conquista, jogou com a falta de coesão das Províncias Unidas, ameaçadas pela secessão de Córdoba e Santa Fé, que contagiava Corrientes e Entre Rios e dificultava a coordenação de um esforço nacional para enfrentar a guerra. E, ao que tudo indica, ele acreditou que Buenos Aires, ao envolver-se num conflito que lhe prejudicaria as atividades de comércio, terminaria por negociar um acordo, em que resignaria, definitivamente, às suas pretensões na Banda Oriental. A maneira mais eficiente, portanto, de sufocar o levante de Lavalleja seria atacar a sua fonte de sustentação no exterior.[29]

O governo de Buenos Aires enfrentava, realmente, o perigo de graves comoções intestinas, em consequência de sua tendência centralizadora, contra a qual as demais províncias se insurgiam, não respeitando a Constituição unitária de 1819. Em fevereiro de 1826, o Congresso criou o Poder Executivo Nacional, para conduzir os negócios da República, até então a cargo do governo da Província de Buenos Aires, e elegeu Bernardino Rivadávia presidente da República. Sua política for-

A EXPANSÃO DO BRASIL E A FORMAÇÃO DOS ESTADOS

temente unitária, tentando modelar o Estado nacional a partir dos interesses da burguesia mercantil de Buenos Aires, enredou-o, porém, numa teia de contradições. O esforço para estabelecer o Poder central alimentou o antagonismo das províncias, que desejavam autonomia e defendiam uma federação. E estas províncias se fortaleceram com a continuação da guerra, que só beneficiava os estancieiros e as economias regionais, ao cortar o fluxo do comércio exterior, prejudicando os interesses da burguesia mercantil de Buenos Aires.[30]

Rivadávia, que, a princípio, se empenhara na guerra, imaginou talvez que ela contribuísse para aglutinar as províncias em torno do Poder Executivo Nacional e, assim, facilitasse a implantação do Estado unitário. E também contou com a possibilidade de que fatores políticos favorecessem seu governo no confronto com o Brasil. Por isso animou a esperança de fomentar uma insurreição no Rio Grande de São Pedro[31] e estimulou os generais revolucionários, tais como Sucre, Santander e Simón Bolívar, que promoveram a libertação das colônias espanholas, para que lançassem uma ofensiva contra o Império, visto por eles como um braço da Santa Aliança. O general Carlos de Alvear, nomeado ministro da Guerra no governo de Rivadávia, solicitara a Bolívar que enviasse uma expedição ao Paraguai, a fim de destituir Francia, e à Banda Oriental, logo depois que a insurreição lá irrompeu.[32]

Bolívar acalentou, inicialmente, o projeto de formar um Exército com tropas colombianas e peruanas, para atacar o Brasil em conjunto com as forças argentinas, através de todas as suas fronteiras.[33] A invasão das localidades de Mojo e Chiquitos, no Alto Peru, por tropas brasileiras e sua anexação pela Província de Mato Grosso[34] poderia ter servido como pretexto, se o governo do Império não desaprovasse e corrigisse aqueles atos, que ocorreram à sua revelia.[35] Bolívar, aliás, não acreditou que D. Pedro I os tivesse ordenado.[36] Mas outras foram as razões que obstaculizaram a consecução do plano. Além da divergência com Rivadávia, que não quis entregar-lhe o comando geral das operações, Bolívar receou, sobretudo, as repercussões que o ataque ao Brasil teria junto ao governo da Grã-Bretanha, cuja posição procurou, ansiosamente, conhecer, antes de tomar qualquer decisão.[37]

O governo britânico, sem dúvida alguma, opunha-se a uma guerra de princípios — república contra monarquia — contrária aos seus interesses econômicos e políticos. George Canning, à frente do Foreign Office, atribuía grande importância à preservação da monarquia no Brasil, como forma de contrastar a crescente influência dos Estados Unidos.[38] Não permitiria assim que as repúblicas hispano-americanas emergentes destruíssem o único reino que se consolidava no continente. Com data de 20 de março de 1826, Canning escreveu a Bolívar para felicitá-lo pela moderação com que tratou o caso de Chiquitos e solicitar-lhe, discretamente, que não interviesse na guerra entre o Brasil e a Argentina.[39] Bolívar deu-lhe então plena garantia de suas intenções pacíficas e desinteressadas não só com relação às outras repúblicas irmãs, mas, principalmente, com relação ao Império do Brasil, a cuja forma de governo — declarou — não nutria qualquer hostilidade, estando a esperar uma ocasião para demonstrar, publicamente, que as informações em contrário eram falsas.[40]

Com efeito, Bolívar expressara, diversas vezes, aos agentes diplomáticos da Grã-Bretanha, país que tanto admirava e cuja aliança privilegiava acima de qualquer outra, sua preferência pela monarquia como forma de governo, excogitando, inclusive, escolher um príncipe europeu para que o sucedesse.[41] Se não eram os princípios republicanos que o inspiravam, em sua luta de libertação da América espanhola, não se voltaria contra o Império do Brasil, consequentemente, por simples espírito de aventura, em desafio à própria Grã-Bretanha. Assim, antes do término da guerra, o governo da Colômbia demonstrou, publicamente, que não era hostil ao Império. Interveio, na condição de mediador e não como aliado de Buenos Aires.[42]

O conflito pela Banda Oriental assumira, entretanto, matizes ideológicos na medida em que os Estados Unidos o exploraram em sua rivalidade comercial com a Grã-Bretanha. É certo que o secretário de Estado, Henry Clay, recusou-se a intervir na guerra, quando o governo das Províncias Unidas o solicitou, invocando a Doutrina Monroe, sob o argumento de que o Brasil era uma monarquia vinculada aos poderes europeus.[43] Mas o fato é que aos Estados Unidos não agradava a supre-

A EXPANSÃO DO BRASIL E A FORMAÇÃO DOS ESTADOS

macia do Brasil sobre o porto de Montevidéu, que o presidente John Quincy Adams, já em 1823, quando secretário de Estado, considerava a chave para o controle dos interesses comerciais de todos os países banhados pelos Rios Uruguai, Paraná e Paraguai.[44] O representante de Washington no Rio de Janeiro, Condy Raguet, propôs ao seu governo que mandasse ocupar Montevidéu, a fim de não deixar a Banda Oriental em poder do Brasil ou da Grã-Bretanha, que para ele se identificavam.[45] E John Murray Forbes, o representante norte-americano em Buenos Aires, instigou, por sua vez, o governo das Províncias Unidas a não ceder a Banda Oriental, não escondendo sua "viva simpatia pela sorte da causa republicana" naquela contenda.[46]

Os Estados Unidos e a Grã-Bretanha eram as nações que tinham mais interesses na região, além do Brasil e das Províncias Unidas. O número de navios norte-americanos que entraram nas águas do Rio da Prata, em 1824, ultrapassava o dos britânicos em 45%. A guerra, a princípio, provocou um eclipse nesse tráfico, mas, já em 1827, 35 embarcações com a bandeira dos Estados Unidos, contra apenas uma da Grã-Bretanha, aportaram em Buenos Aires.[47] Essa diferença se deveu, em grande parte, à atitude do governo de Washington, que não reconheceu o bloqueio do Rio da Prata, sob a alegação de que não era efetivo, e tal atitude gerou inúmeros e graves atritos com o Império do Brasil. Forbes pediu, insistentemente, ao Departamento de Estado que enviasse navios de guerra àquela zona[48] e o comodoro James Biddle, comandante da esquadra norte-americana estacionada no Atlântico Sul, advogou o emprego de força para obrigar o Brasil a pagar os prejuízos causados pelo bloqueio ao comércio do seu país.[49] Elementos do governo brasileiro temeram, por um momento, que os Estados Unidos, onde as simpatias por Buenos Aires eram notórias, interviessem militarmente no conflito,[50] possibilidade com a qual também o Foreign Office se preocupou.[51]

Segundo Harold F. Peterson, até os fins de 1826, o comércio norte-americano com o Rio da Prata havia caído ao mínimo.[52] A Grã-Bretanha sofrera, porém, prejuízos ainda maiores que os Estados Unidos. Era o principal fornecedor das Províncias Unidas, secundada pelo Brasil, cujo comércio, em larga proporção, estava sob o controle dos ingleses. Antes da eclosão do conflito, Forbes observara que "os capitalistas ingleses" faziam "rápidos progressos para se converterem nos verdadeiros amos" das Províncias Unidas e que logo Buenos Aires se transformaria "numa verdadeira colônia britânica, isenta dos gastos e responsabilidades do governo, mas sujeita a influências políticas e morais equivalentes".[53] As exportações da Grã-Bretanha para Buenos Aires somavam mais da metade das mercadorias estrangeiras que entravam naquele porto. Em 1824 elas ultrapassaram a casa de um milhão de pesos fortes, em produtos agrícolas e manufaturados, e declinaram, em 1826, para menos de 155 mil pesos fortes, como consequência da guerra e do bloqueio.[54] Os valores britânicos nas Províncias Unidas, representados, sobretudo, por artigos de exportação e dinheiro em espécie, totalizavam, em 1825, 1.536.411 libras esterlinas. Dois anos depois, ao término de 1827, haviam baixado para 492 mil libras esterlinas, das quais 220 mil estavam investidas em couro e 75 mil, em terras.[55]

A Grã-Bretanha, conforme H. S. Ferns salientou, enfrentava uma situação absurda, em que súditos britânicos, tripulando as esquadras tanto do Brasil quanto das Províncias Unidas, combatiam-se, mutuamente, e praticavam ações que acarretavam a destruição de um comércio promovido, em sua maior parte, por súditos britânicos.[56] Diante de tais circunstâncias, seu interesse era acabar quanto antes o conflito e estabelecer condições de segurança e tranquilidade para que os negócios voltassem a prosperar na região. A Grã-Bretanha, cujos bons ofícios no litígio pela Banda Oriental ambos os países — Brasil e Províncias Unidas — já haviam, na verdade, pleiteado,[57] evoluiu, então, da aparente neutralidade, em que se mantivera, para uma atitude dura, interessada e por vezes ameaçadora, na mediação entre os beligerantes, com o objetivo de obter uma solução, que acima de tudo lhe conviesse. E Canning nomeou o lorde John Ponsonby para o posto de ministro em Buenos Aires, encarregando-o de conduzir as negociações de paz, com o auxílio do ministro Robert Gordon, credenciado junto à Corte do Rio de Janeiro.

O Foreign Office, ao que parece, sempre aninhou o desígnio de criar, na Banda Oriental, um Estado-tampão, independente tanto do Brasil quanto das Províncias Unidas. Forbes, que, como representante

A EXPANSÃO DO BRASIL E A FORMAÇÃO DOS ESTADOS

dos Estados Unidos, acompanhara os acontecimentos da Bacia do Prata, observou que, na opinião geral, a Inglaterra contemplava a "formação de um governo independente na Banda Oriental, sob sua garantia, em outras palavras, uma colônia disfarçada".[58] O visconde de Itabayana, um dos negociadores brasileiros, imputou, igualmente, à Inglaterra a intenção de dar a Montevidéu a "forma de uma cidade hanseática, sob sua proteção, a fim de ficar com a chave do Rio da Prata, como tinha a do Mediterrâneo e a do Báltico".[59] Desta maneira, de acordo com a declaração atribuída a lorde Ponsonby, ela evitaria que apenas dois países se tornassem senhores exclusivos de toda a costa leste da América do Sul, desde o Equador até o Cabo Hornos.[60]

Os requisitos que facilitariam o estabelecimento do Estado-tampão já existiam, concretamente, e estavam na própria evolução histórica da Banda Oriental. Montevidéu, fundada para neutralizar as atividades da Colônia do Sacramento, tendia a transformar-se, pela sua posição geográfica, em porto alternativo e concorrente de Buenos Aires,[61] que, com a Revolução de Maio, tratou de assumir o monopólio da articulação comercial do Rio da Prata com o exterior, entrando em contradição com as demais Províncias do litoral. Essa rivalidade já se manifestara, politicamente, na ruptura entre Francisco Javier Elío, governador de Montevidéu, e o vice-rei Santiago de Liniers, em 1808, quando o Exército de Napoleão invadiu a Espanha e derrubou o rei Carlos IV.[62] Artigas, por sua vez, combateu o exclusivismo portuário, objetivo real da política unitária do Diretório, contra o qual ele se rebelou, em 1814. E até mesmo Lavalleja, embora apoiado por Buenos Aires, buscou preservar a autonomia administrativa da Banda Oriental, a principiar por não admitir que seus batalhões se submetessem ao comando do general Carlos de Alvear, ministro da Guerra das Províncias Unidas.[63] Os interesses econômicos e políticos regionais, gerados pelo modo e pelo desenvolvimento desigual da colonização, desencadearam forças centrífugas, que se realimentavam nas pretensões hegemônicas de Buenos Aires, provocando a segregação do Paraguai e criando as condições objetivas para a separação da Banda Oriental e de outras províncias, como Córdoba, Santa Fé e Corrientes.

Por outro lado, desde que o Vice-Reino do Rio da Prata começou a abrir-se ao comércio internacional e, sobretudo, depois da quebra definitiva do monopólio colonial, com a Revolução de Maio, o governo da Grã-Bretanha, que se aliou ao da Espanha, em 1808, contra Napoleão Bonaparte, passara a contrapor-se às tentativas de Portugal para dominar o Rio da Prata e, se possível, a própria cidade de Buenos Aires.[64] Em 1777, um ano depois que o governo de Madri iniciara a liberalização do comércio de Buenos Aires, Portugal perdeu, definitivamente, a Colônia do Sacramento, e, em 1811, lorde Strangford não apenas se opôs à invasão da Banda Oriental como impediu que as tropas do príncipe D. João também entrassem no Paraguai.[65] A Grã-Bretanha, cuja política visava a manter o equilíbrio de forças na região, não convalidou, da mesma forma, a ocupação da Banda Oriental, em 1816-1817, e nunca reconheceu, oficialmente, sua anexação ao território do Brasil, como Província Cisplatina, nem pelo governo de D. João VI nem pelo do Império.[66]

Pelo que se lê em várias instruções do Foreign Office, Canning julgava, reservadamente, que as Províncias Unidas tinham mais direito à Banda Oriental que o Império do Brasil. Tanto assim que a mediação, promovida por lorde Ponsonby, assentou-se apenas sobre duas bases: cessão da Banda Oriental às Províncias Unidas, mediante o pagamento de indenização, em dinheiro, ao Brasil ou a proclamação de sua independência, com o surgimento, na região, de mais um Estado politicamente soberano. Em realidade, lorde Ponsonby considerava D. Pedro I, que rejeitou, terminantemente, aquelas bases para as negociações de paz, como inimigo da Grã-Bretanha, onde se temia que ele fizesse uma aliança com a França,[67] e, em nenhum momento, aventou-se, seriamente, a possibilidade de que o Brasil conservasse a Banda Oriental, pagando uma indenização, em dinheiro, às Províncias Unidas.

Sem dúvida alguma, o Brasil, militarmente, sofria duros reveses. As tropas do general Carlos de Alvear venceram a batalha de Ituzaingó, em 20 de fevereiro de 1827, e infligiram outras importantes derrotas ao Exército brasileiro, do qual inúmeros soldados e alguns regimentos inteiros, inspirados pelas ideias republicanas, desertavam, aderindo às forças insurgentes de Lavalleja e Manuel Oribe.[68] Mas, se o Exército brasileiro

A EXPANSÃO DO BRASIL E A FORMAÇÃO DOS ESTADOS

perdera os combates, ele ainda dominava as duas maiores cidades da Banda Oriental — Montevidéu e Colonia — e as tropas do general Carlos de Alvear, apesar das vitórias, não tinham mais condições de continuar a guerra, sem recursos, sem organização, sem disciplina, sem unidade na retaguarda, com o governo de Rivadávia ameaçado de colapso político pela secessão de Córdoba e de outras províncias — três do litoral e quase todas do interior — que rechaçavam a Constituição unitária, aprovada pelo Congresso Nacional, em 24 de dezembro de 1826.[69]

Em face de tais problemas e da premente necessidade de enfrentar a grave situação interna do seu país, que evoluía para a guerra civil, D. Manuel José García, enviado como plenipotenciário para negociar com o governo do Rio de Janeiro, cedeu ante a intransigência de D. Pedro I e, violando as instruções escritas, mas, de acordo com a orientação verbal que Rivadávia lhe dera,[70] assinou, em 24 de maio de 1827, a Convenção Preliminar de Paz, pela qual, ao contrário do que se esperava, as Províncias Unidas entregavam ao Brasil a Banda Oriental, concordavam em desarmar a Ilha de Martín García e liberavam a navegação nos Rios da Prata, Paraná e Uruguai. Estes termos, como fundamentos da paz, indignaram a opinião pública de Buenos Aires, que passou a responsabilizar a Grã-Bretanha pela atitude de García, apesar de que ela também surpreendera e decepcionara Lorde Ponsonby.[71] E Rivadávia não só denunciou a Convenção, firmada *ad referendum sub spe rati*, como renunciou à presidência, deflagrando a crise institucional, que fermentava. A luta entre unitários e federais aguçou-se, o Congresso Nacional autodissolveu-se e, extinto o Poder Executivo Nacional criado pela Constituição de 1826, as Províncias Unidas do Rio da Prata, juridicamente, desapareceram, restaurando-se a autonomia e a autoridade dos governadores regionais defensores da Confederação.

Com o fracasso da tentativa unitária de organização do Estado nacional, o coronel Manuel Dorrego, um dos líderes da corrente federalista, assumiu o governo da Província de Buenos Aires e, com o encargo das relações exteriores e dos negócios da guerra que as demais províncias lhe delegaram, iniciou novos entendimentos para a obtenção da paz. Solicitou a mediação da Colômbia, com o que, ao desfazer a ilusão de que

Bolívar interviria contra o Império, desarmou os partidários da continuação do conflito, e enviou ao Rio de Janeiro dois ministros plenipotenciários — os generais Juan Ramón Balcarce e Tomás Guido. Àquela altura, a situação já se tornara bastante difícil para o Brasil. Os corsários argentinos causavam enormes prejuízos ao seu comércio. O bloqueio do Rio da Prata perdera a eficácia, rompido repetidas vezes por navios dos Estados Unidos. A sorte nos campos de batalha não melhorara. Rivera apossara-se do território das Reduções. E, como o Império do Brasil já perdera 8 mil homens e gastara com a guerra o equivalente a 48 mil contos-ouro,[72] D. Pedro I anuiu às bases da mediação propostas por lorde Ponsonby e autorizou a assinatura, em 27 de agosto de 1828, da Convenção Preliminar de Paz, pela qual recuperava o território das Reduções e outorgava a independência à Banda Oriental, transformando-a na República do Uruguai, o Estado-tampão, que a Grã-Bretanha colimara.

O término das hostilidades com o Brasil possibilitou então que a guerra civil irrompesse nas Províncias Unidas do Rio da Prata. Ao regressarem as tropas dos campos de batalha do Uruguai, o general Juan Lavalle cercou Buenos Aires e, dando um golpe de estado, em conluio com Rivadávia e os unitários, capturou Dorrego e ordenou sumariamente sua execução. Este ato causou profunda indignação nas forças federalistas,[73] que se sublevaram, sob a chefia do general Juan Manuel de Rosas, comandante da Milícia Rural. Lavalle não teve condições de conservar o poder e, derrotado, escapou para o Uruguai.[74] Rivadávia já fugira para a França, com cujo apoio contava.[75] E a Assembleia Provincial, que fora dissolvida, elegeu Rosas para o cargo de governador e capitão-general da Província de Buenos Aires.

NOTAS

1. H. S. Ferns, op. cit., p. 109. J. P. Calógeras, op. cit., p. 438. Tulio Halperin Donghi, *História da América Latina*, Rio de Janeiro, Paz e Terra, 1975, pp. 68-69. C. Machado, op. cit., pp. 81-82. Liborio Justo, *Nuestra patria vassalla — Historia del coloniaje argentino*, tomo I (De los Borbones a Baring Brothers), Buenos Aires, Editorial Schapire S. R. L., 1968, pp. 339-344.

A EXPANSÃO DO BRASIL E A FORMAÇÃO DOS ESTADOS

2. Ricardo Piccirili, *Argentinos en Rio de Janeiro — 1815-1820*, Buenos Aires, Editorial Pleamar, 1969, p. 41. J. P. Calógeras, op. cit., vol. II (O Primeiro Reinado), 1920, p. 380.

3. R. Piccirili, op. cit., p. 16.

4. Ibidem, p. 46.

5. *"En las sesdsiones secretas del Congreso consideró la cuestión de la forma de gobierno. La mayoría se inclinaba por el sistema monárquico constitucional, pero no había acuerdo en cuanto a la dinastía que debía coronarse. Belgrano propuso designar a un Inca y que la capital estuviera en Cuzco."* María Sáenz Quesada, *La Argentina — História del país y de su gente*, 3ª ed., Buenos Aires, Editorial Sudamericana, 2004, p. 243.

6. Ibidem, pp. 42 e 46. Vicente R. Quesada, *História diplomática latino americana — La política imperialista del Brasil y las Cuestiones de limites de las repúblicas sudamericanas*, Buenos Aires, Administración General, 1920, pp. 106-126. C. Machado, op. cit., pp. 55-56. L. Justo, op. cit., pp. 271-285. J. P. Calógeras, op. cit., vol. I, pp. 435-436. R. Piccirili, op. cit., pp. 44, 45, 47 e 53.

7. J. P. Calógeras, op. cit., vol. I, p. 436.

8. María Sáenz Quesada, op. cit., p. 243.

9. H. S. Ferns, op. cit., p. 127. L. Justo, op. cit., tomo I, pp. 312-313.

10. T. H. Donghi, *Revolución y guerra*, pp. 309-327. P. Barran *et al.*, op. cit., pp. 37-48.

11. O programa agrário de Artigas está consubstanciado no Regulamento Provisório da Província Oriental para o Desenvolvimento dos seus Campos e Segurança de seus Fazendeiros, instituído em 10 de setembro de 1815. A intervenção portuguesa praticamente condenou a sua aplicação a um curto período de seis ou sete meses. N. Torre *et al.*, op. cit., pp. 73-98. J. P. Barrán *et al.*, op. cit., pp. 96-103. B. P. de Oddone, op. cit., pp. 39-44. C. Machado, op. cit., pp. 69-72. Hugo D. Barbagelata, *Artigas y la Revolución Americana*, 2ª ed., Paris, Editions Excelsior, 1930, pp. 115-116.

12. N. Torre *et al.*, op. cit., pp. 92-93.

13. J. P. Calógeras, vol. I, p. 439. Sobre política de Lecor, consultar N. Torre et al., op. cit., pp. 97-108.

14. Despacho de 4/4/1817, Philip Rutter, agente comercial dos Estados Unidos no Rio de Janeiro, a James Monroe, secretário de Estado, in W. Manning, op. cit., vol. II, p. 702. J. P. Calógeras, op. cit., vol. I, p. 439.

15. Sobre a política de Portugal em relação à Inglaterra, àquela época, vide Luiz Alberto Moniz Bandeira, *Presença dos Estados Unidos no Brasil*, Rio de Janeiro, Civilização Brasileira, 1973, pp. 27-29.

16. A. K. Manchester, op. cit., pp. 130-134. W. W. Kaufmann, op. cit., pp. 120-122. "Diante das complicações dos acontecimentos produzidos entre 1810 e 1816, o governo britânico desenvolveu uma política cujo objetivo era frear as tentativas portuguesas de conquistar aquela zona do Prata e de submeter talvez a própria Buenos Aires." H. S. Ferns, op. cit., p. 164.

17. L. A. Moniz Bandeira, op. cit., pp. 33-34.

18. Instruções de John Quincy Adams, secretário de Estado, a John Graham, ministro plenipotenciário dos Estados Unidos junto à Corte de Lisboa, Washington, 24/4/1819, in W. R. Manning, op. cit., vol. I, pp. 98-101. C. Machado, op. cit., pp. 84-85. V. G. Quesada, op. cit., p. 126. L. A. Moniz Bandeira, op. cit., pp. 31, 39 e 74. Harold F. Peterson, *La Argentina y los Estados Unidos — 1810-1960*, Buenos Aires, Editorial Universitaria, 1964, pp. 32-34.

19. "Pouco antes, a diplomacia e o suborno exercidos por Lecor tinham destacado das forças artiguistas toda a Divisão de Canelones, a qual se incorporara ao Exército português. Logo depois de Tacuarembó, o mesmo fato se reproduziu com Frutuoso Rivera, o chefe de mais valimento que restava ao Protetor. Em março, seguiu D. Frutos para Canelones a tornar efetiva sua submissão." J. P. Calógeras, vol. I, p. 450.

20. H. S. Ferns, op. cit., p. 99. B. P. de Odonne, op. cit., pp. 40-41.

21. Alfredo Castellanos, *La Cisplatina, la Independencia y la República Caudillesca (1820-1838)*, Montevidéu, Ediciones de la Banda Oriental, 1975, p. 11. N. Torre, op. cit., pp. 97-108. J. Amadeo Baldrich, *Historia de la Guerra del Brasil*, 2ª ed., Buenos Aires, Editorial Universitaria, 1974, pp. 31-32.

22. B. P. de Odonne, op. cit., pp. 40-41. A. Castellanos, op. cit., p. 13.

23. Informe de D. Mariano Sarreata ao secretário de Estado das Relações Estrangeiras das Províncias Unidas, Londres, 25/3/1826, Doc. nº 9 — Sala X. 1.1.8., fls. 164 a 168, Archivo general de la Nación — Argentina.

24. W. W. Kaufmann, op. cit., p. 196.

25. H. S. Ferns, op. cit., p. 157. *Contribuições para a História da Guerra entre o Brasil e Buenos Aires*, p. 148.

26. H. S. Ferns, op. cit., p. 158.

27. Juan Manuel de Rosas, que dominava a maior parte das terras da Província de Buenos Aires e monopolizava quase toda a produção da carne de charque e sua exportação para o Brasil, Cuba e os Estados Unidos, promoveu, juntamente com seu primo, Juan José Nicolás Anchorena, uma subcriação, iniciada com 300 pesos, para financiar a expedição dos Trinta e Três Orientais (como Lavalleja e seus companheiros se celebrizaram). "Não buscava, por suposto, objetivos políticos com essa ajuda. Tratava somente, como expressa

A EXPANSÃO DO BRASIL E A FORMAÇÃO DOS ESTADOS

o senhor Julio Irazusta em um dos seus documentos livros, de expandir o 'comércio da carne, seja em seu aspecto de cria, de invernada ou de salga', possibilidades admiráveis que se perderiam 'numa Banda Oriental cedida aos portugueses'." R. Puiggros, op. cit., p. 131. V. G. Quesada, op. cit., p. 100. L. Justo, op. cit., pp. 455-456.

28. H. S. Ferns, op. cit., pp. 158-162.

29. Ibidem, pp. 163, 169 e 170.

30. Ibidem, pp. 172-174.

31. Ibidem, pp. 170, 188-189.

32. Ibidem, pp. 159, 170, 188-189. A. Teixeira Soares, *A diplomacia do Império no Rio da Prata*, p. 57. Arnaldo Vieira de Melo, *Bolívar, o Brasil e as nossas questões do Prata (da Questão de Chiquitos à Guerra Cisplatina)*, Rio de Janeiro, 1936, p. 69. V. C. Quesada, op. cit., p. 117. A. K. Manchester, op. cit., p. 139. Despacho de John Murray Forbes, encarregado de negócios dos Estados Unidos em Buenos Aires, para Henry Clay, secretário de Estado, Buenos Aires, 27/6/1825, in John Murray Forbes, *Once Años en Buenos Aires — 1820-1831*, Buenos Aires, Emecé Editores, 1956, p. 366. L. Justo, op. cit., p. 496. Rodolfo Ortega Peña, e Eduardo Luis Duhalde, *Baring Brothers y la historia política Argentina*, 3ª ed., Buenos Aires, A. Peña Lillo Editor S. R. L., 1974, p. 39.

33. V. G. Quesada, op. cit., p. 117. A. Vieira de Melo, op. cit., p. 69. Gerhard Masur, *Simón Bolívar*, México, Biografias Gandesa, 1960, pp. 460-461.

34. Ao ser derrotado pelas forças do general Sucre, no Alto Peru, o governador da Província de Chiquitos, departamento de Santa Cruz (localidade que depois integraria o território da Bolívia), decidiu pela sua anexação à Província de Mato Grosso, sendo apoiado pelas tropas brasileiras, que a invadiram. O imperador D. Pedro I, ao ter notícia do fato, tornou nulo o ato do governo da Província de Mato Grosso, que aceitara a anexação, e determinou a retirada das tropas. Carvalho e Melo, ministro dos Negócios Estrangeiros do Império, publicou uma declaração, datada de 6 de agosto de 1825, esclarecendo o que acontecera. V. G. Quesada, op. cit., p. 91. A. Teixeira Soares, *Diplomacia do Império do Rio da Prata*, pp. 57-58. Forbes, o encarregado de negócios dos Estados Unidos, informou que um sobrinho do general Olañeta havia promovido um acordo pelo qual as tropas brasileiras cooperariam com o Exército realista espanhol na luta contra Sucre. Despacho de John Murray Forbes a Henry Clay, secretário de Estado, Buenos Aires, 27/6/1825, in I. M. Forbes, op. cit., p. 366. Vide também Sílvio Júlio, *Bolívia e a política internacional de D. Pedro I em 1825*, Rio de Janeiro, 1961, p. 199.

35. V. G. Quesada, op. cit., p. 117. A. Teixeira Soares, *Diplomacia do Império no Rio da Prata*, pp. 57-58.

36. Carta de Simón Bolívar a D. Gregório Funes, Arequipa, 28/5/1825, in Vicente Lecuna, *Cartas del Libertador*, tomo XI, 1802-1830, The Colonial Press Inc., 1948, p. 278.

37. Carta de Simón Bolívar a D. Gregório Funes, Arequipa, 28/5/1825; carta de Bolívar a Funes, Potosí, 12/10/1825; carta de Bolívar a Funes, Chuquisaca, 06/11/1825, in V. Lecuna, op. cit., pp. 280, 287 e 289. Carta de Bolívar a Mariano Sarratea, Arequipa, 29/5/1825, in *Cartas del Libertador*, tomo XII (1803-1830), Caracas, Fundación John Boulton, 1959, p. 291.

38. J. Fred Rippy, *La Rivalidad entre Estados Unidos y Gran-Bretaña por América Latina (1808-1830)*, Buenos Aires, Editorial Universitaria, 1967, pp. 70, 97 e 125.

39. Ibidem, p. 125. L. Justo, op. cit., p. 499.

40. Despacho de Woodbine Parish, cônsul-geral da Grã-Bretanha em Buenos Aires, para lorde Canning, Buenos Aires, 21/4/1826 — ff. 161 a 172 — FO6-11 — Public Record Office. Sobre as exigências de Bolívar a Rivadávia, para ficar com o comando geral das operações, vide *Minuta da conferência de Forbes com Rivadávia* em 17/8/1826, in J. Forbes, op. cit., pp. 444-446. H. S. Ferns, op. cit., pp. 170, 178 e 179. A. Teixeira Soares, *Diplomacia do Império no Rio da Prata*, pp. 54-58.

41. J. F. Rippy, op. cit., pp. 96, 97, 114, 115, 116 e 119. Rivadávia dissera a Forbes que Bolívar tinha preferência pela monarquia. Minuta da conferência de Forbes com Rivadávia em 17/8/1786, in I. M. Forbes, op. cit., pp. 444-446.

42. H. S. Ferns, op. cit., pp. 195-196.

43. H. F. Peterson, op. cit., pp. 104-106. Miguel Scenna, *Como fueron las Relaciones Argentino-Norteamericanas*, Buenos Aires, Editorial Plus Ultra, 1970, p. 45.

44. Carta de John Quincy Adams a Caesar Augustos Rodney, Wash., 17/5/1823, in John Quincy Adams, *Writings*, Worthington Chauncey Ford, The Macmillan Company, 1917, vol. VII (1820-1831), p. 430.

45. L. A. Moniz Bandeira, op. cit., p. 63.

46. J. F. Rippy, op. cit., p. 92.

47. H. S. Ferns, op. cit., p. 174.

48. H. E. Peterson, op. cit., p. 104.

49. Carta do almirante Rodrigo Pinto Guedes ao marquês de Aracati, a bordo da fragata *Príncipe Imperial*, 1/12/1827 — lata 244, maço 2, Arquivo Histórico do Itamarati.

50. A possibilidade da intervenção norte-americana no conflito foi tão real que William Tudor, ao substituir Condy Raguet como encarregado de negócios,

A EXPANSÃO DO BRASIL E A FORMAÇÃO DOS ESTADOS

desaconselhou-a, em virtude das repercussões que teria sobre o comércio dos Estados Unidos com o Brasil, que era bem maior que com as Províncias Unidas. L. A. Moniz Bandeira, op. cit., p. 64. Sobre a posição dos Estados Unidos e os atritos com o Brasil por causa da guerra no Rio da Prata, vide nota de José Silvestre Rebelo, encarregado de negócios do Brasil nos Estados Unidos, a Henry Clay, secretário de Estado, Wash., 14/11/1827, Arquivo Diplomático da Independência, vol. V, pp. 212-215. Também reproduzida por W. R. Manning, vol. II, pp. 862-863. H. F. Peterson, op. cit., pp. 102-106. J. F. Rippy, op. cit., pp. 89-93. Arthur Preston Whitaker, *Estados Unidos y la Independencia de América Latina (1800-1830)*, Buenos Aires, Editorial Universitaria, 1964, pp. 437-438.

51. H. S. Ferns, op. cit., p. 179.

52. H. F. Peterson, op. cit., p. 104.

53. Despacho de M. Forbes para Henry Clay, secretário de Estado. Buenos Aires, 27/6/1825, in J. M. Forbes, op. cit., pp. 367-368.

54. A. K. Manchester, op. cit., p. 139.

55. H. S. Ferns, op. cit., pp. 172-173.

56. Ibidem, p. 166.

57. Segundo Teixeira Soares, a mediação inglesa foi pedida pelo governo das Províncias Unidas. Entretanto, Manchester informa que, antes de eclodir a guerra, o governo do Império já solicitara a mediação do Foreign Office para resolver a questão da Banda Oriental. Vide A. Teixeira Soares, *Diplomacia do Império no Rio da Prata*, p. 63. A. K. Manchester, op. cit., p. 139.

58. Carta de Forbes a John Quincy Adams, presidente dos Estados Unidos, Buenos Aires, 22/6/1826; Despacho nº 39, de Forbes a Clay, Buenos Aires, 3/8/1826, in J. M. Forbes, op. cit., pp. 432 e 440.

59. Raúl S. Ortiz, *Política Británica en el rio de la Plata*, 6ª ed., Buenos Aires, Edilorial Plus Ultra, 1973, p. 125. R. S. Silioni, op. cit., p. 123.

60. Ibidem, p. 127. C. Machado, op. cit., p. 123.

61. J. P. Barrán *et al.*, op. cit., pp. 37-48.

62. Ibidem, p. 45.

63. H. S. Ferns, op. cit., p. 184.

64. Ibidem, op. cit., p. 164.

65. J. Street, op. cit., p. 208.

66. H. S. Ferns, op. cit., p. 164.

67. A. K. Manchester, op. cit., p. 139. A. Teixeira Soares, *Diplomacia do Império no Rio da Prata*, p. 61.

68. Boletin del Ejército Republicano, Buenos Aires, reimpresión en facsímile — Correspondencia Militar del Ano 1825, publicada por el Estado Mayor

del Ejército — División Histórica y Archivo, tomos I e II, Montevidéu, Imprenta Militar, 1932.

69. V. G. Quesada, op. cit., pp. 112-119.

70. "O plenipotenciário levava instruções oficiais, mas foi chamado ao acordo com os ministros e o presidente Rivadávia lhe expressou que a paz era indispensável, pois a dissolução nacional parecia iminente: que sem dinheiro não podia continuar a guerra e que, antes de um grande desastre, lhe recomendava que fizesse a paz. Como? Eis aí a grande dificuldade. (...) Neste grave conflito, García resolveu violar as instruções oficiais, atendo-se às verbais, dadas também oficialmente, e atender quanto o Gabinete imperial quis impor-lhe". V. G. Quesada, op. cit., pp. 107 e 109.

71. H. S. Ferns, op. cit., p. 191.

72. A. Teixeira Soares, *Diplomacia do Império no Rio da Prata*, p. 73.

73. Ibidem, pp. 66 e 69.

74. H. S. Ferns, op. cit., pp. 164, 167, 181, 190, 195, 201, 251 e 252. Despacho nº 37, de Forbes a Clay, Buenos Aires, 21/6/1826, in J. M. Forbes, op. cit., pp. 429-430.

75. H. S. Ferns, op. cit., pp. 207-213.

Capítulo VI

A ASCENSÃO DE ROSAS • AS DIVISÕES POLÍTICAS DA BACIA DO PRATA • OS INTERESSES ADUANEIROS DE BUENOS AIRES E A TENTATIVA DE RECONSTRUÇÃO DO VICE-REINO DO RIO DA PRATA • AS GUERRAS CIVIS NO URUGUAI E NO BRASIL • O TRATADO DE 1843

Quando os poderosos saladeiristas[1] de Buenos Aires, como Juan Manuel de Rosas, Juan Esteban Anchorena e outros, financiaram a expedição de Lavalleja à Banda Oriental, animava-os a preocupação de impedir que o gado ali existente continuasse a abastecer os estancieiros do Rio Grande, também, como eles, dedicados à extração de couro e à produção do charque.[2] As constantes arriadas exauriam as reservas pecuárias da região, de onde os brasileiros tiraram, conforme algumas estimativas, cerca de 14 milhões de vacas, para abatê-las em suas charqueadas, desde que as tropas de Lecor ocuparam Montevidéu.[3] Assim, a guerra entre o Império do Brasil e as Províncias Unidas refletiu, basicamente, uma disputa pelos estoques de gado da Banda Oriental. Em outras palavras, foi uma luta pela matéria-prima de que necessitavam os saladeiros, tanto de Buenos Aires quanto do Rio Grande. E a Convenção Preliminar de Paz, possibilitando a criação da República Oriental do Uruguai, não eliminou esse nem os demais fatores do conflito.

Inúmeros brasileiros ficaram no território do novo país, com suas estâncias e charqueadas, muitas das quais se estendiam de um lado ao outro da fronteira, sobretudo na zona do Ibicuí.[4] Esses brasileiros continuaram a agir como se ainda estivessem na antiga Província Cisplatina.[5]

A EXPANSÃO DO BRASIL E A FORMAÇÃO DOS ESTADOS

Concorriam com os uruguaios aos empregos municipais, participavam das contendas internas, mas pretendiam ser "sempre estranhos" às autoridades do país[6] e reclamavam, frequentemente, a proteção do governo imperial.[7] As arriadas prosseguiam como rotina.[8] E, segundo o diplomata brasileiro Duarte da Ponte Ribeiro observou, as questões relativas a limites se tornavam "cada dia mais graves", sendo homicídios, roubos, embargos, serviço forçado e incursões de fronteira os "assuntos ordinários" que ocupavam a Legação Imperial em Montevidéu.[9]

Esses problemas ocorriam em meio das guerras civis e dos choques internacionais, que se entrelaçavam e envolviam, àquela época, todos os países da Bacia do Prata. A Confederação Argentina[10] se dividira em unitários e federais e a ascensão de Juan Manuel de Rosas ao governo intensificou a luta entre os dois grupos, sem superar as contradições que antagonizavam Buenos Aires e as outras províncias. O Uruguai também se fracionou em dois blocos políticos, blancos e colorados, como um prolongamento, em parte, das dissidências que se verificavam internamente na Confederação Argentina.[11] E até o Rio Grande do Sul não escapou ao cisma e à conflagração, seccionado pelos estancieiros que se insurgiam contra o governo do Império, apoiando-se na plebe rural, os farrapos, e proclamaram a República de Piratini.

Em todos esses conflitos, ressalvadas as especificidades de cada um, o federalismo serviu como expressão política para as reivindicações protecionistas das economias locais, do artesanato e das indústrias domésticas, ameaçadas pela expansão internacional do capitalismo. Em linhas gerais, ele significou o anseio de autonomia das províncias, empenhadas em fazer suas próprias leis, de acordo com suas conveniências, ou seja, representou a resistência das estruturas pré-capitalistas, preservadas pelo isolamento colonial em que se manteve o Vice-Reino do Rio da Prata, à desintegração que as correntes do comércio externo provocavam. E isto era tanto verdadeiro na Confederação Argentina, cujas províncias reagiam à penetração indiscriminada de mercadorias estrangeiras,[12] quanto no Brasil, onde o Rio Grande do Sul se revoltava contra impostos exorbitantes, que sufocavam sua indústria e seu comércio, cobrados pelo governo imperial.[13]

Dessa forma, paralelamente às rivalidades econômicas e políticas entre os diversos grupos rurais e mercantis, à competição pelas pastagens e pelos estoques de gado, à disputa das rendas aduaneiras pelas províncias, pode-se dizer, grosso modo, que então se produziu um corte profundo em toda a sociedade platense, estruturada sobre a produção pecuária, defrontando-se, de um lado, os grupos ligados à burguesia comercial, importadora, cujos redutos mais fortes se encontravam nos portos de Buenos Aires e de Montevidéu, e, do outro, as classes sociais sustentadas pela economia nativa, as massas rurais, montoneras[14] ou farroupilhas,[15] que os estancieiros saladeiristas, como facção dominante, acaudilhavam.

As intervenções políticas e militares do governo do Império, empreendidas geralmente nesse contexto de contradições internas e de lutas civis que dilaceravam toda a sociedade platense, foram, no mais das vezes, ao lado ou em favor dos partidos vinculados à burguesia comercial e aos interesses europeus, quer se chamassem retrógrados ou caramurus,[16] no rio onde, colorados,[17] no Uruguai, ou unitários,[18] na Confederação Argentina. Para melhor avaliar o caráter e o sentido de tais intervenções, entretanto, torna-se imprescindível compreender, antes de tudo, o papel que desempenhou Juan Manuel de Rosas no governo de Buenos Aires e os objetivos de sua política americana, com relação ao Uruguai e ao Paraguai.

Esse homem, lembrado pela historiografia oficial apenas como tirano, assumiu o governo de Buenos Aires em 1829 e logo tratou de unificar e organizar o país segundo os princípios federalistas, firmando com outras províncias o pacto de 4 de janeiro de 1831, que formava a Confederação Argentina e lhe entregava a direção de sua política externa. A partir de 1835, depois que a Junta dos Representantes de Buenos Aires outra vez o elegeu para o cargo e lhe outorgou toda a soma de poderes (poderes extraordinários), foi que ele passou a exercer efetivamente a ditadura, com o apoio popular. "A tirania não foi só de um homem", Carlos Ibarguren acentuou, "mas de um poderosíssimo partido popular e, dentro deste, da plebe urbana e rural, que constituía a sua massa".[19]

Durante seu domínio, Rosas manteve a ordem pública em toda a Província de Buenos Aires, garantiu a segurança dos negócios e o respei-

A EXPANSÃO DO BRASIL E A FORMAÇÃO DOS ESTADOS

to à propriedade e aos direitos dos estrangeiros, reconhecidos em tratados, deslocou as fronteiras ao sul e a oeste, permitindo aos estancieiros saciar a fome de terras, e procurou atender, tanto quanto podia, às reivindicações regionais.[20] Seu maior êxito consistiu em compatibilizar então o predomínio de Buenos Aires com a autonomia das províncias e a medida mais importante que adotou foi a Lei das Aduanas de 1835, rigidamente protecionista, proibindo a importação de uma série de produtos estrangeiros, o que contou com os aplausos de toda a Confederação.[21]

Como intérprete e líder dos saladeiristas de Buenos Aires, porém, os interesses de Rosas se conformavam com as aspirações da burguesia mercantil quanto à manutenção do monopólio portuário sobre o comércio do Rio da Prata.[22] Embora não tentasse suprimir pelas armas as aduanas interiores, existentes nas províncias, ele se recusou a nacionalizar, como todos os governos unitários que o antecederam, as rendas alfandegárias de Buenos Aires e, mais ainda, buscou robustecer sua condição de porto único, o exclusivismo característico do sistema colonial, fechando o Rio da Prata e seus afluentes à navegação estrangeira.[23]

Mas a eficácia desta medida impunha ao governo de Buenos Aires o controle do porto de Montevidéu, a fim de evitar que ele servisse como alternativa para o comércio com a mesopotâmia platense, e a integração do Uruguai e do Paraguai[24] na Confederação Argentina, nacionalizando virtualmente o Prata e seus tributários, em quase toda a extensão, o que permitiria considerá-los como rios interiores. O sistema americano, a que Rosas aspirava e no qual o governo do Império pressentia o propósito de reconstruir o Vice-Reino do Prata, espelhava, no fundo, essa necessidade de submeter o Paraguai e o Uruguai a uma estrutura federal que teria Buenos Aires como epicentro.[25]

O fechamento dos rios, além de prejudicar certos setores do comércio europeu, afetava seriamente os interesses do Brasil, pois ameaçava a integridade do seu território, na medida em que o estuário do Paraguai era a única via de comunicação entre a Província de Mato Grosso e o Rio de Janeiro.[26] Daí a constante preocupação do seu governo, manifestada desde as conversações de paz de 1828,[27] com o respaldo da Inglaterra,[28] que defendia objetivos comerciais. O Império brasileiro não ficaria, portanto, indiferente à atitude do governo de Buenos Aires, cujo fundamento jurídico consistia na inexistência de um tratado definitivo de paz, conforme previsto no artigo adicional à Convenção Preliminar de 1828, regulando a questão do uso dos rios.

De certo modo, aliás, o governo do Império já estava em luta contra Rosas. Embora se declarasse neutro diante do conflito armado entre Montevidéu e Buenos Aires — uma guerra civil, na verdade, que se travava de um lado e do outro do Prata —, sua simpatia pelo general Frutuoso Rivera, aliado dos unitários argentinos e apoiado pelas forças francesas, era inequívoca.[29] Ajudou-o na conspiração que culminaria com a derrubada do general Manuel Oribe da presidência do Uruguai, em 1838, durante o bloqueio do Rio da Prata pela esquadra francesa.[30] E lhe prestou toda espécie de auxílio, inclusive financeiro, com a finalidade de sustentá-lo no governo de Montevidéu. O Império sabia das conexões de Oribe com os rebeldes do Rio Grande do Sul, os farrapos ou farroupilhas,[31] receava, além do mais, que ele facilitasse a incorporação do Uruguai pela Confederação Argentina, caso reassumisse o poder, como general do Exército de Rosas.[32]

A partir daí, do início da década de 1840, as relações entre o Rio de Janeiro e Buenos Aires caracterizaram-se pelo confronto cada vez mais direto, que desbordava através de ininterrupta troca de notas agressivas, protesto e contraprotesto,[33] comprometidos os dois governos, aberta ou disfarçadamente, com as facções — blancos e colorados — em choque no Uruguai. Só por um momento, em 1843, pareceu que o Império brasileiro e a Confederação Argentina alcançariam um termo de inteligência nas suas questões, com a reformulação das alianças e o realinhamento das forças que se enfrentavam em toda a região do Prata.

Rivera, desde que voltou ao governo de Montevidéu, passara a ajudar os farroupilhas, com os quais firmaria um tratado em 5 de março de 1843, às portas de Quaraím,[34] embora continuasse a pleitear o amparo do governo imperial.[35] Não era ele um homem de arraigadas convicções políticas. Recebera dinheiro tanto dos franceses quanto dos brasileiros[36] e, a certa altura, pretendera constituir a Federação do Uruguai, reunindo a Banda Oriental, o Rio Grande do Sul e as províncias argentinas

A EXPANSÃO DO BRASIL E A FORMAÇÃO DOS ESTADOS

(então estados) de Entre Rios e Corrientes, da mesma forma que também imaginara transformar seu país em Vice-Reino, integrado no Império brasileiro, sendo ele nomeado vice-rei.[37]

Por outro lado, apesar das suspeitas ou informações que o Império tinha,[38] Rosas se distanciava dos outros caudilhos federais, como Justo José de Urquiza e Pascoal Echagüe, quanto à forma de tratar a revolução no Rio Grande do Sul.[39] Na verdade, sempre se esquivara de apoiar concretamente a República de Piratini, cujos emissários o procuraram em Buenos Aires e, ao que tudo indica, não obtiveram resultado positivo, segundo esperavam.[40] Sem dúvida alguma, se lhe interessava, como governador de Buenos Aires, debilitar o Império, contribuindo para fracioná-lo, também lhe convinha, na sua condição de charqueador, o aniquilamento da indústria saladeril do Rio Grande, que disputava com a portenha os estoques vacuns do Uruguai e os mesmos mercados do Brasil, Cuba e Estados Unidos. Assim, ao contrário de Entre Rios e Corrientes, que forneciam cavalos e outros petrechos de guerra aos farroupilhas,[41] Buenos Aires manteve uma atitude dúplice.

Esse fato naturalmente colaborou para induzir os farroupilhas não apenas a se aproximarem de Rivera, quando ele derrubou Oribe, como a buscarem entendimento com os que se opunham, na Confederação Argentina, à preponderância de Buenos Aires. Em 1842, o coronel Bento Gonçalves, presidente da República de Piratini, e o brigadeiro Pedro Ferré, governador de Corrientes, assinaram um tratado secreto de aliança, visando a "sacudir o jugo" de Rosas,[42] ao mesmo tempo em que previam a celebração de pacto idêntico com o Estado de Entre-Rios,[43] representado pelo general José Maria Paz. E pouco tempo depois, em outubro daquele ano, Rivera promoveu o Congresso de Paysandu e ali os reuniu,[44] a fim de concluir e formalizar os ajustes contra o governo de Buenos Aires, o que evidenciava o andamento das articulações para a formação do Uruguai Maior, isto é, da Federação do Uruguai, encorajadas pelas potências europeias, ou melhor, pela França e Grã-Bretanha.[45]

Os acontecimentos então se precipitaram. No início de dezembro, ao invadir o território de Entre Rios, Rivera sofreu contundente derrota, que as forças de Oribe lhe infligiram, destroçando-lhe o exército, mas os colorados continuaram com o domínio de Montevidéu. E os representantes diplomáticos da França e da Grã-Bretanha, fazendo claro esforço para salvá-los, advertiram Buenos Aires de que aquelas duas potências interviriam militarmente na região, a fim de forçar o término da guerra, que lhes prejudicava o comércio, e impor a abertura dos rios da Bacia do Prata à navegação internacional.[46] Não restou a Rosas outra saída senão tentar a destruição mais rápida possível do que sobrara de Rivera, antes que a ameaça se consumasse. E ele demandou, para esse fim, um acordo com o Império brasileiro.

Com data de 4 de janeiro de 1843, o general Tomás Guido, ministro plenipotenciário da Confederação Argentina, encaminhou à Corte do Rio de Janeiro uma nota,[47] na qual não só aludia à ameaça de intervenção anglo-francesa[48] como indagava se o governo imperial se decidiria a agir contra Rivera, "separadamente ou de acordo com a Confederação Argentina", se este lhe fornecesse a cavalhada de que o seu exército necessitava.[49] A iniciativa de aproximação, invocando os entendimentos entre Rivera e os farrapos, não era inteiramente nova. Em 1838, antes da queda de Oribe, Rosas despachara Manuel de Sarratea ao Rio de Janeiro com o objetivo de demonstrar o perigo que a união entre colorados uruguaios, unitários proscritos e farrapos do Rio Grande constituía para o Império brasileiro e a Confederação Argentina.[50] As gestões não tiveram sucesso.[51] O governo do Império, embora desconfiasse de Rivera,[52] sempre se recusara a assumir, publicamente, posição contra ele.[53] Preferia-o a Oribe, com o qual as desavenças eram mais profundas, devido às suas vinculações com Buenos Aires.

Em 1843, no entanto, a situação se modificara. As relações entre a Corte do Rio de Janeiro e Rivera, bastante deterioradas, desceram ao mais baixo nível de entendimento. Rivera, não obstante o conluio com os farrapos, solicitara-lhe proteção militar, com base na Convenção Preliminar de 1828, diante do avanço das forças de Oribe e da Confederação Argentina pelo território do Uruguai.[54] O Império recusou-se a entrar na guerra e ele, em represália, não só passou a apoiar abertamente os rebeldes do Rio Grande, perseguindo os monarquistas,[55] como determinou o sorteio dos negros para empregá-los no serviço militar[56] e, finalmente, aboliu a escravatura no país.[57] Estas medidas tomadas pelo governo de Rivera implicavam séria provocação ao Império, como um desafio à sua ordem social, e geraram muitas contendas, pois, como Duarte da Ponte Ribeiro ressaltou, no Uruguai "a escravatura estava em poder dos brasileiros e que por isso prosperavam os seus estabelecimentos, com inveja de todos os que, sendo obrigados a trabalhar com escassos e incertos jornaleiros, não podiam rivalizar".[58]

As condições, portanto, estavam maduras para a aceitação do oferecimento de Rosas, outras vezes rechaçado.[59] Além do mais, pareceu ao governo imperial que a guerra entre Buenos Aires e Montevidéu chegava ao fim, com Rivera derrotado em Arroyo Grande, e que melhor seria pactuar com Rosas, associando-se ao seu triunfo, para ligá-lo a um compromisso de que não intentaria a anexação da República do Uruguai, uma vez Oribe no poder. O barão de Caxias sugerira o entendimento.[60] O momento se configurava difícil para o Império brasileiro, cujas mãos a campanha contra os farrapos ocupava. Dos 24 mil soldados que formavam seu poderoso Exército, cerca de 12 mil, a metade, lutavam contra a rebelião no Rio Grande do Sul, havia oito anos, sem conseguir sufocá-la.[61] Era um "número extraordinário", segundo o deputado Carneiro da Cunha ressaltou no Parlamento,[62] onde a corrente liberal se opunha ao aumento dos efetivos militares em mais de 16 mil soldados, pleiteado pelo governo,[63] e algumas vozes se manifestavam em favor de Rosas.[64] O deputado André Rebouças chegou a chamá-lo de Grande Americano, dizendo que o Brasil devia protegê-lo e não fazer a corte à Grã-Bretanha e à França para que interviessem contra a Confederação Argentina.[65]

Diante desse quadro, o líder conservador Honório Hermeto Carneiro Leão, ao assumir o Ministério dos Negócios Estrangeiros, entendeu que devia explorar a proposta de aliança contra Rivera, formulada por Tomás Guido, e encaminhar as negociações no sentido de obter um tratado definitivo, que definisse questões de limites, comércio e navegação, conforme a Convenção Preliminar de 1828 preconizava. Guido alegou que não possuía poderes tão amplos e o governo imperial, embora a princípio condicionasse a aliança contra Rivera à assinatura desse ajuste,[66] concordou em celebrar *sub spe rati* um Tratado de Aliança Defensiva e Ofensiva, prescindindo das questões de limites,[67] e ordenou imediatamente a movimentação das tropas do barão de Caxias, bem como o bloqueio de Montevidéu pela Esquadra brasileira,[68] sem esperar sua ratificação. Rosas, contudo, não queria amarrar-se ao Império brasileiro, com o qual jamais desejou seriamente uma aliança, senão com o objetivo de conseguir ajuda para liquidar Rivera.[69] E por isso, talvez já certo de que a prometida intervenção anglo-francesa ainda não se efetivaria, não ratificou o Tratado, a pretexto de que os contratantes — o Império e a Confederação — não poderiam dispor da sorte do Uruguai sem a audiência de Oribe, seu legítimo presidente.[70]

As negociações para a assinatura desse Tratado de 24 de março de 1843, que Pedro Calmon considerou "obra-prima da diplomacia conciliatória",[71] encobriram, em realidade, complicadíssimo jogo político, em que as duas partes, em meio das várias razões que as animavam, perseguiram objetivos inconciliavelmente contraditórios. De um lado, Rosas procurava absorver o Uruguai, por meio da vitória de Oribe, a quem entregara o comando de tropas argentinas e que, reconhecido como presidente legal do país, poderia levá-lo a aderir à Confederação. Do outro, o Império brasileiro queria impedir que isso acontecesse, induzindo o governo de Buenos Aires a renovar o compromisso de que respeitaria a independência uruguaia, de acordo com o que a Convenção Preliminar de 1828 estabelecera.[72] Nenhum, evidentemente, alcançou o que esperava. O logro terminou em malogro. E daí por diante as relações entre a Corte do Rio de Janeiro e o governo de Buenos Aires só tenderam a piorar, não obstante algumas tentativas de acomodação, que espelhavam as vacilações da política brasileira, num contexto de vicissitudes internas e externas.[73]

Os incidentes diplomáticos se sucederam. O ministro João Lins Vieira Cansanção de Sinimbu, enviado a Montevidéu, tudo fez para salvá-la do cerco de Oribe, e por sua ordem o almirante Pedro Ferreira de Oliveira, comandante da esquadra brasileira, rompeu o bloqueio que as forças navais da Confederação Argentina impuseram àquela cidade.[74] Essa atitude, que o governo imperial não endossaria,[75] acirrou mais os ânimos

A EXPANSÃO DO BRASIL E A FORMAÇÃO DOS ESTADOS

em Buenos Aires, onde outro diplomata brasileiro, o ministro Duarte da Ponte Ribeiro, teve que pedir os passaportes.[76] E na mesma época, outubro de 1843, o governo imperial, enquanto propunha a Rosas a reabertura das conversações para novo acordo,[77] enviava José Antonio Pimenta Bueno a Assunção, como encarregado de negócios e cônsul-geral, com o objetivo de reconhecer a independência do Paraguai e negociar, se possível, um Tratado de Amizade, Comércio e Navegação.[78]

NOTAS

1. Saladeiristas eram os estancieiros que produziam carne seca, o charque, chamado tasajo no Uruguai e na Argentina.
2. Carlos Ibarguren, *Juan Manuel de Rosas (Su Vida — Su Tiempo — Su Drama)*, 3ª ed., Buenos Aires, Librería "La Facultad" de Juan Roldán y Cia., 1930, p. 129. Vivian Trías, *Juan Manuel de Rosas*, 2ª ed., Buenos Aires, Siglo XXI, 1974, p. 37. C. Machado, op. cit., pp. 106-107.
3. Ibidem, pp. 100-101. "Desde a ocupação deste território (Banda Oriental), foram levados por vários pontos da fronteira cerca de 24 milhões de animais, entre vacas, cavalos e mulas." Agustín Beraza, *La economia de la Banda Oriental — 1811-1820*, Montevidéu, Ediciones de la Banda Oriental, 1964, p. 103.
4. *As razões da Independência*, 2ª ed., Rio de Janeiro, Civilização Brasileira, p. 110.
5. Duarte da Ponte Ribeiro, *As relações do Brasil com as repúblicas do Rio da Prata de 1829 a 1843*, Rio de Janeiro, Oficinas Graphicas do Archivo Nacional, 1936, p. 21.
6. Ibidem, p. 21.
7. N. W. Sodré, op. cit., p. 111.
8. Memória histórica sobre os acontecimentos que imediatamente precederam a sedição de 20 de setembro de 1835 na cidade de Porto Alegre, capital da Província do Rio Grande do Sul. Original, sem nome do autor, documento provavelmente de 1844. Seção de Manuscritos — Biblioteca Nacional, 1 — 31, 23, 4. Cat. Exp. Hist. do Brasil nº 7592.
9. "Verdade é que os brasileiros eram muitas vezes culpados (...), não poucos tomavam armas, voluntariamente, fosse para sustentar indivíduos da sua afeição ou temerosos da própria conservação (...)." D. P. Ribeiro, op. cit., p. 22.

10. As Províncias Unidas do Rio da Prata passaram a chamar-se República Argentina, em 1826, e Confederação Argentina, com a queda dos unitários, que Bernardino Rivadávia chefiava.

11. Sobre o assunto ver José Pedro Barrán, *Apogeo y crisis del Uruguay pastoril y caudillesco — 1839-1875*, Montevidéu, Ediciones de la Banda Oriental, 1975, p. 6.

12. "Pedro Ferré, governador de Corrientes, (...) assinalou que o país era uma verdadeira colônia da Inglaterra e que era necessário (...) fomentar as indústrias com o objetivo de dar ocupação aos numerosos artesãos (...) e de não depender das rendas aduaneiras, que podiam desaparecer mediante o estabelecimento do bloqueio." Gabriel A. Puentes, *La intervención francesa en el rio de la Plata*, Buenos Aires, Ediciones Theoria, 1958, p. 35. Jorge Abelardo Ramos, *Revolución y contrarrevolución en la Argentina — Las masas y las lanzas (1810-1826)*, 5ª ed., Buenos Aires, Editorial Plus Ultra, 1973, pp. 155-158.

13. "Antes parecia que o empenho do centro consistia em procurar estancar as fontes da desolada riqueza provincial. Os impostos eram tão exorbitantes quanto absurdos, gravando de preferência aquelas indústrias cujo desenvolvimento mais se deveria estimular e proteger (...)." Assis Brasil, *A Guerra dos Farrapos*, Rio de Janeiro, Adersen Editores, s/d, pp. 56-60.

14. "A montonera era uma bárbara caterva de milícias irregulares, composta de gaúchos e de índios que seguiam fanaticamente seus caudilhos." C. Ibarguren. op., cit., p. 78. "O povo se expressava por seus caudilhos. (...) Condutores de multidões, feitas montonera nas milícias, defenderam a autonomia de suas províncias contra a prepotência de Buenos Aires." José Maria Rosa, *La caída de Rosas*, Madri, Instituto de Estúdios Políticos, 1958, p. 50. Em verdade as montoneras eram manifestações armadas, de que todas as camadas da população participavam, tanto estancieiros e comerciantes quanto a plebe rural, em defesa de suas economias regionais.

15. "A plebe rural dos farroupilhas e os seus condutores naturais, os estancieiros, pareciam-se muito às montoneras de gaúchos da pampa argentina ou das cochilas orientais e jogou em sua história o mesmo papel." Ibidem, p. 29.

16. Os retrógrados ou caramurus eram os conservadores e a eles se opunham os federalistas, liberais.

17. Os colorados, que dominavam Montevidéu, eram mais urbanizados, aceitavam as ideias liberais da Europa e se identificavam com os imigrantes e o apoio brasileiro. Os blancos detinham a hegemonia no meio rural, eram fiéis à tradição autoritária da Espanha e fizeram ponto de honra a resistência às intervenções europeias. Ver José Pedro Barrán, *Apogeo y crisis del Uruguay*

pastoril y caudillesco (1889-1875), 2ª ed., Montevidéu, Ediciones de la Banda Oriental, 1975, p. 6.

18. "De todo o processo histórico argentino até 1820 se destacam dois fatos: define-se na cidade o grupo centralista, oligarca, com tendência à monarquia liberal, imbuído de doutrinas filosóficas e políticas europeias: são os unitários. Na campanha e nas províncias levanta-se em oposição à política de Buenos Aires o partido popular que sustenta a bandeira republicana e a autonomia local: são os federais." Ibarguren, op. cit., p. 76.

19. Ibidem, p. 319. Rosas foi "o primeiro governador realmente popular que apareceu na história de Buenos Aires. (...) Era levado pelas multidões e interpretava todas as classes sociais". Ibidem p. 215.

20. "Atenderam-se às queixas econômicas de províncias como Mendoza e se ofereceu proteção contra a concorrência estrangeira a algumas de suas indústrias." H. S. Ferns, op. cit., p. 220.

21. A Lei das Aduanas proibia a importação de ponchos, feixes de algodão ou lã, velas de sebo, pentes, pratos e outros produtos com similares fabricados no país, protegia o cultivo do fumo e gravava fortemente os sucedâneos do mate (café, cacau e chá) etc., preservando o mercado interno para o consumo de vinhos, aguardente, tecidos, artigos de couro, como sapatos, enfim, para a produção agrícola e as manufaturas de origem nacional. Ver J. A. Ramos, op. cit., pp. 155-159.

22. Ibidem, pp. 163 a 166. "Isto por sua vez fomentou nas províncias uma crescente inquietude e insatisfação com o federalismo rosista, que era, segundo um consenso cada vez mais generalizado nos fins da década de 1940, só um disfarce para o segregacionismo egoísta dos portenhos e dos estancieiros de Buenos Aires." H. S. Ferns, *La Argentina (Introducción histórica e sus problemas actuales)*, Buenos Aires, Editorial Sudamericana, 1969, p. 114.

23. "Por meio do fechamento colonial dos rios, conservado indefinidamente, Buenos Aires se mantinha como o único porto do país acessível ao comércio estrangeiro; e as províncias interiores, possuidoras de melhores portos, eram obrigadas a comerciar por intermédio do porto de Buenos Aires." *Memorandum* do encarregado de negócios da Confederação Argentina, Juan Bautista Alberdi, ao governo da Inglaterra, Londres, 4/8; 1855. Legajo 7-4-5-1, Archivo General de la Nación — Argentina.

24. O Paraguai separou-se de Buenos Aires em 1811.

25. Ver H. S. Ferns, *La Argentina*, pp. 112-113.

26. "O Rio Paraguai é necessário à integridade do Brasil por dois motivos diferentes: porque serve para assegurar-lhe e conservar-lhe as províncias que hoje possui e porque basta apenas a sua posição para dar-lhe o território do

Paraguai, por ele atravessado, e as províncias argentinas de Corrientes e Entre Rios, situadas a oeste do Rio Paraná (...). Os afluentes do Prata ligam de tal modo em comum as províncias meridionais do Brasil com os países litorais argentinos que, se o Brasil não consegue anexar estas regiões a seu território, as províncias (...) terão que segregar-se do Império, antes de meio século, para formar família com as nações do Prata." Juan Bautista Alberdi, *El Império del Brasil ante la Democracia de América*, Edición Especial de *El Diário, Asunción*, 1919, pp. 16-17.

27. Durante as conversações de paz, os representantes do Império propuseram aos argentinos a inclusão no acordo de um artigo pelo qual as partes contratantes — Brasil e Províncias Unidas — se comprometiam a "solicitar, juntas ou separadamente, de Sua Majestade o rei da Grã-Bretanha sua garantia para a livre navegação do Rio da Prata, pelo espaço de quinze anos". Os argentinos fizeram ponderações e, ainda por proposta dos brasileiros, acertou-se que um artigo adicional à Convenção ajustaria o assunto. Ata da Conferência de 26/8/1828 (final), assinada por Juan Ramón Balcarce, Tomás Guido, marquês de Aracati, J. C. Pereira e J. de O. Alvarez. AGN-A, Legajo 7-4-5-1. O artigo adicional, onde já não mais se falava em pedir a garantia do rei da Inglaterra, estabelecia que "ambas as partes contratantes se comprometem a empregar todos os meios que estejam ao seu alcance, a fim de que a navegação do Rio da Prata e de todos os outros que deságuem nele se conserve livre para o uso dos súditos de uma e outra nação, pelo tempo de quinze anos, na forma que será ajustada pelo tratado definitivo de paz". Artigo adicional, Rio de Janeiro, 27/8/1828, in Legajo 7-4-5-1. Esse artigo adicional contou, desde o início, com forte oposição em Buenos Aires. D. P. Ribeiro, op. cit., p. 59.

28. Minuta de uma conferência entre lorde Dudley, do Foreign Office, e o encarregado de negócios das Províncias Unidas em Londres, Francisco. Gil Ryde — ilha de Wright, 19/9/1827. Reservado A, Sala X.1.1.12, fls. 51 a 54, AGN-A.

29. "Essa neutralidade não foi senão aparente. Documentos oficiais da época provam de maneira conclusiva a conivência e o patrocínio prestado pelo governo do Rio a Rivera." *Breve Reseña de la Política del Brasil en el rio de la Plata y de los incidentes que ella suscitó (Extracto de un trabajo ordenado a Daniel Antakoletz por el ministro de las Relaciones Exteriores y Culto de Argentina, Dr. M. A. Montes de Oca)*, s/d, original datilografado, Legajo 7.4.5.3, Archivo de Victorino de la Plaza, AGN-A.

30. "Antes da batalha de Palmar, em 15 de junho de 1838, era precária a existência de Frutuoso Rivera; e para resistir à aliança de Oribe com Rosas, buscou captar a benevolência do governo imperial e conseguiu alguns recursos pecuniários." D. P. Ribeiro, D. P. op. cit., p. 23. C. Machado, op. cit., pp. 171-172.

A EXPANSÃO DO BRASIL E A FORMAÇÃO DOS ESTADOS

31. A. Brasil, op. cit., pp. 95-109. J. M. Rosa, op. cit., pp. 67-71. "Oribe (...) apoiava os separatistas, aspirando a criação de uma república aliada, que reforçasse a posição do Uruguai." M. A. Scenna, op. cit., pp. 113-114. A. Teixeira Soares, *Diplomacia do Império do Rio da Prata*, pp. 82-85. Pedro Calmon, *História do Brasil (O Império e a Ordem Liberal)*, vol. V, Rio de Janeiro, Livraria José Olympio Editora, 1961, p. 1606. "Tendo Oribe continuado suas relações com os rebeldes, prestando-lhes decidida proteção e consentindo a introdução ilícita de gado roubado, assim comunicou o encarregado de negócios, fazendo observações sobre as vantagens que resultariam de auxiliar a Rivera contra Oribe." D. P. Ribeiro, op. cit., p. 15. "Se Oribe continuasse a acolher os rebeldes como tinha feito até ali, ver-se-ia o governo imperial forçado a empregar medidas coercitivas para chamá-lo à ordem, principiando por um rigoroso bloqueio, que lhe tiraria as rendas." Ibidem, p. 15.

32. Oribe, derrotado na batalha de Palmar, refugiou-se com alguns de seus partidários, em Buenos Aires, onde Rosas o acolheu como presidente constitucional do Uruguai e lhe entregou o comando de tropas argentinas, que lutariam contra os unitários e Rivera.

33. *Breve Reseña de la Política del Brasil...*, loc. cit.

34. P. Calmon, op. cit., p. 1645. D. P. Ribeiro, op. cit., pp. 30-33. J. M. Rosa, op. cit., pp. 71-72.

35. D. P. Ribeiro, pp. 23, 24, 32, 33.

36. "Iniciada com o apoio imperial, continuada com o farrapo, a revolução de Rivera se imporia com a ajuda francesa, para sustentar-se, depois de 1842, e com a inglesa. Rivera não era unitário. Era um gaúcho que amava e sentia sua terra e desconfiava dos estrangeiros que vinham civilizá-la. Apenas era um gaúcho ladino, envolvente e enganador, capaz de tirar proveito do que pudesse. Com a consciência tranquila, se vendia a todo o mundo, pois não estava disposto a entregar-se a ninguém." J. M. Rosa, op. cit., p. 74.

37. Carta de W. G. Ouseley a J. H. Mandeville, Rio de Janeiro, 25/8/1841. Legajo X. 1.3.9, AGN-A. D. P. Ribeiro, op. cit., pp. 30-31.

38. Ibidem, pp. 21-22.

39. G. A. Puentes, op. cit., pp. 108-109.

40. "Rosas não considerava conveniente, na aparência, chegar a algum acordo com os farrapos, a cuja República de Piratini não prestou concurso algum." Ibidem, p. 108.

41. Ibidem, pp. 107-108. D. P. Ribeiro, op. cit., p. 20.

42. Tratado secreto celebrado em 1842 entre os rebeldes do Rio Grande do Sul e o governador da Província de Corrientes em 5/3/1842. Original manuscrito. Cat. Exp. Hist. do Brasil, nº 7614, SM BN.

43. Ibidem.

44. Além de Rivera, participaram do encontro Bento Gonçalves de Piratini, Pedro Ferré, de Corrientes, Juan Pablo Lopez, por Santa Fé e José Maria por Entre Rios.

45. "E quanto ao seu projeto de fazer uma Federação do Estado Oriental, República de Piratini e as Províncias de Entre Rios e Corrientes, há dados para crer que (Rivera) não tinha prescindido dele; que, longe de ser visto com indiferença pelos mediadores (França e Inglaterra), simpatizavam com esse arranjo político. Para eles, a independência da Província do Rio Grande era assunto concluído; e no estabelecimento da nova Federação encontravam o equilíbrio que prometia ao comércio da respectiva nação, poder penetrar livremente pelos rios Uruguai e Paraná, para explorar mercados até agora inacessíveis, e sobretudo o Paraguai, que para as duas nações (França e Inglaterra) é o Velocino do dia." D. P. Ribeiro, op. cit., pp. 43-44. Ver também J. M. Rosa, op. cit., pp. 73, 78, 79 e 80.

46. Nota de Tomás Guido a Aureliano de Souza e Oliveira Coutinho, Legação Argentina no Rio de Janeiro, 4/1/1843, in *O Tratado de 24 de Março de 1843 entre o Brasil e a Confederação Argentina*. Coletânea de documentos, s/a, Typ. Imp. e Const., de J. Villeneuve, Rio de Janeiro, 1945, p. 3 Ind. Cat. 76.1.17, Seção de Obras Raras, BN.

47. Ibidem, pp. 1-5.

48. "Os ministros plenipotenciários da Inglaterra e França em Buenos Aires notificaram ao governo argentino a vontade de seus respectivos soberanos de fazer cessar a guerra entre a Confederação e a República do Uruguai, invocando para esta intervenção os interesses da humanidade e o dos estrangeiros residentes naquele país. (...) Esses ministros declararam a S. Exa. a intenção de seus comitentes de adotarem medidas para a livre navegação do Rio da Prata." Ibidem.

49. Ibidem.

50. G. A. Puentes, op. cit., pp. 107-108.

51. Ibidem, pp. 107-108.

52. Em novembro de 1841, o governo imperial recomendou à Legação em Montevidéu que não confiasse em Rivera e chegou a ameaçá-lo com o uso de força naval. Ver D. P. Ribeiro, op. cit., p. 31.

53. "[...] Respondeu o governo imperial (...) dizendo que não obstante os dados que tinha para dever acreditar que Frutuoso Rivera tem favorecido os rebeldes do Rio Grande, não correspondendo ao princípio de rigorosa neutralidade (...), até então se tinha limitado a reclamar a sua fiel observância por parte da República Oriental, não encarando indivíduos, mas tão somente a entidade — governo." Ibidem, p. 37.

A EXPANSÃO DO BRASIL E A FORMAÇÃO DOS ESTADOS

54. Ibidem, p. 32. "Enquanto que Frutuoso Rivera esperou resultado favorável da solicitada intervenção do Brasil, ordenava ao seu ministro nesta Corte que asseverasse ao governo imperial que ele tratava de chamar à obediência de S. M. o Imperador os rebeldes do Rio Grande." Ibidem, p. 40.

55. Ibidem, p. 41.

56. Alguns brasileiros subtraíram os escravos ao sorteio, levando-os para bordo dos navios de guerra brasileiros. Ibidem, pp. 41-42.

57. Dezembro de 1842. Os ingleses o incentivaram a extinguir a escravatura. Ibidem, pp. 42-43.

58. Ibidem, p. 41.

59. Rosas também sondara a possibilidade de uma aliança contra Rivera por ocasião da coroação de D. Pedro II. Ibidem, p. 33.

60. Pedro Freire Ribeiro, *A Missão Pimenta Bueno (1843-1847) — Introdução*, Divisão de Documentação, Seção de Publicações do Ministério das Relações Exteriores, 1965, p. 18.

61. Discurso do deputado Ribeiro, Sessão em 13/3/1843, in *Annaes do Parlamento Brasileiro — Câmara dos Srs. Deputados*, 1º anno da 5ª Legislatura, 1ª Sessão de 1843, 2º tomo, Typ. da viúva Pinto & Filho, Rio de Janeiro, 1822.

62. Discurso do deputado Carneiro da Cunha, Sessão em 15/3/1843, p. 258.

63. Discurso do deputado Ribeiro, cit., pp. 213 ss.

64. J. M. Rosa, op. cit., p. 122.

65. Discurso do deputado André Rebouças, Sessão em 13/1/1843, in *Annaes do Parlamento Brasileiro — Câmara dos Srs. Deputados*, 1º anno da 5ª Legislatura, 1ª Sessão de 1843, 1º tomo, Typ. de Hipólito J. Pinto, Rio de Janeiro, 1881, pp. 178-179.

66. D. P. Ribeiro, op. cit., p. 69.

67. Ibidem, p. 69.

68. Ibidem, p. 69. O Art. 3º do Tratado de 24 de março de 1843 previa o bloqueio de Montevidéu e de outros portos uruguaios, que Rivera dominasse, pela Esquadra brasileira, com o auxílio de navios de guerra argentinos. Ver *O Tratado de 24 de março de 1843* entre o Brasil e a Confederação Argentina, p. 34.

69. Alguns historiadores argentinos e uruguaios, filiados à corrente revisionista, atribuem ao Império a iniciativa do tratado. Os documentos, porém, demonstram que, embora o Brasil quisesse obter um tratado mais amplo, a proposta de aliança contra Rivera, com o oferecimento da cavalhada, partiu de Tomás Guido. O autor, conferindo as distintas versões e os documentos relativos ao assunto, concluiu que o relato de Duarte da Ponte Ribeiro, contemporâneo dos fatos, é o que mais se aproxima da verdade, escamoteada

LUIZ ALBERTO MONIZ BANDEIRA

pelas paixões nacionais, tanto de brasileiros quanto de argentinos e uruguaios. Sobre o Tratado de 1843, ver a versão revisionista em J. M. Rosa, op. cit., p. 81. Outro autor argentino, entretanto, informa: "Rosas, em busca de Aliados em favor de seus propósitos, passou a negociar com o Imperador do Brasil, buscando uma aliança contra Montevidéu." Rolando Segundo Silioni, *La diplomacia luso-brasileña en la Cuenca del Plata*, Buenos Aires, Editorial Rioplatense, 1974, p. 141.

70. D. P. Ribeiro, op. cit., p. 69.

71. P. Calmon, op. cit., p. 1661.

72. O prólogo do Tratado dizia que a política de Rivera punha em perigo a existência da República do Uruguai, "que pelo Art. 3º da Convenção Preliminar de Paz de 27 de agosto de 1928 ambos os governos (do Rio de Janeiro e de Buenos Aires) se obrigaram solenemente a defender". Texto do tratado in *O Tratado de 24 de março de 1843...*, p. 33.

73. Paulino José Soares de Souza, que sucedeu a Carneiro Leão no Ministério dos Negócios Estrangeiros, "viu perfeitamente que a ocasião não era indicada para um rompimento com o Ditador". José Antonio Soares de Souza, *A vida do visconde do Uruguai (1807-1866)*, São Paulo, Companhia Editora Nacional, 1944, p. 165.

74. D. P. Ribeiro, op. cit., p. 79.

75. Ibidem, pp. 82-85. A. Teixeira Soares, *Diplomacia do Império no Rio da Prata*, pp. 109-110.

76. D. P. Ribeiro, op. cit., pp. 81 ss.

77. "Pelo mesmo vapor recebeu o ministro Residente o Despacho nº 34 autorizando-o a fazer aberturas ao governador Rosas para uma nova convenção tendente a acabar com a rebelião no Rio Grande e no Estado Oriental, garantindo o Brasil durante cinco anos as agressões da República do Uruguai contra a Confederação; e esta, as agressões daquela República contra o Brasil." Ibidem, pp. 48-86.

78. Instruções de Paulino José Soares de Souza, ministro dos Negócios Estrangeiros, a José Antonio Pimenta Bueno, Rio de Janeiro, 16/10/1843, in Pedro Freire Ribeiro, *A Missão Pimenta Bueno (1843-1847)* — Documentos I — Expedidos pela Secretaria de Estado, Divisão de Documentação, Seção de Publicações, MRE, 1966, pp. 3-15.

Capítulo VII

O BRASIL E O RECONHECIMENTO DA INDEPENDÊNCIA DO PARAGUAI • AS RELAÇÕES ENTRE O BRASIL E A INGLATERRA • A INDÚSTRIA SALADEIRIL NO URUGUAI E NO RIO GRANDE DO SUL • A GRÃ-BRETANHA E O GOVERNO DE ROSAS • A INTERVENÇÃO DO BRASIL NAS GUERRAS DA BACIA DO PRATA

Os contatos entre os governos do Brasil e do Paraguai eram muito antigos e já em 1825 se supunha que os dois teriam concluído algum tratado,[1] atuando seus agentes na Europa em favor do interesse comum, sem dúvida, a liberdade de navegação na Bacia do Prata.[2] De fato, àquele tempo, a Corte do Rio de Janeiro designou Antônio Manuel Corrêa da Câmara como cônsul e Agente Comercial junto ao governo do Paraguai, instruindo-o no sentido de que sempre favorecesse sua separação de Buenos Aires.[3] Mas o isolamento com que José Gaspar Rodrigues de Francia resguardava a velha Província do Vice-Reino do Rio da Prata não permitiu que essas relações se desenvolvessem e, ademais, a Grã-Bretanha não só se recusou a reconhecer sua independência como ainda aconselhou as outras potências a não fazê-lo,[4] o que naturalmente colaborou para inibir o Brasil. E o Paraguai estava afastado das rotas comerciais, dependente do porto de Buenos Aires para qualquer contacto com o exterior.

Em 1843, porém, o reconhecimento da independência do Paraguai urgia. A queda de Montevidéu em mãos de Oribe, segundo ao governo imperial se afigurava, era iminente,[5] o que consolidaria o fechamento do Rio da Prata, dominadas as duas margens pela Confederação Argentina.[6]

A EXPANSÃO DO BRASIL E A FORMAÇÃO DOS ESTADOS

O Paraguai, vulnerável em sua posição geográfica, não teria como escapar ao xeque-mate que o governo de Buenos Aires lhe preparava. Sem acesso ao mar, encravado no interior da América do Sul, sua independência dependia da independência do Uruguai. E a independência desses dois Estados, impedindo a nacionalização da Bacia do Prata pela Confederação Argentina, era a chave para a defesa de Mato Grosso, onde se imaginava a existência de ricas jazidas de ouro[7] e de parte de São Paulo, Paraná e Rio Grande do Sul. Também a Bolívia estaria no alvo de Rosas, cuja política americana, visando à reconstituição do Vice-Reino do Rio da Prata, conjugava os interesses dos charqueadores, famintos de terra e de gado, aos anseios da burguesia comercial, empenhada em preservar e estender o monopólio portuário de Buenos Aires.

Convém acentuar que o governo imperial se conduzia orientado por essa convicção, a de que Rosas se voltaria para o Paraguai e a Bolívia depois que se apoderasse do Uruguai.[8] E, sem meios para conter militarmente o avanço de Oribe e das tropas da Confederação Argentina uma vez que suas forças se concentravam na luta contra os farrapos, não lhe restava como alternativa senão contornar os atritos com Buenos Aires, ao tempo em que tomava medidas políticas, como o término da guerra civil no Rio Grande do Sul, e diplomáticas, a fim de enfrentar a situação. À missão de Pimenta Bueno ao Paraguai seguir-se-ia a do visconde de Abrantes, Miguel Calmon du Pin e Almeida, que viajou à Europa, em 1844, para solicitar aos governos de Londres e Paris que interviessem no conflito entre Montevidéu e a Confederação Argentina.

Não era a primeira vez que o governo imperial fazia semelhante gestão. Em 1830, o mesmo visconde de Abrantes, então ministro dos Negócios Estrangeiros de D. Pedro I, enviou o marquês de Santo Amaro à Europa, com a incumbência de tratar junto às Cortes de Paris, Londres e Viena da implantação, nas antigas colônias espanholas da América, de governos regulares e estáveis, sob a forma de monarquias constitucionais, bem como da possibilidade de reincorporação da Banda Oriental pelo Brasil ou sua transformação em ducado.[9] A missão não teve êxito, assim como, quatorze anos após, a do próprio visconde de Abrantes não alcançaria melhores resultados.

Embora as instruções de Ernesto Ferreira França, ministro dos Negócios Estrangeiros, não falassem abertamente em pedido de intervenção das grandes potências, sem dúvida alguma não foi outro o propósito que inspirou a viagem do visconde de Abrantes e ele o manifestou, claramente, nas conversações que manteve em Londres e Paris. O governo da Grã-Bretanha concordou com a necessidade de defender a independência do Uruguai e de não deixar que o Paraguai sucumbisse,[10] mas tanto em Londres quanto em Paris existia o receio de que a queda de Rosas desencadeasse a anarquia na Confederação Argentina, onde ele, sobretudo em Buenos Aires, estabelecera certa ordem, indispensável ao desenvolvimento do comércio.[11]

Além do mais, as relações de Londres com o Rio de Janeiro atravessavam uma fase bastante dura. A resistência brasileira aos seus ditames aumentava. No Parlamento, onde vários deputados exigiam maior aproximação com os países americanos[12] e reclamavam proteção para as indústrias nacionais, incentivo às fábricas de tecidos de algodão e lã,[13] não raro se ouviam frases como esta: "Quanto melhor for o nosso governo para a Inglaterra tanto pior devo julgá-lo para o Brasil."[14] Ou ainda: "É preciso primeiro que tudo que o governo do Brasil se nacionalize."[15]

Essas pressões nacionalistas se somavam aos interesses dos conservadores no negócio negreiro e o governo imperial, que eludia a adoção de medidas mais enérgicas para extinguir o tráfico de escravos, conforme a Grã-Bretanha pretendia, não somente se recusava a renovar o Tratado de Comércio de 1827, lesivo aos interesses nacionais,[16] como ainda instituiu tarifas protecionistas para a incipiente indústria nacional.[17] E lorde Aberdeen aproveitou a oportunidade para pressionar o governo brasileiro, levá-lo a ceder e a conceder, resolvendo essas questões.[18] "A Grã-Bretanha, antes de comprometer-se a um ato que pode e há de forçá-la a intervir ativamente nos negócios dos dois estados que bordam o Rio da Prata, deve tratar de remover do modo mais completo todo e qualquer motivo de séria desinteligência entre ela e a potência com quem houver de associar-se em tão delicada e importante questão", escreveu ao visconde de Abrantes.[19] E este informou ao ministro Ernesto Ferreira França: "Parece que o governo britânico quer

A EXPANSÃO DO BRASIL E A FORMAÇÃO DOS ESTADOS

ver se pode vender-nos por algum preço uma cooperação que lhe convém dar-nos mesmo de graça."[20]

De fato, tanto o governo de Londres quanto o de Paris, de uma forma ou de outra, já estavam profundamente enredados nos problemas do Rio da Prata. A Grã-Bretanha possuía tradicionais e sólidos interesses no comércio de Buenos Aires, que praticamente dominava, e no de Montevidéu, que com o tempo se avultaram, sobretudo depois que Rivera hipotecou aos estrangeiros, muitos dos quais súditos britânicos, suas rendas aduaneiras.[21] A França esforçava-se para alargar as posições que conquistara em Montevidéu, desde que bloqueou Buenos Aires em 1838, e intervinha abertamente nas lutas contra Rosas, ora a apoiar Rivera e os unitários argentinos, com homens, armas e dinheiro,[22] ora a subsidiar o general Santa Cruz, presidente da Bolívia.[23]

Apesar da competição entre essas duas potências[24] e das fricções de interesses que rivalizavam Montevidéu e Buenos Aires, os comerciantes ingleses e franceses, de um lado ou do outro do Prata, todos coincidiam na opinião de que a guerra prejudicava a prosperidade dos negócios. Muitos, ou porque Rivera os favorecia ou porque esperavam ganhar com a abertura dos rios e dos portos interiores ao comércio estrangeiro, reivindicavam a intervenção da Grã-Bretanha e da França para estabelecer a paz e a ordem na região.[25] A eles se somavam os interesses no comércio do Rio Grande do Sul, que se locupletava com o desvio do gado uruguaio para as suas charqueadas e se beneficiaria mais ainda com o bloqueio de Montevidéu e Buenos Aires.[26]

A viagem do visconde de Abrantes pouco ou nada influiu, portanto, na atitude dos governos de Londres e Paris. A intervenção, já decidida antes,[27] consumou-se, em 1845, sem a participação do Brasil que permaneceu à margem dos acontecimentos. E Buenos Aires resistiu. Podia fazê-lo. Os interesses dos saladeiristas portenhos não estavam na Europa, que não consumia o charque, mas no Brasil, Cuba e Estados Unidos, onde havia escravos a alimentar. E essas exportações continuaram, por via terrestre, para o Brasil e, daí, para o Caribe. Ademais, quando a crise se aguçou, considerável parcela da comunidade britânica em Buenos Aires se alinhou com Rosas, até mesmo empunhando armas[28] e seus protestos concorreram para que o governo de Londres recuasse da aventura. Ao fim de três anos, em 1848, a esquadra inglesa levantou o bloqueio de Buenos Aires. Seguiu-lhe, pouco depois, a francesa. E a intervenção terminou com um fiasco, tanto comercial[29] quanto político.[30] Os rios continuaram fechados. Rosas triunfante.

A guerra entre Buenos Aires e o Rio de Janeiro era, assim, inevitável. O reconhecimento da independência do Paraguai,[31] em 1844, e a notícia da missão do visconde de Abrantes, cujo objetivo Guizot e Robert Peel se encarregaram de delatar,[32] nutriram, juntamente com outros episódios,[33] o atrito contínuo em que aqueles dois governos viviam, a provocar, em 1845, uma ruptura de relações, contornada pelo então ministro dos Negócios Estrangeiros, Antonio Limpo de Abreu. E o problema com o Uruguai se tornou cada vez mais difícil, uma vez que Oribe, com o domínio sobre os campos, atacou os interesses dos charqueadores brasileiros, assegurando a liberdade dos escravos fugitivos[34] e proibindo a transferência de gado para o território brasileiro.

Estas medidas, coadjuvadas naturalmente por atos de violência, como o confisco etc.,[35] deixaram em posição bastante desvantajosa a indústria saladeril do Rio Grande do Sul, cujo charque chegava ao Rio de Janeiro ao preço de 440 a 480 réis a arroba, mais 280 réis correspondentes a fretes e direitos, enquanto o que procedia de Buenos Aires ou de Montevidéu custava somente 400 ou 410 réis a arroba, inclusive o transporte.[36] A pecuária platina resultava, inquestionavelmente, 50% mais rentável que a do Rio Grande do Sul,[37] onde o boi, em 1803, produzia em média nove arrobas de carne, apenas uma arroba superior ao do Nordeste brasileiro, o que significava baixíssimo rendimento.[38] Essa diferença induzira muitos brasileiros a montarem suas charqueadas no Uruguai, ameaçando ainda mais a produção e a exportação do Rio Grande do Sul.[39]

Em 1851, ao informar no Parlamento que o gado da Província do Rio Grande do Sul estava muito diminuído e não bastava para as charqueadas,[40] o deputado Cruz Seco explicava: "Todos sabem que os súditos brasileiros que possuem fazendas no Estado Oriental e que dali mandavam vender seus gados nos mercados do Brasil para serem manu-

A EXPANSÃO DO BRASIL E A FORMAÇÃO DOS ESTADOS

faturados, hoje não o podem fazer, porque essas estâncias não têm gado algum, estão reduzidas a quase nada; e demais, ainda está em vigor a ordem proibindo a introdução do gado".[41]

Os saladeiristas do Rio Grande do Sul exigiam então que se instituísse um imposto adicional de 25% sobre o charque estrangeiro, com o qual a sua produção não tinha preço para competir.[42] Àquela época, entretanto, o Brasil possuía uma população de aproximadamente 6 a 7 milhões de habitantes, dos quais pelo menos 3,5 milhões, a metade, eram escravos,[43] ou seja, representavam o mercado consumidor de charque e a indústria saladeril do Rio Grande do Sul não tinha condições de abastecê-lo sem o concurso da Banda Oriental. Como Andrés Lamas, ministro plenipotenciário do Uruguai no Rio de Janeiro, observou, o Rio Grande do Sul não atendia nem à terça parte do consumo de carne seca no Brasil, que excedia o volume de mais de um milhão de arrobas por ano.[44] A quantidade de charque enviada pelos saladeiros gaúchos às demais províncias do Império atingira somente o máximo de 800 mil arrobas, que englobavam a produção uruguaia, da ordem de 506.132, em 1849-50, e de 610.926, em 1850-51, importada através da fronteira.[45] E meios lhes faltavam para aumentar a produção.[46]

Em face de tal situação, os saladeiristas gaúchos, muitos dos quais conservavam estâncias no Uruguai para engorda de gado,[47] renunciariam à imposição de direitos sobre as carnes importadas, conformando-se com a vantagem de que elas se nacionalizavam ao entrar no território do Rio Grande por via terrestre.[48] E o monopólio, que tinham, das terras situadas de um lado e do outro da fronteira facilitava esse trânsito, vital para as atividades da indústria saladeril e do comércio no Rio Grande do Sul.[49]

Assim, com a decisão de Oribe de coibir o contrabando de gado[50] e a proteção que ele dava aos escravos fugitivos,[51] as lutas se intensificaram na fronteira. A partir de 1848, bandos de brasileiros, diversos sob o comando do coronel Francisco Pedro de Abreu, o barão de Jacuí, passaram a invadir seguidamente o território do Uruguai a fim de prear gado e resgatar negros foragidos. A essas incursões, que se celebrizaram como califórnias, porque lembravam a corrida do ouro nos Estados

Unidos, aderiram alguns unitários argentinos emigrados.[52] E o governo de Buenos Aires, entremostrando que considerava o Uruguai como parte da Confederação Argentina, avocou a iniciativa dos protestos, avivando a permanente querela que mantinha com o governo imperial.[53] "Que pretende o barão?", Tomás Guido perguntava. "Arrastar o governo de Sua Majestade a uma guerra insensata, forçando-o a subscrever uma política inspirada por danadas paixões?"[54]

O barão de Jacuí exprimia a inquietação dos estancieiros gaúchos, prejudicados pela política de Oribe, que lhes subtraía matéria-prima e força de trabalho.[55] E era a guerra o que eles desejavam. No Parlamento, deputados do Rio Grande do Sul, como Rodrigues Chaves, não escondiam essa intenção. Um deles sempre concluía seus discursos com a advertência de que, "se não se fizer a guerra, se não se sustentar os direitos dos rio-grandenses, eles o farão por si".[56] Mas o governo imperial, com o qual Rosas, em 1850, romperia outra vez as relações, não se afoitava. Suas relações com a Grã-Bretanha eram tensas. Lorde Aberdeen, em 1845, respondera-lhe à recusa em renovar o Tratado de Comércio com o famoso *bill*, o Brazilian Act, que autorizava a esquadra inglesa a apresar navios brasileiros, para reprimir o tráfico de escravos.[57] Desde aquele ano o litoral do país ficou praticamente sob intervenção. E se suspeitava de que a Grã-Bretanha, suspenso o bloqueio de Buenos Aires, estivesse a instigar Rosas para que declarasse guerra ao Brasil, com a qual sem dúvida lucraria.[58]

Efetivamente lorde Palmerston, substituindo Aberdeen, inflectira o Foreign Office no sentido do entendimento com Rosas.[59] O tratado, que o ministro plenipotenciário Henry Southern negociou, não apenas restabeleceu como aprofundou os vínculos entre Londres e Buenos Aires. Já não havia motivos, aliás, para discrepâncias. Rosas suprimira quase todas as tarifas protecionistas da Lei das Aduanas, a partir do bloqueio de 1838, que a França interrompera por pressão da Grã-Bretanha.[60] A expedição do almirante Charles Hotham, forçando a passagem a bala através da Volta de Obligado, comprovou que a abertura dos rios não ofereceria maiores vantagens ao comércio. E a comunidade comercial de Londres temia que, "caindo das mãos de Rosas a vara de ferro com

A EXPANSÃO DO BRASIL E A FORMAÇÃO DOS ESTADOS

que mantinha a ordem, ao menos na cidade de Buenos Aires, pode seguir-se ali uma anarquia que paralise todas as operações mercantis".[61] Esta preocupação pesava em todas as atitudes do Foreign Office.[62]

No início de 1850, o desfecho da questão do Prata estava assim a depender da posição que a França assumisse.[63] Se ela acompanhasse a Grã-Bretanha e também sustentasse a intervenção, o governo imperial teria que preparar-se para a guerra. E começou realmente a fazê-lo no instante em que o barão de Leprédour, representante do governo em Paris, obteve um acordo com Rosas. Tratou de substituir a França, subsidiando a praça de Montevidéu, que as legiões estrangeiras defendiam contra Oribe.[64] Através do banqueiro Irineu Evangelista de Souza, futuro visconde de Mauá, concedeu-lhe vultosos empréstimos,[65] enquanto comprava navios e outros petrechos bélicos na Grã-Bretanha, sem o conhecimento do seu governo,[66] e urdia as alianças políticas para isolar Buenos Aires. Com o Paraguai, ao qual concedera anteriormente tímida ajuda militar,[67] concertou um Tratado de Aliança, em 25 de dezembro de 1850, nomeando Rosas como fonte da ameaça que pairava sobre os dois países.[68] Voltara, assim, a abraçá-lo depois de longo período de separação, seis anos, em que nem sequer ratificou o reconhecimento de sua independência, efetivado por Pimenta Bueno.[69] E Duarte da Ponte Ribeiro seguiu para as Repúblicas do Pacífico, levando a missão de explicar a posição brasileira e prevenir qualquer reação hostil que porventura ali se esboçasse.

Rosas criara, porém, as condições para sua própria derrocada. Como governador de Buenos Aires, abandonara progressivamente os princípios federalistas que ao começo o nortearam, traduzidos, sobretudo, na Lei das Aduanas, e passara a agir como unitário em suas relações com as províncias do interior e do litoral platense. E essa tendência para moldar o Estado nacional com base nos privilégios portuários de Buenos Aires e nos interesses do comércio internacional, à qual também ele se abateu, constituiu vigoroso fator de desintegração do antigo Vice-Reino do Rio da Prata, quer se apresentasse como Províncias Unidas ou Confederação Argentina. Buenos Aires, com o unitário Bernardino Rivadávia ou o federal Juan Manuel de Rodas, jamais resignou às rendas que auferia com o monopólio da aduana. Contra ele Artigas se insurgira. Igualmente o Paraguai, que se segregou. E não foi outra a razão da revolta de Corrientes e Entre Rios contra Rosas. O problema para todos se resumia na localização da aduana, ou, em outras palavras, na necessidade de autodeterminação das economias locais, expressada, contraditoriamente, pelas reivindicações protecionistas e pelos anseios de abertura do Rio da Prata e seus afluentes à navegação. Ninguém queria pagar peagem a Buenos Aires. E aí, neste ponto, os interesses do Paraguai e das províncias argentinas confluíram[70] e se somaram aos do Império brasileiro. A aliança entre este e o federal Justo José de Urquiza, governador de Entre Rios, estava na lógica natural da política argentina. Urquiza servir-lhe-ia como aríete para a derrubada de Rosas.[71]

Em 18 de agosto de 1851, agravada a crise, Rosas tomou a iniciativa da declaração de guerra, que o Império brasileiro evitava, preferindo golpeá-lo, obliquamente, através do ataque a Oribe, como no bilhar, a fim de não ferir a Convenção Preliminar de 1828 e não dar pretexto à intervenção da Grã-Bretanha.[72] Dois meses depois, no entanto, o sítio de Montevidéu, que se arrastara por oito anos, terminou. Oribe e as tropas da Confederação Argentina, comandadas, renderam-se a Urquiza praticamente sem resistir. Esta atitude não se deveu tanto ao temor da derrota, na iminência de ter que enfrentar, também, o Exército brasileiro, avançando sobre Cerrito, como alguns supuseram.[73] Na verdade, a erosão carcomia o regime de Rosas. Oribe percebeu-o. A própria posição de Urquiza, o mais poderoso caudilho federal, já o indicava. Nenhuma reação adiantaria. Todos desertavam. E àquela altura até mesmo lorde Palmerston, favorável a Rosas,[74] lavou as mãos.[75] Embora o julgasse um "elemento da ordem", que conseguira impor "religioso respeito e proteção às prosperidades estrangeiras",[76] não se alentou a intervir contra o Império brasileiro, conforme Henry Southern, ministro inglês em Buenos Aires, desejava.[77] E lorde Granville, ao sucedê-lo, mais se retraiu.[78] Manteve o governo de Londres na expectativa, dispondo-se a colher o resultado do conflito, fosse contra ou a favor do Brasil.[79] O sucesso orientar-lhe-ia a política. Apoiaria o lado que vencesse.[80]

A EXPANSÃO DO BRASIL E A FORMAÇÃO DOS ESTADOS

Com a defecção de Urquiza, Oribe e outros[81] suportes militares do regime, Rosas, sem sustentação interna, já não interessava ao governo de Londres, conquanto seus agentes diplomáticos, Henry Southern e Robert Gore, encarregado de negócios em Buenos Aires, tudo fizessem para salvá-lo.[82] A manutenção da ordem, que o credenciara aos olhos tanto de Aberdeen quanto de Palmerston, começava a custar a própria ordem. A situação chegara ao ponto em que Rosas só poderia enfrentar as dissidências respaldadas pela mobilização militar do Império brasileiro, recorrendo cada vez mais ao terror político, à Mazorca.[83] Não importa, no caso, se ele mandava ou não degolar seus adversários. Unitários ou federais, colorados ou blancos, caramurus ou farrapos, todos degolavam. Na região do Rio da Prata, onde os gaudérios matavam bois ou cortavam as veias do cavalo para beber sangue e aplacar a sede, onde o *cuchillo* era o principal instrumento de trabalho, a violência e a morte constituíam o seu cotidiano. Domingo. F. Sarmiento, em sua notável obra *Facundo — Civilización y Barbarie*, escreveu que *"el gaucho estima, sobre todas las cosas, las fuerzas físicas, la destreza en el manejo del caballo, y, además, el valor"*.[84] E acrescentou:

> *El cuchillo, a más de una arma, es un instrumento que le sirve para todas sus ocupaciones: no puede vivir sin él; es como la trompa del elefante, su brazo, su mano su dedo, su todo. El gaucho, a la par del jinete, alarde de valiente, y el cuchillo brilla a cada momento, describiendo círculos en el aire, a la menor provocación, sin provocación alguna, sin otro interés que medirse con un desconocido; juega las puñaladas, como jugaría los dados.*[85]

Os gaúchos raramente possuíam armas de fogo. E assim viviam tanto nas pampas de Argentina como nas pampas do Uruguai e do Rio Grande do Sul. Os conflitos eram permanentes. E o infindável confronto armado em Montevidéu, a permanente guerra civil, que entretinha a Confederação Argentina, e o recrudescimento da repressão política prejudicavam os investimentos e o comércio internacional em Buenos Aires, no qual os interesses de outro setor da pecuária sobressaíam, à parte dos saladeiristas, ampliando-se a ovinocultura para o fornecimento de lãs às fábricas da Grã-Bretanha. O governo de Rosas perdeu, assim, sua razão histórica de existir. E ele, como Oribe, compreendeu que pouco lhe restava a fazer. De outro modo não se explicaria a desconcertante passividade[86] com que se preparou para arrostar as forças de Urquiza e do general Manuel Marques de Souza. Talvez esperasse que a Grã-Bretanha o socorresse.[87] Mas o fato foi que não combateu. Em 3 de fevereiro de 1852, quando travou a batalha de Caseros ou de Santos Lugares, já estava vencido.[88] E não só ele. Também lorde Palmerston e sua política ali foram derrotados, segundo o juízo do representante do governo brasileiro em Londres.[89]

NOTAS

1. Carta a Manuel José Garcia, firmada por Forayo, Londres, 25/3/1825, X.1.1.8, AGN-A.
2. Ibidem.
3. R. Antonio Ramos, *La política del Brasil en el Paraguay bajo la dictadura de Francia*, Buenos Aires, Editorial Ayacucho, 1944, p. 90.
4. Ofício nº 9, de Sérgio Teixeira de Macedo, ministro do Brasil em Londres, a Soares de Souza, Londres, 7/4/1852, 1ª Seção, Reservado, Legação Imperial em Grã-Bretanha, 315/2/12, Arquivo Histórico do Itamaraty.
5. "Em outro despacho sob o nº 33, datado do mesmo dia 23 de setembro de 1843, julgando o governo imperial aproximar-se o desfecho da luta em Montevidéu e ser possível acabar por uma transação sob os auspícios da Inglaterra e França, ordena ao ministro Residente que se entenda com os agentes daquelas potências para que o Brasil tome parte na transação." D. P. Ribeiro, op. cit., pp. 83-84. "E é agora tanto mais necessário que empreguemos todos os meios possíveis para evitar aquela reunião (Paraguai, Bolívia e Confederação Argentina), à vista do passo, que as nossas apuradas circunstâncias, o estado do Império e sobretudo a Província do Rio Grande do Sul, acabam de nos obrigar a dar. Falo do reconhecimento do bloqueio de Montevidéu pelo governador Rosas, passo este que vai apressar a queda do pérfido Rivera e estabelecer a influência de Rosas na Banda Oriental." Instruções de Soares de Souza a Pimenta Bueno, in P. F. Ribeiro, op. cit., Documentos, p. 9.

A EXPANSÃO DO BRASIL E A FORMAÇÃO DOS ESTADOS

6. "A distância que separa a província de Mato Grosso do litoral do Império é tão considerável, exige tanto tempo, tanta abundância de capitais, e aumento de população, a construção de estradas e canais pelos quais os seus produtos e comércio possam transpor aquelas imensas distâncias, que fora preciso adiar por séculos a esperança do engrandecimento de um território tão vasto e tão rico em produções naturais, se a natureza não lhe oferecesse, nos tributários do Paraguai, e neste, meios de comunicação mais fáceis e menos dispendiosos, e até pelo Paraná e Rio da Prata uma saída para o Atlântico." Instruções de Soares de Souza a Pimenta Bueno, in P. F. Ribeiro, op. cit., Documentos, p. 3.

7. "Não é preciso gastar muito para demonstrar as vantagens desta liberdade de navegação. Basta saber que a Província de Mato Grosso é uma das Províncias mais longínquas da Capital e da costa e que contém em si elementos de prosperidade, grandes riquezas." Discurso de Maciel Monteiro, Sessão de 9/3/1843, *Annaes do Parlamento*, 1843, tomo 2º, p. 154.

8. "O encarregado de negócios, mandado pelo governo da Bolívia a Rosas, conservava-se ultimamente em Salta, onde estava demorado sem pôr pressa em seguir para Buenos Aires. Consta ao governo imperial que o fim de sua missão era observar as intenções de Rosas relativamente à independência da Bolívia, cujo governo havia concebido receios em consequência de uma ordem do governador de Salta, que obriga sob severas penas os bolivianos que pisarem o território da Confederação a usar das insígnias federais como se fossem argentinos. Esses e outros fatos provam sobejamente que a ambiciosa política de Rosas tem por fim reunir à Confederação Argentina todas as províncias que formavam o antigo Vice-Reino de Buenos Aires." Ibidem, pp. 5-6.

9. "Recrudesceram velhos rumores a respeito de projetos de intervenção europeia. Fala-se, de fonte respeitável, que estas províncias (Santa Fé, Corrientes e Entre Rios), sob o nome genérico de República Argentina; serão anexadas ao Império do Brasil, sob a condição prévia de que a jovem rainha, Dona Maria da Glória, renuncie às suas pretensões ao trono de Portugal. Acrescenta-se que o projeto é auspiciado pela Inglaterra e Áustria e que o príncipe da Casa imperial da Áustria se casaria mais adiante com esta menina. Só o tempo revelará estes mistérios, que bem podem ser fantasias políticas para influenciar esta gente a unir-se cordialmente entre si." Ofício de John Murray Forbes a Martin van Buren, secretário de Estado dos Estados Unidos, Buenos Aires, 13/2/1930, in John Murray Forbes, *Once años en Buenos Aires (Crônicas Diplomáticas — 1820-1831)*, Buenos Aires, Emecê Editores, 1950, pp. 576-577. "Embora em 1828 D. Pedro I firmasse a contragosto o tratado reconhecendo e garantindo a independência da Banda Oriental, dois anos de-

pois, em 1830, enviou à Europa em missão confidencial, o marquês de Santo Amaro, munido de instruções secretas para acabar com todas as repúblicas da América do Sul, erguendo em seu lugar quatro ou cinco novos tronos." Fragmento de Apuntes Históricos de Cornélio Bliss, s/d, Doc. 7356, caja 5, carpeta 1, Archivo Inédito, de Bartolomé Mitre.

10. Ofício nº 9, Reservado, Abrantes a Ferreira França, Londres, 20/11/1844 — Missão Especial em Berlim e Londres — 1844-45, 27.1.2, AHI. Nota de Aberdeen a Abrantes, Foreign Office, 26/11/1844, ibidem.

11. Ofício nº 15, Reservado, Abrantes a Ferreira França, Paris, 16/1/1845, in ibidem. Ofício nº 19, Reservado, Abrantes a Ferreira França, Paris, 6/2/1845, ibidem.

12. "É de lastimar que quando devemos aplicar as nossas vistas para a América, estreitar mais as relações que nos devem ligar às nações do nosso continente, é quando gastamos os nossos dinheiros com uma imensidade de agentes diplomáticos na Europa." Discurso de C. da Cunha, Sessão em 22/5/1844, in *Annaes do Parlamento Brasileiro — Câmara dos Srs. Deputados*, 3º tomo da 5ª Legislatura, tomo único, Rio de Janeiro, Typ. de Hippólyto J. Pinto, p. 260.

13. "Melhor fora mil vezes que este dinheiro se gastasse para fomentar a nossa indústria, pois que não devemos ser só agricultores; cumpre proteger as fábricas de lã e algodão e pôr-nos mais independentes da indústria estrangeira; cumpre mais ainda que rejeitemos, quaisquer que sejam as bases que nos proponham, novos tratados com a Inglaterra; eles não nos podem ser senão funestos." Ibidem, p. 260. Paulino José Soares de Souza, conservador, também reivindicava "uma política econômica segura, capaz de proteger a nossa produção, pois, libertos daqueles tratados, ficáramos na possibilidade de criar ou desenvolver a nossa indústria nascente". J. A. Soares de Souza, op. cit., pp. 181-182.

14. Discurso do Dep. L. A. Barbosa — Sessão em 18/5/1844, *Annaes do Parlamento*, 1844, p. 206.

15. Discurso do deputado Carneiro da Cunha, Sessão em 22/5/1844, p. 260.

16. O Tratado fixava em 15%, no máximo, os direitos de entrada no Brasil das mercadorias inglesas.

17. O Decreto de Alves Branco, de 17 de maio de 1843, elevava as tarifas aduaneiras de 15% a níveis que variavam entre 30% e 60%.

18. Grande parte dos documentos da missão do visconde de Abrantes, com ligeiros cortes e pequenas modificações, em *A missão especial do visconde de Abrantes (de outubro de 1844 a outubro de 1846)*, tomo I, Emp. Typ., 2 de dezembro, de P. Brito, Impressor da Casa imperial, 1853.

19. Aberdeen a Abrantes, Foreign Office, 26/11/1844, 27-1-2, AHI.

A EXPANSÃO DO BRASIL E A FORMAÇÃO DOS ESTADOS

20. Ofício nº 10, Reservado, Abrantes a Ferreira França, Londres, 28/11/1844, ibidem.

21. H. S. Ferns, *Gran-Bretaña y Argentina en el siglo XIX*, pp. 252-254.

22. Ibidem, pp. 245-254. C. Ibarguren, op. cit., pp. 382-396.

23. G. A. Puentes, op. cit., pp. 50-65.

24. "Ninguém duvida do mútuo ciúme que há entre os Gabinetes francês e inglês no que toca à influência exclusiva nas Repúblicas do Prata." Ofício nº 19, Reservado, Abrantes a Ferreira França, Paris, 6/2/1845, loc. cit., 27-1-2, AHI.

25. H. S. Ferns, *Gran-Bretaña y Argentina en el siglo XIX*, pp. 252-260.

26. Ibidem, p. 272.

27. Ofício nº 10, Reservado, Abrantes a Ferreira França, Londres, 28/11/1844, loc. cit., 27-1-2, AHI.

28. H. S. Ferns, op. cit., pp. 272 e 277.

29. Os navios mercantes, para os quais os marinheiros ingleses e franceses abriram passagem a fogo, voltaram quase tão carregados como partiram. E as exportações inglesas com destino a Buenos Aires caíram para ££ 592.279, em 1846. Ibidem, pp. 277-278.

30. A Grã-Bretanha, após levantar o bloqueio, firmou um Tratado com Buenos Aires, reconhecendo o Paraná como rio interior e o Uruguai como do interesse argentino e do Estado Oriental.

31. Sobre o assunto ver R. Antonio Ramos, *La independencia del Paraguay y el Império del Brasil*, publicação conjunta do Conselho Federal de Cultura e do Instituto Histórico e Geográfico Brasileiro, Departamento de Imprensa Nacional, Rio de Janeiro, 1976, pp. 227-282.

32. Nota nº 50, Tomás Guido a Saturnino de Souza e Oliveira, ministro dos Negócios Estrangeiros, Rio de Janeiro, 18/12/1847, in *Negócios do Rio da Prata (Discussão sobre várias questões pendentes entre o governo imperial e a Confederação Argentina...)*, Rio de Janeiro, Typ. Imp. e Const. de I. Villeneuve, 1850, p. 3.

33. O governo imperial ajudou a viagem do general José Maria Paz, que iria lutar contra Rosas, bem como a de Frutuoso Rivera.

34. Ver *A política do Brasil no Rio da Prata (Artigos Publicados no "Brasil"...)*, s/a, Typ. do Brasil, de J. J. da Rocha, Rio de Janeiro, 1850, p. 15.

35. "Os brasileiros que com seus estabelecimentos de criação de gado ocupavam uma parte rica e extensa do Estado Oriental, foram despojados de suas casas, de seus gados, de tudo quanto possuíam naquela terra malfadada. (...) Quando lhe prouve Oribe proibiu a entrada de gados no Rio Grande, e com esta medida, combinada com a proteção dada à fuga de escravos e com o estabe-

LUIZ ALBERTO MONIZ BANDEIRA

lecimento de suas charqueadas no Buceo, feriu a província inteira." Ibidem, pp. 13-14.

36. C. M. Westphalen, op. cit., p. 284.

37. A. Janotto, op. cit., pp. 331-332.

38. Ibidem, pp. 331-332.

39. C. W. Westphalen, op. cit., p. 284.

40. Discurso do deputado Cruz Seco, Sessão em 16/7/1851, in *Annaes do Parlamento Brasileiro — Câmara dos Srs. Deputados*, 3º ano da 8ª Legislatura. Sessão de 1851, tomo 2 — Typ. de H. J. Pinto, Rio de Janeiro, 1878, p. 196.

41. Ibidem, p. 196. "Com a proibição de entrada de gado diminuíram a carne e os couros exportáveis do Rio Grande." *A política do Brasil no Prata*, p. 15.

42. Discurso do deputado Cruz Seco, Sessão em 16/7/1851. *Annaes do Parlamento*, 1851, tomo 2º, pp. 194-195.

43. Discurso do deputado Souza Franco, Sessão em 28/5/1851, tomo 1º, p. 290.

44. Memória, Legação da República Oriental do Uruguai, Rio de Janeiro, 25/10/1854, Andrés Lamas, Archivo de Andrés Lamas, caja 132, carpeta I, Archivo general de la Nación — Uruguai.

45. Ibidem.

46. "Demonstrou-se que também a produção não pode aumentar por falta de terras (...) apropriadas à criação de gado. (...) O Rio Grande teve todos os estímulos para alcançar o máximo de produção do gado; e não o alcançou, sem dúvida. Não produz mais porque não pode produzir." Memorial, Rio de Janeiro, 4/11/1854. Lamas a Antônio Paulino Limpo de Abreu, ministro dos. Negócios Estrangeiros, ibidem.

47. Ibidem.

48. "As carnes orientais se naturalizavam naquela província pelo só fato de entrarem através das linhas terrestres; e assim naturalizadas não lhe causam na prática o mesmo prejuízo; e não lhe causam nem podem causar-lhe porque, reunidas, não bastaram para o consumo do Brasil." Ibidem.

49. "A pecuária que existe se concentrou sobre a fronteira terrestre porque é mais proveitoso canal para a exportação de seus produtos. (...) O litoral e grande parte do País morrem em proveito da faixa de terra que se estende sobre as fronteiras brasileiras; e essa faixa de terra está monopolizada pelos criadores brasileiros. (...) Esta situação não é só funesta ao país (...) senão que é racional e humanamente insustentável. Não se pode pretender que os orientais e os estrangeiros não brasileiros se resignem a ser desalojados da única fonte de produção pelos criadores rio-grandenses." Ibidem.

50. "Oribe, logo que o Império e Rosas não concluíram o acordo, começou a criar dificuldades aos brasileiros; confiscou-lhes propriedades, proibiu-lhes a

A EXPANSÃO DO BRASIL E A FORMAÇÃO DOS ESTADOS

marcação de gado e a passagem dele para a Província do Rio Grande." Discurso do deputado Pereira da Silva, Sessão em 2/6/1851, *Annaes do Parlamento Brasileiro*, 1851, tomo 1º, p. 239. Ver também a Nota de 8/3/1850, Rio de Janeiro, Paulino José Soares de Souza, ministro dos Negócios Estrangeiros, a Tomás Guido, in Relatório da Repartição dos Negócios Estrangeiros, 2ª Sessão da 8ª Legislatura, Paulino José Soares de Souza, 16/5/1850, Typ. Universal de Laemmert, Rio de Janeiro, 1850, p. 23.

51. "São sabidas as perdas que tem causado aos proprietários brasileiros a fuga de escravos da Província do Rio Grande do Sul. (...) É opinião geral que a fuga de escravos não é somente original no amor natural da liberdade, mas, também, e principalmente, é resultado de fato de aliciações." Nota de 8/7/1850, Montevidéu, Rodrigo de Souza Silva Pontes, encarregado de negócios do Brasil, ao general Manuel Oribe, RRNE, 3ª Sessão da 8ª Legislatura, P. J. Soares de Souza, 1850, Typ. Universal de Laemmert, p. 185.

52. General Madariaga e seu irmão Antônio, general Deheza, coronéis Ramón Cáceres e Indalécio Chenaut, comandante Goyo Suárez e coronel Manuel Hornos. Ver J. M. Rosa, op. cit., p. 219.

53. O governo imperial não reconheceu a Legação da Confederação Argentina como representante do general Oribe para discutir o procedimento do Rio de Janeiro, P. K. Soares de Souza a Guido, in RRNE, 2ª Sessão da 8ª Legislatura, pp. 8-14.

54. Nota de 13/2/1850, Leg. da Conf. Argentina, Rio de Janeiro, Guido a Soares de Souza, p. 48.

55. "O governo imperial considera como uma das causas de exacerbação dos espíritos na Província do Rio Grande do Sul a fuga dos escravos para o território desta República. (...) Esse acolhimento e proteção importam grave ofensa aos direitos de propriedade." Nota de 8/7/1850, Montevidéu, Silva Pontes, Enc. de Neg. do Brasil, a Oribe, in RRNE, 3ª Sessão da 8ª Legislatura, p. 23.

56. Ver resposta do deputado Souza Franco, Sessão em 5/6/1851, in *Annaes do Parlamento*, 1851, tomo 1º, p. 383.

57. Com esse *bill*, aprovado em 8/8/1845, a Grã-Bretanha se reservava o direito da visita aos navios suspeitos e os deteria para libertar os escravos, submetendo seus tripulantes ao julgamento do Almirantado britânico.

58. J. A. S. de Sousa, op. cit., p. 220.

59. H. S. Ferns, *Gran-Bretaña y Argentina en el siglo XIX*, pp. 222 e 280-283.

60. J. A. Ramos, *Las masas y las lanzas*, pp. 160-161.

61. Ofício nº 28, Reservado, Londres, 7/12/1851, Sérgio Teixeira de Macedo, ministro do Brasil em Londres, a Soares de Souza, Legação Imperial do Brasil

na Inglaterra, 217-3-6, AHI. "Não pode ainda ser bem-definida a impressão que fizeram no público os acontecimentos do Rio da Prata, porque na praça do comércio se tem dito que o Brasil vai fazer na Banda Oriental o que fazia Oribe." Ibidem.

62. "Frequentemente foi grande a tentação de pensar que se poderia encontrar alguma tentativa melhor que o general Rosas ou a tentação de crer que seria possível obrigá-lo a adotar um curso de ação mais liberal. É curioso que tenha sido o conservador Aberdeen o que sucumbiu mais a essas tentações e que fosse o *whig* Palmerston o que mais a elas resistiu. Mas em todo o caso, é que havia algo de *whig* no general Rosas." H. S. Ferns, *Gran-Bretaña y Argentina en el siglo XIX*, p. 222. "Parece que Palmerston chegou a compartir a opinião de Southern de que, embora Rosas não fosse liberal (...) tinha o mérito de saber manter a ordem na sua Província e (...) se inclinava a defender a liberdade dos estrangeiros melhor que os políticos de opiniões mais amplas que as suas." Ibidem, p. 283.

63. Exposição de P. J. Soares de Souza, ministro dos Negócios Estrangeiros, in Relatório da Repartição dos Negócios Estrangeiros, 1ª Sessão da 8ª Legislatura, 7/1/1850, Typ. Imperial e Constitucional de J. Villeneuve & Comp., Rio de Janeiro, 1850, pp. 16-17.

64. "Entre 80% e 90% dos habitantes da cidade eram estrangeiros. O general Paz começou a organizar uma legião estrangeira para defender a cidade. Suas fileiras estavam compostas de italianos, franceses e, em menor medida, de britânicos, de sorte que o Exército que se achava dentro do perímetro de defesa da cidade não podia chamar-se propriamente uruguaio." H. S. Ferns, *Gran-Bretaña y Argentina en el siglo XIX*, p. 266.

65. "O governo do Brasil entregou a Irineu Evangelista de Souza, negociante brasileiro do Rio de Janeiro, 450 mil patacões para auxiliar Montevidéu. Buchental se uniu a esse acordo com Andrés Lamas, ministro de Montevidéu no Rio de Janeiro, para fazer a entrega daquela quantia pela seguinte maneira: entregaram a Pacheco y Obes, enviado de Montevidéu em França a quantia de 180 mil patacões para engajar 3 mil homens como colonos; entregaram em liquidação de soldos militares 120 mil patacões, 10 canhões de campanha, 2.500 fuzis sem baioneta, 1.500 quintais de pólvora, 1.500 balas, 2.500 quintais de chumbo, tudo por 53 mil patacões; 293 mil patacões ficaram em poder do fornecedor da praça de Montevidéu. O governo imperial fez repetidas remessas de armamento a Montevidéu." Discurso do deputado Melo Franco, Sessão em 3/6/1851. *Annaes do Parlamento Brasileiro*, 1851, tomo 1º, pp. 336. Sobre o assunto, consultar visconde de Mauá, *Autobiografia*, Rio de Janeiro, Zélio Valverde Livreiro Editor, 1942, pp. 120-124. A. Teixeira

A EXPANSÃO DO BRASIL E A FORMAÇÃO DOS ESTADOS

Soares, *O gigante e o rio (Ação de Mauá no Uruguai e Argentina — 1851-1878)*, Rio de Janeiro, Edição do Autor, 1957, pp. 116-135. Juan Antonio Oddone, "Mauá, el banquero del Imperio y de la Crisis", *Cuadernos de Marcha*, nº 5, sept. 1967, Montevidéu, pp. 39-49.

66. Ofício de 6/1/1852, Londres, 1ª Sessão, Reservado, Teixeira de Macedo a Soares de Souza, Legação Imperial em Grã-Bretanha, 315-2-13, AHI.

67. Juan Andrés Gelly, primeiro representante do Paraguai no Rio de Janeiro, obteve do visconde de Olinda, ministro dos Negócios Estrangeiros, autorização para recrutar oficiais brasileiros, que serviriam como instrutores em Assunção. Olinda recomendou a Mauá que lhe emprestasse 4 contos de réis (2 mil pesos) para a compra de armas (2 mil sabres e 2 mil fuzis) que remeteu ao Paraguai através de Cuiabá. Quando os fretes estavam pagos, Olinda embaraçou a licença, alegando que as armas poderiam cair em mãos de insurgentes. Eclodira a insurreição de 1848 em Pernambuco. Informe de 2/6/1850, Assunção. Missão de outubro de 1848 a abril de 1849 — Gelly ao presidente Carlos Antonio López. 1850 — vol. 292, nº 24, Archivo Nacional de Asunción. Borrador de un informe sobre los procedimientos de los representantes brasileños contra el Paraguay, incompleto, s/d, 1850, vol. 292, nº 14, ibidem.

68. O Tratado, além de obrigar o Brasil a lutar pelo reconhecimento da independência paraguaia, previa medidas militares contra Rosas. O governo de Assunção forneceria cavalos ao Exército brasileiro e, caso o Rio Grande do Sul fosse atacado, suas tropas ocupariam o território contencioso de Reduções, entre os rios Paraná e Uruguai, acima do Aguapehy, a fim de assegurar as comunicações com o Brasil. Tratado de Aliança Defensiva entre Paraguay e Brasil de 25/12/1850, 1850, vol. 292, nº 14, ibidem.

69. A missão de Pimenta Bueno teria sido motivada pelo temor de que López se acomodasse com Rosas. Mas desde que o Brasil viu que isto não aconteceria, tomou cuidado diante das forças do Paraguai. Rosas teria então comprado armas no Brasil. Borrador de un informe..., ibidem. "Ao presidente López preocupava a atitude do Brasil que não ratificara o Tratado de 7/10/1844." R. Antonio Ramos, *Juan Andrés Gelly*, Buenos Aires, Talleres Gráficos Lucania, 1972, p. 276.

70. "O antagonismo entre o interesse local de Buenos Aires e o do Paraguai não é um acidente de ontem (...). É irmão gêmeo do que Buenos Aires sempre teve com as Províncias do litoral por idêntico motivo, a saber: o livre tráfico direto que todos disputam ali, porque é a mina de recursos, a renda pública e o tesouro nacional." Juan Bautista Alberdi, *Los intereses argentinos en la Guerra del Paraguay*, Paris, Impresión Privada, 1865, Cat. de Obras Paraguayas — Biblioteca Nacional de Asunción.

71. O entendimento foi realizado por Rodrigo de Souza da Silva Pontes, encarregado de negócios do Brasil em Montevidéu, e Antonio Cuyas e Sempere, emissário e sócio de Urquiza. Honório Hermeto Carneiro Leão ratificou-o depois com Urquiza.

72. "Paulino, prevendo a possibilidade de uma interpretação da Convenção de 1828 que desse margem à intervenção inglesa, favorável a Rosas, desde o início das suas discussões com Tomás Guido, desviara a questão de Rosas para Oribe." J. A. S. de Souza, op. cit., p. 319. "A intromissão inglesa a favor de Rosas vinha de longa data. Sentira-a Paulino desde que entrou para o Ministério em 1849. Não foi por simples coincidência que a exacerbação da questão do tráfico se verificou no momento justo de se liquidar a luta no Rio da Prata. (...) A Joaquim Thomaz do Amaral, encarregado da Legação Imperial em Londres, escrevera ele a 30 de setembro de 1850: (...) 'Estou convencido que a política inglesa não é estranha ao insolente procedimento que o gaúcho de Buenos Aires tem tido conosco'." José Antonio Soares de Souza, *Honório Hermeto no Rio da Prata (Missão Especial de 1851-52)*, São Paulo, Companhia Editora Nacional, 1959, p. 24.

73. Idem, *Vida do visconde do Uruguai*, pp. 365 e 366.

74. H. S. Ferns, *Gran-Bretaña y Argentina en el siglo XIX*, pp. 281-290. J. A. S. de Souza, *Honório Hermeto no Rio da Prata*, pp. 22, 24, 25, 27, 70, 71, 72, 78, 82 e 83.

75. O príncipe de Schwarzenberg, chanceler da Áustria, incumbiu o seu representante em Londres, que sondasse Palmerston em relação a Rosas. E a sua resposta foi no sentido de "pouco se lhe dava que triunfasse a causa de Rosas ou de Montevidéu e que Southern havia sido retirado por haver prometido a Rosas o apoio da Inglaterra, sem estar autorizado a fazer. (...) 'Fora inteiramente verídica a afirmação do lorde ao ministro austríaco em Londres. Os acontecimentos posteriores confirmar-lhe-iam as palavras'". Ibidem, p. 87.

76. Ofício nº 9, 1ª Sessão, Reservado, Londres, 7/4/1852, Teixeira de Macedo a Soares de Souza, Legação Imperial em Grã-Bretanha, 315-2-13, AHI.

77. J. A. S. de Souza, Honório Hermeto no Rio da Prata, pp. 70, 71, 77, 82, 83, 87, 91, 93, 201 a 209. H. S. Ferns, *Gran-Bretaña y Argentina en el siglo XIX*, p. 290.

78. Lorde Granville já não falava nem perguntava sobre a questão no Prata ao ministro do Brasil em Londres. "Sua atitude atual é de observador que se acha bem com um dos contendores (Rosas) então quer pôr-se mal com o que pode triunfar. (...) A respeito do Brasil sua posição é a mesma e em verdade excelente. Se a política brasileira triunfa, ele a pode aceitar; se sucumbe, fica bem com Rosas, com a vantagem de ter desaconselhado essa política." Ofício

A EXPANSÃO DO BRASIL E A FORMAÇÃO DOS ESTADOS

de 7/2/1852, Londres, 1ª Sessão, Reservado, Teixeira de Macedo a Soares de Souza, Legação Imperial em Grã-Bretanha, 315-2-13, AHI.

79. Ofício nº 6, Londres, 8/3/1852, 1ª Sessão, Reservado, Teixeira de Macedo a Soares de Souza, ibidem.

80. Ibidem.

81. Ibidem.

82. Os generais Mansilla, cunhado de Rosas, e Pacheco, ao que parece, também já divergiam do regime.

83. Organização rosista que reprimia os adversários do governo.

84. Domingo F. Facundo Sarmiento, *Civilización y barbarie*, Buenos Aires, Edicol, 2006, p. 88.

85. Ibidem, p. 88.

86. J. A. S. de Souza, *Honório Hermeto no Rio da Prata*, pp. 94 e 96.

87. "Revelou o inglês, sem o querer, o motivo da desconcertante passividade de Rosas e os seus planos de guerra. Entre os documentos enviados por Palmerston, com a recomendação de serem entregues a Paulino, encontrava-se a cópia de um ofício do próprio Southern, datado de 2/9/1851, quando ainda ministro em Buenos Aires. Neste ofício se estendia com Southern em minuciosa descrição das conversas que tivera com Rosas, sobre a mediação inglesa. Interessou muito a Paulino este documento. (...) Mandou tirar cópia da tradução (...) e a remeteu a Honório Hermeto, para que se visse em Montevidéu a que ponto chegara o Grande Americano no esmolar a intervenção da Inglaterra. E ao enviar a cópia, comentava-lhe Paulino o conteúdo: (...) Rosas põe-se debaixo da proteção dos ingleses e renega da maneira mais vil todas as suas doutrinas de americanismo." Ibidem, p. 94.

88. "Ainda neste último lance a passividade do ditador deu feição à luta. Basta atentar para o desenrolar do combate, para se concluir que o vencido se deixou vencer, depois de canhestra e frágil resistência. De mais de 50 mil homens que lutaram naquele dia apenas 2.100 tombaram feridos e mortos." Ibidem, p. 96.

89. Ofício nº 9, 1ª Sessão, Reservado, Londres, 7/4/1852, Teixeira de Macedo a Soares de Souza, Legação Imperial em Grã-Bretanha, 315-2-13, AHI.

Capítulo VIII

A CONFEDERAÇÃO ARGENTINA APÓS A DERROCADA DE ROSAS • A SITUAÇÃO NO URUGUAI AO TÉRMINO DA GUERRA GRANDE • A INTERVENÇÃO DO BRASIL EM 1854 • A POSIÇÃO DA BOLÍVIA NA BACIA DO PRATA • ECONOMIA E ESTADO NO PARAGUAI • A RUPTURA DO ISOLAMENTO • A DIPLOMACIA ARMADA DO ALMIRANTE FERREIRA DE OLIVEIRA

A batalha de Caseros, com a derrota de Rosas, rompeu o equilíbrio de poder, na Bacia do Prata, mudou a correlação de forças, a favor do Império do Brasil, possibilitando a expansão de sua influência econômica e política, inclusive sobre a Confederação Argentina, e propiciou a consolidação do novo sistema de alianças, dirigido pela Corte do Rio de Janeiro, mas não superou as contradições que laceravam, interna e externamente, os Estados da região e que, ainda por cerca de vinte anos, gerariam sucessivas guerras intestinas e confrontos internacionais, não menos dramáticos e sangrentos.

Na Confederação Argentina, Urquiza, ao assumir o poder, tentou reorganizar o Estado nacional e estabelecer novos termos de relacionamento entre as províncias, reformulando o federalismo, que Rosas distorcera em benefício dos interesses portuários de Buenos Aires. O Acordo de San Nicolás, aprovado pelos governadores das províncias em 31 de maio de 1952, redefiniu o Pacto Federal de 1831, retirando do governo de Buenos Aires a delegação de dirigir a política externa e as finanças da Confederação Argentina, que ficariam a cargo de um Poder Executivo e de um Poder Legislativo, representativos de toda a Nação.

A EXPANSÃO DO BRASIL E A FORMAÇÃO DOS ESTADOS

Entretanto, como Cândido Bareiro, encarregado de negócios do Paraguai em Londres, diria, o que se chamava Confederação Argentina não era ainda um país e sim "uma aglomeração de dois países, ligados, sob certo aspecto, mas, separados e divididos, no fundo, por uma rivalidade que decorria do fato de estar garantida a existência de um quase com a totalidade dos recursos do outro".[1] Buenos Aires, em verdade, necessitava menos das demais províncias do que as demais províncias de Buenos Aires, para a sua subsistência. Com uma população de 290 mil habitantes, ela obtinha uma renda anual de 5 milhões de pesos fortes, igual à do Chile, com 14 províncias e 2 milhões de habitantes.[2] Por isso, Ferdinand White, representante da casa bancária Baring Brothers, proclamou, em 1859, que "Buenos Aires é tudo e as províncias, nada".[3]

Esta observação, apesar de certo exagero, correspondia a uma realidade, que não se modificara, ao contrário do que Juan Bautista Alberdi acreditou,[4] nem mesmo com a abertura do Rio da Prata à navegação internacional, promovida por Urquiza, em 1853, a fim de estabelecer a igualdade econômica e comercial entre as províncias e as libertar da ditadura portuária de Buenos Aires. E tanto isso é certo que, em 1866, treze anos depois, a arrecadação conjunta de Mendoza, San Juan, Salta, Jujuy, Catamarca, La Rioja, Entre Rios, Santa Fé e Corrientes não ultrapassaria 2 milhões de pesos fortes, enquanto somente a de Buenos Aires quase atingiria a cifra de 8 milhões.[5] Esta renda a burguesia comercial portenha e os estancieiros a ela vinculados jamais admitiram partilhar com as outras províncias.

Assim, diante da iminência de perder o controle sobre a aduana com a federalização de Buenos Aires, cuja localização geográfica, na foz do Rio da Prata, constituía fator não apenas de riqueza, mas também de força política, os unitários, sob a liderança de Valentín Alsina, rejeitaram o Acordo de San Nicolás e, em 11 de setembro de 1852, sublevaram a cidade contra o governo de Urquiza, segregando-a da Confederação Argentina. Conforme Alberdi salientou, a Confederação Argentina não podia conseguir a cidade de Buenos Aires para instalar a sede do governo nacional, senão à custa de resignar a todo o seu tesouro, isto é, a todo o seu poder.[6] "O problema argentino", Alberdi acrescentou, "não é onde há-de estar a capital, senão onde há de estar a aduana, o centro do tráfico, o receptáculo da renda pública, que constitui o nervo do governo."[7]

Urquiza, para evitar a guerra civil, fixou, provisoriamente, a capital no Paraná, Província de Entre Rios, e esta situação anômala, em que Buenos Aires, como Estado autônomo, coexistiu com a Confederação Argentina, durou até 1859.[8] Entrementes, a fim de firmar sua posição internacional e tecer alianças que lhe possibilitassem restaurar a unidade do país, ele não apenas franqueou o Rio da Prata à navegação como reconheceu a independência do Paraguai e aprofundou as relações, inclusive financeiras, com o Império do Brasil, deixando-o com as mãos livres para intervir e impor ao Uruguai sua supremacia.

A condição em que o Uruguai se encontrava, àquela época, era ainda bastante crítica. Ao término da Guerra Grande, em 1851, o país unificara-se, formando-se um só governo, sob a presidência de Juan Francisco Giró, mas, com a economia em ruína, ficara reduzido a mero protetorado do Brasil. Sua população, estimada em 140 mil habitantes, por volta de 1840, baixara para 132 mil, dos quais 34 mil (40 mil anteriormente) residiam em Montevidéu. Dos 24 saladeiros, que existiam em 1842, apenas três ou quatro funcionavam, e a causa do colapso dessa indústria fora a falta de matéria-prima, o gado. O número de bovinos, da ordem de 6 a 7 milhões, em 1843, caíra para cerca de 1.888.522, dos quais um terço permanecia em estado selvagem, o que representava uma perda de 60%.[9] E isto se deveu, em primeiro lugar, às matanças indiscriminadas para o consumo dos exércitos e, em segundo, às contínuas arriadas que os estancieiros do Rio Grande do Sul realizavam.

Além dos atos de pilhagem, as califórnias, os brasileiros retiravam, sistematicamente, o gado do Uruguai, sem pagar qualquer imposto aduaneiro, para abastecer as charqueadas do Rio Grande do Sul, privilégio que o Tratado de Comércio, firmado por Andrés Lamas, estatuíra, em 1851, derrogando as proibições do governo de Oribe. Eles ocupavam uma faixa extensa e fértil do Uruguai, ao longo da fronteira com o Brasil, onde mantinham campos de criação e engorda de gado. Desde o Chuy ao Cuareím, os departamentos pertenciam-lhes quase por inteiro e seus domínios, a estenderem-se por todo o norte do Rio Negro, alcan-

A EXPANSÃO DO BRASIL E A FORMAÇÃO DOS ESTADOS

çavam Salto, Taquarembó e Durazno. Cerca de 428 estâncias, pertencentes a brasileiros, abrangiam a superfície de 1.782 léguas quadradas,
o equivalente a 30% do território do Uruguai.[10]

Com a pecuária em bancarrota, a servir (o que restava) como subsi-
diária dos saladeiros do Rio Grande do Sul, tornava-se difícil a superação da crise financeira que a Guerra Grande acarretara. A renda nacional
caíra de 40 milhões de pesos para 4 milhões, enquanto a dívida externa
ascendera a aproximadamente 26 milhões.[11] Os recursos públicos, desde as rendas aduaneiras até edifícios, como o Cabildo, quartéis e praças
de Montevidéu, estavam hipotecados ou a particulares, que financiaram
a resistência dos colorados, ou aos governos de França e do Brasil.[12] O
Estado, sob a ameaça de dissolução, não dispunha de meios sequer para
o pagamento dos seus funcionários e das polícias, que se desintegra-
vam.[13] Quase que exclusivamente dependia dos subsídios outorgados
pelo Império do Brasil.[14]

O presidente Juan Francisco Giró, que se elegera, sobretudo, com o
apoio dos blancos, tentou desvencilhar-se de algumas responsabilidades,
contraídas pelos colorados durante o cerco de Montevidéu, e adquirir
certa margem de poder para governar. Com o objetivo de forçar a rene-
gociação dos tratados com o Brasil, especialmente na questão das fronteiras, entendeu que os devia submeter à ratificação pelas Câmaras,
propiciando, assim, o debate e o surgimento de objeções. Por outro
lado, decidiu que o Estado passaria a administrar as rendas aduaneiras,
então sob o controle de uma sociedade mista, integrada pelos credores
e representantes do governo.[15]

Estas medidas criaram tensões com a Corte do Rio de Janeiro e feriram os interesses dos capitalistas e comerciantes, que sustentavam os
colorados. Paulino José Soares de Souza, ministro dos Negócios Estrangeiros do Império, embora viesse a admitir algumas alterações no acordo sobre os limites, ameaçou suspender os subsídios e determinar a
ocupação de parte do território uruguaio, como garantia dos empréstimos, já outorgados, e das indenizações, que o Brasil reclamava, por danos aos estabelecimentos dos seus súditos, caso os tratados de 12 de
outubro de 1851 invalidados fossem.[16] E a agitação recomeçou, com

motins e sedições, rompendo-se a frágil unidade política, assentada, no Uruguai, após a Guerra Grande.

A fim de conter as desordens, Bernardo Berro, ministro das Relações Exteriores, solicitou o desembarque de tropas aos comandantes das estações navais de França e Grã-Bretanha e, numa tentativa de salvar o governo, pediu ao próprio Império do Brasil que interviesse, de conformidade com o Tratado de Aliança de 1851, cujos artigos VI e VII estipulavam a prestação de ajuda militar ao Uruguai, quando requisitada.[17] Era como pedir ao carrasco que o livrasse da forca. A política brasileira, que Martin Maillefer, encarregado de negócios da França em Montevidéu, considerou "muito tortuosa" e acusou de "incendiar todo um país para dar-se a satisfação pueril de castigar um governo que lhe desagradava",[18] favorecia, efetivamente, a derrubada de Giró.

José Maria da Silva Paranhos, ministro do Império no Uruguai, não atendeu aos apelos de Giró, delongando qualquer decisão, de sorte que, quando o Império do Brasil, alguns meses depois, interveio, militarmente, já foi para respaldar os colorados, que tomaram o poder, sob a liderança do coronel Venâncio Flores. Com efeito, somente no dia 3 de maio de 1854, cerca de 5 mil soldados brasileiros entraram em Montevidéu, lastreando a diplomacia dos patacões. Sua presença era condição necessária à continuidade dos subsídios, porém, as despesas, geradas pela ocupação militar, correriam por conta do governo do Uruguai, o que lhe aumentava ainda mais os encargos financeiros e, consequentemente, a dívida com o Brasil.

Montevidéu, em 1854, era "um cadáver estendido em presença da diplomacia e das baionetas imperiais", como Andrés Lamas, um dos artífices dos tratados de 12 de outubro de 1851, observou, com certo desalento, ponderando que o Brasil derramara dinheiro no Uruguai, enviara um exército para o ocupar, impusera-lhe a paz, mas os benefícios da paz ainda não existiam.[19] Um dos benefícios seria o incremento do comércio; e o comércio continuava em "sensível decadência",[20] porque o Uruguai, não produzindo, não exportava e reduzia suas importações às necessidades mínimas do consumo.[21] O outro benefício seria o repovoamento do país; no entanto, ao invés de crescer, a população diminuía,

A EXPANSÃO DO BRASIL E A FORMAÇÃO DOS ESTADOS

em virtude da falta de trabalho, provocada pela ruína da pecuária, base de toda a economia nacional.[22] Martin Maillefer, o agente diplomático de França, fez comentários idênticos.[23] Na mesma ocasião, o secretário de Estado norte-americano William Marcy perguntou a Francisco Inácio de Carvalho Moreira (futuro barão de Penedo), então ministro plenipotenciário em Washington, quantos soldados o Império do Brasil empregara na ocupação de Montevidéu. E ao ter a resposta — cerca de 5 mil a 6 mil — acrescentou: *"well, take my advice, my good friend: keep them there forever"*.[24] O Império do Brasil não aceitou o conselho.

Àquele tempo, a Bolívia, cuja incorporação pela Confederação Argentina Rosas almejara para reconstituir as fronteiras do Vice-Reino do Rio da Prata, ainda não conseguira firmar-se como Estado, vivendo em meio a permanentes lutas intestinas e sob a constante ameaça de conflitos armados com seus vizinhos. O governo volante do caudilho militar Manuel Isidoro Belzu realizara, entre 1848 e 1855, uma experiência de tipo populista e paralisara, praticamente, o desenvolvimento das relações exteriores do País, a ponto de não receber sequer o ministro Duarte da Ponte Ribeiro, Enviado Especial do Império do Brasil, que fora tratar da questão de limites e de navegação do Amazonas.[25] Contudo, como zona nodal, a Bolívia, limitada por quatro Estados em formação — Confederação Argentina, Paraguai, Chile e Peru — estava sujeita a toda sorte de pressões, de fora para dentro, e não podia isolar-se. Com um território muito rico em minérios, entre os quais a prata de Potosí, outrora tão importante e cobiçada, situava-se, estrategicamente, na encruzilhada entre as bacias do Prata e do Amazonas e, ascendendo a Cordilheira dos Andes, debruçava-se do Altiplano sobre o deserto de Atacama, até a costa do Oceano Pacífico, onde havia importantes depósitos de cobre, salitre e guano, próximos dos portos de Cobija, Mejillones e Antofagasta.

A Bolívia tornava-se, assim, objeto e instrumento de disputas internacionais, envolvendo-se em choques armados com os Estados vizinhos, que o mais das vezes serviam, como ela própria, aos interesses rivais de grupos estrangeiros ou das grandes potências. De um lado, ela se batia para preservar a região de acesso ao Oceano Pacífico, sobre a qual o

Chile avançava e terminaria por conquistar-lhe em 1879.[26] Do outro, procurava abrir rotas de navegação para o Oceano Atlântico, através do Paraguai, até o Rio da Prata, e do Madeira-Mamoré, pela Bacia do Amazonas, defrontando-se, principalmente, com os obstáculos que o Império do Brasil lhe criava, a fim de impedir que, sob o escudo da Bolívia, outras nações estrangeiras se introduzissem em suas possessões.

Em 1842, José Leon de Olinden tentara vender a um grupo inglês, no Rio de Janeiro, a concessão que recebera da Bolívia para colonizar seu território, à margem do Rio Paraguai. O Império do Brasil, porém, frustrou a concretização do projeto. Reforçado pelo governo de Rosas, recusou-se a autorizar um navio britânico ou qualquer outro forâneo a navegar os rios interiores, não admitindo a instalação de nenhuma colônia europeia nas proximidades de sua linha de fronteira.[27] O governo da Bolívia tentou, então, construir uma estrada, cortando o Chaco, e mandou que tropas do seu exército assaltassem o forte Coimbra, à margem do Rio Paraguai.[28] Este foi um dos muitos incidentes de fronteira, que, desde a invasão de Los Mojos e Chiquitos, ocorreram com o Império do Brasil, cujos súditos já se haviam infiltrado, cerca de 200 quilômetros, no território da Bolívia.[29]

As desavenças não se cingiram, todavia, à região da Bacia do Prata. Em 1844, o Império do Brasil impediu, igualmente, a navegação do Madeira-Mamoré pelos navios de uma companhia francesa, concessionária da Bolívia.[30] E a questão se agravou, no início dos anos 1850, quando os Estados Unidos, em processo de expansão, voltaram-se para o Amazonas e induziram a Bolívia, bem como o Peru e o Equador, a exigir que o Império do Brasil o franqueasse à navegação. A Corte do Rio de Janeiro, que temia perder o Vale do Amazonas para os norte-americanos,[31] ficou numa posição difícil e contraditória, ao ter de negar, ao norte, o direito pelo qual lutava, ao sul, recorrendo inclusive às armas contra o governo de Rosas.

Apesar de todas as pressões internacionais, até mesmo ante a ameaça de confronto com os Estados Unidos,[32] o Império do Brasil não cedeu, sob o argumento de que um Estado ribeirinho, com o controle da boca do rio, poderia fechá-lo, se o Estado ribeirinho a montante não acatasse

A EXPANSÃO DO BRASIL E A FORMAÇÃO DOS ESTADOS

seus regulamentos de segurança. E como não firmara ainda nenhuma convenção com a Bolívia, uma vez que Belzu, em 1852, nem recebera o ministro Duarte da Ponte Ribeiro, passou a vedar a navegação do Amazonas até aos próprios barcos daquele país, suspeitando de que os norte-americanos pudessem acobertar-se sob sua bandeira. Essa doutrina, porém, o Império do Brasil não aceitou, quando Carlos Antonio López, no governo do Paraguai, a aplicou.

Dentre os Estados que se desmembraram do Vice-Reino do Rio da Prata, apenas o Paraguai não passara pela experiência da guerra civil e não se imiscuíra nas contendas da região, durante, pelo menos, os trinta anos da ditadura de D. José Gaspar Rodriguez de Francia. Localizado na mesopotâmia da Bacia do Prata, à margem das correntes internacionais do comércio, contraíra-se, qual molusco dentro da concha, ao deparar-se com os óbices que Buenos Aires lhe antepôs às exportações de erva-mate, madeira e tabaco, a partir de 1810. Não lhe restara como alternativa senão enclausurar-se e, na medida do possível, tornar-se autossuficiente, a fim de manter-se politicamente autônomo. Neste particular, a geografia favoreceu-o, por também dificultar o acesso ao seu território. E Francia, enquanto viveu, conservou-o imune aos contatos com o exterior, somente permitindo algum intercâmbio com a Província de Corrientes e o Império do Brasil, nas localidades de Pilar e Itapua, onde trocava, sobretudo, erva-mate por armas e munições.[33]

O insulamento do Paraguai, menos desejado do que imposto pela sua localização geográfica e contingências políticas, condicionou a solidificação de um tipo de economia, em que o Estado representava o principal agente da produção e do comércio, fomentando ou regulamentando, rigorosamente, todas as suas atividades. Esta economia, que não ultrapassara a fase pré-monetária, modelara-se nas ruínas remanescentes do sistema colonial e da República Guarani, i.e., das Reduções Jesuíticas. O monopólio da erva-mate, da madeira e do tabaco pelo Estado constituía uma herança da Coroa de Castela, que o institucionalizara, com o objetivo de auferir maiores lucros na comercialização daqueles produtos.[34] E as Estancias de la Patria, as fazendas do Estado, tiveram como núcleo original as antigas propriedades coletivas das Reduções, transferidas para a administração colonial da província, quando o rei Carlos III decretou, em 1767, a expulsão dos jesuítas.[35]

Os confiscos de propriedades, mediante os quais Francia quebrantou a classe dominante tradicional, sobretudo o segmento espanhol, e atacou a Igreja, robusteceram, enormemente, o poder econômico do Estado paraguaio. Seu patrimônio territorial, em 1840, abarcava 100% da região do Chaco, desde o Rio Bermejo até o Jauru, e 98,4% da superfície oriental do país, do sul ao extremo norte, com maior concentração na hinterlândia, a leste de Assunção, e nos campos de Caazapá e na zona missioneira do Tebicuari.[36] Estas terras, cobertas de extensos bosques, ervatais e pastagens, o Estado arrendava aos camponeses ou explorava diretamente, com o emprego de escravos e o trabalho forçado de detentos,[37] organizando, assim, mais de 175 Estancias de la Patria, que forneciam carne e couro para o consumo do exército e da população.[38] A renda fundiária soma-se com os impostos, pagos em espécie, uma vez que o Estado era o proprietário do solo e se relacionava diretamente com os agricultores, subordinando todos ao seu mais estrito domínio, sob os aspectos econômico e político. Como nas formações asiáticas, em que a soberania era a propriedade das terras concentradas em escala nacional, o governo despótico encimava as pequenas comunidades de *self-sustaining*[39] *members* do Paraguai.

Conquanto aumentasse, consideravelmente, as áreas do Estado, a ditadura de Francia não modificou a estrutura da propriedade rural preexistente no país. Os latifundiários, se bem que não fossem nem numerosos nem opulentos, continuaram com suas possessões e os confiscos, atingindo, em particular, os adversários do regime não implicaram a transferência da propriedade para os camponeses. Francia apenas facilitou o acesso à posse da terra, por meio dos arrendamentos, o que, a par da ampliação do papel do Estado no processo de produção, possibilitou a estabilidade e o êxito da ditadura. A agricultura expandiu-se e algumas indústrias se desenvolveram, com a fabricação de tecidos leves de algodão, ponchos, mantas para montaria, ferramentas, armas e munições.[40] Contudo, como ressaltou a professora Regina Gadelha, "a economia que se desenvolveu no Paraguai nunca deixou de ser incipiente", uma econo-

A EXPANSÃO DO BRASIL E A FORMAÇÃO DOS ESTADOS

mia de autossubsistência, "apoiada na abundância de mão de obra, recursos naturais e de produtos comercializados à base de simples troca".[41] E, por volta de 1830, começara a apresentar sensíveis sinais de estagnação. A concentração da propriedade agrária determinara correlata concentração de renda e o Estado, acumulando o excedente, máxime sob a forma de erva-mate e tabaco, utilizados como meios de pagamento, não tinha nem onde nem como realizá-lo. O isolamento do país levara-o a paralisar, quase completamente, as exportações daqueles produtos. E, com uma larga faixa da população — os self-sustaining members of community — que produzia, exclusivamente, para o próprio consumo, nada vendia ou comprava, o comércio interno, também sob o controle do Estado, decaíra ao mínimo.[42] A organização relativamente autárquica da economia paraguaia comprometia seu próprio processo de reprodução.

A continuidade do desenvolvimento do Paraguai passara a depender, precisamente, da superação de um dos principais fatores que o impulsionaram, como condição essencial à defesa da autonomia política, isto é, o isolamento em que se manteve durante toda a ditadura de Francia. O excedente, que o Estado acumulara, compelia-o a buscar uma saída para o exterior e a tentar a conquista ou, melhor, a reconquista dos mercados de erva-mate, madeira e tabaco, localizados, primordialmente, na Bacia do Prata. E isto impunha a mudança do statu quo da região e o estabelecimento do equilíbrio político e militar entre Paraguai e os Estados vizinhos, para a garantia do comércio e da navegação. Assim, segundo Rodolf Puigross, "o Paraguai saltou do isolamento extremo à expansão extrema" e "sua posição mediterrânea acentuou ainda mais a passagem de uma para outra tendência".[43]

Após a morte de Francia, em 1840, foi que o Estado paraguaio começou a projetar sua sombra sobre a comunidade da Bacia do Prata. Carlos Antonio López, um rico estancieiro, assumiu o governo e, sem modificar o arcabouço econômico e social do país, edificado ao longo da ditadura, reorientou sua política no sentido de abrir espaço, externamente, não só intervindo no conflito com Rosas, como procurando contatos diretos com países da Europa e os Estados Unidos, dos quais pretendia absorver os avanços da tecnologia. Esses contatos se estreita-

154

ram depois da abertura do Rio da Prata à navegação internacional e do reconhecimento da independência do Paraguai pela Confederação Argentina, Grã-Bretanha, Estados Unidos, Sardenha e França.[44] Em 1853, o filho de López, o general Francisco Solano, embarcou para a Europa, como ministro plenipotenciário, e, na Grã-Bretanha, estabeleceu íntima conexão com a firma John & Alfred Blyth Steam Engine Works Co (Limehouse, Londres), que desempenharia importante papel no desenvolvimento ulterior do Paraguai.[45]

Esta firma britânica, uma das maiores e das mais avançadas, tecnologicamente, em todo o mundo, àquela época, vendeu ao governo de Assunção a canhoneira *Tacuari*, moderno navio de guerra, com 428 24/44 toneladas (medida antiga), construído, em 1854, por Messrs. Thompson (Londres — Isle of Dogs) a um custo de 29,850 libras. Outrossim forneceu canhões, torpedos e outros petrechos bélicos, bem como equipamentos e toda a assistência técnica ao Astillero y Arsenal de la Loma San Gerónimo, que completou a construção de seis vapores, até a interrupção do tráfego, através do Rio Paraguai, ao irromper o conflito com o Império do Brasil, em 1865.[46]

Foi por intermédio da firma John & Alfred Blyth que López recrutou dezenas de engenheiros civis, navais, mecânicos, especialistas em minas, estradas de ferro, produção de aço, torpedos e canhões, maquinistas, marinheiros e instrutores militares, em sua maioria britânicos, aos quais juntou alguns técnicos dos Estados Unidos, Alemanha e outros países, médicos, arquitetos e professores, num total de 231 estrangeiros a serviço do seu governo.[47] Mesmo após a deflagração da guerra, cerca de 47 engenheiros e mecânicos e outros ingleses, inclusive mulheres, continuaram a trabalhar no arsenal, nos vapores transformados em navios de guerra, na construção e operação da rodovia, bem como nos serviços médicos e farmacêuticos.[48] Por outro lado, jovens paraguaios haviam viajado para a Grã-Bretanha, a fim de receber treinamento sofisticado e se tornarem técnicos, através de estágio nas diversas indústrias de John & Alfred Blyth.[49]

López tratou também de atrair imigrantes da França e deu à empresa norte-americana Rhode Island Co., dirigida por Edward A. Hopkins,

A EXPANSÃO DO BRASIL E A FORMAÇÃO DOS ESTADOS

uma concessão para colonizar a localidade de San Antonio, poucos quilômetros abaixo de Assunção, onde ela, que incorporara a United States & Paraguay Navigation Co., cultivaria tabaco, cana-de-açúcar, algodão e exploraria madeira e erva-mate, instalando, concomitantemente, várias indústrias de transformação e beneficiamento daqueles produtos.[50] Este empreendimento fracassou, dando origem a um atrito com o governo dos Estados Unidos. E o governo de López, que já em 1845 assegurava vantagens e privilégios a quem inventasse novas indústrias ou processos para o aperfeiçoamento das existentes,[51] realizou então a experiência ímpar de modernização de um país, sem o concurso maciço de capitais estrangeiros, importando apenas tecnologia. Construiu, em Ibicuí uma fundição de ferro, que produzia canhões, espingardas, metralhadoras e implementos agrícolas. Montou estaleiros navais, de onde vários navios saíram. Instalou fábricas de pólvora, enxofre, louça e outras manufaturas. Melhorou a elaboração da erva-mate, aperfeiçoou o tratamento do couro e da madeira e inaugurou a primeira estrada de ferro da América do Sul. Ao seu filho, Francisco Solano López, coube a implantação da primeira linha telegráfica, ligando Villa Rica a Assunção e Humaitá, em 1864, sob a orientação técnica do engenheiro britânico William K. Whitehead, oriundo dos quadros da John & Alfred Blyth & Co., e do alemão Robert von Fischer Treuenfelt, cuja equipe executou a obra,[52] estendeu a comunicação a Humaitá, Cerrito e Curupaiti e continuou a operá-la até 1869. O engenheiro alemão, Hans Fish, foi o encarregado da colocação dos fios.

López financiou esse notável surto de progresso, sem qualquer empréstimo, apenas com a receita do comércio exterior, que cresceu, extraordinariamente, após a abertura do Rio da Prata à navegação internacional, saltando de 572.533 pesos, em 1854, para 3.736.362, em 1860.[53] As importações do Paraguai, em 1858, somaram US$ 1.137.733, cerca de LL 232.746, sem incluir as compras de suprimentos militares, maquinarias e carvão, realizadas, largamente, pelo governo, enquanto suas exportações alcançaram o total de US$ 1.226.324, ou seja, LL 245.264, sendo que US$ 574.041, o equivalente a ££ 114.808, corresponderam às vendas de erva-mate,[54] cujo preço triplicara no curso da década.[55] Somente em um ano, 1857, o Paraguai faturara 8.161.323 FF

LUIZ ALBERTO MONIZ BANDEIRA

com a sua comercialização,[56] em 1860, exportaria ££ 4.500.000 do produto, a maior parte para a Confederação Argentina, ao tempo em que os comerciantes estrangeiros competiam entre si para obter as licenças no mercado de Assunção.[57] Naquele ano, a balança comercial do Paraguai apresentou um saldo positivo de 808.063 pesos.[58] O tabaco, cuja comercialização o Estado igualmente monopolizava, contribuiu, também, para multiplicar sua receita. O preço da arroba subira mais de 90%, entre 1851 e 1860, período em que o Paraguai exportou mais de 3 milhões de libras de tabaco em folha e 6 milhões de charutos.[59]

Como as principais fontes de recursos, com que o governo contava, eram os monopólios da comercialização da erva-mate, do tabaco e da madeira, bem como os arrendamentos de terras, a perspectiva de aumento das exportações já impelira o Estado a recomeçar a apropriação das áreas pertencentes aos indígenas, interrompida durante a ditadura.[60] E, em tais circunstâncias, era inevitável que López se voltasse para a questão dos limites não só com a Confederação Argentina, mas, principalmente, com o Império do Brasil, cuja dilatação territorial, comprimindo o espaço do Paraguai, prosseguia, sobretudo na região entre o Rio Branco e o Rio Apa. Os conflitos ali se renovavam, frequentemente, desde os primórdios da época de Francia, pelo menos. Os indígenas — guaicuru e m'bayá — efetuavam constantes incursões a propriedades paraguaias, embriagados, armados e instigados pelos estancieiros e pelas próprias autoridades militares de Mato Grosso, com o objetivo de roubar gado, especialmente mulas e cavalos.[61] Eram incursões sob muitos aspectos semelhantes às arriadas ou califórnias, ocorridas na fronteira do Uruguai, e serviam para afastar os paraguaios da zona litigiosa, enquanto os brasileiros, a partir de suas bases no antigo presídio de Miranda, a adentravam, insidiosamente, estabelecendo ranchos, construindo fortes e mapeando-a.[62]

A fim de enfrentar esse avanço, tropas do Exército paraguaio ergueram, em 1846, uma rede de fortificações, ao longo do Rio Apa. Não obstante, um destacamento do Exército brasileiro ocupou, quatro anos depois, a localidade conhecida como Fecho dos Morros, na colina do Pão de Açúcar, à margem oriental do Alto Paraguai. López ordenou que

A EXPANSÃO DO BRASIL E A FORMAÇÃO DOS ESTADOS

seus soldados o desalojassem, o que resultou numa refrega, com oito brasileiros mortos.[63] Em revide, os indígenas, incitados, pessoalmente, pelo capitão José Joaquim de Carvalho, comandante do Batalhão da Fronteira, acometeram o território do Paraguai, através de Miranda, e, no Apa, saquearam as propriedades, das quais roubaram vacas e cavalos.[64] Estes incidentes, sobrevindo no exato momento em que o enviado extraordinário e ministro plenipotenciário Pedro de Alcântara Bellegarde negociava, em Assunção, um tratado de aliança, só não evoluíram, com consequências mais graves, porque a iminência da guerra contra Rosas, então o inimigo comum, unia o Império do Brasil ao Paraguai. Todavia, após a batalha de Caseros, a junção entre os dois países perdeu sentido. As desavenças engravesceram-se, alimentadas pela concorrência dos produtos de exportação, nos mercados da Bacia do Prata, cuja hegemonia o Paraguai e o Império do Brasil passaram a disputar.

Com a derrota de Rosas, aberto o Rio da Prata à navegação internacional, López começou a obstaculizar o trânsito de navios, no Alto Paraguai, com destino ao porto de Albuquerque, franqueado ao comércio de todos os países. E condicionava a assinatura de qualquer tratado de comércio e navegação com o Brasil à demarcação dos limites. É possível que as contínuas tropelias dos indígenas, causando prejuízos à agropecuária do Paraguai e talando o campo para a infiltração dos brasileiros, constituíssem uma das razões de sua atitude, se bem que ele também subordinara apoio a Urquiza, na luta contra o Estado de Buenos Aires, a um acordo prévio sobre as fronteiras com a Confederação Argentina.[65] Nenhuma negociação, porém, chegou a qualquer entendimento. O Império do Brasil reclamava, com base no princípio do *uti possidetis*, toda a região entre o Rio Branco e o Rio Apa, a argumentar que o Tratado de Badajoz (1801), entre Espanha e Portugal, superara o de Santo Ildefonso (1777). López, por sua vez, não aceitava o *uti possidetis* como critério para a demarcação da fronteira, tal como a Corte do Rio de Janeiro sustentava, porque implicaria a legitimação do ininterrupto assenhoreamento de terras, efetivado pelos brasileiros, ao norte do Paraguai.[66] E propunha, como alternativa, a neutralização da zona litigiosa,[67] talvez com a esperança de recuperá-la algum dia.

A crise aguçou-se, em 1853, quando López, ao discutir a questão, atritou-se com Felipe José Pereira Leal, encarregado de negócios do Império do Brasil, e lhe entregou os passaportes, sem que ele os pedisse. A Corte do Rio de Janeiro, enfrentando ainda problemas com o Uruguai, não adotou, imediatamente, nenhuma represália. Não lhe convinha abrir, ao mesmo tempo, outra frente de luta. E aguardou mais de um ano. Só depois da queda de Giró e da ocupação de Montevidéu pelo Exército brasileiro, volveu-se para o caso com o Paraguai. López, em 3 de outubro de 1854, proibira a navegação de navios de guerra, no Rio Paraguai e seus afluentes, cuja exploração, quer no seu território quer no dos Estados limítrofes, não se faria enquanto estivesse pendente a delimitação das fronteiras com o Brasil e a Bolívia.[68] A medida visava a atingir, especificamente, o Império do Brasil, impedindo-o que ele fortificasse a Província de Mato Grosso, com a remessa de armamentos, e o compulsando a firmar, o quanto antes, o tratado de limites, dentro dos termos que López defendia.[69]

Mato Grosso, cujo território, em grande parte, o Paraguai, com justos motivos, considerava como seu, era uma das províncias mais débeis do Império. Em virtude das dificuldades de acesso, que se agravaram durante o fechamento do Rio da Prata pelo governo de Rosas, sua população diminuíra, sensivelmente, passando de 29.801 habitantes, em 1817, para 26.659, em 1858.[70] Sua principal produção, a pecuária, declinava, sobretudo por falta de cavalos, o que, provavelmente, induzia os estancieiros a utilizarem os indígenas guaicuru e m'bayá para roubá-los no Paraguai. López conhecia, perfeitamente, a situação de Mato Grosso e já em 1849 ele avaliara com clareza a importância da navegação, através do Rio Paraguai, para o aproveitamento comercial de suas riquezas, tais como ouro, diamantes, baunilha, borracha e cacau.[71] Se permitisse, por conseguinte, o livre trânsito dos navios até Coimbra e Corumbá não só aquela região se revitalizaria, economicamente, como o governo do Rio de Janeiro teria condições de lhe mandar armamentos e robustecer seu poderio bélico. Não foi por outra razão que López proibiu a passagem de barcos mercantes estrangeiros e de navios de guerra, pelo Rio Paraguai e seus afluentes, com destino a Albuquerque.

A EXPANSÃO DO BRASIL E A FORMAÇÃO DOS ESTADOS

Ele queria negociar os limites numa posição que política e militarmente o favorecesse. E o Brasil reagiu com um ato de força. Despachou para Assunção, como enviado extraordinário e ministro plenipotenciário, o almirante Pedro Ferreira de Oliveira, à frente de poderosa esquadra, composta de 20 navios, 130 canhões e cerca de 2 mil homens, com a missão de exigir satisfações pela expulsão de Pereira Leal e ajustar os tratados de limites, comércio e navegação.[72]

Como a Grã-Bretanha, da mesma forma que a França, Estados Unidos e Sardenha, assinara tratado de amizade, comércio e navegação com o Paraguai, ao reconhecer, em 1853, sua independência, o cônsul britânico em Assunção, C. A. Henderson, recomendou ao Foreign Office que condenasse o procedimento do Brasil.[73] A guerra, se eclodisse, afetaria seriamente, na sua opinião, os interesses daqueles países, sobretudo os da Grã-Bretanha,[74] com a qual o Paraguai assentava as bases de um promissor comércio, através dos negócios com a John & Alfred Blyth & Co.[75] Henderson dizia que López não desejava o confronto e confiava que alcançaria um acordo com a Corte do Rio de Janeiro.[76] Recusava-se, porém, a revogar o decreto, que proibia a entrada de navios de guerra, no Alto Paraguai, e se preparava para enfrentar o ataque do Brasil.[77] Segundo Andrés Gelly, um dos homens que mais influência tinham sobre López, ele acalentava "ligeiras esperanças" no apoio da Grã-Bretanha e da França ao Paraguai e isto contribuía para a sua irredutibilidade na contenda com o Brasil.[78]

López, irritado e alarmado com a atitude da Corte do Rio de Janeiro, mobilizara cerca de 30 mil homens e ordenara a instalação de baterias ao longo das barrancas do Rio Paraguai, concentrando-as numa intrincada volta, perto da boca, onde um único navio podia atravessar de cada vez.[79] Henderson informou ao Foreign Office que a resistência seria feroz e que López "não se deteria diante de nenhuma consideração de humanidade nem rejeitaria qualquer meio, por mais violento, para rechaçar a injustificável agressão".[80] Havia então rumores de que tropas brasileiras se reuniam na fronteira com Misiones, a fim de invadir o Paraguai, em consonância com a operação naval dirigida pelo almirante Pedro Ferreira de Oliveira, e que López, caso não pudesse opor-se, vitoriosamente, ao ataque, destruiria as cidades, despovoaria o país e incendiaria Assunção.[81] E Henderson previu que, "se os brasileiros triunfassem, triunfariam sobre um país em ruína e despovoado, sobre os corpos sem vida dos seus habitantes. Os paraguaios não se movem facilmente, mas, uma vez despertados, são como leões e, se vitoriosos, fariam o Brasil arrepender-se de sua perfídia, bem como a Confederação Argentina pela sua obsequiosidade, permitindo que a esquadra de guerra ascendesse o rio, sem requerer qualquer garantia quanto aos seus objetivos".[82]

A esquadra brasileira chegou às águas do Paraguai em 20 de fevereiro de 1855. López sabia que não dispunha ainda de força suficiente para contrapor à que o Brasil poderia empregar.[83] E, embora protestasse contra o inusitado e afrontoso aparato bélico, que considerava injurioso e humilhante para seu país, mostrou-se disposto ao diálogo.[84] O almirante Ferreira de Oliveira concordou com a exigência de fundear a esquadra fora da embocadura do Rio Paraguai e seguiu até Assunção a bordo do *Ipiranga*. Lá, em 15 de março, iniciou as conversações com López. Mas o resultado não correspondeu ao seu potencial de tiro. López estava informado, por intermédio, certamente, do general Francisco Solano, que chegara do Rio de Janeiro,[85] das instruções do governo do Império no sentido de que o almirante Pedro Ferreira de Oliveira se abstivesse de violência.[86] E, além do mais, o rebaixamento das águas do Paraná, àquela época do ano, imobilizara a esquadra brasileira, inutilizando-a para qualquer operação de guerra.[87] Dessa forma, o almirante Ferreira de Oliveira não obteve o acordo sobre os limites, aprazado para o término de um ano, e não conseguiu ditar sequer os termos do tratado de comércio e navegação, pelo qual López apenas concedeu ao Império do Brasil o direito de fazer transitar, no Rio Paraguai, até dois navios de guerra a vela ou a vapor, juntos ou separadamente, desde que não pesassem mais de 600 toneladas nem transportassem, como armamento, mais de seis ou oito peças cada um.[88]

O general Francisco Solano López, que representou o pai no curso das negociações com o almirante Ferreira de Oliveira, considerou o tratado de comércio e navegação como um "simples armistício",[89] convencido de que o Brasil tornaria a acometer seu país com forças mais poderosas.[90] E

A EXPANSÃO DO BRASIL E A FORMAÇÃO DOS ESTADOS

o Paraguai precisava dilatar o máximo possível esse armistício. Por isto, sabendo que só afastaria o Brasil do princípio do *uti possidetis* "pelo feliz resultado de uma guerra",[91] López enviou ao Rio de Janeiro José Berges, como ministro plenipotenciário, para retomar, em 1856, a discussão sobre o assunto. Seu objetivo, conforme Henderson transmitiu ao Foreign Office, era ganhar tempo, enquanto o Paraguai se aprontava para a guerra, que julgava inevitável.[92] Com efeito, Berges concluiu com José Maria da Silva Paranhos, futuro visconde do Rio Branco, outro tratado de amizade, comércio e navegação, em 6 de abril de 1856, e postergou, novamente, a definição dos limites, desta vez por um prazo de seis anos. Não obstante, López continuou a dificultar, por meio de regulamentos, a passagem de navios para Mato Grosso, até que cedeu, por fim, ao firmar com Paranhos, em 1858, a convenção "sobre a verdadeira inteligência e prática do tratado de amizade, comércio e navegação de 6 de abril de 1856", franqueando o Rio Paraguai e seus afluentes, sem solucionar a questão dos limites, previamente, como ele pretendia.[93] Só ganhou o tempo que lhe permitiu disciplinar e armar "um exército cinco vezes maior que o de qualquer dos seus vizinhos".[94] E o Paraguai, com o impulso do seu notável progresso, converteu-se "em soldado, seu solo, em cidadela", segundo as palavras de Alberdi,[95] ou melhor, transformou-se no que Ernesto Quesada chamaria de "Prússia em miniatura".[96] Entretanto, ao morrer, em 10 de setembro de 1862, López aconselhou o filho, Francisco Solano, que procurasse resolver as questões pendentes por meio de negociações e não de guerra, principalmente com o Império do Brasil.[97]

NOTAS

1. Nota de Cândido Barreiro, encarregado de negócios do Paraguai em Paris e Londres, a lorde Russell, Paris, 1/2/1865. PRO-FO 59-25. O verdadeiro relator foi possivelmente o escritor argentino Juan Bautista Alberdi.
2. Carta de J. B. Alberdi a Bernabé López, ministro das Relações Exteriores da Confederação Argentina, Londres, 4-8/7/1858, caja CH 115, Año 1858-59, Legajo s/n, Archivo del Ministerio de las Relaciones Exteriores y Culto-Argentina.

3. Ibidem.
4. Ibidem.
5. Vivian Trias, *El Paraguay de Francia el Supremo a la Guerra de la Triple Alianza*, Buenos Aires, Cuadernos de Crisis, 1975, p. 73.
6. J. B. Alberdi, *Los intereses Argentinos en la Guerra del Paraguay*, p. 28.
7. Ibidem, pp. 28-29.
8. Em 1859, na Batalha de Cepeda, as tropas de Urquiza derrotaram as do Estado de Buenos Aires, que se reintegrou na Confederação Argentina, mediante o pacto de San José de las Flores.
9. Roque Faraone, *Introducción a la Historia Económica del Uruguay (1825-1973)*, Montevidéu, Arca Editorial, 1974, pp. 27-28. J. Barrán, op. cit., pp. 47-55. C. Machado, op. cit., pp. 192-193. Alfredo R. Castellanos, *Breve Historia de la Ganaderia en el Uruguay*, Montevidéu, Banco de Crédito, 1971, pp. 56-58.
10. C. Machado, op. cit., p. 193. J. P. Barrán, op. cit., pp. 48-49. A. R. Castellanos, op. cit., p. 58.
11. J. P. Barrán, op. cit., pp. 51-52. C. Machado, op. cit., p. 192.
12. J. P. Barrán, op. cit., p. 51.
13. Ibidem, p. 56.
14. Ibidem, p. 56. José Antonio Soares de Souza, *A vida do visconde do Uruguai*, pp. 390-397.
15. J. P. Barrán, op. cit., pp. 56-57. J. A. S. de Souza, *A vida do visconde do Uruguai*, pp. 392-393.
16. José Antonio Soares de Souza, *Honório Hermeto no Rio da Prata*, pp. 245-246. A. Teixeira Soares, *Diplomacia do Império no Rio da Prata*, p. 145.
17. J. P. Barrán, op. cit., p. 59. A. Teixeira Soares, *Diplomacia do Império no Rio da Prata*, pp. 145-150.
18. Informe n° 15, M. Maillefer, cônsul-geral da França em Montevidéu, para Drouyn de Lhuys, ministro dos Negócios Estrangeiros, Montevidéu, 4/1/1854, in *Revista Histórica*, n° 51, set. 1952, p. 427.
19. Memória, *Legação da República Oriental do Uruguai*, Rio de Janeiro, 25/10/1854, Andrés Lamas, Archivo de Andrés Lamas, Caja 132, Carpeta 1, AGN-U.
20. Ibidem.
21. Ibidem.
22. Ibidem.
23. Informe n° 15, M. Maillefer para Drouyn de Lhuys, in *Revista Histórica*, n° 51, set. 1952, p. 427.
24. Ofício de Carvalho Moreira a Cansanção de Sinimbu, Londres, 27/1/1860, Ofícios Reservados e Confidenciais, 217-3-13, AHI.

A EXPANSÃO DO BRASIL E A FORMAÇÃO DOS ESTADOS

25. J. A. S. de Souza, *A vida do visconde do Uruguai*, p. 427.
26. Em 1879 os chilenos ocuparam, militarmente, a região de Antofagasta, rica em nitrato de potássio (salitre), dando início à Guerra do Pacífico, na qual a Bolívia perdeu sua saída para o mar, tornando-se um país mediterrâneo.
27. Howard T. Pittman, *Who Commands the Heartland — A Geopolitical of Bolivia, prepared for Twentieth Century Diplomacy of Latin America*, Washington, The American University, 1977 (*manuscripts*), pp. 88-89.
28. Ibidem, p. 89.
29. Ibidem, p. 89.
30. Ibidem, p. 78.
31. Martin Maillefer, em seu Informe n° 32, comentou: "Se pode dizer, enfim, ao Brasil que, não havendo anuído aos tratados de julho e negando em princípio a livre navegação do Amazonas não somente aos norte-americanos, mas, também, aos Estados ribeirinhos da parte superior deste rio, é de bastante mau gosto que pretenda impor este princípio ao Paraguai." Maillefer para Drouyn de Lhoys, Montevidéu, 5/1/1955, in *Revista Histórica*, n° 51, set. 1852, p. 548. Sobre o assunto vide A. Teixeira Soares, *Um grande desafio diplomático no século passado (navegação e limites na Amazônia. Missão de Nascentes de Azambuja a Bogotá)*, Rio de Janeiro, Conselho Federal de Cultura, 1971, pp. 61-123. L. A. Moniz Bandeira, *Presença dos Estados Unidas no Brasil*, pp. 85-97.
32. O presidente dos Estados Unidos, em 1853, apresentou a questão do fechamento do Amazonas ao Congresso, o que pareceu, juntamente com outros atos, um passo para a deflagração das hostilidades contra o Brasil. Ofício de Francisco Inácio de Carvalho Moreira, ministro dos Estados Unidos em Washington, a Paulino José Soares de Souza, ministro dos Negócios Estrangeiros do Império, Wash., 12/12/1852, Reservadíssimo, Ofícios Recebidos, 233-3-6, AHI. Instruções, William Marcy, secretário de Estado dos Estados Unidos, a William Trousdale, ministro norte-americano no Brasil, Wash, 8/8/1853, in William R. Manning, *Diplomatic Correspondence of the United States Inter-American Affairs — 1831-1860*, Washington, Carnegie Endowment, 1932, p. 170.
33. Raul de Andrada Silva, *Ensaio sobre a ditadura do Paraguai — 1814-1840*, São Paulo, Coleção Museu Paulista, Série Ensaios, 1978, pp. 185, 211-223. John Hoyt William, *The Rise and Fall of the Paraguayan Republic — 1800-1870*, Austin, Institute of Latin American Studies, The University of Texas at Austin, 1979, pp. 67-76.
34. O monopólio da comercialização do tabaco — o estanco — foi estabelecido pela Coroa de Madri, em 1779, com a criação da Real Renta del Tabaco y Naipes. Vide R. de A. SILVA, op. cit., pp. 62-68.

35. Juan Carlos Garavaglia, "Un Modo de Producción Subsidiario: La Organización Económica de las Comunidades Guaranizadas durante los Siglos XVII-XVIII en la Formación Regional Altoperuana Rioplatense", in Carlos Sempat Assadourian *et al.*, *Modos de producción en America Latina*, Buenos Aires, Editorial Siglo XXI, 1973, pp. 161-191, Cuadernos de Pasado y Presente. Daniel Fretes Ventre, "Evolución y perspectivas de la estrutura social y económica del Paraguay", in *Estudios Paraguayos*, vol. III, nº I, Asunción, out. 1975, p. 14. R. de A. Silva, op. cit., pp. 45-46. Richard Alan White, "La política económica del Paraguay Popular — 1810-1840", in *Estudios Paraguayos*, vol. III, nº I, Assunción, out. 1975, pp. 103-113. R. B. Cunningham Graham, *Portrait of a Dictator — Francisco Solano López (Paraguay — 1865-1870)*, Londres, William Heinemann, 1933, p. 73.

36. R. de A. Silva, op. cit., pp. 209-210. R. A. White, op. cit., segunda parte, in *Estudios Paraguayos*, vol. III, nº 2, Asunción, 1975, p. 122. Carlos Pastore, "Orígenes, Evolución y Estado Actual del Latifundio y Minifundio en el Paraguay", in *Estudios Paraguayos*, vol. III, nº 1, Asunción, out. 1975, p. 118.

37. R. Puigross, op. cit., pp. 234. O esforço de muitos historiadores para apresentar o regime paraguaio como revolucionário, popular ou mesmo como um "socialismo de Estado" leva-os a omitirem esse detalhe fundamental: "O Estado continuou sendo proprietário de milhares de escravos e a imensa maioria da população submetida ao trabalho forçado e gratuito." R. Puigross, op. cit., p. 234. Os soldados também trabalhavam, gratuitamente, apenas pela ração que recebiam. Somente no governo de Carlos Antonio López, a escravatura começou, gradualmente, a extinguir-se, com a lei do ventre livre. Sobre a questão, vide também I. H. Willian, op. cit., pp. 164 e 181.

38. R. A. White, op. cit., segunda parte, in *Estudios Paraguayos*, vol. III, nº 2, Asunción, 1975, p. 123.

39. Karl Marx, "Formas que Preceden a la Producción Capitalista", in Eric Hobsbawn, *Formaciones económicas precapitalistas*, Buenos Aires, Editorial Siglo XXI, 1974, pp. 51-97, Cuadernos de Pasado y Presente. Karl Marx, *O Capital*, livro 3, vol. 6, Rio de Janeiro, Civilização Brasileira, 1974, p. 907.

40. R. A. White, op. cit., segunda parte, in *Estudios Paraguayos*, vol. III, nº 2, p. 117. R. de A. Silva, op. cit., p. 208.

41. Regina Maria A. F. Gadelha, *As Reduções Jesuítas do Itatim: um estudo das estruturas socioeconômicas coloniais do Paraguai (séculos XVI e XVII)*, Rio de Janeiro, Paz e Terra, 1980, p. 135.

42. R. Puigross, op. cit., pp. 234-237. R. A. White, op. cit., vol. III, nº 2, pp. 117-119. R. de A. Silva, op. cit., pp. 208-210.

43. R. Puigross, op. cit., p. 235.

A EXPANSÃO DO BRASIL E A FORMAÇÃO DOS ESTADOS

44. "O presidente López estava resolvido a tirar o País do seu anterior estancamento. Para isto buscou estreitar vínculos com as nações mais adiantadas do mundo, estabelecer uma comunicação permanente com a Europa." R. Antonio Ramos, *Juan Andrés Gelly*, Buenos Aires, Talleres Gráficos Lucania, 1972, p. 418.

45. I. H. Williams, op. cit., pp. 180-192. R. A. Ramos, *Juan Andrés Gelly*, p. 429.

46. "O navio (*Tacuari*) foi construído em Londres (...) nos estaleiros dos senhores John e Alfred Blyth, ligados desde então a importantes realizações que favoreceram o progresso do Paraguai." R. A. Ramos, *Juan Andrés Gelly*, p. 429. A estrada de ferro ligando Villa Rica a Assunção, através do acampamento militar de Cerro León, foi também construída por uma equipe de engenheiros norte-americanos e ingleses, contratados por meio da Blyth A & Co., que forneceu todo o equipamento, como locomotivas e trilhos. Cf. J. H. William, op. cit., p. 183. Os negócios continuaram até a eclosão da guerra. Ibidem, p. 189.

47. H. Sanchez Quell, *La diplomacia paraguaya de Mayo a Cerro Corá*, 5ª ed., Assunção, Casa América, 1973, p. 197. J. H. William, op. cit., pp. 180-192.

48. Vera Blinn Reber, "A Case of Total War: Paraguay, 1860-1870", *JILAS — Journal of Iberian and Latin American Studies*, nº 5:1, Shippensburg University, July 1999. Disponível em http://www.ailasa.org/jilas/all/JILAS-05(1)/C-JILAS%205(1)-Blinn%20Reber.PDF.

49. Ibidem, p. 186.

50. R. B. C. Graham, op. cit., p. 53. J. H. William, op. cit., pp. 162-164. H. S. Quell, op. cit., pp. 169 a 170.

51. "Declaración de las condiciones y derechos que aseguran el goce de las ventajas concedidas a la nueva invención o nueva introducción de cualquier género de perfeccionarla." Assunção, 20/5/1845, Carlos Antonio López, vol. 272, nº 10, Archivo Nacional de Asunción.

52. J. H. Williám, op. cit., pp. 185-188.

53. Benjamin Poucel, *Le Paraguay Moderne et L'Interêt Général du Commerce*, Paris, Marselle Typ. Ve. Marius Olive, 1867, p. 68.

54. Dispatch nº 5 Report on the Commerce of Paraguay during the Year 1858, Assunção, 20/1/1859, Charles H. Henderson, PRO-FO59-20.

55. J. H. William, p. 171.

56. B. Poucel, op. cit., p. 72.

57. J. H. William, op. cit., p. 171.

58. B. Poucel, op. cit., p. 69.

59. J. H. William, op. cit., p. 171.

60. C. Pastore, op. cit., pp. 117-118. R. de A. Silva, op. cit., pp. 45-46.

LUIZ ALBERTO MONIZ BANDEIRA

61. "Nota del Dictador D. José Gaspar Rodriguez de Francia al Delegado de Itapua, 12. José León Ramírez, despidiendo a Correa da Camara", vol. 69, nº 3-6 ANA — Reproduzida também por R. A. Ramos, *La política del Brasil en el Paraguay bajo la dictadura de Francia*, pp. 299-242. Informe nº 38, de Maillefer a Drouyn de Lhuys, Montevidéu, set. 1952, p. 591. J. H. William, op. cit., pp. 99, 123, 152, 153 e 157. R. de A. Silva, op. cit., pp. 183, 196, 197 e 213. R. A. White, op. cit., segunda parte, in *Estudios Paraguayos*, vol. III, nº 2, p. 77. General Raul Silveira de Mello, *Aos guaicurus deve o Brasil o Sul de Mato Grosso*, Rio de Janeiro, SMG-Imprensa do Exército, 1957, pp. 34-35, 56 e 58. R. A. Ramos, *La política del Brasil en el Paraguay bajo la dictadura da Francia*, pp. 125-133, 181, 213 e 219-242.

62. J. H. William, pp. 157-158.

63. General R. S. de Mello, *Aos guaicurus deve o Brasil o Sul de Mato Grosso*, pp. 56-58. Augusto Tasso Fragoso, *História da Guerra entre a Tríplice Aliança e o Paraguai*, Imprensa do Estado-Maior do Exército, Rio de Janeiro, 1934, vol. I, pp. 79-81. A. Teixeira Soares, *Diplomacia do Império no Rio da Prata*, pp. 163-166.

64. A. T. Fragoso, op. cit., vol. I, pp. 79-81. General R. S. de Mello, *Aos guaicurus deve o Brasil o Sul de Mato Grosso*, p. 58.

65. De Henderson a lorde Malmesbury, Asunción, 14/5/1859, ff. 111-112, PRO-FO59-20. Henderson a Malmesbury, Asunción, 6/7/1859, ff. 136 a 137, PRO-FO59-2O.

66. Sobre a argumentação paraguaia vide H. S. Quell, op. cit., p. 131-150. A. Teixeira Soares, *Diplomacia do Império no Rio da Prata*, p. 167. J. E. S. de Souza, *A vida do Visconde do Uruguai*, pp. 430-434.

67. A. Teixeira Soares, *Diplomacia do Império no Rio da Prata*, p. 167. R. A. Ramos, *Juan Andrés Gelly*, pp. 342-343. J. E. S. de Souza, *A vida do Visconde do Uruguai*, p. 430.

68. Nota de José Falcón, secretário de Estado de Relações Exteriores do Paraguai, ao governo da Grã-Bretanha, Asunción, 3/10/1854, encaminhando o decreto do presidente Carlos Antonio López, que proibia a navegação do Alto Paraguai e seus afluentes por navios de guerra. PRO-FO59-11. Após a chegada do almirante Pedro Ferreira de Oliveira a Assunção, López, no dia 22 de março de 1855, baixou outro decreto, admitindo a entrada no Paraguai de navios de guerra das nações com as quais mantinha tratados de comércio ou que tinham agentes diplomáticos e consulares em Assunção, ou seja, Grã-Bretanha, França e Sardenha. De Henderson a lorde Clarendon, Assunção, 31/3/1855. PRO-FO59-12.

69. Carta de Juan Andrés Gelly a José Wllauri, Rio de Janeiro, 25/12/1854, apud R. A. Ramos, *Juan Andrés Gelly*, p. 445. H. S. Quell, op. cit., p. 140.

A EXPANSÃO DO BRASIL E A FORMAÇÃO DOS ESTADOS

70. Relatório do presidente da Província de Mato Grosso — coronel do Corpo de Engenheiro Antônio Pedro de Alencastro na Abertura da Sessão Ordinária da Assembleia Legislativa Provincial em 3/5/1860, Typ. Voz da Verdade, Cuiabá, 1680, p. 20.

71. Mensagem do presidente Carlos Antonio López ao Congresso em 1849, cf. León Pomer, *La Guerra del Paraguay — Gran Negócio!*, Buenos Aires, Ediciones Caldén, 1968, p. 84.

72. Sobre a Missão de Ferreira de Oliveira, vide R. A. Ramos, *Juan Andrés Gelly*, pp. 441-457. A. Teixeira Soares, *Diplomacia do Império no Rio da Prata*, pp. 171-180. H. S. Quell, op. cit., pp. 123-148. Estes livros contêm não apenas as versões oficiais tanto do Brasil quanto do Paraguai, mas, também, importantes informações que permitem uma recomposição mais isenta daquele episódio.

73. De Henderson a lorde Claredon, Asunción, 19/1/1855, PRO-FO59-12.

74. Ibidem.

75. J. H. William, op. cit., pp. 180-188.

76. De Henderson a Claredon, Asunção, 19/1/1855. PRO-FO59-12.

77. Idem

78. Carta de Juan Andrés Gelly a José Ellauri, Rio de Janeiro, 25/12/1855. Apud R. A. Ramos, *Juan Andrés Gelly*, p. 444. Gelly, quando escreveu estava no Rio de Janeiro, acompanhando o general Francisco Solano López. Naquela cidade, ao chegarem, López e Gelly souberam a notícia do envio da esquadra ao Paraguai sob o comando de Ferreira de Oliveira.

79. Henderson a Claredon, Asunción, 19/1/1855. FRO-FO59-12, de Maillefer a Droyn Lhuyis, Montevidéu, 2/2/1855, in *Revista Histórica*, n° 51, set. 1952, pp. 555-557.

80. Henderson a Clarendon, Asunción, 19.01. 1855. FRO-FO59-12.

81. Ibidem.

82. Ibidem.

83. Carta de Juan Andrés Gelly a José Eullari, Rio de Janeiro, 25/12/1855. Apud R. A. Ramos, *Juan Andres Gelly*, pp. 444-445.

84. Sobre a nota de José Falcón a Ferreira de Oliveira apud H. S. Quells, op. cit., pp. 129-131. R. A. Ramos, *Juan Andrés Gelly*, p. 447.

85. Em dezembro de 1854, o general Francisco Solano López chegou ao Rio de Janeiro, a bordo do *Tacuari*, juntamente com Gelly e outros membros de sua comitiva. Há poucas informações a respeito dessa viagem. Ramos, em sua obra sobre a vida de Gelly, é muito obscuro. Informa apenas a chegada de López ao Rio de Janeiro e transcreve a importante carta de Gelly ao seu concunhado José Ellauri López que, ao que se sabe, teve "frequentes entrevis-

tas", mas nada disse a Gelly, mostrando-se apressado para voltar ao Paraguai. Retornava da Europa.

86. Henderson a Clarendon, 14/6/1855, ff. 133-138. PRO-FO59-12. Vide também R. A. Ramos, *Juan Andrés Gelly*, pp. 441-444.

87. Henderson a Clarendon, 14/6/1855, ff. 133-138. PRO-FO59-12. O almirante Ferreira de Oliveira teve que subir até Assunção a bordo do *Ipiranga* porque a nau capitânia, o *Amazonas*, encontrou dificuldades para seguir devido ao rebaixamento das águas. Cf. R. A. Ramos, *Juan Andrés Gelly*. Os oficiais franceses, em Montevidéu, já tinham observado que quase todos os navios da esquadra brasileira — barcos, vapores, corvetas, bricks, goletas, transportes ou chalupas canhoneiras — eram "em verdade de escassa medida como convém à navegação dos rios", mas reconheceram que eram "quase todos novos e capazes de excelente serviço se bem-comandados". Cf. Maillefer a Drouyn de Lhuys, Montevidéu, 2/2/1855, in *Revista Histórica*, nº 51, set. 1952, p. 556.

88. R. A. Ramos, *Juan Andrés Gelly*, p. 454.

89. De Maillefer a Drouyn de Lhuys, Montevidéu, 4/6/1855, in *Revista Histórica*, nº 51, set. 1952, p. 591.

90. Ibidem.

91. Carta de Manuel Moreira de Castro a Carlos Antonio López, Rio de Janeiro, 12/7/1852, apud J. A. S. Souza, *A vida do visconde do Uruguai*, p. 430.

92. De Henderson a Clarendon, Assunção, 25/12/1855. PRO-FO59-12.

93. A. Teixeira Soares, *Diplomacia do Império no Rio da Prata*, pp. 189-191. H. S. Quell, op. cit., pp. 149-150. Sobre a questão dos limites entre o Paraguai e o Brasil, vide também Vicente Quesada, *La política imperialista del Brasil y las cuestiones de limites de las Repúblicas sudamericanas*, Buenos Aires, Casa Vaccaro, 1920, pp. 169-223.

94. Ernesto Quesada, *La política argentina en el Paraguay*, Buenos Aires, 1902, p. 62. Catálogo da Biblioteca Especial Solano López da Biblioteca Nacional — Assunção.

95. J. B. Alberdi, *Los intereses argentinos en la Guerra del Paraguay*, p. 19.

96. E. Quesada, op. cit., p. 62.

97. Carta de Fidel Maiz a D. Juan E. O'Leary, Arroyos y Esteros, 10/6/1906. In A. Rebaudi, *Guerra del Paraguay*, Buenos Aires, Implenta Constancia, 1917, pp. 152-155. Segundo o presbítero, que assistiu aos últimos momentos de López, ele advertiu ao filho para "não querer solucionar as questões que ficavam pendentes com a espada, senão com a pena, principalmente com o Brasil". E depois expirou. Vide também J. H. William, op. cit., p. 195. A. T. Fragoso, op. cit., vol. I, pp. 92-93. A. Teixeira Soares, *O drama da Tríplice Aliança — 1865-1876*, Rio de Janeiro, Editora Brand, 1956, p. 30.

TRATADO DE TORDESILHAS

Após a unificação da Espanha, a expulsão dos mouros e a descoberta da América por Cristóvão Colombo, os Reis Católicos, Fernando II de Aragão e Isabel de Castela, recorreram ao papa Alexandre VI, como representante de Cristo e seu vigário na Terra, e conseguiram a emissão, em 3 de maio de 1493, da Bula Inter Coetera, estabelecendo novamente uma linha de marcação, que separaria as terras de Portugal e de Castela. O meridiano passava 100 léguas a oeste das ilhas de Cabo Verde. As novas terras descobertas a oeste, a 100 léguas de Cabo Verde, pertenceriam a Portugal, enquanto as terras a leste do meridiano caberiam à Espanha. João II, rei de Portugal, reagiu à Bula Inter Coetera e ameaçou ir à guerra. Os dois reinos ibéricos, porém, chegaram a um entendimento com a celebração, em 7 de junho de 1494, do Tratado de Tordesilhas, estabelecendo que pertenceriam a Portugal as terras "descobertas e por descobrir" situadas 370 léguas (1.770 quilômetros) a oeste das ilhas de Cabo Verde. A Espanha ficaria com as terras a leste da linha de demarcação originária. Tordesilhas está na região da província de Valladolid.

AUTOR DESCONHECIDO.

O planisfério de Cantino é, quiçá, o mais antigo mapa mostrando os descobrimentos marítimos de Portugal. Tornou-se conhecido como planisfério de Cantino porque foi Alberto Cantino, que trabalhava para Hércules I d'Este (1472-1505), duque de Ferrara e Modena, que o levou clandestinamente para Itália por volta de 1502.

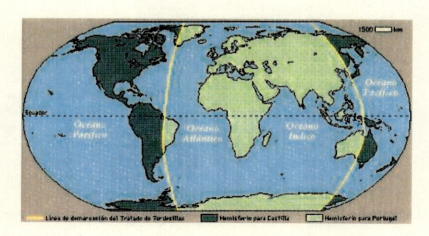

Mapa mostrando a divisão do mundo estabelecida pelo Tratado de Tordesilhas.

Mapa do Brasil em 1519.

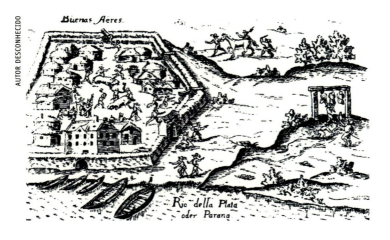

A cidade de Buenos Aires foi fundada em 22 de janeiro de 1536 por Pedro de Mendoza, primeiro governador do Rio da Prata e do Paraguai, mas teve de ser abandonada em 1541, destruída pelos ataques dos índios. A gravura foi desenhada pelo mercenário (Landsknecht) alemão Ulrich Schmidt, que participou da expedição de Pedro de Mendoza.

AUTOR: JOSÉ MARIA CARBONERO, 1910.

Em junho de 1580 – ano em que D. Felipe II Habsburg, de Espanha (1556-1598), anexou a coroa de Portugal –, Juan de Garay, como governador das províncias do Rio da Prata, estabeleceu um pequeno povoado no estuário do Rio da Prata, onde fora fundada, pela primeira vez (1536), a cidade de Buenos Aires. Na cerimônia, brandiu a espada para todos os lados, antes de cravá-la no solo, para indicar a possessão, e escreveu na ata do evento: "... estando neste Porto de Santa María de los Buenos Ayres, faço e fundo uma cidade...". Eram cerca de 65 povoadores.

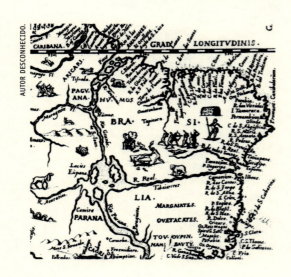

Mapa do Brasil em 1602, mostrando que os europeus o percebiam como terra de índios em guerra e de canibais.

Mapa do Brasil em 1574, dividido em 15 capitanias hereditárias.

A gravura mostra dois índios no Rio da Prata, em 1603, um deles carregando uma boleadeira, herança que as tribos da região deixaram para os gaúchos do Rio Grande do Sul, do Uruguai e da Argentina. É um instrumento de caça e/ou arma de guerra que, naquela época, era constituído de pedras redondas amarradas nas extremidades de uma pequena corda. Jogava-se a boleadeira nas pernas do animal para derrubá-lo e matá-lo. Atualmente usam-se duas bolas de metal.

O mapa indica as rotas de penetração das principais bandeiras para apresamento de índios, no século XVII.

Em 1636, Antônio Raposo Tavares assaltou a aldeia dos índios e a igreja dos jesuítas em Barueri, povoação perto de São Paulo. Também expulsou os padres e pregou as portas da igreja. Em 1638, avançou, em outra expedição, para expulsar os jesuítas espanhóis das missões de Tapes (Rio Grande do Sul), com 120 luso-brasileiros e 1.000 índios. Atacou as missões de Jesus Maria, de San Cristóbal e de Santana, e também apresou os índios. Em 1648, destruiu as missões de Itatim, da serra de Maracaju e Terecañi, depois Bolaños, Xerez e várias outras. Através do rios Itatim e Paraguai, chegou até a nascente e alcançou o Peru, de onde desceu navegando os rios Madeira e Mamoré, até entrar no Amazonas. Em três anos, percorreu mais de 10.000 quilômetros e voltou a São Paulo, onde faleceu, com uma pequena tropa de 59 luso-brasileiros e alguns poucos índios.

Fernão Dias Paes Leme (1608-1681) participou da bandeira de Antônio Raposo Tavares, que partiu de São Paulo em 1638, devastou as missões até o sul do Brasil e entrou na Banda Oriental. Tornou-se famoso pela descoberta das esmeraldas, celebrizada pelo poema de Olavo Bilac "O caçador de esmeraldas", no qual descreve que "na terra que venceu há de cair vencido: é a febre, é a morte! E o herói, trôpego e envelhecido, roto e sem forças, cai junto ao Guaycuhy..."

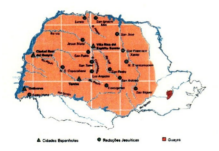

A Província do Guayrá foi uma região geográfica que fazia parte do Império Espanhol, pertencente à governação do Rio da Prata e Paraguai, até 1617, quando foi anexada ao Paraguai. Grande parte do território, atualmente, corresponde ao estado do Paraná. O mapa mostra a localização das cidades espanholas e das missões organizadas pelos jesuítas.

O mapa mostra o domínio efetivo de Espanha (vermelho), Portugal (verde) e Holanda (amarelo) na América do Sul, bem como as linhas traçadas pela bula papal Inter Coetera e pelo Tratado de Tordesilhas. Em branco, o espaço sobre o qual as expedições dos luso-brasileiros, com um exército de índios aliados, haviam avançado ou ainda estavam a expandir as fronteiras do Brasil.

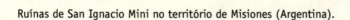

Ruínas de San Ignacio Mini no território de Misiones (Argentina).

A missão guarani de Santísima Trinidad del Paraná, no Paraguai, foi organizada pelos jesuítas em 1706 e chegou a contar com cerca de 3.000 indígenas. Ela está localizada em uma colina a noroeste de Encarnación, em Itapúa, e é a maior e mais bem conservada do Paraguai.

Ruínas da missão de San Ignacio.

A missão guarani de Jesús de Tavarangué foi organizada pelos jesuítas, dirigidos pelo padre Jerônimo Delfim, às margens do Rio Monday, entre os departamentos de Caaguazú e Alto Paraná, no Paraguai, em 1609. Teve de trasladar-se diversas vezes por causa dos ataques dos bandeirantes, cujo objetivo era capturar os indígenas e levá-los como escravos.

Fachada da igreja arruinada de São Miguel Arcanjo.

Salvador Correia de Sá e Benevides, 2º visconde de Asseca (1602-1688), planejou a conquista de Buenos Aires depois que D. João IV separou Portugal da Espanha. O Conselho Ultramarino, porém, preferiu que ele reconquistasse Angola e São Tomé e Príncipe, ocupados ainda pela Holanda. O padre Antônio Vieira disse, em 1648, que Portugal não podia ceder Angola à Holanda, pois "sem negros não há Pernambuco, e sem Angola não há negros".

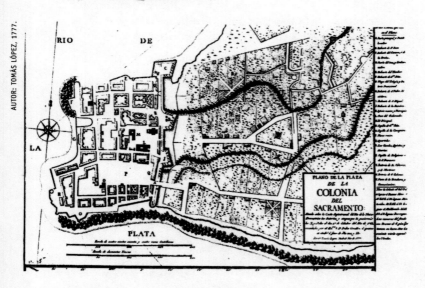

Colônia do Sacramento foi fundada, no final nos anos 1680, por uma expedição sob o comando de D. Manuel Lobo, governador do Rio de Janeiro, cujas incumbências eram construir uma fortaleza, como um projeto do Estado português, efetivar sua presença na Bacia do Prata, manter o contrabando da prata de Potosí, continuar o avanço na região e, se possível, conquistar Buenos Aires, em frente, na outra margem do rio. A gravura mostra o plano da praça da Colônia do Sacramento, fator de conflitos intermitentes, militares e diplomáticos, até 1828, quando a Província Cisplatina, separando-se do Brasil, constituiu-se como país soberano.

Muralha da fortaleza da Colônia do Sacramento.

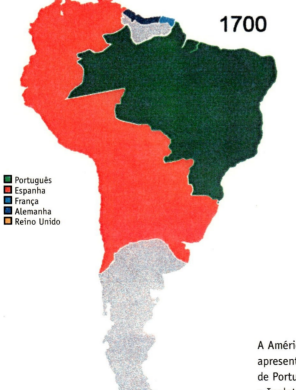

- Português
- Espanha
- França
- Alemanha
- Reino Unido

A América do Sul em 1700, apresentando as regiões sob o domínio de Portugal, Espanha, França, Holanda e Inglaterra.

Planta do Rio da Prata, atual região do Uruguai. Manuscrito feito à tinta nanquim, em 1776.

Vice-reino do Rio da Prata, em 1773.

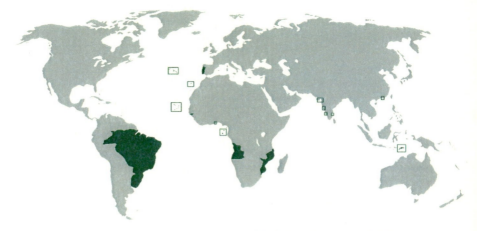

Império português em 1800.

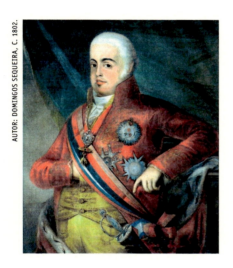

AUTOR: DOMINGOS SEQUEIRA, C. 1802.

O príncipe regente de Portugal, futuro D. João VI. Foi ele quem elevou o Brasil a Reino Unido a Portugal, reconhecido internacionalmente, e começou a construção do Estado brasileiro.

AUTOR: HENRY L'ÉVÊQUE, 1815.

Embarque da Corte de Lisboa para o Brasil em 27 de novembro de 1807.

AUTOR DESCONHECIDO.

Dona Carlota Joaquina, filha mais velha de Carlos IV, rei de Espanha, e esposa de D. João VI. Lorde Strangford, no Brasil, opôs-se à tentativa de D. Carlota Joaquina assumir o poder nas províncias do Rio da Prata como herdeira de Carlos IV.

Ao chegar à Bahia, o príncipe regente D. João assinou a Carta Régia de 28 de janeiro de 1808. Ao conde da Ponte: "Abre os portos do Brasil ao comércio direto estrangeiro com exceção do pau-brasil, ou outros notoriamente estancados."

DECRETO DE ABERTURA DOS PORTOS ÀS NAÇÕES AMIGAS.

AUTOR: VICENTE LÓPEZ PORTAÑA (1772-1850).

Francisco Javier de Elío (1767-1822) foi governador militar de Montevidéu de 1807 a 1809 e organizou uma junta de governo independente de Buenos Aires, sede do vice-reino. Em 1810, a junta de Cádiz o nomeou vice-rei do Rio da Prata. Reprimiu violentamente a sublevação liderada por José Artigas e voltou à Espanha em 1812. Como capitão-geral de Valência, apoiou Fernando VII na luta pela restauração do poder absoluto. Depois da revolução de 1820, foi preso pelo duque de Almodóvar e condenado à morte no garrote vil.

ARTIGAS EN LA CIUDADELA (PORTA DA ANTIGA FORTALEZA DE MONTEVIDÉU). AUTOR: JUAN MANUEL BLANES, 1884.

José Gervasio Artigas (1764-1850), denominado Protetor dos Povos Livres pelas Províncias de Santa Fé, Corrientes, Entre Rios, Misiones e Córdoba, liderou uma insurreição rural com um objetivo mais radical do que o da Revolução de Maio, opondo-se à hegemonia de Buenos Aires e a sua pretensão de conservar o monopólio sobre o comércio do Rio da Prata. Lutou contra as invasões portuguesas e, derrotado na batalha de Tacuarembó (1820), asilou-se no Paraguai, onde faleceu 30 anos depois.

O general José Francisco de San Martin (1778-1850), o grande herói da Argentina, foi um dos libertadores da América espanhola, havendo também participado das lutas pela emancipação do Chile. Em 1821, proclamou a independência do Peru e recebeu o título de Fundador de la Libertad del Perú.

Don Manuel José García (1784-1848) e outros membros do Diretório de Buenos Aires pretenderam proclamar D. João VI imperador da América no Congresso de Tucumán. Mas o projeto falhou.

Mapa do Brasil em 1822, já incorporada a Cisplatina.

Bandeira da Província Cisplatina, após a anexação formal da Banda Oriental, por D. João VI, ao Reino Unido de Portugal, Brasil e Algarves. O Brasil foi elevado ao predicamento de Reino em 16 de dezembro de 1815.

COROAÇÃO DE D. PEDRO I. | AUTOR: JEAN-BAPTISTE DEBRET, 1828.

Sagração de D. Pedro I (1798-1834) como imperador do Brasil, em 1º de dezembro de 1822, na Catedral de Nossa Senhora do Carmo.

Bandeira do Império do Brasil. Sua autoria é atribuída a Jean-Baptiste Debret. A cor verde representa a Casa de Bragança, de D. Pedro I, e o losango amarelo, a Casa de Habsburg, da Áustria, à qual pertencia sua esposa, a imperatriz Maria Leopoldina von Habsburg-Lothringen (1797-1826), filha de Frederico II (1768-1835), imperador do Sacro Império Romano Germânico (Frederico I, da Áustria), e de Maria Teresa de Bourbon-Duas Sicílias (1772-1807).

AUTORES: MELE FORMENTIN E NICOLAU EUSTACHE MAURIN.

Em meio a uma crise política, D. Pedro I abdicou do trono em favor de seu filho D. Pedro II, então com 5 anos, e voltou para a Europa (Paris, Londres) como duque de Bragança. Concentrou, nos Açores, um exército de liberais expatriados a fim de combater e de restituir à filha Maria da Glória o direito ao trono, usurpado pelo irmão, D. Miguel, que traiu o compromisso de casar-se com ela e manter a Carta Constitucional. A guerra civil durou mais de dois anos (1832-1834) e terminou com a derrota de D. Miguel. Restaurada a Carta Constitucional, D. Pedro I torna-se regente da rainha, sua filha, D. Maria II (1819-1853). O quadro é uma alegoria, mostrando D. Pedro IV restituindo a D. Maria II a Carta Constitucional de Portugal.

AUTOR: JEAN PHILIPPE GOULU (1786-1853).

Os saladeiristas argentinos, liderados por Juan Manuel de Rosas (1793-1877), que dominava a maior parte das terras da província de Buenos Aires e monopolizava quase toda a produção e exportação da carne de charque, e José Nicolás Anchorena financiaram a expedição de Juan Antonio Lavalleja (1784-1853), que invadiu a Província Cisplatina em 19 de abril de 1825, comandando um grupo celebrizado como os Trinta e Três Orientais, a fim de separá-la do Brasil. O objetivo não era propriamente político, mas de impedir que os estancieiros do Rio Grande, seus concorrentes, dispusessem do gado selvagem existente no Uruguai para extração de couro e produção do charque.

AUTOR: GAETANO DESCALZI (1809-1886).

Juan Manuel de Rosas (1793-1877) assumiu o governo de Buenos Aires em 1829 e procurou unificar e organizar as províncias do Rio da Prata numa Confederação Argentina, de cuja política externa se encarregou. Depois de reeleito governador e obter a soma de poderes (poderes extraordinários), em 1835, ele exerceu realmente uma ditadura, com o apoio popular, da plebe urbana e rural. Sua medida mais importante foi proibir a importação de uma série de produtos estrangeiros com a Lei das Aduanas de 1835.

AUTOR: JOHN FREDERICK LEWIS, 1841.

John, Lord Ponsonby (1770-1855), como embaixador da Inglaterra, mediou o fim da guerra entre o Brasil e as Províncias. Ele propôs duas bases: a cessão da Banda Oriental às Províncias Unidas, mediante o pagamento de indenização ao Brasil, ou a proclamação de sua independência. D. Pedro I rejeitou as duas propostas, mas terminou por autorizar a assinatura, em 27 de agosto de 1828, da Convenção Preliminar de Paz, pela qual o Brasil recuperou o território das Reduções e outorgou a independência à Banda Oriental, que se tornou a República do Uruguai, o Estado-tampão, conforme a Grã-Bretanha sempre desejara, tanto que nunca reconhecera sua anexação como Província Cisplatina.

AUTOR: MANUEL ROSÉ.

O general Manuel Oribe (1792-1857) ascendeu à presidência do Uruguai em 1835. Era pró-Argentina e foi derrubado, em 1838, pelo general Fructuoso Rivera, com o auxílio do Brasil, inclusive financeiro, durante a sublevação. Oribe refugiou-se na Argentina e aliou-se a Juan Manuel de Rosas, que o recebeu como o verdadeiro presidente do Uruguai. Oribe era favorável à incorporação do Uruguai à Confederação Argentina. Em 1843, comandando o exército de Juan de Rosas, sitiou Montevidéu. O sítio durou nove anos, porém as forças comandadas por Manuel Oribe, sem qualquer resistência, renderam-se ao exército do general Justo José de Urquiza, governador de Entre Rios, apoiado pelo governo imperial do Brasil.

AUTOR: BALDASSARE VERAZZI.

Fructuoso Rivera (1784-1854) foi o primeiro presidente constitucional do Uruguai (1830-1834). Retomou o poder em 1838, derrubando Manuel Oribe, mas, em 1843, Manuel Oribe sitiou Montevidéu, comandando as forças argentinas de Juan Manuel de Rosas, que o considerava presidente legal do Uruguai.

AUTOR: LUIS DE SERVI.

O general Justo José de Urquiza (1801-1870) foi governador de Entre Rios, insurgiu-se contra o domínio de Buenos Aires e, com o respaldo do Brasil, derrotou as forças de Juan Manuel de Rosas na batalha de Caseros/ Santos Lugares, em 1852. Em 1854, tornou-se o primeiro presidente constitucional da Argentina. Em 1861, sem lutar, deu a vitória a Bartolomé Mitre e retirou-se para Entre Rios, onde, em 1870, foi assassinado, no Palácio San José, pelo capitão Mosqueira, o major Vera e Nicomedes Coronel, à frente de trinta homens, a mando do estancieiro Ricardo López Jordán. Urquiza estava com 68 anos.

Aos 15 anos, Bartolomé Mitre (1821-1906) entrou para a Escola Militar de Montevidéu, onde estudou artilharia e obteve o grau de alferes. Também escritor e jornalista, integrou o Partido Colorado, no Uruguai. Com outros unitários argentinos, lutou, comandado por Fructuoso Rivera, na batalha de Cagancha (1839), onde foram derrotadas as forças enviadas por Juan Manuel de Rosas, sob o comando de Pascual Echagüe e Juan Antonio Lavalleja, para apoiar Manuel Oribe. Após a derrota de Rosas, em 1852, Mitre insurgiu-se contra a Constituição federal de 1853 e separou Buenos Aires da Confederação Argentina, presidida por Justo José de Urquiza. Em 1862, após a batalha de Pavón, da qual Urquiza, sem combater, se retirou para Entre Rios, aceitou a Constituição de 1853, reunificou o país e exerceu a presidência da Argentina até 1868, quando comandou o Exército Aliado na Guerra da Tríplice Aliança.

Bernardo Berro (1803-1868) exerceu a presidência do Uruguai de 1860 a 1864. Recusou-se a renovar com o Brasil o Tratado de Comércio e Navegação e instituiu o imposto sobre as exportações de gado em pé para o Rio Grande do Sul; os estancieiros gaúchos, revoltados, uniram-se à insurreição do Partido Colorado, sob o comando de Venâncio Flores, apoiado por Buenos Aires. Sem alternativa, ante a perspectiva de intervenção do Brasil, Berro buscou uma aliança com o Paraguai. Seu mandato terminou sem que ele conseguisse vencer a guerra civil. Atanasio Aguirre (1801-1875), da facção mais radical do Partido Blanco, assumiu provisoriamente a presidência da República em 1864, mas não durou um ano no governo. Com Montevidéu cercada pela esquadra do Brasil, cujas tropas também já invadiam o Uruguai, Aguirre renunciou em 15 de fevereiro de 1865.

Joseph Gaspar Rodriguez de Francia (1776-1840) apoiou a Revolução de Maio e, depois de integrar com Fulgencio Yegros o consulado, que nominalmente governou o Paraguai até 1814, tornou-se ditador e afastou o país dos vizinhos da Bacia do Prata, adotando uma política de não intervenção nos permanentes conflitos que ali ocorriam. Homem honrado, austero e escrupuloso, controlou pessoalmente a administração e as finanças do Paraguai, não deixando de pagar seus impostos, e expropriou grandes latifundiários. Em 1820, deu asilo a Artigas e, embora isolasse e fechasse o Paraguai, pretendendo torná-lo autárquico, autossuficiente, deixou uma porta aberta para os comerciantes luso-brasileiros, em Itapúa, onde trocava erva-mate por armas e munições. Com o Paraguai tranquilo, em boas condições internas, conquanto sua principal produção fosse a de erva-mate, faleceu em 20 de setembro de 1840.

Carlos Antônio López (1796-1862) sucedeu o ditador Gaspar Rodrigues de Francia, em 1844, e começou a abrir a economia do Paraguai ao comércio mundial. Com a promulgação da Lei da Administração Política de 1844, foi extinto o consulado, que ocupava juntamente com o tenente Mariano Roque Alonso, e foi eleito presidente do Paraguai, função que exerceu despoticamente até 1862, quando faleceu, recomendando ao filho que não entrasse em guerra com o Brasil. Tinha enorme confiança e respeito pela indústria britânica e estabeleceu vínculos profundos com a empresa John & Alfred Blyth, que se tornou agente financeiro do Paraguai, prestando-lhe toda espécie de serviços e assistência econômica e técnica até o bloqueio do Rio da Prata, em 1865.

AUTOR: ATRIBUÍDO A JUAN MANUEL BLANES.

Este retrato a óleo (1,80 x 1,30 metro) de Francisco Solano López (1826-1879) encontrava-se em Havana, no museu do Palácio dos Governadores, como se fosse do general Juan Prim y Prats, governador de Porto Rico. Descoberto o erro, em 7 de julho de 2011, o embaixador de Cuba em Assunção, Rolando Gómez, entregou oficialmente ao presidente do Paraguai, Fernando Lugo, o retrato de Francisco Solano López.

Elisa Alisia Lynch (1835-1886), de nacionalidade irlandesa, foi companheira de Francisco Solano López até sua morte, em Cerro Corá. Ele nunca se casou com ela, mas tiveram seis filhos. Quando assumiu o governo do Paraguai, disse em francês a Madame Lynch: "Madame, depuis ce soir, le Paraguay c'est moi!" López transferiu vastas extensões de terras comunais para a propriedade de Madame Lynch. Ela recebeu mais de 32 milhões de hectares de terras fiscais por um preço ínfimo, nominal e simbólico.

AUTOR DESCONHECIDO.

AUTOR DESCONHECIDO.

D. Pedro II (1825-1891) ascendeu ao trono do Império do Brasil em 1840, com a antecipação de sua maioridade, em meio a um período de turbulência e rebeliões que começaram a ocorrer no Brasil após a abdicação de seu pai, D. Pedro I, em 7 de abril de 1831. Durante seu governo, com o Poder Moderador em sistema parlamentarista, o Brasil viveu um longo período de desenvolvimento econômico, estabilidade política e avanço educacional e cultural. Embora fosse contrário à escravidão, não a aboliu completamente, devido à crise econômica que poderia provocar, abalando as bases de sustentação do governo, os cultivadores de café e de cana-de-açúcar. Em 1888, com o agravamento da questão social, os africanos rebelando-se, a princesa Isabel, como regente, promulgou a Lei Áurea. Contudo, no ano seguinte, em 15 de novembro, D. Pedro II foi deposto e foi implantada a república, por um golpe militar, que o povo assistiu "bestializado, atônito, surpreso, sem saber o que significava", conforme reconheceu Aristides Lobo (1838-1896), ministro do Interior do governo provisório do marechal Deodoro da Fonseca (1889-1891). O monarca era muito querido e respeitado no Brasil e no exterior.

AUTOR: ALBERTO HENSCHEL.

José Maria da Silva Paranhos (1819-1880), visconde do Rio Branco, exerceu, durante o segundo reinado, os cargos de ministro da Marinha e de ministro dos Negócios, desempenhou importantes missões diplomáticas nos países da Bacia do Prata, antes e durante a Guerra da Tríplice Aliança, e, depois, presidente do Conselho de Ministros (1871-1875).

Irineu Evangelista de Sousa (1813-1889), barão e visconde de Mauá, compreendeu que a "base econômica", e não exclusivamente a "política", deveria lastrar a influência do Brasil sobre a República do Uruguai e que "cumpria estender a ação dessa influência ao outro lado do Rio da Prata". Inicialmente, o Banco Mauá & Cia., o maior de toda a América Latina, instalou uma agência em Montevidéu e ampliou a rede a outras cidades do Uruguai (Salto, Paysandu, Mercedes e Cerro Largo), bem como à Confederação Argentina (Rosário e Gualeguyachú), além de Buenos Aires. Tudo fez para evitar a guerra com o Paraguai; só depois de iniciadas as hostilidades se dispôs a conceder financiamento ao governo imperial.

Venâncio Flores (1808-1868) foi presidente do Uruguai duas vezes (1854-1855 e 1865-1868). Era do Partido Colorado e, em 1863, promoveu um levante contra o governo do Partido Blanco, desencadeando uma guerra civil que derrubou o presidente Atanasio Aguirre, no começo de 1864. Contou com o apoio do Brasil e, após assumir o governo do Uruguai, firmou o Tratado da Tríplice Aliança. Foi assassinado em 1868 por um grupo de desconhecidos.

Francisco Octaviano de Almeida Rosa (1825-1889), deputado e senador do Império, foi quem negociou e assinou, como ministro extraordinário do Brasil, o Tratado da Tríplice Aliança com a Argentina e o Uruguai, em 1º de maio de 1965.

Luiz Alves de Lima e Silva (1803-1889), barão, conde, marquês e duque de Caxias, foi o mais importante militar da história do Brasil. Participou de todas as campanha na Bacia do Prata e conduziu o Exército brasileiro à vitória na guerra contra o Paraguai, da qual se retirou, por motivo de doença, após ocupar Assunção em 1869. Em suas cartas ao governo imperial, criticou duramente o comportamento do ministro plenipotenciário Charles A. Washburn, bem como o dos demais representantes dos Estados Unidos que se aliaram abertamente a Francisco Solano López. Caxias é o patrono do Exército brasileiro.

Almirante Francisco Manuel Barroso da Silva (1804-1882), barão do Amazonas, comandou a força naval brasileira, que destroçou a esquadra do Paraguai na batalha de Riachuelo (11 de junho de 1865), tomou o controle de todos os rios da Bacia do Prata e impediu que López recebesse qualquer apoio do exterior.

O almirante Joaquim Marques Lisboa (1807-1897), marquês de Tamandaré, comandou a Armada do Brasil durante a guerra contra o Paraguai e a operação militar do Passo de la Patria, durante a qual os brasileiros capturaram as fortificações do Paraguai. Em 1866, afastou-se do comando e foi substituído pelo almirante Joaquim José Inácio de Barros, português de nascimento (1868-1869) e agraciado pelo Imperador com o título de visconde de Inhaúma. O marquês de Tamandaré permaneceu leal ao Imperador quando um golpe militar derrubou a monarquia, em 1889, e acompanhou-o até o seu embarque para a Europa. É o patrono da Marinha do Brasil.

Na batalha de Tuiuti, em 24 de maio de 1866, os Aliados destroçaram o Exército de Solano López, que perdeu entre 6.000 e 8.000 paraguaios; 16.000 foram feridos, enquanto o restante dos cerca de 60.000 soldados desbandou. Aí se confirmou o desastre do Paraguai. Os armamentos, como os fuzis de chispa, de que dispunha Exército paraguaio eram muito inferiores aos usados pelo Brasil e pela Argentina, que possuíam fuzis de retrocarga e canhões rajados, capazes de perfurar encouraçados.

Soldado brasileiro prisioneiro dos paraguaios.

AUTOR DESCONHECIDO.

AUTOR: FRANCISCO FORTUNY.

Na batalha de Peribebuy, em 12 de agosto de 1869, o conde d'Eu e os generais Osório e Vitorino Monteiro comandaram a batalha contra a legião paraguaia, com 1.600 homens, entre os quais crianças recrutadas forçosamente para lutar, sob o comando do major Pedro Pablo Caballero. O combate resultou na morte de 900 soldados paraguaios e 54 aliados. Em torno de 500 aliados e 400 paraguaios saíram feridos. E cerca de 1.500 foram aprisionados pelo exército brasileiro. Após a batalha, o exército brasileiro, sob o comando do conde d'Eu, partiu na direção a Caraguatay, no nordeste do Paraguai, procurando um campo onde pudesse aniquilar o que restava do exército paraguaio e terminar o conflito, que se tornara na verdade uma guerra de guerrilhas. *Assalto de Peribebuy*, aquarela atribuída ao pintor Francisco Fortuny, da divisão argentina sob o comando do coronel Luis Maria Campos, que a pintou ao natural, durante a batalha.

Última foto de Francisco Solano López, em 1870.

Luís Filipe Gastão d'Orléans et Saxe-Cobourg et Gotha (1842-1922), conde d'Eu e príncipe d'Orleans, era casado com a princesa imperial D. Isabel de Bragança, filha do imperador D. Pedro II. Quando Caxias ficou doente e deixou o Paraguai, em 1969, o conde d'Eu foi nomeado comandante em chefe dos exércitos aliados. Tinha 27 anos, e, embora julgasse desnecessário continuar a guerra apenas para caçar Solano López, assumiu o comando.

Mapa de Aquidaban ou Cerro Corá, onde se travou o último combate e Solano López, gravemente ferido e recusando render-se, foi cercado e morto, em 1º de março de 1870.

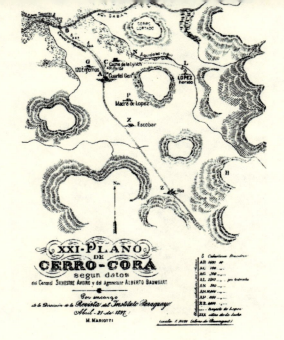

AUTOR DESCONHECIDO.

Com o término da guerra, o Paraguai teve seu território dividido. A Argentina anexou a margem direita do Rio Paraguai, até a Baía Negra, i. e., o Chaco Boreal, e a margem esquerda do Rio Paraná até o Rio Iguaçu, que compreendia a Província de Misiones. O Império do Brasil anexou cerca de um terço do território do Paraguai, assegurando uma linha de limites mais vantajosa, todo o Alto Paraná, e incorporou, "por direito de conquista", a área mais rica de ervatais do Paraguai. O Uruguai foi o único a não ficar com qualquer território, por não ter fronteira comum com o Paraguai.

Capítulo IX

O IMPÉRIO DO BRASIL COMO DESDOBRAMENTO DO ESTADO PORTUGUÊS • O TRÁFICO DE ESCRAVOS E AS CONTRADIÇÕES COM A GRÃ-BRETANHA • A AUTONOMIA DA POLÍTICA EXTERNA DO BRASIL • MAUÁ E A DIPLOMACIA DOS PATACÕES • A COLONIZAÇÃO DO URUGUAI • O BRASIL EM FACE DA BOLÍVIA E DO PARAGUAI

O Império do Brasil, que Martin Maillefer chamou de "Rússia tropical",[1] tinha, segundo observou, a "vantagem da organização e a perseverança em meio dos Estados turbulentos ou mal constituídos da América do Sul".[2] Com efeito, ao contrário das colônias da América espanhola, apenas o Brasil, a América portuguesa, foi o único que não oscilou entre a anarquia e o caudilhismo. Enquanto a conformação definitiva e centralizada de quase todos os demais países da América do Sul, como a República Argentina, só ocorreria durante a segunda metade do século XIX, o Império do Brasil, àquela época, já estava amadurecido como Estado, possuindo um aparelho burocrático-militar capaz de defender e mesmo impor, tanto interna quanto externamente, a vontade social de suas classes dominantes. Este desenvolvimento político se devia ao fato de que o Império do Brasil não era simples sucessor do Estado português. Na verdade, era o próprio Estado português, que se desdobrara numa outra base geográfica, ajustara-se às condições econômicas e amoldara-se à estrutura social da colônia, com a consequente reformulação da aliança de classes, que as contingências históricas impuseram. Mas, na mudança, não sofrera descontinuidade. Conservara sua contex-

A EXPANSÃO DO BRASIL E A FORMAÇÃO DOS ESTADOS

tura institucional, assentada no dogma da soberania una e indivisível da Coroa, a hierarquia, as leis civis, os métodos administrativos, o estilo político, o instrumental bélico e diplomático, com experiência internacional, e o vezo de potência. Tanto isto é certo que o Brasil era a única Monarquia no continente. A Colônia evoluiu para Vice-Reino, que se transformou em Reino Unido e, em seguida, passou a denominar-se Império. E como a agricultura de exportação alimentava sua economia, a maior homogeneidade do modo de produção, à base, predominantemente, da escravatura, do latifúndio e do capital mercantil, favoreceu a coesão das classes dominantes em defesa da ordem e da integridade territorial do país.[3]

A transferência da Corte de Lisboa para o Rio de Janeiro, em 1808, foi o que propiciou ao Brasil enformar-se como Estado soberano, não com a ruptura do velho arcabouço político-administrativo, qual aconteceu na América espanhola, e sim com o seu robustecimento. Ao tornar-se sede da Monarquia, a possessão, que já era economicamente mais importante que a metrópole, adquiriu a supremacia política. E a conjuntura internacional, com a derrota de Napoleão Bonaparte, continuou a favorecer-lhe a evolução, tanto quanto com a guerra, quando forçou a transmigração da família real. A fim de recuperar o prestígio da Casa de Bragança, entre as potências da Europa, e revigorar-lhe a posição diante do governo de Londres, que passara a contrariar seus interesses, nas negociações de paz, o príncipe-regente, depois rei D. João VI, elevou o Brasil à categoria de Reino Unido a Portugal e Algarve, em 16 de dezembro de 1815, consagrando-o como Estado soberano, reconhecido, oficialmente, pelos Estados Unidos, Grã-Bretanha, França, Áustria, Rússia, Suécia e Prússia.[4] E o Brasil, com este status de reino, foi o único país das Américas a participar do Congresso de Viena.

Conforme George Canning, chanceler da Grã-Bretanha, assinalou, D. João VI ergueu os alicerces para a independência do Brasil.[5] Além de franquear-lhe os portos ao comércio estrangeiro, ao abolir o monopólio colonial, ele revogou as leis do século XVIII, que proibiam o desenvolvimento das indústrias, criou o Banco do Brasil, a Imprensa Régia, a fábrica de pólvora, o arsenal de marinha, a instituição do ensino supe-

172

rior militar e médico, o jardim botânico (para o transplante experimental de novas culturas) a siderúrgica nacional etc. E não só elevou o Brasil à condição de reino, em igualdade com Portugal, como o dotou de judicatura própria, tomou as primeiras medidas para a convocação da Assembleia Nacional, que elaboraria sua Constituição, e, ao regressar a Lisboa, deixou seu filho, o príncipe D. Pedro, como regente, munido de todos os poderes necessários ao pleno exercício de um governo administrativa e politicamente autônomo, até mesmo para fazer a guerra e a paz.[6] Assim, quando se desmembrou de Portugal e se constituiu em Império, o Estado brasileiro já dispunha de razoável grau de organização e soberania, tanto que a essência das jornadas de 1822, conduzidas pelo príncipe D. Pedro, não foi a subversão e sim a conservação do *statu quo*. Seu objetivo não consistiu propriamente em conquistar a independência do reino do Brasil, mas em preservá-la contra a tentativa de restauração do sistema colonial, que os comerciantes de Lisboa fomentavam.[7]

A abertura dos portos por D. João VI atendera aos interesses dos senhores de engenho, exportadores de açúcar, e outros plantadores. Daí a insurreição, no Recôncavo da Bahia, contra o general Inácio Luís Madeira de Melo, cujas tropas ainda ocupavam Salvador. A campanha militar pela independência tomou então impulso, impedindo que as forças portuguesas segregassem a província do restante do Brasil. Os senhores de engenho e outros proprietários de terra possuíam a consciência da nação (*natio*), da sua integridade territorial, e, se não defendessem a realeza (*corona regis*), a fragmentação do país seria inevitável. O príncipe D. Pedro, proclamando a independência do Brasil, em 7 de setembro de 1822, apenas levou às últimas consequências a obra iniciada por seu pai, o rei D. João VI, em seus esforços para resistir à prepotência da Grã-Bretanha. Não obstante, a superação, sem ruptura da unidade territorial, somente se efetivou com a expulsão das tropas de Madeira de Melo da cidade de Salvador, em 2 de julho de 1823, após sofrerem decisivas derrotas militares na batalha de Cabrito-Pirajá. E o suporte a D. Pedro I, dado pela nobreza da terra, sobretudo na Bahia, foi fundamental para consolidar o Estado no Brasil e sustentar, sob monarquia constitucional, representativa, um regime estável, durante a maior parte do

A EXPANSÃO DO BRASIL E A FORMAÇÃO DOS ESTADOS

século XIX, após superar alguns períodos de turbulência, sublevações civis, entre 1824 e 1848.

Os esforços de D. João V, nem todos bem-sucedidos, constituíram um fator decisivo no aparelhamento do Estado brasileiro, diferentemente do que ocorrera com as demais colônias de Espanha. Embora o reinado de D. Maria I interrompesse a reação nacionalista, promovida pelo marquês de Pombal na segunda metade do século XVIII, os sentimentos contra a Grã-Bretanha eram tão acentuados, em Lisboa, que nem as tropas de Napoleão Bonaparte os fizeram diminuir. Em 1809, pouco mais de um ano após a fuga da Corte, sob escolta da esquadra britânica, para o Rio de Janeiro, lorde Byron, visitando Portugal referiu-o como

> *a nation swollen with ignorance and pride,*
> *who lick yet loathe the hand that waves the sword*
> *to save her from the wrath of Gaul's unsparing lord.*[8]

De fato, ainda com vastos domínios no Ultramar, Portugal ressentia amargamente sua situação de dependência da Grã-Bretanha, tendo de prestar-lhe vassalagem e pagar-lhe alto preço, como no Tratado de 1810,[9] pela proteção política e militar que recebia. Daí que o grande estadista português Sebastião José de Carvalho e Melo, o marquês de Pombal, quando secretário de Estado no reinado de D. José I (1750-1777) enviou uma nota a William Pitt, o lorde Chatham, primeiro-ministro da Grã-Bretanha (1776-1768), ameaçando:

> Eu sei que o vosso Gabinete se arrogou o império sobre o governo de Portugal, mas sei também que é tempo de lhe dar fim. Se os meus predecessores tiveram a fraqueza de vos conceder até agora tudo quanto desejastes, pela minha parte vos concederei somente o que vos devo. É isto em conclusão o que tenho a dizer-vos (...) Mas se fomos nós os que vos levantamos ao cúmulo da grandeza, está, contudo, em nossas mãos precipitar-vos em o nada, de que generosamente vos tiramos (...) Há 50 anos a esta parte tendes tirado de Portugal mil e quinhentos milhões,

soma enorme, e tal que a história não aponta igual, com que uma Nação tenha enriquecido outra (...) Basta uma lei para derribar vosso poder, ao menos debilitar o vosso Império. Não é mais que proibir sob pena capital que saia o ouro português dos nossos portos, e o ouro não sairá (...).[10]

Com razão Raimundo Faoro salientou que "a Monarquia portuguesa, assediada pelas armas francesas e pelas manufaturas inglesas, rebelde à absorção estrangeira, voltou-se para a ex-colônia, numa obra quase nacionalista, capaz de convertê-la numa nação independente".[11] Ao perceber as potencialidades territoriais, demográficas, econômicas e políticas do Brasil, as ambições reacenderam-se-lhe e D. João VI animou o propósito de revitalizar, a partir de suas fundações na América do Sul, o Império Português, ao qual poderia anexar algumas colônias de Espanha. Foi com esta perspectiva que ele, após a pacificação da Europa, alçou o Brasil à posição de Reino Unido, em conformidade com a França,[12] ao tempo em que novamente ordenava a ocupação da Banda Oriental e estimulava o plano de D. Manuel José García, e de membros do Diretório de Buenos Aires, para proclamá-lo Imperador da América.

A atitude de D. João VI tinha como causas imediata, as pressões que a Grã-Bretanha começara a exercer para a cessação do tráfico de escravos. Estas pressões, depois de 1822, recaíram diretamente sobre o Império do Brasil e, como condição do reconhecimento de sua independência, George Canning exigiu-lhe a assinatura do Tratado de Comércio de 1827, reproduzindo o de 1810, e de um convênio para extinguir as importações de negros.[13] O Império do Brasil, contudo, não cumpriu o compromisso, uma vez que sua estrutura econômica e social não o permitia. Na medida em que os armadores dos navios negreiros eram também os comissários de negócios, acumulando os encargos de abastecer de braços os engenhos, fornecer-lhes créditos e comercializar suas safras, a articulação do comércio de escravos com a lavoura da cana-de-açúcar constituía poderoso obstáculo à consecução dos desígnios britânicos, mormente quando os conservadores assumiam o comando do governo.[14] O eixo de gravitação do Brasil, por outro lado, começava a deslocar-se, devido à crescente predominância do café no seu comércio

A EXPANSÃO DO BRASIL E A FORMAÇÃO DOS ESTADOS

exterior, o que lhe ampliava mais ainda a margem de autonomia econômica e política em relação ao governo de Londres, avigorando-lhe a capacidade de resistência. Desde a década de 1840, cerca de metade das exportações daquele produto, que já suplantava o açúcar, destinava-se aos Estados Unidos, cujos navios colaboravam, ativamente, no contrabando de escravos.[15] E os atritos com a Grã-Bretanha só tenderam a agravar-se, a ponto de excogitar-se, em algumas ocasiões, a possibilidade de guerra.[16]

O Tratado de Comércio, firmado por D. Pedro I, expirou em 1842. O Império do Brasil não concordou em renová-lo e a vigência da tarifa de 15% *ad valorem*, favorecendo maciças importações de manufaturas, acabou, ao fim de um ano, juntamente com todos os privilégios concedidos à Grã-Bretanha. O governo de Londres, que continuava a pressionar, com redobrada energia e violência, em favor da abolição do tráfico de escravos, decidiu então cobrar um imposto de 63 shillings por quintal de açúcar importado do Brasil, enquanto o produto oriundo de países, onde não se utilizava o trabalho escravo, pagaria apenas 34 shillings por quintal.[17] A medida visava ao duplo objetivo de proteger o açúcar de suas colônias das Índias Ocidentais, como a Jamaica, e forçar o Brasil não só a extinguir o tráfico de escravos como a renegociar o Tratado de Comércio.[18] As duas questões entrelaçavam-se. O governo do Rio de Janeiro, entretanto, não cedeu e, em 1844, dobrou os direitos alfandegários para 30% e, no caso dos artigos cujas importações eram as mais volumosas, a exemplo dos têxteis e das bebidas, elevou-os para 40%, 50% e 60%.[19] Além de aumentar a arrecadação do Tesouro, esta regulamentação tarifária instituída por Manuel Alves Branco, ministro da Fazenda, ofendeu seriamente os interesses britânicos no Brasil, ao reduzir as importações de manufaturas, máxime de tecidos, possibilitando um surto industrial, que os capitais egressos do comércio de escravos, depois de sua extinção, alimentariam.

A represália não demorou. Como a Convenção de 1817, pela qual D. João VI autorizara a Grã-Bretanha a reprimir o tráfico negreiro, realizado em navios do Reino Unido de Portugal, Brasil e Algarve, findava em 1845 e o governo do Rio de Janeiro também se recusava a revalidála, o Parlamento de Londres aprovou uma lei — o Brazilian Act que lorde Aberdeen propusera —, avocando aquele direito para seus cruzadores, independentemente da existência de qualquer delegação.[20] O Bill Aberdeen, como se notabilizou, recebeu a chancela real em 8 de agosto de 1845 e a Marinha britânica intensificou as inspeções e o apresamento de navios suspeitos de transportarem escravos, onde quer que se encontrassem, com a consequente entrega dos tripulantes aos tribunais do vice-almirantado, para julgamento sob a acusação de pirataria.[21] Entre 1849 e 1851, os cruzadores britânicos capturaram noventa embarcações brasileiras, configurando uma situação semelhante à de guerra não declarada.[22] Foi neste clima de tensão que o Império do Brasil enfrentou a crise na Bacia do Prata, convencido de que a Grã-Bretanha, a fim de fechar o cerco e o compelir à capitulação, não só favorecia como instigava o governo de Rosas a ameaçar-lhe os flancos.[23] Sem dúvida alguma, a iminência da guerra naquela região contribuiu, juntamente com as revoltas dos africanos na Bahia[24] e, *last but not least*, a ofensiva dos cruzadores britânicos, para que o Parlamento brasileiro aprovasse, em 4 de setembro de 1850, a lei de autoria do ministro da Justiça, Eusébio de Queiroz, incumbindo a esquadra brasileira de coibir energicamente o contrabando de escravos, que assim começou a declinar até seu quase completo desaparecimento, em 1856.[25] O historiador Pedro Calmon acredita que sem essa medida o conflito armado com a Grã-Bretanha tornar-se-ia inevitável.[26]

Contudo, embora o protecionismo tarifário de Alves Branco já estivesse praticamente anulado por volta de 1860, o governo do Rio de Janeiro não cedeu à Grã-Bretanha na questão do acordo comercial, encapada pelos atritos em torno do tráfico negreiro. Avaliava negativamente as experiências anteriores e, considerando que D. Pedro I só celebrara o Tratado de 1827 premido pelas circunstâncias, tomara a decisão de não mais firmar compromissos com nações poderosas, muito menos outorgar-lhes privilégios, que entravaram os verdadeiros interesses do Brasil, conforme opinião do barão de Cairu, quando ocupava o Ministério dos Negócios Estrangeiros, em 1847.[27] As ações dos cruzeiros britânicos contra o tráfico de escravos não quebrantaram, antes for-

A EXPANSÃO DO BRASIL E A FORMAÇÃO DOS ESTADOS

taleceram essa decisão, mantida com firmeza até o final do Império. E as relações com a Grã-Bretanha novamente se encresparam, após a chegada ao Rio de Janeiro, em 1860, do ministro plepotenciário William Douglas Christie (1816-1874), que já servira na Confederação Argentina. Sua missão visava a obter o Tratado de Comércio, induzir o Brasil a associar-se à política da Grã-Bretanha na Bacia do Prata, exigir a abertura do Rio Amazonas à navegação internacional e resolver o problema pendente da nacionalidade dos filhos de estrangeiros, bem como o da intervenção consular na administração de suas heranças.[28] Mas a Inglaterra não abria o mercado para os produtos brasileiros, como café e açúcar, que competiam com os de suas dependências nas Antilhas. E o Tratado de Comércio, estabelecendo uma alíquota de máximo 15% *ad valorem* para o imposto de importação, obstaculizava o desenvolvimento industrial do Brasil. Como nada conseguiu, ele então intensificou a pressão, agravando uma série de incidentes, com o objetivo de intimidar o governo imperial.[29] Entendia que a Marinha da Grã-Bretanha era o "braço direitos dos mercadores" e devia dar uma demonstração de força.[30] Por ordem sua, o contra-almirante Richard Warren, comandante da estação naval inglesa no Atlântico Sul, a esquadra bloqueou o porto do Rio de Janeiro e apreseou cinco vapores mercantes de bandeira brasileira na entrada da barra.[31] O povo saiu às ruas em manifestações antibritânicas e o imperador D. Pedro II determinou os preparativos militares a fim de reagir, no caso de um ataque ao país,[32] e determinou ruptura das relações diplomáticas com a Inglaterra. As hostilidades só não irromperam porque a escassez mundial de algodão, em consequência da guerra civil nos Estados Unidos, aconselhava ao governo do primeiro-ministro, Henry John Temple, visconde Palmerston, mais moderação e prudência na condução do litígio com o Brasil, do qual o abastecimento das fábricas inglesas de tecidos, em certa medida, passara a depender.[33]

Esses fatos, como Celso Lafer ressaltou, demonstram que o Império do Brasil não aceitou pacificamente a hegemonia da Grã-Bretanha.[34] As relações entre os dois países foram bastante tensas e difíceis, ao longo de dois decênios, isto é, de 1843 a 1863, quando a crise se aguçou, levando-os ao rompimento. Não se pode dizer, por conseguinte, que o Império do

Brasil atuou, na Bacia do Prata, como instrumento da Grã-Bretanha. Sem dúvida alguma, havia, muitas vezes, convergência de interesses e, segundo Sérgio Teixeira de Macedo, ministro plenipotenciário em Londres, ponderou, seria bom para a Grã-Bretanha "que o Brasil ali dominasse porque esta contaria no Prata com o sistema de liberdade de comércio, de segurança, de proteção e hospitalidade com que em todo o Brasil são acolhidos os estrangeiros, especialmente os ingleses".[35] Talvez, mesmo, a certa altura, ela considerasse "mais vantajosa sua posição comercial no Prata, contando com a influência brasileira ali, do que tendo que tratar com esses chefes que nem sempre são dóceis e que nem sempre os canhões ingleses podem atingir".[36] Na realidade, porém, não era assim que o Foreign Office geralmente apreciava o papel do Brasil na Bacia do Prata. Ele não gostara nem da ocupação de Montevidéu, em 1854, nem da expedição do almirante Pedro Ferreira de Oliveira ao Paraguai, em 1855.[37] E suspeitava de que o Império do Brasil nutria o propósito de expandir seu território, à custa da anexação dos países vizinhos, o que, por vários motivos, não convinha à Grã-Bretanha.[38] Daí a proposta, transmitida ao governo do Rio de Janeiro pelo ministro William D. Christie, para que o Império do Brasil a ela se associasse, permanentemente, em sua política na região. Era uma tentativa diplomática de lhe amarrar as mãos e lhe tolher os passos, tirando-lhe a autonomia de movimento. E por isto Francisco Inácio de Carvalho Moreira, sucessor de Sérgio Teixeira de Macedo na Legação em Londres, advertiu que

> a nossa posição para com a Inglaterra, se porventura aceitássemos o seu convite para nos acharmos sempre com ela associados na política do Rio da Prata seria, em bom português, a intervenção da Inglaterra nos negócios do Brasil a pretexto do Rio da Prata e não uma intervenção anglo-brasileira nos negócios daquelas Repúblicas, onde não dará o Brasil um passo sem o controle da Inglaterra.[39]

O que efetivamente interessava ao Império do Brasil não era atrelar-se à Grã-Bretanha, na política do Rio da Prata, mas utilizá-la para o robustecimento de sua própria hegemonia. Este, aliás, sempre foi o objetivo de

A EXPANSÃO DO BRASIL E A FORMAÇÃO DOS ESTADOS

sua diplomacia e para tanto não só explorava os antagonismos locais como também a rivalidade entre as potências que disputavam o comércio da região. Em 1845, no momento em que mandou à Europa o visconde de Abrantes, com a missão de induzir a França e a Grã-Bretanha a intervirem na contenda contra Oribe e Rosas, o ministro dos Negócios Estrangeiros do governo imperial, Ernesto Ferreira França, sondou igualmente a possibilidade de uma ação conjunta com os Estados Unidos na Bacia do Prata.[40] E o argumento foi o de evitar que a França e a Grã-Bretanha lá interviessem e adquirissem uma influência dominante.[41] Por outro lado, apesar de que se empenhara, até mesmo pela força das armas, para conseguir a abertura do Rio da Prata e seus afluentes, o Império do Brasil negou-se a aderir ao Tratado de Livre Navegação, celebrado pela Confederação Argentina com a Grã-Bretanha, França e Estados Unidos, em 1853, e manteve a Bacia do Amazonas fechada ao trânsito de navios estrangeiros, resistindo a todas as pressões daquelas três potências,[42] bem como da Bolívia, Equador, Peru, Nova Granada e Venezuela, que eram ribeirinhos e se localizavam a montante.[43]

A aparente contradição da política brasileira evidenciava, na realidade, suas intenções de hegemonia. Conforme Lenin salientou, citando o exemplo de Roma, que se baseava na escravatura, "a política colonial e o imperialismo já existiam antes da fase atual do capitalismo e, mesmo assim, antes do capitalismo".[44] E, neste sentido, pode-se dizer que o Brasil, no século XIX, realizou uma política colonial e imperialista vis-à-vis dos países da Bacia do Prata, contando com a organização, a ideologia, a experiência e a tradição de domínio do velho Estado português. Como qualquer potência da época, ele recorreu às operações diplomáticas, militares e financeiras, a fim de assegurar a consecução de seus próprios objetivos econômicos e políticos, que podiam, grosso modo, servir à expansão mundial do capitalismo, mas nem sempre coincidiam e, muitas vezes, não apenas se diferenciavam como colidiam com os que o Foreign Office colimava.[45]

Esses objetivos o Império do Brasil tratou de efetivar, impondo sua vontade aos demais países da Bacia do Prata, a partir da queda de Rosas, para a qual concorrera, decisivamente, com homens, armas e dinheiro, em oposição à Grã-Bretanha.[46] A Confederação Argentina, com a separação do Estado de Buenos Aires, não lhe podia opor nenhuma reação. Pelo contrário, debilitada, caíra sob sua dependência política e financeira. Em 1856, Antônio Paulino de Abreu, visconde de Abaeté, chegou ao Paraná, na condição de enviado extraordinário e ministro plenipotenciário do governo imperial, e negociou o Tratado de Amizade, Comércio e Navegação com a Confederação Argentina, convertendo-a, formalmente, em aliada e colaboradora do Brasil. Os dois países concertaram que nenhum deles apoiaria a separação de qualquer parte do território do outro ou a instituição, dentro de seus limites, de um governo independente, em desafio às suas autoridades legítimas.[47] E, secretamente, fizeram um pacto, pelo qual o Império do Brasil auxiliaria a Confederação Argentina a reincorporar o Estado de Buenos Aires, recebendo, em contrapartida, sua ajuda para subjugar o Paraguai.[48] No ano seguinte, o ministro José Maria da Silva Paranhos ajustou o Tratado de Limites e um acordo de extradição de criminosos, desertores e escravos, estes, aliás, o alvo principal de suas preocupações. E o Império do Brasil outorgou ao governo de Urquiza um empréstimo de 300 mil patacões, agregando a dívida contraída por Entre Rios e Corrientes para o financiamento da campanha contra Rosas. A primeira parcela seria de 10 mil patacões e as cinco restantes, de 40 mil, a juros de 6% ao ano.[49] "A união financeira entre o Brasil e a Confederação é já o primeiro fruto útil dos tratados", assim o banqueiro José Buschental se expressou em carta a Urquiza.[50] E esta união se aprofundou ainda mais, pois o Banco Mauá & Cia., que se instalara, inicialmente, em Montevidéu e ampliara sua rede a outras cidades do Uruguai (Salto, Paysandu, Mercedes e Cerro Largo), logo abriu agências na Confederação Argentina (Rosário e Gualeguaychú), além de Buenos Aires, concedendo vultosos empréstimos ao governo de Urquiza, do qual se constituiu o mais importante agente financeiro.[51]

É verdade que o Banco Mauá estava associado à casa inglesa Mac Gregor, vinculada não ao grupo do barão de Rothschild, agente financeiro do Império do Brasil, e sim ao de Baring Brothers,[52] que concedera, em 1824, o primeiro empréstimo às Províncias Unidas do Rio da

A EXPANSÃO DO BRASIL E A FORMAÇÃO DOS ESTADOS

Prata e não conseguira cobrá-lo.[53] Porém, grande parte do capital que Mauá empregou, executando a diplomacia dos patacões[54] nos financiamentos políticos, tais como subsídios a Montevidéu durante o cerco de Oribe, provinha de fundos públicos, vendidos pelo governo imperial a juros de 6%.[55] De qualquer forma, a despeito da acusação de que certas manobras de seu banco beneficiaram o Estado de Buenos Aires, o fato é que, em face da Confederação Argentina, nem a posição de Mauá coincidia com a de Baring Brothers nem a do governo imperial, com a do Foreign Office.[56] Mauá respaldava financeiramente o governo de Urquiza e não gostava da "canalha de Buenos Aires",[57] como chegou a chamar os unitários que o general Bartolomé Mitre chefiava, enquanto os *bondholders* de Londres, liderados por Baring Brothers, instavam o Foreign Office acompanhar a política da França, reconhecendo a independência do Estado de Buenos Aires, cujas rendas aduaneiras poderiam saldar o empréstimo de 1824.[58] O Império do Brasil, por sua vez, comprometera-se profundamente com a Confederação Argentina e, segundo Frank Parish, cônsul da Grã-Bretanha, "tinha um objetivo próprio na reincorporação do Estado de Buenos Aires", que era o de "tornar efetivos e válidos, por este meio, os tratados e convenções firmados com o governo de Urquiza".[59] E só não interferiu diretamente na contenda, devido à forte oposição da Grã-Bretanha ameaçando abandonar a neutralidade em que se mantinha e apoiar o Estado de Buenos Aires, caso ele ajudasse de algum modo a Confederação Argentina.[60] Não obstante, seu suporte político e financeiro (parte do empréstimo de 300 mil patacões destinava-se à preparação da campanha contra o Estado de Buenos Aires) contribuiu consideravelmente para levar Urquiza, em 1859, à batalha de Cepeda, que decidiria a reunificação do país.[61] E o governo de Montevidéu cooperou ativamente com a Confederação Argentina, inclusive com o envio de tropas, consciente de que contava com a proteção do Brasil contra qualquer ataque de Buenos Aires.[62]

A República do Uruguai estava então sob o domínio do governo do Rio de Janeiro, um domínio informal, legitimado por cinco tratados, que Honório Hermeto Carneiro Leão, traficante de negros[63] e depois visconde e marquês do Paraná, e Antônio Paulino Limpo de Abreu, futuro visconde de Abaeté, negociaram com Andrés Lamas, representante do governo de Montevidéu, em 12 de outubro de 1851. Através destes tratados, o Império do Brasil alcançara seus objetivos econômicos e políticos naquele país, ou seja, fixação dos limites territoriais,[64] extradição dos escravos foragidos, isenção do pagamento de tributo na passagem do gado em pé para o abastecimento das charqueadas do Rio Grande do Sul, liberdade de navegação no Rio Uruguai e seus afluentes, garantia de reembolso dos subsídios mediante a hipoteca das rendas do Estado e direito de intervenção, a pretexto de defender o governo legal.[65] Conquanto todos os tratados fossem altamente lesivos aos interesses e à soberania do Uruguai, o de Comércio e Navegação constituía o de maior transcendência, pois consolidava o acoplamento de sua economia às necessidades do processo de acumulação de capital no Império do Brasil. Por meio dele, o Uruguai comprometia-se a abolir a cobrança de direitos sobre a exportação de gado em pé para o Rio Grande do Sul, cujos estancieiros possuíam quase todos os campos ao norte do Rio Negro. O Império do Brasil, em compensação, isentava o charque procedente daquele país, através da fronteira, do pagamento de qualquer tarifa. Mas, somente ele, sem dúvida, lucrava. Assegurava o fornecimento da matéria-prima aos saladeiros do Rio Grande do Sul, sem os prejudicar, ao eximir do pagamento de direitos o charque uruguaio, importado através da fronteira, uma vez que sua produção, mesmo no auge, não supria mais que aproximadamente um terço do consumo nacional.[66] E evitava o encarecimento da alimentação básica dos escravos, com reflexos sobre os custos da produção de açúcar, café, algodão etc.

Essa questão, que concernia a toda a classe dominante no Brasil e não unicamente aos estancieiros do Rio Grande do Sul, estava no âmago do conflito com Oribe e de todas as outras ingerências diplomáticas e/ou militares do governo imperial no Uruguai, cuja crise financeira os tratados de 1851 agravaram ainda mais. A administração de Montevidéu, sem dispor das rendas aduaneiras, já hipotecadas, e sem poder aumentar sua receita, passara a viver dos subsídios do governo imperial, estipulados pelo Tratado de Prestação de Socorros, e, em seguida, dos

A EXPANSÃO DO BRASIL E A FORMAÇÃO DOS ESTADOS

empréstimos do Banco Mauá & Cia., caindo no círculo vicioso da dependência, com a dívida externa cada vez maior.[67] E sempre que procurou melhorar a arrecadação, mediante a cobrança de direitos sobre a passagem do gado em pé para as charqueadas do Rio Grande do Sul, o Império do Brasil interveio. Assim aconteceu em 1853-54, quando o presidente Juan Francisco José Giró (1852-53) pretendeu rever os tratados de 1851, e em 1863-1864, durante os governos de Bernardo Berro (1860-1864) e Atanasio Aguirre (1864-65), o que desencadeou a guerra com o Paraguai, em gestação havia vários anos.

O Paraguai era um dos dois países, na Bacia do Prata, que repulsava a hegemonia do Brasil. O outro era a Bolívia. No início da década de 1850, concomitante à preparação da ofensiva contra Rosas, o governo imperial, com sua eficiente diplomacia, enviou a Lima e a Sucre o ministro plenipotenciário Duarte da Ponte Ribeiro (1795-1878) para negociar tratados de limites e navegação, e assim neutralizar a ação dos Estados Unidos, que demandavam a franquia do Amazonas e jogavam com as Repúblicas do Pacífico como instrumentos de pressão. O Peru, em 1851, firmou o Tratado de Limites e Navegação, no qual o Império do Brasil lhe reconhecia o direito sobre 503.430 quilômetros quadrados, pertencentes ao Equador, em troca de seu apoio à doutrina de que o tráfego de embarcações e o comércio na Bacia do Amazonas constituíam privilégio comum e exclusivo dos países ribeirinhos.[68] A Bolívia, ao revés, rechaçou qualquer entendimento e, em 27 de janeiro de 1853, declarou livres ao comércio e à navegação estrangeiros todos os rios que banhavam seu território e que fluíam para o Amazonas e para a Bacia do Prata, firmando, logo após, um convênio com os Estados Unidos,[69] como contestação ao Brasil. Naquela época, Martin Maillefer, o ministro plenipotenciário da França em Montevidéu, referiu-se, em um dos seus despachos, à "ambição americana, que já inquieta o Brasil nas águas do Amazonas e que talvez se prepara para assaltá-lo nas do Rio da Prata, do Uruguai e do Paraguai".[70] E em outro despacho vaticinou que os brasileiros "logo se veriam reduzidos ao mais formidável frente a frente com a União Americana, que já fala de anexá-los, deixando-os primeiro tomar a Banda Oriental, a fim de encontrar a tarefa pronta".[71] A posição do governo imperial, naquelas circunstâncias, era bastante vulnerável, ao contrariar as pretensões de três potências, França, Grã-Bretanha e Estados Unidos, ao mesmo tempo que, alegando que a abertura do Amazonas dependia do acerto de limites com os países vizinhos,[72] estava a defender a mesma doutrina que Carlos Antonio López aplicava ao Rio Paraguai a fim de impedir o acesso de navios estrangeiros ao porto de Albuquerque, em Mato Grosso.

Talvez o Império do Brasil pudesse chegar a um acordo com o governo de Assunção a respeito da navegação do Rio Paraguai, excluindo as grandes potências marítimas, segundo o ministro José Maria do Amaral propusera a Carlos Antonio López.[73] Apesar do desmentido do visconde de Maranguape, ministro dos Negócios Estrangeiros,[74] a discriminação dos Estados Unidos, da França e da Grã-Bretanha não desagradava à Corte do Rio de Janeiro, obrigada, urgida que fora por este

> tríplice aparelho a aderir, ao menos ostensivamente, a essas ideias de liberdade dos rios, a dar passos incipientes no sentido de franquear o nosso comércio interior, como fizemos com o porto de Albuquerque, e a tragar com impotente desgosto a neutralização da Ilha de Martim Garcia.[75]

O problema com o Paraguai tornava-se, porém, mais difícil e complexo, devido à divergência quanto aos limites, revestindo o choque entre fortes interesses econômicos, e ao seu poderio, que não só o capacitava a defender-se como o impulsava a competir pela hegemonia e pelo mercado da Bacia do Prata. Paulino José Soares de Souza, visconde do Uruguai, já advertira, no Relatório do Ministério dos Negócios Estrangeiros de 1853, que "somente a guerra poderia não desatar, mas evitar essas dificuldades".[76] E, em 1857, voltaria a insistir que, "no caso presente, tem toda a aplicação o princípio de que na paz cumpre preparar a guerra".[77] O diplomata Duarte de Ponte Ribeiro, por seu lado, afirmara, em 1854, que "depois de haverem chegado ao ponto em que se acham as relações do Império do Brasil com a República do Paraguai, não há que esperar transação alguma com o presidente López".[78]

A EXPANSÃO DO BRASIL E A FORMAÇÃO DOS ESTADOS

E, partindo do princípio de que "todos os meios são bons" e de que convinha ao governo imperial recorrer a quantos se apresentassem, "sem cuidar do direito e da legalidade", para derrubar o presidente López e resolver o litígio com o Paraguai, recomendara a detenção de seu filho, Francisco Solano, quando o *Tacuari*, procedente da Europa, aportasse num dos portos brasileiros ou em Montevidéu, a fim de abastecer-se de carvão.[79] No ano seguinte, 1855, Duarte da Ponte Ribeiro repisou que

> finalmente, havendo, como há, certeza matemática de que o governo imperial nunca obterá do presidente López solução plausível a respeito dos nossos limites e navegação do Rio Paraguai, se não por meio da força, deve esta achar-se pronta para aproveitar alguma oportunidade que o próprio López der e que possa coonestar nosso emprego de força contra ele para alcançar o que pretendemos.[80]

O senador João Antônio de Miranda, representante da Província de Mato Grosso, advogou também o uso das armas contra o Paraguai, endossando a opinião do visconde do Uruguai, em vários dos seus discursos ao Parlamento, durante as sessões de 1857-1858, quando a crise engravesceu, por causa das normas que o presidente Carlos Antonio López baixou para estorvar o acesso dos navios ao porto de Albuquerque.[81] Esta convicção, a de que somente a espada cortaria o nó das dificuldades com o Paraguai, generalizou-se, de sorte que, sem abandonar as negociações, o governo imperial iniciou os aprestos diplomáticos e militares, ao tempo em que acautelava a opinião pública, no Rio de Janeiro, para a eventualidade de uma guerra.[82] Em 1857, ao saber do fracasso da missão de José Maria do Amaral em Assunção, o almirante Joaquim Marques Lisboa, depois marquês de Tamandaré, seguiu para a Europa, com o encargo de superintender e apressar a construção de seis navios de guerra, bem como comprar 10 mil rifles na França ou na Grã-Bretanha, além de vários outros petrechos bélicos.[83] Outros seis navios já estavam preparados no Rio de Janeiro, e o almirante Greenfell, que regressara à Grã-Bretanha, foi convidado para comandar a esquadra brasileira.[84] O governo imperial despachou, simultaneamente, algumas tropas para Cuiabá, acompanhadas por muitos oficiais superiores, que tinham como tarefa recrutar e disciplinar outros contingentes na Província de Mato Grosso.[85]

O governo imperial movia-se, porém, com prudência e, conjugando os preparativos militares com o movimento diplomático, tal como fizera contra Rosas, enviou o ministro José Maria da Silva Paranhos, o futuro visconde do Rio Branco, aos países da Bacia do Prata, com a missão de resolver os problemas pendentes e promover as articulações necessárias ao lance contra o Paraguai, a fim de o colocar em xeque, quando o visitasse, como última etapa de sua viagem. Paranhos principiou a jornada por Montevidéu, passou, em seguida, por Buenos Aires e, finalmente, chegou à cidade de Paraná, onde arrematou as conversações, adiantadas um ano antes por Limpo de Abreu e José Maria do Amaral, para obter o apoio da Confederação Argentina contra o Paraguai, em troca do auxílio do Brasil ao governo de Urquiza.[86] No dia 14 de dezembro de 1857, ele firmou com Santiago Derqui e Bernabé López, plenipotenciários da Confederação Argentina, um protocolo reservado, que o historiador León Pomer considerou "o mais perfeito antecedente do Tratado da Tríplice Aliança assinado em 1865".[87] Segundo este documento, a Confederação Argentina reclamaria a abertura do Rio Paraguai, simultaneamente com a República Oriental do Uruguai, coincidindo estes atos com a presença de Paranhos em Assunção.[88] Ele então advertiria ao presidente López que o Império do Brasil se dispunha "a lançar mão de medidas coercitivas e também recorrer à guerra, se os regulamentos paraguaios não fossem modificados de conformidade com os ajustes de 6 de abril de 1856".[89]

E, nessa eventualidade, desejava estar "unido e de perfeito acordo com seu antigo aliado, a Confederação Argentina".[90] Por sua parte, embora ainda não admitisse completamente a hipótese de apelar para as armas, a Confederação Argentina poderia aliar-se ao Império do Brasil, caso a guerra não visasse apenas à questão fluvial, mas, igualmente, à de limites. Santiago Derqui e Bernabé López explicaram que o interesse da Confederação Argentina na livre navegação do Rio Paraguai era "secundário e remoto", devido à "sua atual falta de comércio naquelas dire-

A EXPANSÃO DO BRASIL E A FORMAÇÃO DOS ESTADOS

ções", e que, portanto, uma guerra somente com esse objetivo "não seria popular em seu país" e não justificaria, ante a opinião pública nacional, abandonar a "política contemporizadora" que o governo de Urquiza até então se prescrevera.[91]

Paranhos anuiu que a guerra, impelidos o Império do Brasil e a Confederação Argentina a fazê-la em face da obstinação do governo de López, deveria terminar "todas as questões pendentes", mas, dada a "natureza especial das que se relacionavam com os limites, sobre as quais não havia identidade de interesses, julgava que cada aliado devia ficar com a liberdade de proceder conforme suas próprias conveniências, pois "uma aliança dos dois Estados para traçar suas fronteiras com o Paraguai, Estado mais débil que qualquer um deles, seria odiosa e poderia pôr em risco os resultados que ambos se comprometem a obter".[92]

Isto não impediria o Império do Brasil de sustentar as exigências da Confederação Argentina em matéria de fronteiras, desde que elas não ultrapassassem a linha dos rios Paraguai e Bermejo, desistindo do resto do território, em troca de Misiones, já sob sua posse. E como Santiago Derqui e Bernabé López insistiram nos direitos da Confederação Argentina sobre todo o Chaco, à margem direita do Rio Paraguai, até a latitude 22°, não se chegou a um perfeito acordo a este respeito, o que, entretanto, não obstacularizaria a cooperação entre aquele país e o Império do Brasil, caso subsistissem "as circunstâncias que agora fazem prever a necessidade de uma guerra contra a República do Paraguai".[93] Neste caso, formando-se a aliança ofensiva e defensiva, a Confederação Argentina forneceria 6 mil homens e o Império do Brasil, 8 mil, além de forças navais, necessárias para as operações de bloqueio, transporte de tropas, ataque às fortificações paraguaias e abertura de passagens através dos rios. O general, presidente da Confederação Argentina, seria o comandante em chefe do exército aliado, como na batalha de Caseros.[94] Porém, mesmo que não participasse da guerra contra o Paraguai, ele não se oporia a que tropas brasileiras atravessassem o território da Província de Corrientes e adquirissem provisões, enquanto, por seu turno, o governo imperial comprometia-se a obstar, com vasos de guerra, qualquer ataque do Estado de Buenos Aires à Confederação Argentina.[95]

Uma vez concluído o pacto, Paranhos seguiu para Assunção, aonde chegou em 7 de janeiro de 1858. Lá, após a apresentação das credenciais, entrou em conversações com o general Francisco Solano López, designado plenipotenciário por seu pai, e mostrou a firme determinação do governo imperial de desobstruir e conservar livre o tráfego fluvial para a Província de Mato Grosso, nem que precisasse recorrer às medidas extremas, eventualidade em que teria o apoio da República do Uruguai e da Confederação Argentina, com as quais já estabelecera os necessários entendimentos.[96] Diante da ameaça, o velho Carlos Antonio López, que avaliava os riscos de uma guerra com o Brasil, envolvendo ainda mais a República do Uruguai e a Confederação Argentina, preferiu outra vez conciliar e instruiu o filho no sentido de que cedesse às exigências de Paranhos, continuando a questão dos limites postergada para 1862. E, em 12 de fevereiro de 1858, celebrou-se uma convenção sobre a "verdadeira inteligência e prática" do Tratado de 6 de abril de 1856, com o que o governo de Assunção liberava os rios Paraná e Paraguai, nos trechos também pertencentes ao Brasil, ao comércio e à navegação de todas as bandeiras, até aos portos para este fim habilitados ou que viessem a sê-lo no futuro. Como o ministro William D. Christie escreveu a lorde Clarendon, um ano antes, ao saber que a Confederação Argentina e o Império do Brasil pactuavam secretamente contra o Estado de Buenos Aires e o Paraguai, aí estava a chave para o acerto das questões da Bacia do Prata.[97] Mas, após a vitória de Paranhos, o visconde do Uruguai, falando pela última vez no Senado, alertou o governo imperial para que "não dormisse à sombra dos louros" e "se compenetrasse de que as dificuldades não estão sanadas, estão adiadas somente".[98]

NOTAS

1. Despacho n° 17, M. Maillefer a Drouyn de Lhuys, Montevidéu, 5/3/1854, *Revista Histórica*, n° 51, 449.
2. Ibidem, p. 450.

A EXPANSÃO DO BRASIL E A FORMAÇÃO DOS ESTADOS

3. Pedro Calmon, *História Social do Brasil (espírito da sociedade imperial)*, 2º tomo, 3ª ed., São Paulo, Companhia Editora Nacional, pp. 11-14. Raymundo Faoro, *Os donos do poder: formação do patronato político brasileiro*, vol. I, Porto Alegre, Editora Globo, 1977, pp. 248-260 e 281-310. José Murilo Carvalho, *A construção da ordem — A elite política imperial*, Rio de Janeiro, Campus, 1980, pp. 31-40, 93, 171 e 178.

4. O reconhecimento pela Grã-Bretanha foi em 20/2/1816; pela França, em 29/2/1816; pela Áustria, em 27/3/1818; pela Rússia, em 2/5/1816; e pela Prússia, em 30/5/1816. Os Estados Unidos foram o primeiro país a reconhecer o Reino do Brasil, em 27/12/1815, por iniciativa de Thomas Sumter Jr., designado ministro junto à Corte no Rio de Janeiro.

5. Instruções de George Canning a Charles Stuart, Londres, 14/3/1825, apud Caio Freitas, *George Canning e o Brasil (influência da diplomacia inglesa na formação brasileira)*, vol. II, São Paulo, Companhia Editora Nacional, 1958, pp. 193-217.

6. Ibidem, p. 201.

7. "Os Estados independentes (digo os que nada carecem, como o Brasil) nunca são os que se unem aos necessitados e dependentes. Portugal é hoje em dia um Estado de quarta ordem e necessitado, por consequência dependente. O Brasil é de primeira e independente até aqui, que a união é sempre procurada pelos necessitados e dependentes. A união destes dois hemisférios, para poder durar, deve ser de Portugal com o Brasil, e não deste com aquele que é necessitado. Uma vez que o Brasil está persuadido desta verdade eterna, a separação do Brasil é inevitável, se Portugal não buscar todos os meios de se conciliar com ele por todas as formas." Carta de D. Pedro a D. João VI, Rio de Janeiro, 19/6/1822, apud J. M. Pereira da Silva, *História da fundação do Império Brasileiro*, tomo III, B. L. Garnier Editor, pp. 79-80.

8. Lorde George Gordon Byron, "Childe Harold's Pilgrimage", Canto the first, XVI, in *Poems*, vol. 2, Londres, J. M. Dent & Sons Ltd., 1948, p. 15.

9. O Tratado de 1810 dava à Grã-Bretanha o privilégio de uma tarifa 15% *ad valorem*, privilégio maior que o de Portugal (16%), enquanto as demais nações pagariam direitos da ordem de 24%.

10. Nota do marquês de Pombal a lorde Chatham, apud A. Teixeira Soares, *O marquês de Pombal (A lição do passado e a lição do presente)*, Rio de Janeiro, Editora Alba, 1961, p. 231.

11. R. Faoro, op. cit., vol. I, p. 254.

12. C. de Freitas, op. cit., vol. I, p. 304.

13. Ibidem, vol. II, p. 377.

14. P. Calmon, História Social do Brasil, 2º tomo, pp. 133-134. R. Faoro, op. cit., vol. 2, pp. 403-418. Rui Guilherme Granziera, *A Guerra do Paraguai e o capitalismo no Brasil*, São Paulo, Hucitec/Universidade Estadual de Campinas, 1979, p. 57.

15. Sobre a participação norte-americana no tráfico de escravos vide L. A. Moniz Bandeira, op. cit., pp. 76-79.

16. Leslie Bethel, *A abolição do tráfico de escravos no Brasil*, São Paulo, Editora Expressão e Cultura/Editora da Universidade de São Paulo, 1976, pp. 224, 240, 256, 257, 314, 320, 360 e 361. P. Calmon, *História social do Brasil*, 2º tomo, p. 139.

17. Heitor Ferreira Lima, *História político-econômica e industrial do Brasil*, São Paulo, Companhia Editora Nacional, 1976, pp. 262-263. L. Bethel, op. cit., p. 230-231.

18. P. Calmon, *História do Brasil*, vol. V, pp. 1651-1652. C. de Freitas, op. cit., vol. II, pp. 391-392. H. Ferreira Lima, op. cit., p. 262. Cf. L. Bethel, op. cit., pp. 230-231.

19. H. Ferreira Lima, op. cit., p. 262.

20. L. Bethel, op. cit., pp. 253-257.

21. Ibidem, p. 254.

22. P. Calmon, *História social do Brasil*, 2º tomo, pp. 136-140. Ibidem, *História do Brasil*, vol. V, p. 1672.

23. "A Inglaterra, para completar a pressão sobre o Império, acabava de fortalecer Rosas com o tratado celebrado pelo ministro Southern, que a habilitava (disse Paulino José Soares de Souza à Câmara em 15 de julho de 1850) 'para tirar dali alguns vasos de guerra e colocá-los sobre as costas do Brasil'. O ministro dos Negócios Estrangeiros foi claro, atribuindo a esta a recrudescência ao aumento dos cruzeiros". P. Calmon, *História do Brasil*, vol. V, p. 1671. "De mais em tudo isto parece divisar-se o dedo do governo inglês. Por pessoa, que ouve, se não toma parte nas conversações da Legação Inglesa nesta cidade, foi sabido que o procedimento da Inglaterra tão benévola com o Restaurador (Rosas) se explica naquela Legação pela ideia de facilitar ao general Rosas os meios de fazer a guerra ao Brasil. Entende-se que desta guerra pode tirar vantagens a Grã-Bretanha." Carta de Rodrigo de Souza e Silva, encarregado de negócios do Império do Brasil em Montevidéu, a Paulino José Soares de Souza, Montevidéu, 14 de março de 1850, apud J. A. S. Souza, *A vida do visconde do Uruguai*, p. 220. "Não podemos arder em dois fogos. Estou convencido que a política inglesa não é estranha ao insolente procedimento que o gaúcho de Buenos Aires tem tido conosco." Ofício de Paulino José Soares de Souza, ministro dos Negócios Estrangeiros, a Joaquim

A EXPANSÃO DO BRASIL E A FORMAÇÃO DOS ESTADOS

Tomaz do Amaral, encarregado da Legação Imperial em Londres, Rio de Janeiro, 31/12/1850, apud J. A. S. Souza, *Honório Hermeto no Rio da Prata*, p. 24. L. Bethel, op. cit., pp. 231, 242, 277 e 315. Os diplomatas ingleses apoiavam Rosas porque ele mantinha a ordem no país e dava proteção ao comércio. E Robert Gore, ministro da Grã-Bretanha em Buenos Aires, acusou a "insidiosa política do Brasil" de procurar "revolucionar aqueles países (da Bacia do Prata) e os manter em estado de guerra civil e anarquia". De Gore a lorde Palmerston, Buenos Aires, 25/12/1852, PRO-FO6-167. Carta privada de Gore a Palmerston, Buenos Aires, 4/1/1852, PRO-FO6-167. Gore a lorde Malmesbury, Buenos Aires, 25/12/1852, PRO-FO6-.170. Também na correspondência diplomática dos Estados Unidos, verifica-se que a comunidade de negócios, composta em sua maioria por estrangeiros, apoiava Rosas porque ele mantinha a ordem pública, fazia uma política eficiente e muitas vezes oprimia interesses nativos para propiciar lucros e vantagens aos ingleses. Despacho de John S. Pendleton, encarregado de negócios dos Estados Unidos em Buenos Aires, a David Webster, secretário de Estado, Buenos Aires, 2/1/1852, in William R. Manning, *Diplomatic Correspondence of the United States Interamerican Affairs (1831-1860)*, vol. II, Washington, Carnegie Endowment for International Peace, 1932, p. 519.

24. Luiz Vianna Filho, *O negro na Bahia*, 2ª ed., São Paulo, Livraria Martins Editora/Instituto Nacional do Livro, 1976, pp. 75-76.

25. P. Calmon, *História social do Brasil*, 2º tomo, p. 139. No Brasil houve, possivelmente, um pequeno desembarque de escravos por volta de 1880, embora se considere como o último o que a escuna norte-americana *Mary E. Smith*, aprisionada pelo brigue brasileiro *Olinda*, tentou em 1856. Daniel P. Mannix e Malcolm Cowley, *Black Cargoes — A History of the Atlantic Slave Trade*, Nova York, The Vicking Press, p. 287.

26. P. Calmon, *História social do Brasil*, 2º tomo, p. 139. L. Bethel, op. cit., p. 320.

27. L. A. Moniz Bandeira, op. cit., p. 80. O Brasil negou-se, na mesma época, a assinar outro tratado de comércio com os Estados Unidos.

28. Ofício de Francisco Inácio de Carvalho Moreira, ministro do Brasil na Grã-Bretanha, a João Lins Vieira Cansanção de Sinimbu, ministro dos Negócios Estrangeiros, Londres, 5/5/1860, confidencial, Ofícios Reservados e Confidenciais, Legação Imperial na Grã-Bretanha, 217-3-13, AHI. Renato Mendonça, *Um diplomata na corte de Inglaterra (O barão de Penedo e sua época)*, São Paulo, Companhia Editora Nacional, pp. 176-185.

29. P. Calmon, *História do Brasil*, vol. V, pp. 1719-1722. Ibidem, *História social do Brasil*, 2º tomo, p. 139. R. Mendonça, op. cit., p. 177.

30. Alan K. Manchester, *Preeminência inglesa no Brasil,* São Paulo, Brasiliense, 1973, p. 240.
31. Ibidem, p. 236.
32. P. Calmon, *História do Brasil,* vol. V, p. 1721.
33. Ibidem, *História social do Brasil,* 2º tomo, p. 139. O algodão, que representava apenas 3,8% do total das exportações brasileiras em 1860-1861, passou a constituir 24,4% em 1863-1864, proporcionando ao Brasil um aumento de divisas da ordem de 500% no período. R. G. Granziera, op. cit., p. 15. Richard Graham, *Britain & the Onset of Modernization in Brazil (1850-1914),* Cambridge, Cambridge University Press, 1968, p. 75.
34. Celso Lafer, "Uma interpretação do sistema de relações internacionais do Brasil", *Revista Brasileira de Política Internacional,* set.-dez. de 1961, n°s 39/40, p. 82. "País dependente, mas não jugulado, manietado ou dominado." R. Faoro, op. cit., vol. 2, p. 405.
35. Ofício de Sérgio Teixeira de Macedo, ministro do Brasil em Londres, Legação Imperial na Grã-Bretanha, 7/4/1852, 1ª Seção, Ofícios Reservados, AHI.
36. Ibidem.
37. Ofício de Carvalho Moreira a Cansanção de Sinimbu, Londres, 5/5/1860, confidencial, 217-3-13, AHI. R. Mendonça, op. cit., pp. 139-140.
38. Ofício de Carvalho Moreira a Cansanção de Sinimbu, Londres, 27/1/1860, Ofícios Reservados e Confidenciais, 217-3-13, AHI.
39. Ofício de Carvalho Moreira a Cansanção de Sinimbu, Londres, 5/5/1860, confidencial, 217-3-13, AHI. O objetivo principal da missão de Christie no Brasil era obter o tratado de comércio, segundo Carvalho Moreira. Ofício de Carvalho Moreira a Cansanção de Sinimbu, Londres, 1/6/1860, confidencial, Ofícios Reservados e Confidenciais, 217-3-13, AHI. R. Mendonça, op. cit., pp. 178-179.
40. H. F. Peterson, op. cit., p. 151.
41. Ibidem, p. 151.
42. Ofício de Carvalho Moreira a Cansanção de Sinimbu, Londres, 5/5/1860, confidencial, 217-3-13, AHI. Sobre o assunto vide A. Teixeira Soares, *Um grande desafio diplomático no século passado,* pp. 61-123. R. Mendonça, op. cit., pp. 116-142. L. A. Moniz Bandeira, op. cit., pp. 85-97.
43. Devido à ação diplomática dos Estados Unidos, em seu movimento para cercar o Brasil, todos esses países, entre 1852 e 1853, abriram seus rios à navegação e ao comércio internacionais, o que significava a franquia do Amazonas e dos tributários nos trechos que lhes pertenciam.
44. V. I. Lenin, "El imperialismo — Fase Superior del Capitalismo", in *Obras Escogidas,* Moscou, Ediciones en Lenguas Extranjeras, 1948, p. 1.024. Sobre

A EXPANSÃO DO BRASIL E A FORMAÇÃO DOS ESTADOS

o assunto vide também Harry Magdoff, *Imperialismo — da Era Colonial ao presente*, Rio de Janeiro, Zahar Editores, 1978, pp. 81-86.

45. "(...) Os vinte anos, entre 1825 e 1845, testemunharam o forte declínio da influência política da Grã-Bretanha no Brasil." A. K. Manchester, op. cit., p. 218. "Esses ministros (britânicos) não obtiveram um tratado de comércio, nem um acordo consular, como a França garantira; e não conseguiram uma decisão sobre as queixas que os súditos de um país apresentavam ao governo do outro, como os Estados Unidos há muito tinham feito. (...) Trinta anos de atritos contínuos, originados principalmente das controvérsias do tráfico escravo, e o pronunciado desenvolvimento nacional e econômico do Império afastaram o Brasil da sua sujeição política à Grã-Bretanha. Em 1860, era suficientemente forte para sustentar sua revolta; daí em diante existiram relações amistosas entre os dois governos, mas o fio do controle político da Inglaterra sobre o território português — um fio que remonta de uma forma notavelmente clara a 1640 — estava definitivamente rompido no Brasil." Ibidem, op. cit., p. 243.

46. O Império do Brasil deu também subsídios ao governo de Urquiza, antes e depois da batalha de Caseros. Há ligeiras referências a esse fato em J. A. S. Souza, *A vida do visconde de Uruguai*, pp. 416 e 495.

47. Despacho de William D. Christie, ministro da Grã-Bretanha junto ao governo de Urquiza, ao conde de Claredon, Buenos Aires, 31/12/1856, PRO-FO6-195.

48. Idem, Despacho nº 28, Christie e Clarendon, Buenos Aires, 6/3/1857, PRO-FO6-199. Despacho nº 63, de Clarendon a Christie, Londres, 27/7/1857, cópia anexa do despacho de P. C. Scarlett a Clarendon, Rio de Janeiro, 13/6/1857, PRO-FO118-82. Despacho nº 17, de lorde Malmesbury a Christie, Londres, 20/5/1858, PRO-FO118-86.

49. J. A. S. Souza, *A vida do visconde do Uruguai*, pp. 396-397.

50. Carta de José Buschental a Urquiza, Rio de Janeiro, 14/4/1856, Sala VII. 13.6.10, tomo 98, fls. 210v, Archivo Urquiza, AGN-A.

51. Lídia Besouchet, *Mauá e seu tempo*, Rio de Janeiro, Nova Fronteira, 1978, pp. 107-114. A. Teixeira Soares, *O gigante e o rio*, pp. 189-201.

52. "É preciso também ressaltar que o grupo financeiro britânico, constituído pelos Rothschild (oficialmente ligados ao Império desde nossa Independência), era um rival poderoso do grupo a que Mauá estava integrado na Inglaterra: Baring, MacGregor, Carruthers etc." L. Besouchet, op. cit., pp. 101, 156 e 157. Mauá tentou obter o apoio de Rothschild para a Estrada de Ferro Santos-Jundiaí (São Paulo Railway), o que terminou num litígio entre os dois grupos, levado aos tribunais britânicos. Vide L. Besouchet, op. cit., pp. 165-

171. Alberto Faria, *Mauá*, 3ª ed., São Paulo, Companhia Editora Nacional, 1946, pp. 168-181.

53. H. S. Ferns, *Gran-Bretaña y Argentina en el Siglo XIX*, pp. 301-316. Rodolfo Ortega Pena e Eduardo Luís Duhalde, *Baring Brothers y la Historia Política Argentina*, Buenos Aires, A. Peiña Lillo Editor S. R. L., 1974, pp. 23-25. Este livro panfletário, carecendo de mais seriedade devido à falta de pesquisa, leva os autores a cometerem vários erros de informação, tais como: "O barão de Mauá surge financeiramente quando é promovido ao posto de sócio menor e testa de ferro de Rothschild no Brasil. (...) Os Rothschild propõem-se, através de Mauá, a se afirmar no Brasil, a penetrar na Banda Oriental (o que logram através do Banco Mauá) e a dominar o litoral argentino, com a criação do Banco Mauá de Rosário." Ibidem, pp. 18-19. Lamentavelmente esse erro de informação é encontrado em quase todos os historiadores e escritores uruguaios e argentinos, o que lhes dificulta, sem dúvida, uma compreensão mais correta, sob o ponto de vista histórico, dos processos políticos na Bacia do Prata, durante o século XIX.

54. O patacão era uma moeda de prata, corrente no Brasil. Durante algum tempo circulou também nos demais países da Bacia do Prata.

55. J. A. S. Souza, *A vida do visconde do Uruguai*, pp. 396-397.

56. Ofício de Juan Bautista Alberdi e Bernabé López, ministro das Relações Exteriores da Confederação Argentina, Londres, 4-8/7/1858, caja CH 115 — Año 1858-1859, Legajos s/n, Archivo del Ministério de Relaciones Exteriores y Culto da Argentina.

57. Carta de Mauá a Andrés Lamas, Rio de Janeiro, 17/9/1859, in Visconde de Mauá, *Correspondência política de Mauá no Rio da Prata — 1850-1885*, prefácio e notas de Lídia Besouchet, 2ª ed., São Paulo, Companhia Editora Nacional/Instituto Nacional do Livro, 1977, p. 103.

58. Ofício de J. B. Alberdi a B. López, Londres, 4-8/7/1858, caja CH 115 — Año 1858-1859, Legajos s/n AMRECA.

59. Despacho nº 5, Frank Parish, cônsul da Grã-Bretanha em Buenos Aires, a lorde Malmesbury, Buenos Aires, 30/12/1858, PRO-FO6-211.

60. Despacho nº 25, de Malmesbury a W. Stuart, encarregado de negócios no Rio de Janeiro, Londres, 20/11/1958, e Despacho nº 68, de Malmesbury a W. D. Christie, 8/11/1858, PRO-FO118-86. Ofício de J. B. Alberdi a B. López, Londres, 4-8/7/1858, Año 1858-1859, Legajos s/n AMREGA.

61. "Não sei se V. Excia. com efeito chegou a falar ao Sr. Paranhos a respeito da artilharia que nos falta para armar os vapores da Confederação — a título de empréstimo ou venda ao governo Oriental. Sem esta artilharia não estamos bem, pois os vapores serão fácil presa do Armamento Naval que já tem pron-

A EXPANSÃO DO BRASIL E A FORMAÇÃO DOS ESTADOS

to o governo de Buenos Aires." Carta de Mauá a Andrés Lamas, 24/7/1859. Mauá, criticando a política de "água morna" do governo imperial, disse em outra carta: "Penso que Buenos Aires é demasiado bem-tratado por nós; sem tomar o partido da Confederação podíamos, a meu ver, tomar uma posição mais enérgica para com a canalha de Buenos Aires — mesmo a prometida ao governo Oriental é demasiado vaga e incerta para que sobre ela se firme o governo da República." De Mauá a Lamas, Rio de Janeiro, 17/9/1859, in Visconde de Mauá, op. cit., pp. 102-103.

62. Despacho nº 5, de F. Parish a Malmesbury, Buenos Aires, 30/12/1858, PRO-FO6-211.

63. Carta de Henry Southern, ministro da Grã-Bretanha no Rio de Janeiro, a Rufino de Elizalde, particular e confidencial, Rio de Janeiro, 14/4/1852, in *El Doctor Rufino de Elizalde y su época vista através de su archivo*, tomo III, Faculdade de Filosofia y Letras, Universidade de Buenos Aires, 1973, p. 25.

64. O Tratado de Limites foi revisto pouco tempo depois.

65. C. Machado, op. cit., pp. 186-187. J. P. Barrán, op. cit., pp. 42-43. J. A. S. Souza, *A vida do visconde do Uruguai*, pp. 355 e 375.

66. Memorial de Andrés Lamas ao conselheiro Antônio Paulino Limpo de Abreu, ministro dos Negócios Estrangeiros, Rio de Janeiro, 4/11/1854, caja 132, Carpeta 1, Archivo de Andrés Lamas — AGN-U.

67. Por esse Tratado, o governo do Uruguai assumiu oficialmente a dívida de 300 mil patacões, parte dos quais fornecidos como subsídios, durante o cerco de Montevidéu pelas forças de Oribe.

68. Euclides da Cunha, *Peru versus Bolívia*, São Paulo, Cultrix/Instituto Nacional do Livro, 1975, pp. 124-135.

69. Ibidem, p. 126.

70. Despacho nº 16, de Maillefer a Drouyn de Lhuys, Montevidéu, 4/2/1854, *Revista Histórica*, nº 51, p. 436.

71. De Maillefer a Drouyn de Lhuys, Montevidéu, 5/6/1854, *Revista Histórica*, nº 51, p. 478.

72. A. Teixeira Soares, *Um grande desafio diplomático no século passado*, p. 118.

73. Despacho nº 63, Claredon a Christie, Londres, 27/7/1857, cópia anexa do despacho de P. C. Scarlett a Claredon, Rio de Janeiro, 13/6/1857, PRO-FO-118-82.

74. Despacho nº 50, de Claredon a P. C. Scarlett, Londres, 27/7/1857, PRO-FO118-82.

75. Ofício de Carvalho Moreira a Cansanção de Sinimbu, Londres, 5/5/1860, confidencial, Ofícios Reservados e Confidenciais, 217-3-13, AHI.

76. Apud J. A. S. Souza, *A vida do visconde do Uruguai*, p. 591.

77. Ibidem, p. 591. Cf. Efraim Cardozo, *El Imperio del Brasil*, Buenos Aires, Libreria del Plata, 1961, p. 64.

78. "Considerações sobre o Estado das Relações Políticas do Brasil com o Paraguay que aconselhão (sic) embaraçar que o generalíssimo filho do presidente passe para aquela República com o Vapor e engajados que foi buscar a Europa para hostilizar o Império." Rio de Janeiro, 15/10/1854, a Duarte da Ponte Ribeiro. Lata 280, maço 3, pasta 4, AHI.

79. Ibidem.

80. "Considerações sobre a urgência de mandar por todos os caminhos à Província de Mato Grosso homens e materiaes de guerra, porque se deve contar que será agredida por Lópes (sic), hoje vangloriozo de affastar do Paraguay a Esquadra Brasileira, julgar-se mais forte do que o Brazil, e ter a seu lado o vaidoso generalíssimo." Rio de Janeiro, 1/6/1855, a Duarte da Ponte Ribeiro. lata 280, maço 3, pasta 5, AHI.

81. J. A. S. Souza, *A vida do visconde do Uruguai*, pp. 592-594.

82. Despacho nº 6, Clarendon a Christie, Londres, 22/10/1857, cópia anexa do despacho nº 94, P. Campbell Scarlett a Clarendon, Rio de Janeiro, 11/09/57, PRO-FO118-82.

83. Ibidem.

84. Ibidem.

85. Ibidem.

86. "De minhas conversações com o senhor Berges (de índole agradável e de caráter leal) deduzi que o presidente da República do Paraguai está intimamente persuadido da proximidade de um tratado entre a Confederação e o Império, por meio do visconde de Abaeté, pelo qual o Império pague um número de tropas argentinas sobre cuja base e por concurso mútuo se imponham ao Paraguai condições violentas. Tenho dados para assegurar a V. que esta ideia foi sugerida com firmeza a partir de Buenos Aires e que o governo do Paraguai se arrima sobre o erro de considerar a Confederação um inimigo mais a hostilizar-lhe que o Brasil; e não me cabe dúvida que fará todo gênero de concessões ao Império para desconcertar uma liga que teme, que os inimigos da paz apresentam ao senhor López pouco menos que um fato consumado." Carta de Tomás Guido a Juan Maria Gutierrez, 6/2/185(?) borrador. Archivo Guido, sala VII — XVI.2.6 — 1856, tomo 22, fls. 95 e 96, AGN-A.

87. León Pomer, *Os conflitos da Bacia do Prata*, São Paulo, Brasiliense, 1979, p. 86. Esse protocolo é também referido por Lemos Brito, *Solano López e a Guerra do Paraguay*, Rio de Janeiro, Typhographia da Escola 15 de Novembro, 1927.

A EXPANSÃO DO BRASIL E A FORMAÇÃO DOS ESTADOS

88. "Protocolo" (reservado), Cidade do Paraná, 14/12/1857, a Santiago Derqui, vice-presidente da Confederação Argentina, Bernabé López, ministro das Relações Exteriores da Confederação Argentina, e conselheiro José Maria da Silva Paranhos, plenipotenciário do Império do Brasil, lata 248, maço 4, AHI. "Registro das forças da negociação da Tríplice Aliança contra Buenos Aires e Convenção para um empréstimo de um milhão de pesos pelo Brasil à Confederação". Legajo n° 2, fls. 86 a 92, Caja 28, Misión Peña y Arredondo en el Brasil — 1958 — AMRECA.

89. "Protocolo" de 14.12.1857, lata 248, maço 4, AHI.

90. Ibidem.

91. Ibidem.

92. Ibidem.

93. Ibidem.

94. Ibidem.

95. Ibidem.

96. L. Pomer, *Os conflitos da Bacia do Prata*, p. 89.

97. Despacho n° 61, de Christie a Clarendon, Buenos Aires, 31/12/1856, PRO-FO6-195.

98. Apud J. A. S. Souza, *A vida do Visconde do Uruguai*, p. 592. Cf. E. Cardozo, op. cit., p. 64.

Capítulo X

O BRASIL COMO GRANDE POTÊNCIA NA BACIA DO PRATA • AS RELAÇÕES COM A CONFEDERAÇÃO ARGENTINA E O ESTADO DE BUENOS AIRES • A RIVALIDADE ENTRE OS PORTOS DE MONTEVIDÉU E BUENOS AIRES • A ERVA-MATE E A COMPETIÇÃO ENTRE O BRASIL E O PARAGUAI • A ASCENSÃO DE SOLANO LÓPEZ E A ARTICULAÇÃO COM OS BLANCOS EM MONTEVIDÉU • A INTERVENÇÃO NO URUGUAI EM 1864

Gramsci assinalou, em um de seus cadernos, que a possibilidade de imprimir à ação estatal uma direção autônoma, com influência e repercussão sobre outros Estados, determina o modo pelo qual a condição de grande potência se exprime.[1] E acentuou que a grande potência, cuja força militar sintetiza o valor da extensão territorial (com população adequada, naturalmente) e do potencial econômico, é "hegemônica, chefe e guia de um sistema de alianças e de acordos com maior ou menor extensão".[2] Segundo Gramsci, contar com todos os elementos que, nos limites do previsível, dão segurança de vitória "significa dispor de um potencial de pressão diplomática de grande potência", isto é, significa obter uma parte dos resultados de uma guerra vitoriosa sem necessidade de combater.[3] A tranquilidade interna, entendida como o grau e a intensidade da função hegemônica do grupo social dirigente, constitui também um requisito indispensável para que um Estado possa projetar sobre outros a vontade social de suas classes dominantes.[4] Também Karl W. Deutsch considerou a extensão territorial, o poder econômico e o poder militar como os três fatores que permitem a um Estado atuar in-

A EXPANSÃO DO BRASIL E A FORMAÇÃO DOS ESTADOS

dependentemente e influir sobre outros Estados. O status de potência pode ser estimado pela sua extensão territorial e o número de sua população, bem como pelos recursos materiais e humanos que um Estado tem condições de usar a fim predizer quão vitorioso pode ser em uma guerra com outro Estado, se usa seus recursos como vantagem.[5]

Com um território de cerca de 8 milhões de quilômetros quadrados, uma população da ordem de 10 a 11 milhões de habitantes,[6] ou seja, de cinco a mais de dez vezes superior à de qualquer outro país da América do Sul, e um aparelho de Estado capaz de empreender, internacionalmente, uma ação autônoma, tanto diplomática quanto militar, o Império do Brasil, assegurada sua tranquilidade interna, pôde exprimir-se como grande potência, em face da Bacia do Prata. E, no curso da década de 1850, impôs aos países daquela região um sistema de alianças e de acordos, que visavam não ao equilíbrio de forças,[7] mas à consolidação de sua hegemonia, em substituição à de França e Grã-Bretanha.[8] Este propósito transpareceu nitidamente no Estado Oriental, onde os representantes daqueles dois países instigaram abertamente o governo para que reagisse à preponderância do Brasil,[9] cuja política, adversa à transformação de Montevidéu em porto livre,[10] ultimara, com os tratados de 12 de outubro de 1851, a restauração informal da antiga Província Cisplatina.

O que ocorreu no Estado Oriental, durante a década de 1850, foi o atrito, conforme o historiador uruguaio Juan Antonio Oddone observou, entre os interesses comerciais e financeiros de países da Europa — sobretudo França e Grã-Bretanha — estimulados menos, quiçá, pela dimensão dos mercados de consumo do que pela perspectiva de explorar as matérias-primas da região, e o desempenho da "nascente burguesia de um país que, como o Brasil, iniciava uma fase expansiva de seu desenvolvimento e necessitava dominar uma rede de comunicações, ligando zonas distantes de diversas características produtivas".[11] E esta necessidade, na opinião de Oddone, modelou sua política continental, que, sob outras formas, retomava a fórmula tradicional de penetração em "terras castelhanas", utilizada desde o século XVII pela Coroa portuguesa, ao tipificar a Banda Oriental como terra de fronteiras e chave de acesso aos grandes rios mediterrâneos.[12]

A contribuição de Mauá, no adensamento dessa política, foi deveras importante, tornando-se o patacão moeda corrente em todos os países da Bacia do Prata.[13] Ele compreendeu que a "base econômica" e não exclusivamente a política deveria lastrear o domínio do Brasil sobre a República do Uruguai e que "cumpria estender a ação dessa influência ao outro lado do Rio da Prata", mediante a instalação de seu banco na Confederação Argentina,[14] o que concretizou, em 1858, após as gestões de Paranhos junto ao governo de Urquiza. A Confederação Argentina, àquela época, ainda se debatia, convulsivamente, no esforço para unificar-se e constituir-se como Estado nacional. Desde 1853, com a balança comercial deficitária, sua situação econômica se deteriorara. O governo de Urquiza, privado das rendas aduaneiras de Buenos Aires, não dispunha de outros meios para arrecadar os recursos necessários ao atendimento dos gastos públicos.[15] E não fosse o empréstimo de 300 mil patacões do governo imperial (o Banco Mauá depois continuou a conceder-lhe o respaldo financeiro) ele dificilmente poderia enfrentar e vencer as tropas do general Bartolomé Mitre, a 23 de outubro de 1859, na batalha de Cepeda.

Conquanto isto pudesse parecer contrário aos seus interesses e objetivos de hegemonia, a verdade é que o Império do Brasil concorreu, de certo modo, para a reunificação da Confederação Argentina, ao manter uma neutralidade imperfeita, beneficiando, em última instância, o governo de Urquiza. Havia, evidentemente, no Conselho de Estado e em toda a Corte do Rio de Janeiro, tendências favoráveis à segregação definitiva do Estado de Buenos Aires. Embora com o objetivo de obter-lhe o apoio ou, pelo menos, sua neutralidade em caso de guerra contra o Paraguai, o próprio Paranhos acenara com a possibilidade do reconhecimento de sua independência pelo Império do Brasil, durante as conversações que manteve com o governador Valentín Alsina e José Mármol, quando passou por Buenos Aires, a caminho de Paraná e Assunção, em fins de 1857.[16] E o visconde do Uruguai, relatando o projeto do tratado de aliança ofensiva e defensiva entre o Império do Brasil, a Confederação Argentina e a República do Uruguai, que Luís de la Peña, plenipotenciário do governo de Urquiza, apresentara, perguntou:

serão (...) interesse brasileiro a independência e integridade da Confederação e interesse tal que deva o governo imperial contrair essa pesada e perigosa obrigação, fazendo desde logo avultados sacrifícios de dinheiros e de sangue, cuja importância e termo não se pode calcular?[17]

Mas a Confederação Argentina, quebrantada por incessantes conflitos civis, administrativamente desordenada, ainda sem um Exército nacional e com uma população de menos de 2 milhões de habitantes, inclusive a de Buenos Aires, da ordem de 150 mil,[18] não inspirava, naquelas circunstâncias, maiores receios ao Império do Brasil, onde o Estado unitário, sob a monarquia constitucional, preservava a paz interna, a ordem social, a estabilidade do regime político, a segurança da propriedade e a liberdade de negócios, fatores essenciais à expansão do capitalismo, que significava civilização, de acordo com o código ideológico da época. A consciência da superioridade do desenvolvimento do Brasil, como Estado, em relação aos demais países da Bacia do Prata, ainda sob o comando do "elemento gaúcho",[19] sinônimo de bárbaro, para Domingo Sarmiento,[20] era comum aos políticos do Segundo Reinado e o visconde do Uruguai a manifestou, no mesmo parecer sobre o projeto de tratado, ao dizer, desdenhosamente, que não haveria reciprocidade na aliança com a Confederação Argentina, pois apenas "ataques de nações muito mais poderosas, como seriam os Estados Unidos, a França e a Inglaterra",[21] poderiam ameaçar a soberania e a independência do Brasil e, em tal situação, "se não nos pudéssemos defender, de nada nos serviriam os auxílios da Confederação e do Estado Oriental, que mal podem consigo".[22]

Não é de estranhar, assim, que o governo imperial, embora mais se aparentasse, ideologicamente, com os unitários e liberais de Buenos Aires, ajudasse, por motivos pragmáticos, o governo de Urquiza, com o qual se comprometera, de um modo ou de outro, desde a campanha contra Rosas. O visconde de Maranguape, ministro dos Negócios Estrangeiros, considerava-o o único aliado confiável na Bacia do Prata e, em consequência, entendia como interesse do Brasil sua vitória sobre o estado de Buenos Aires, reincorporando-o à Confederação Argentina,[23] o que também seria um meio de tornar válidos e efetivos todos os tratados com ela celebrados.[24] O visconde de Abaeté, presidente do Conselho de ministros, adotava mais ou menos esta opinião.[25] E Paranhos, que substituiu o visconde de Maranguape no Ministério dos Negócios Estrangeiros, fora quem firmara, na cidade de Paraná, o protocolo de 14 de dezembro de 1857, garantindo à Confederação Argentina, em troca da aliança contra o Paraguai, o apoio do Brasil à luta para submeter o Estado de Buenos Aires, apesar de que algumas semanas antes aventara a hipótese do reconhecimento de sua independência.[26] Desta forma, o tratado de aliança, desdobramento natural da missão de Paranhos no Rio da Prata, foi assinado em 2 de janeiro de 1859 e o Império do Brasil continuou a colaborar, discretamente, com a Confederação Argentina, inclusive a escorar o Estado Oriental contra um possível ataque dos unitários e colorados, sob o comando do general Venâncio Flores, o que obrigaria Urquiza a retroceder ou a diminuir e fracionar suas forças, no momento da ofensiva contra Buenos Aires, para a qual, havia algum tempo, ele se preparava.[27]

Essa política, que Mauá qualificou de "água morna", desejando que o governo imperial tomasse uma "posição mais enérgica" contra a "canalha de Buenos Aires",[28] não satisfez Urquiza. Como não obtivera outro empréstimo de um milhão de pesos fortes e não conseguira que o Império do Brasil acordasse em intervir, diretamente, no dissídio, ele não ratificou o tratado e enviou Luís de la Peña a Assunção, em busca de uma aliança com o governo do Paraguai. Carlos Antonio López não anuiu à proposta, mas se ofereceu para intermediar, oportunamente, entre a Confederação Argentina e o Estado de Buenos Aires. Urquiza, que repulsara os bons ofícios do Brasil, aceitou os do Paraguai. E o general Francisco Solano López se encarregou da missão, participando dos entendimentos, após a batalha de Cepeda, para a reintegração de Buenos Aires na Confederação Argentina, assentada, afinal, com o pacto de San José de las Flores em 11 de novembro de 1859.

A reunificação da Confederação Argentina, nos termos desse pacto, era evidentemente precária, mais formal que real, uma vez que não superava a dualidade de poder e o impasse político persistia. Urquiza continuou com a Presidência da República e fez Santiago Derqui seu

A EXPANSÃO DO BRASIL E A FORMAÇÃO DOS ESTADOS

sucessor, em 1860, enquanto os unitários, com o governo de Buenos Aires, mantiveram o controle sobre as rendas aduaneiras (praticamente a única fonte de recursos do erário público), sem as quais a Confederação Argentina, deficitária, não poderia costurar a unidade nacional, estendendo as estradas de ferro e as redes de telégrafo por todo o seu território, como imperativo do desenvolvimento mundial do capitalismo. A guerra econômica, que o governo de Urquiza desencadeara, em 1857, ao privilegiar os portos do interior com a lei de direitos diferenciais,[29] resultara inútil. A distância do porto de Rosário, a dificuldade de navegação no Rio Paraná, a falta de práticos e o aumento dos fretes colaboraram para que Buenos Aires conservasse a primazia.

Mas, se a Confederação Argentina dependia de Buenos Aires, a fim de subsistir como Estado, Buenos Aires necessitava da Confederação Argentina para sustentar o processo de acumulação de capital. A burguesia portenha precisava, economicamente, do Estado, cuja base a Confederação Argentina bem ou mal lhe podia proporcionar, como alavanca de sua expansão. O que lhe interessava, portanto, não era liquidar o Estado, mas, sim, as formas de Estado geradas pela economia natural e pela economia simples de mercado, os pequenos Estados, em que as demais Províncias aspiravam a constituir-se. Em outras palavras, o que lhe interessava não era destruir a Confederação Argentina, mas destruir apenas a Confederação e apropriar-se da Argentina, a fim de remover o atraso de suas normas jurídicas, que embaraçavam a penetração do capitalismo, e substituir a "impotência do Estado pequeno"[30] pela supremacia do Estado unitário. Assim, se a reintegração do Estado de Buenos Aires na Confederação Argentina, ajustada em San José de las Flores, era precária, a incorporação da Confederação Argentina pelo Estado de Buenos Aires tornava-se inevitável, porque, só sobre esta base, seria possível a reunificação, ou melhor, a unificação do país. E isto foi justamente o que aconteceu.

Quase dois anos depois da batalha de Cepeda, os liberais de Buenos Aires, que eram os defensores do Estado unitário, insurgiram-se e as forças do general Bartolomé Mitre, em 17 de setembro de 1861, enfrentaram novamente as da Confederação Argentina. Desta vez, porém, Ur-

204

quiza abandonou o campo de Pavón, antes que as armas decidissem o resultado da peleja, e voltou para Entre Rios, com seus batalhões intactos. Ao que tudo indica, ele sabia que, mesmo se saísse militarmente vitorioso, não poderia resistir, com um país economicamente arruinado, às cartas de crédito de Buenos Aires e aos reclamos dos *bondholders* de Londres, ansiosos para receberem os pagamentos da dívida não saldada. Provavelmente, compreendera que nada mais podia fazer, pois suas possibilidades históricas se exauriam. E, como gaúcho, combateu somente para salvar a honra, para não renunciar sem luta. Depois, dissolveu o aparelho político-administrativo da Confederação e, resguardando Entre Rios como seu reduto, negociou com Mitre, que assumiu o Poder Executivo Nacional em 12 de abril de 1862.

Com o mandato de presidente, Mitre tratou de organizar o país, sob o nome de República Argentina, e de edificar o Estado nacional, mas a consolidação e o espraiamento do poder político da burguesia de Buenos Aires — dos *"yankees* do sul" como Francisco Otaviano de Almeida Rosa alcunhou os portenhos[31] — requeriam tanto o enfreamento das tendências federalistas das províncias quanto a anulação de todas as forças que as poderiam respaldar na Bacia do Prata. Isto significava a necessidade de conter, não de aniquilar, o Paraguai, que se fortalecia e se articulava com Entre Rios e Corrientes, e de expulsar os blancos da administração de Montevidéu, buscando, simultaneamente, aproximar-se do Império do Brasil.

Havia alguns anos que os unitários, operando contra o governo de Urquiza, já conspiravam para que os colorados, com os quais se entrelaçavam e, mesmo, se confundiam, retomassem o poder do Uruguai. Mitre e Rufino de Elizalde, seu futuro ministro das Relações Exteriores, forneceram diretamente os recursos financeiros (seus e de outros) para a expedição do general Cezar Díaz,[32] que intentou apoderar-se de Montevidéu em 1858 e, ao fracassar, foi fuzilado, junto com 52 outros insurretos, no Paso de Quinteros, pelo general Anadeto Medina, em cumprimento a uma ordem do presidente do Uruguai, Gabriel Pereira, cujo governo suprapartidário o Brasil amparava.[33] Eles, contudo, não desistiram. E, em 1863, patrocinaram, indisfarçavelmente, a campanha

A EXPANSÃO DO BRASIL E A FORMAÇÃO DOS ESTADOS

do general Venâncio Flores, que, partindo, de Buenos Aires em navio da esquadra argentina, invadiu o Uruguai e deflagrou a luta armada, com a promessa de vingar os "mártires de Quinteros".

O Uruguai era, àquela época, a zona nodal da política na Bacia do Prata. Com a reativação de sua economia após dez anos sem guerra civil (a intentona de Cezar Díaz abortou), o porto de Montevidéu, que sempre constituiu, em contraposição ao de Buenos Aires, uma alternativa para o Paraguai e as províncias do litoral da Argentina, voltara a prosperar e, desde a revogação, em 1859, da lei de direitos diferenciais do governo de Urquiza, tornara-se o principal escoadouro das mercadorias oriundas de Entre Rios e Corrientes. Cerca de 50% de suas exportações de couro e 25% das de charque, entre 1856 e 1858, procederam da Argentina. E este comércio de trânsito tendia a aumentar cada vez mais, porquanto Urquiza, derrotado em Pavón e em oposição a Mitre, passara a desviar, como governador de Entre Rios e poderoso estancieiro, dono de quase todos os ramos de negócios em Paraná, o fluxo da produção para Montevidéu, com cujo governo simpatizava, em detrimento de Buenos Aires. As contradições políticas e as rivalidades comerciais assim se entreteceram e reciprocamente se reagravaram. Montevidéu, à medida que era uma variante comercial, converteu-se numa opção política para a resistência federalista na Argentina. E a geografia modelou a história. Sem o controle do poder político no Uruguai, Mitre não poderia sufocar economicamente as províncias recalcitrantes. Nem o Paraguai.

Bernardo Berro, blanco, ex-ministro de Giró e eleito presidente do Uruguai em 1860, cooperou, decisivamente, para o êxito do projeto de Mitre. Desde que substituíra Gabriel Pereira no governo, tomou uma série de medidas, visando a abater a hegemonia do Brasil. Determinou que todos os peões, ao chegarem ao Uruguai, comparecessem perante as autoridades com suas cartas de alforria, a fim de se informarem que lá não existia a escravidão, e estabeleceu que seus contratos de trabalho não podiam exceder a seis anos. Além do mais, negou-se a renovar com o Brasil o Tratado de Comércio e Navegação que expirou em 12 de outubro de 1861 e, ao desembaraçarem-se-lhe as mãos, instituiu o imposto sobre as exportações de gado em pé para o Rio Grande do Sul.[34] Tais disposições, *inter alia*, feriram os interesses dos estancieiros gaúchos, que utilizavam escravos como peões em suas propriedades, dos dois lados da fronteira, e cujas charqueadas consumiam 75% de reses criadas no Uruguai, contra apenas 25%, no Brasil.[35] Assim, logo que Flores iniciou a sublevação, esses estancieiros a ele se uniram e concorreram para adensar sua força, proporcionando-lhe grande parte das tropas. Cerca de 40 mil brasileiros viviam no Uruguai, de cujo total da população, da ordem de 221 mil habitantes por volta de 1860,[36] representavam quase 20%. Isso constituía fator político e militar de considerável importância, sobretudo num país onde o Estado ainda não tinha o monopólio da violência e onde qualquer estancieiro, se reunisse algumas centenas de homens e os armasse com sabres, lanças e cavalos, estava em condições de desafiar o governo. Flores contou com tal suporte e muitos brasileiros sofreram, naturalmente, represálias e consequências pelo seu envolvimento no conflito, o que os levou a reclamar a proteção do governo imperial.

Ante um ataque apadrinhado por Buenos Aires e a perspectiva de intervenção do Império do Brasil, sob a pressão dos estancieiros gaúchos, o governo de Berro, qual marisco entre as ondas e o rochedo, procurou uma aliança com o Paraguai, então a ensaiar seus primeiros movimentos na política da Bacia do Prata, que era o principal mercado de consumo de suas exportações. A ideia desta aliança era, aliás, antiga. Em 1855, face a ocupação de Montevidéu pelas forças do Império do Brasil e do envio do almirante Ferreira de Oliveira, à frente de uma esquadra, para negociar com o governo de Assunção, houve algumas conversações sobre a possibilidade de um tratado de aliança defensiva e ofensiva entre o Uruguai e Paraguai, a fim de que pudessem enfrentar qualquer ameaça à sua independência.[37] Essas conversações não evoluíram. Mas, em 1862, o governo de Berro, já prevendo a ameaça que resultaria de uma provável aproximação entre o Brasil e a Argentina, despachou Juan José de Herrera para negociar com Carlos Antonio López o estreitamento de suas relações econômicas e políticas, à base da transformação de Montevidéu no porto de Assunção.[38]

Os blancos imaginavam que o Império do Brasil certamente acometeria o Estado Oriental, mais cedo ou mais tarde, com pressões políticas

A EXPANSÃO DO BRASIL E A FORMAÇÃO DOS ESTADOS

e/ou militares, a fim de derrubar o governo de Berro e forçar a revogação das medidas nacionalistas, em particular, dos direitos sobre as exportações de gado em pé para o Rio Grande do Sul. E buscaram o encosto no Paraguai, jogando com a rivalidade que havia entre os dois países e da qual o Uruguai, em certa medida, constituía uma das causas, pois o que a alimentava, por trás das questões de limites e da livre navegação, era a disputa pela posse das terras de produção de erva-mate e dos mercados de consumo de suas exportações. Tanto isto é certo que essa rivalidade somente se aguçou durante o governo de Carlos Antonio López, sobretudo a partir de 1853, quando o Paraguai, com a abertura do Rio da Prata à navegação internacional, tratou de expandir as exportações de erva-mate, que era sua principal fonte de divisas. Em 1854, Andrés Lamas, ministro plenipotenciário do Uruguai no Rio de Janeiro, advertiu a Limpo de Abreu, ministro dos Negócios Estrangeiros do governo imperial, que a concorrência estava "a ponto de estabelecer-se" e haveria de estabelecer-se, "dia menos dia, pela República do Paraguai, com grandes desvantagens para o Brasil".[39] E, após assinalar que os mercados do Rio da Prata eram os mais importantes consumidores de produtos brasileiros, com exceção do café, acrescentou:

> O Paraguai tem todos os produtos do Brasil e os tem de superior qualidade. Esta superioridade existe na erva-mate, no tabaco, nas madeiras. Amanhã existirá no açúcar, porque a cana se produz maravilhosamente no Paraguai e porque, devendo ser ali indústria novamente montada, não estará sujeita à rotina e aos vícios que atualmente prejudicam esses ramos da produção brasileira.[40]

Naquele mesmo ano, Zacarias de Goes e Vasconcelos, presidente da Província do Paraná, aludiu também à "temível concorrência" da erva paraguaia,[41] mais barata e de melhor qualidade, nos mercados de Buenos Aires e de Montevidéu, praticamente dominados até então por produtos brasileiros. O governo imperial batera-se, aliás, pela independência do Paraguai, entre outras razões de segurança e geopolítica, porque, em consonância com o parecer das Seções de Negócios Estrangeiros e da

Fazenda, exarado na reunião conjunta de 25 de junho de 1845, seus produtos, "idênticos aos do Brasil, entrando como nacionais no mercado argentino, excluirão os nossos do mesmo mercado e assim perderíamos um avultado comércio que fazemos naquelas regiões".[42]

A erva-mate produzida no Brasil, principalmente, ocupara todos os mercados que o Paraguai perdera durante o longo período em que Buenos Aires, para anexá-lo, e Francia, com o objetivo de preservar sua autonomia, conservaram-no enclausurado. Suas exportações para Buenos Aires e Montevidéu eram volumosas. Entre 1º de junho de 1857 e 30 de junho de 1858, o Rio Grande do Sul vendeu à Argentina, pelo porto de Itaqui, 1.324.593 quilos, que, somados às remessas feitas para o Uruguai, da ordem de 1.923.407 quilos, alcançaram o total de 3.248.000 quilos, mais de três vezes o que o Paraguai exportara naquele ano. O consumo do mate paraguaio, entretanto, já superara o do brasileiro nas cidades, restringindo-o à campanha, e lhe arrebatava, cada ano, uma fatia cada vez maior do mercado, que, pelas características do produto, se confinava à Bacia do Prata e, em pequeníssima escala, ao Chile e a algumas Repúblicas do Pacífico.[43] As exportações da erva paraguaia, no montante de 985.274 quilos, em 1854, saltaram para 1.436.295 quilos, em 1857, e para 2.000.737 quilos em 1860.[44] Àquela época o mercado começou então a dar sinais de saturação e, por volta de 1862, já havia superabundância de oferta, desvalorizando o produto, o que afetou bastante o Brasil e, também, o Paraguai, apesar de que seus preços já fossem mais baixos.[45]

Sob certo aspecto, a situação configurou-se ainda mais grave para o Paraguai, por constituir a erva-mate o item fundamental, quase absoluto, de sua pauta de exportações, do qual a acumulação de capital e a correlata militarização do país, em larga medida, dependiam. A erva-mate era o único produto que dava renda ao Estado, que comprava dos produtores a arroba a um preço de 25 centavos de peso forte para revendê-la por um valor entre 5 e 8 pesos fortes.[46] Francisco Solano López, já na Presidência do Paraguai e sendo ele próprio um dos grandes produtores de erva-mate,[47] cujo comércio o Estado, que com ele se confundia, monopolizava, tentou introduzir aquele produto na Europa, com experiência

A EXPANSÃO DO BRASIL E A FORMAÇÃO DOS ESTADOS

na Prússia, e abrir o mercado para o tabaco, através da casa Rothschild & Sons, na Grã-Bretanha.[48] Não alcançou maior êxito. Era difícil difundir o mate, produto de elasticidade negativa (menor que 1%), cujo consumo se ligava a hábitos seculares e, além do mais, sofria, mesmo na Bacia do Prata, a competição do café, chocolate e outros chás.[49] Deste modo, como Buenos Aires já se tornara sua principal praça e o centro financeiro de seu comércio exterior, o Paraguai só poderia dilatar as exportações de erva-mate à custa do mercado em que as do Brasil ainda prevaleciam, e que, no caso, era, basicamente, o do Uruguai.

A crise no comércio daquele produto coincidiu com o fim da moratória de seis anos, estabelecida pelo Tratado de 6 de abril de 1856, para a solução do litígio em torno das fronteiras, sob o qual a disputa da "área mais rica dos ervatais paraguaios"[50] se camuflava. Era inevitável, por conseguinte, que as tensões entre o Paraguai e o Império do Brasil se reacendessem, tanto mais quanto outros acontecimentos sobrevieram, concorrendo para exacerbar, interna e externamente, as posições em todos os países da Bacia do Prata. Em 16 de outubro de 1862, o general Francisco Solano López ascendeu legalmente à Presidência da República e a militarização do país, "iniciada com moderação nos tempos de D. Carlos Antonio", tornou-se, *sub eo*, sua "preocupação predileta", segundo as palavras de um de seus biógrafos, o coronel Arturo Bray.[51] Ele estava convencido de que o Brasil levaria a guerra ao Paraguai.[52] E não faltou quem o instigasse a tomar a iniciativa de desencadeá-la. Charles A. Washburn, ministro dos Estados Unidos em Assunção, declarou-lhe, pouco depois de sua posse no governo que, se ele quisesse derrotar o Brasil ou qualquer outro vizinho, "os *yankees* lhe facilitariam os meios (...), com a maior celeridade, em condições razoáveis e com maior eficácia que qualquer outra nação".[53]

Seis meses se passaram e a rebelião comandada por Flores levou os blancos a intensificarem seus esforços no sentido de obter o apoio de López, suscitando, pela primeira vez, a ideia do sistema de equilíbrio na Bacia do Prata, com o argumento de que, após derrubarem o governo de Montevidéu, a união entre o Brasil e a Argentina poderia ameaçar, latentemente, a integridade do Paraguai.[54]

210

O entendimento entre o Brasil e a Argentina, com a participação do Estado Oriental, já demonstrara que poderia, efetivamente, ameaçar o Paraguai, pois permitira que Paranhos, em 1858, forçasse Carlos Antonio López a levantar as restrições ao trânsito nos rios Paraná e Paraguai. O governo imperial não contava mais nem com Urquiza nem com a administração de Montevidéu. Mas cuidava já de acercar-se de Mitre e, desde o final de 1859, começara a concentrar tropas e navios de guerra a vapor na Província do Rio Grande do Sul, onde também mobilizara as milícias da Guarda Nacional,[55] em face do estreitamento de relações entre Urquiza e López e da perspectiva de vitória dos blancos, no Uruguai, a possibilitar a formação de uma aliança das Repúblicas do Rio da Prata contra o Brasil, proposta nas reuniões de San José de las Flores, pelo general Carlos Guido.[56] Maillefer, em Montevidéu, previra que "a consequência certa desta mudança era obrigar o Brasil, por defesa própria, a anular o pacto de 10 de novembro, aliando-se com Buenos Aires e fomentando, aqui, a todo preço uma revolução colorada que o livrasse da coalizão federalista".[57]

Isso foi justamente o que ocorreu. A sublevação colorada, empreendida por Flores e incitada desde a Argentina, correspondeu aos interesses econômicos e políticos do Brasil, e esta convergência viabilizou o entendimento com Mitre. Se o eixo Montevidéu-Paraná-Assunção não convinha ao governo do Rio de Janeiro, constituía igualmente um perigo para o governo de Buenos Aires. Era preciso, portanto, empecê-lo, destruindo aqueles que o tentassem compor. Se Mitre não tomasse a iniciativa, junto com Flores, o Império do Brasil fá-lo-ia, de uma forma ou de outra, e não apenas por defesa própria, segundo Maillefer acreditou. Com uma situação já hostil em Montevidéu e a oposição de Urquiza, o governo do Rio de Janeiro dificilmente teria meios de impor ao Paraguai e à Bolívia a linha de fronteira, que pretendia, mesmo se abrisse o caminho terrestre mais curto para a Província de Mato Grosso e lá concentrasse tropas e material bélico, de acordo com a sugestão do ministro Duarte da Ponte Ribeiro em 1862.[58] De sua parte, o governo de Buenos Aires necessitava de um aliado em Montevidéu, por modo a conter Urquiza e, debelando as incessantes rebeliões montone-

A EXPANSÃO DO BRASIL E A FORMAÇÃO DOS ESTADOS

ras por ele açuladas, sopear o Paraguai, que era, em certo sentido, exemplo e estímulo para as tendências federalistas ainda vigorosas. E a articulação entre Paraguai e Uruguai, com a participação de Entre Rios e Corrientes, poderia constituir a base de outra Confederação, adversa à República Argentina.

Todavia, ao que tudo indicava, nem a Argentina nem o Brasil pretendiam, imediatamente, mover a guerra ao Paraguai. O problema, para os dois países, condensava-se em Montevidéu, que, após dez anos de recuperação econômica, revitalizou-se como um polo comercial e político, em contradição direta com Buenos Aires e buscando aluir a hegemonia do Brasil sobre o Uruguai. Os blancos, desde a vitória de Mitre na batalha de Pavón, conspiravam ativamente com as províncias insubmissas para derrubá-lo do governo da Argentina, certos de que ele voltaria a impulsar os colorados à insurreição.[59] No começo de 1863, antes do desembarque de Flores no Rincón de las Gallinas, Juan José de Herrera, no posto de ministro das Relações Exteriores do governo de Berro, enviara Octávio Lapido a Assunção, com instruções para ajustar um acordo entre Paraguai e Uruguai, com a possibilidade de Entre Rios e Corrientes aderirem, constituindo-se uma nova república, cujo porto seria Montevidéu.[60] A burguesia comercial daquela cidade, composta em sua maioria por franceses,[61] arvorava-se em núcleo de coordenação e unificação desse novo Estado. Assim, o que Mitre precisava, como intérprete dos interesses mercantis de Buenos Aires, era expulsar os blancos do poder, em Montevidéu, e consolidar o Estado unitário, após o que poderia enfrentar o Paraguai.

O Império do Brasil tinha, por seu turno, um contencioso com o Estado Oriental. Além do estabelecimento do imposto sobre as exportações de gado em pé para o Rio Grande do Sul e da regulamentação dos contratos dos peões, a fim de dificultar a utilização do trabalho escravo pelos estancieiros gaúchos em suas propriedades uruguaias, o governo de Montevidéu empenhara à França e à Grã-Bretanha, como garantia de pagamento dos prejuízos causados aos súditos daquelas duas potências pelas guerras civis, todas as rendas de sua aduana, já hipotecadas, desde os Tratados de 12 de outubro de 1851, ao Império do Brasil, que alegava, por isto, o direito de prioridade.[62] As reclamações, que a Legação Imperial em Montevidéu formulou, várias vezes, a partir de 1860, contra violências e danos sofridos por súditos brasileiros, encapavam, na verdade, esse litígio, posto que homicídios, roubos, embargos e incursões de fronteiras sempre foram assuntos de rotina. Tais problemas, no entanto, o Brasil não resolveria sem a destruição do governo blanco, também condição *sine qua non* para que pudesse desfechar todo o seu potencial de pressão militar e diplomática contra o Paraguai, de modo a forçá-lo a aceitar *ipso facto* a linha de fronteira no Rio Apa. Montevidéu era, assim, o parâmetro da equação política na Bacia do Prata.

Com a Argentina a apoiar Flores e eriçada contra o Uruguai, em virtude do apresamento de navios, realizado, reciprocamente, pelos dois países, o Brasil interviria, mais cedo ou mais tarde, na guerra civil, que tendia a prolongar-se, sem sua ação em favor de um dos contendores, ocasionando-lhe ainda maiores estorvos. Era uma questão de oportunidade. Juan José de Herrera chegou a imaginar, ingenuamente, que o governo imperial se oporia à atitude da Argentina.[63] Depois, redobrou o assédio a Assunção, instigando López à ocupação da estratégica Ilha de Martim Garcia e à captura da esquadra argentina, como forma de proteger o levante de Entre Rios e Corrientes, já em combinação com o Estado Oriental, o que provocaria, segundo suas expectativas, a comoção em todo o litoral oeste do Paraná.[64] Os compromissos com López se solidificaram tanto que, na mesma ocasião, Berro atendeu-lhe a pretensão[65] e optou pelo seu nome, como árbitro para os contínuos incidentes com a Argentina, quando o do imperador D. Pedro II já fora sugerido, embora sem consulta, por 65 dias. Lamas, na função de plenipotenciário do Uruguai, e aceito por Mitre, constava do protocolo firmado com Rufino de Elizalde, ministro das Relações Exteriores do governo de Buenos Aires. O Uruguai intrincou ainda mais a situação com um desaire ao Imperador e o impasse sobreveio, uma vez que a Argentina, desconfiada ou informada das gestões de Lapido em Assunção, não anuiu ao nome de López. Mauá, que sustentava financeiramente o governo de Berro e considerava Flores um "estúpido e miserável gaúcho",[66] cujos adeptos não passavam de "salteadores",[67] advertiu então Herrera que a

A EXPANSÃO DO BRASIL E A FORMAÇÃO DOS ESTADOS

consequência daquele procedimento seria substituir a aliança do Brasil pela do Paraguai, o que equivaleria a trocar uma "prenda de paz" por outra que só poderia atiçar a guerra.[68] Ele, apostando em defender uma política em que os "princípios de ordem e legalidade" prevalecessem e se evitassem as complicações internacionais, como convinha aos seus investimentos no Uruguai e na Argentina, compreendeu que, "perdendo-se apoio do Brasil para essa política, e me parece que está perdido, os elementos em fermentação nesses países são demasiado incandescentes para não produzirem uma explosão".[69]

O governo imperial, a princípio, manteve-se oficialmente neutro. Quando a sublevação colorada irrompeu no Uruguai, no primeiro semestre de 1863, ele ainda enfrentava uma grave crise, que se arrastava desde 1862 e que o levou ao rompimento de relações diplomáticas e à beira da guerra com a Grã-Bretanha. Não convinha, portanto, envolver-se diretamente em outro conflito, à sua retaguarda. E preferiu deixar que Flores se incumbisse da tarefa de desestabilizar o governo de Berro, tanto mais quando já possuía antigos laços com ele, a quem ajudara, em 1854, a derrubar o governo de Giró. Mas o Rio Grande do Sul era a *vagina gentium*, a mãe sempre fecunda de um número incalculável de colonos, que, durante décadas, habitaram o Estado Oriental, e tomou a iniciativa de intervir. Antes mesmo do desembarque de Flores no Rincón de las Gallinas, a 18 de abril de 1863, Herrera denunciara a José Inácio de Avelar Barbosa da Silva, encarregado de negócios da Legação imperial, que bandos armados de brasileiros e uruguaios se concentravam no município de Alegrete não se sabendo qual o objetivo, se era o de simplesmente atravessar a fronteira e roubar gado.[70] O brigadeiro David Canabarro, comandante da fronteira de Quareim, negou que houvesse tais preparativos.[71] Na verdade, porém, as autoridades de fronteira, a despeito da orientação do governo imperial, colaboravam, ativamente, com Flores, ao qual aqueles grupos armados, com organização militar e sob o comando de oficiais das milícias de Canabarro, logo se juntaram e atacaram os povoados de Santa Rosa e San Eugenio.[72] Cerca de 2 mil brasileiros integraram então o exército de Flores,[73] recebendo armas, munições e dinheiro de influentes líderes políticos do Rio

Grande do Sul, tais como o general Manuel Marques de Souza (marquês de Porto Alegre) e Manuel Luis Osório (marquês de Herval), vinculados aos liberais do Partido Progressista, que dominavam o Parlamento do Império e, em decorrência, o Conselho de ministros, desde 1862.

No começo do ano de 1864, a situação interna tanto no Uruguai quanto no Brasil radicalizou-se. O mandato de Berro terminou e Atanasio Aguirre, da facção mais agressiva e extremada dos blancos, assumiu provisoriamente a Presidência da República. No Brasil, Zacarias de Goes e Vasconcelos, ex-presidente da Província do Paraná (quando denunciara a "temível concorrência da erva paraguaia") e líder do Partido Progressista, voltou a organizar novo Gabinete e o brigadeiro honorário Antônio de Souza Neto, saladeirista e estancieiro no Uruguai,[74] apareceu no Rio de Janeiro, a reclamar a intervenção contra o governo de Montevidéu, por modo a coibir supostos maus-tratos e perseguições aos brasileiros residentes naquele país. As ameaças que ele fez — prevendo um atrito do governo imperial com o Rio Grande do Sul, caso não afrontasse o Uruguai — eram um pouco menos que fanfarrices próprias de alguns gaúchos, para efeito de retórica e agitação. O Rio Grande do Sul, em pendência com os blancos no Estado Oriental, não tinha realmente o propósito nem condições domésticas e internacionais, naquele instante, para reproduzir a guerra dos farrapos e, recriando a República de Piratini, arrostar outra vez o governo imperial. Não obstante todas as especificidades sociais, políticas e culturais que a diferençavam do resto do país, aquela província estava jungida ao mercado brasileiro pelos seus produtos básicos, incapazes de competir, livremente, no comércio internacional com os similares, oriundos de outras áreas da Bacia do Prata.[75] Também o governo de Mitre (e esta seria a única opção de apoio externo para eventual rebelião naquela província), lutando contra fortes tendências separatistas no interior da Argentina, não correria o risco de incentivá-las no Brasil, cuja simpatia requestava. E, ademais, o que a expansão mundial do capitalismo requeria, naquele momento de gestação do monopólio, não eram a fragmentação e o amesquinhamento dos Estados e sim sua unidade, fortificação e, se possível, espraiamento, a exemplo do que ocorria na Itália, na Alemanha, nos Estados Unidos e na

A EXPANSÃO DO BRASIL E A FORMAÇÃO DOS ESTADOS

própria Argentina. Os conflitos, em que os povos da Bacia do Prata então se emaranhavam, decorriam, numa boa proporção, da necessidade sentida e manifestada pelos núcleos comerciais de Buenos Aires e Montevidéu de desbordarem seus limites e, expandindo e integrando espaços econômicos, criarem Estados-nações viáveis onde não havia propriamente nem nações nem Estados. Daí porque os blancos, cujas bases sociais mais ou menos se assemelhavam às dos unitários ou liberais de Buenos Aires, com eles se chocavam, ao tentarem contrapor à República Argentina, ainda em construção, outro projeto de Estado, que fundiria o Uruguai e o Paraguai e, talvez, Entre Rios e Corrientes, tal como Herrera idealizara. Um Rio Grande do Sul sublevado, em conflito com o governo imperial e, simultaneamente, em guerra contra os blancos no Uruguai, não se ajustaria, é certo, àquela conjuntura.

O que o governo imperial receou não foi exatamente chocar-se com aquela província, mas perder o controle da situação, com desgaste para sua autoridade, deixando que os gaúchos continuassem com a iniciativa, que eles tomaram, de fazer a guerra ao governo de Montevidéu. Por isto o gabinete de Zacarias de Goes e Vasconcelos enviou ao Estado Oriental, em missão extraordinária, o conselheiro José Antônio Saraiva, acompanhado pelo almirante Tamandaré, com uma poderosa esquadra, a pretexto de exigir "reparação aos agravos" supostamente sofridos por súditos brasileiros e, caso não a obtivesse, ordenar a execução de represálias. O objetivo da missão era, evidentemente, criar condições políticas e justificar a invasão do Uruguai, que o marechal de campo João Propício Mena Barreto, a concentrar tropas na fronteira, comandaria, em consonância com as operações navais de Tamandaré, orientado por D. Pedro II, para secundar a diplomacia de Saraiva com mais força.[76] O próprio Saraiva, dois dias depois de apresentar suas credenciais a Aguirre (12 de maio de 1864), sugeriu ao conselheiro João Pedro Dias Vieira, ministro dos Negócios Estrangeiros do governo imperial, que, como o prolongamento da guerra civil tornava inevitável a intervenção, "seria mais generoso apressar desde já este acontecimento", pois se criara "uma situação mais desgraçada para os brasileiros residentes na República e para o nosso avultado comércio".[77] E acrescentou que "a paz

216

desta República não é um interesse simplesmente oriental; é um interesse brasileiro e dos mais graves".[78]

Em seguida, ao encontrar-se com Rufino de Elizalde e Edward Thornton, ministro plenipotenciário da Grã-Bretanha, que já estava a atuar na qualidade de mediador entre os governos de Montevidéu e Buenos Aires, decidiu, junto com eles, realizar ainda gestões em busca de um entendimento entre Aguirre e Flores como condição preliminar para o ajuste das questões entre o Uruguai e seus vizinhos. De certa forma também era preciso ganhar tempo até que as tropas brasileiras se concentrassem no Rio Grande do Sul e ele obtivesse a aquiescência do governo de Buenos Aires para a intervenção. Àquela altura, a campanha para que o governo imperial determinasse a invasão do Uruguai recrudesceu, com o deputado Felipe Nery denunciando que Leandro Gomez, comandante da cidade de Paysandu, mandara açoitar, em praça pública, um soldado brasileiro, gaúcho de Pelotas, que participava das hostes de Flores.[79] E a missão de Saraiva recebeu várias críticas no Parlamento, tanto dos que queriam quanto dos que condenavam a intervenção. O deputado Ferreira da Veiga considerou a iniciativa de pacificação, que ele tomou, como "inconveniente e irregular pela presença do ministro inglês, não do ministro inglês acreditado junto a Montevidéu, mas acreditado junto a Buenos Aires".[80] Mais inconveniente e irregular ainda porque o Império do Brasil não mantinha relações diplomáticas com a Grã-Bretanha e porque a pacificação, segundo ele, só interessava à Argentina. O deputado Junqueira, lembrando, por outro lado, que o povo brasileiro se levantara, um ano antes, contra a Grã-Bretanha, cujos navios de guerra realizaram atos de retaliação nas proximidades do Rio de Janeiro, disse que aquele não era um "modo conveniente de se tratar com um país com o qual se estava em paz". E acentuou que "o Exército brasileiro, indo exercer represálias no Estado Oriental, cometerá esses atos inúteis de vandalismo, que a Europa civilizada acaba de condenar, praticados pelos prussianos, quando bombardearam uma cidade da Dinamarca".[81]

Os esforços de pacificação, que Saraiva empreendera juntamente com Thornton e Elizalde, malograram, porém, devido ao fato de que

A EXPANSÃO DO BRASIL E A FORMAÇÃO DOS ESTADOS

Aguirre, já confiante talvez no apoio do Paraguai, recusou-se a modificar seu Ministério, o que implicaria uma vitória quase completa de Flores, já a controlar mais da metade do território do Uruguai. No dia 4 de agosto de 1864, Saraiva então passou a nota do *ultimatum* a Herrera, que a devolveu como indigna de "permanecer nos arquivos orientais",[82] e tratou de obter do governo de Buenos Aires o assentimento para a intervenção direta das forças brasileiras de terra e mar no Uruguai.[83] O governo de Montevidéu não recuou ante a atitude de Saraiva, que dera um prazo de seis dias para o atendimento das reclamações, e em 30 de agosto rompeu as relações diplomáticas com o Império do Brasil. No mesmo dia, o Paraguai, através de nota de seu ministro das Relações Exteriores, José Berges, entregue ao ministro do Brasil em Assunção, Cezar Sauvan Viana de Lima, manifestou-se disposto a não consentir que tropas brasileiras, quer fossem navais ou terrestres, ocupassem parte do território da República Oriental do Uruguai, em execução da alternativa do *ultimatum*, por julgar tal operação atentatória ao equilíbrio dos Estados do Prata.[84] Esta ideia de "equilíbrio dos Estados do Prata" significava, em outros termos, o projeto de estabelecimento do eixo Montevidéu-Assunção, a espinha dorsal do embrião do novo Estado que se contraporia, com a provável adesão de Entre Rios e Corrientes, à República Argentina e ao Império do Brasil.

NOTAS

1. Antônio Gramsci, *Maquiavel, a política e o Estado moderno*, 2ª ed., Rio de Janeiro, Civilização Brasileira, 1976, p. 191.
2. Ibidem, p. 191.
3. Ibidem, p. 192.
4. Ibidem, p. 192.
5. Karl W. Deutsch, "On the concepts of politics and power," in John C. Farrel e Asa P. Smith (eds.), *Theory and Reality in International Relations*, Nova York, Columbia University Press, 1966, p. 52.
6. J. F. Normano, *Evolução econômica do Brasil*, São Paulo, Companhia Editora Nacional, 1939, p. 110.

LUIZ ALBERTO MONIZ BANDEIRA

7. Muitos historiadores absorvem a versão oficial e repetem, como José Honório Rodrigues, que "a política de intervenções era um complemento da política de equilíbrio do Prata, visando a acabar com o regime de caudilhismo que ameaçava nossas fronteiras e impedir a implantação de governos instáveis". José Honório Rodrigues, *Interesse nacional e política externa*, Rio de Janeiro, Civilização Brasileira, 1966, p. 23. A ideia do equilíbrio na Bacia do Prata surgiu com os blancos e López a encampou. O Império do Brasil, àquela época, o que pretendeu foi manter e aumentar sua influência, como a única potência na América do Sul. Só posteriormente, com o desenvolvimento da Argentina, foi que se passou a falar de equilíbrio, equivalência naval etc. O mesmo historiador ainda afirma que "de 1850 a 1870 o problema fundamental de nossa política externa consistiu em defender nossa segurança" e que, "lançando-nos na garantia do Uruguai e do Paraguai, a política inglesa tornou continental e regional nossa política exterior". Esta observação também os documentos não confirmam. Pelo contrário, o Foreign Office sempre suspeitou das pretensões do Brasil em relação ao Uruguai. Vide Ofício Confidencial, de Carvalho Moreira a Cansanção de Sinimbu, Legação Imperial do Brasil na Grã-Bretanha, Londres, 5/5/1860, Ofícios Reservados e Confidenciais, 217-3-13, AHI.

8. J. A. Oddone, op. cit., p. 40. Este é o mais lúcido estudo sobre a política do Brasil e de Mauá no Uruguai durante o século XIX.

9. De Maillefer a Drouyn de Lhuys, Montevidéu, 5/3/1854, in *Revista Histórica*, nº 51, pp. 440-451. De Maillefer a Drouyn de Lhuys, Montevidéu, 5/6/1854, ibidem, pp. 475-487. De Maillefer a Drouyn de Lhuys, Montevidéu, 4/10/1854, pp. 507-513.

10. De Maillefer a Drouyn de Lhuys, Montevidéu, 6/3/1855, pp. 563-569. De Maillefer a Drouyn de Lhuys, anexo ao despacho político de 6/3/1855, confidencial, pp. 570-573. De Maillefer a Drouyn de Lhuys, Montevidéu, 6/4/1855, pp. 574-580.

11. J. A. Oddone, op. cit., p. 41.

12. Ibidem, p. 41.

13. Já iniciada a guerra contra o Brasil, o governo de López tentou obter um empréstimo de 300 mil a 500 mil patacões na praça de Buenos Aires, segundo carta de Felix Egusquiza a Cândido Bareiro, datada de 11/2/1865. Apud coronel Arturo Bray, *Solano López (soldado de la gloria y del infortunio)*, Buenos Aires, Guillermo Kraft Ltda., 1945, p. 256.

14. Carta de Mauá a Andrés Lamas, novembro de 1860, in Visconde de Mauá, *Correspondência política de Mauá no Rio da Prata: 1850-1885*, pp. 116-122.

15. R. Puigross, op. cit., pp. 176-182.

A EXPANSÃO DO BRASIL E A FORMAÇÃO DOS ESTADOS

16. Carta de B. Mitre, datada de 17 de dezembro de 1869, publicada em *La Tribuna Buenos Aires*, apud C. A. Bray, op. cit., pp. 273-274.

17. J. A. S. de Souza, *A vida do visconde do Uruguai*, p. 585.

18. Homero Baptista de Magalhães, *Argentina-Brasil (sentido de sus relaciones económicas)*, Buenos Aires, Editorial Losada, 1945, p. 21. Juan Carlos Pereira Pinto, *Temas de Historia Económica y Social Argentina durante el Siglo XIX*, Buenos Aires, Editorial el Coloquio, 1975, pp. 117-180.

19. Vide, por exemplo, a carta de Mauá a Andrés Lamas, novembro de 1860, in Visconde de Mauá, *Correspondência política...*, pp. 116-117.

20. "A vida do campo desenvolveu no gaúcho as faculdades físicas, sem nenhuma das da inteligência." Domingo Sarmiento, *Facundo*, Rio de Janeiro, Imprensa Nacional, 1938, p. 46.

21. J. A. S. de Souza, *A vida do visconde do Uruguai*, p. 586.

22. Ibidem, p. 586.

23. Ibidem, pp. 588-589.

24. De Frank Parish a lorde Malmesbury, Buenos Aires, 30/12/1858, PROFOó-211.

25. J. A. S. de Souza, *A vida do visconde do Uruguai*, p. 589.

26. Juan Bautista Alberdi, notável escritor e encarregado de negócios da Confederação Argentina junto ao governo de Londres, foi o principal responsável pela versão de que o Império do Brasil favorecia a separação definitiva de Buenos Aires. E isto ele o fez com o objetivo de compelir o Foreign Office a apoiar o governo de Urquiza. Em *memorandum* ao Foreign Office, este declarou: "O Brasil, pondo-se às ordens de Urquiza, cooperou para esse resultado (derrubada de Rosas e abertura dos rios), com o objetivo, entre outros, de dividir com Buenos Aires o privilégio da navegação interior; mas, quando viu que a Confederação proclamava a liberdade de seus rios para as marinhas da Europa, retirou sua afeição ao governo nacional argentino, que apoiava sua organização na liberdade fluvial, e a depositou no governo de Buenos Aires, que coincidia com ele em sua resistência à liberdade fluvial ilimitada." Mais adiante, ele acrescentou: "Na integridade argentina existe também a barreira mais forte que se poderia pôr às pretensões do Brasil dirigidas para estabelecer sua preponderância no Rio da Prata, precisamente em favor do desmembramento argentino. A separação recente de Buenos Aires, suscitada em grande parte pelo Brasil mesmo, deu ocasião a esse Império para ocupar a Banda Oriental do Rio da Prata contra o teor dos tratados celebrados sob os auspícios da Grã-Bretanha, nos quais a independência da República Original do Uruguai se originou." "Memorandum del Encargado de Negocios de la Confederación Argentina, pasado al Gobierno de S. M. Britânica el 4 de

agosto de 1855, sobre la situación política de las Repúblicas del Plata en sus relaciones con los intereses británicos de navegación y comercio, sobre los obstáculos que se desarrollan contra los tratados de libertad fluvial y sobre la necesidad, y los medios pacíficos de removerlos desde ahora". Londres, 4 de agosto de 1855, Juan. B. Alberdi, Documento nº 2, Legajo 7.4.51, AGN-A. O que Alberdi procurava; e isso transparece nitidamente neste e em outros documentos, era explorar e estimular o antagonismo da Grã-Bretanha com o Brasil e assim contrapor-se às pressões que o Foreign Office recebia para apoiar a separação definitiva de Buenos Aires. Como, à primeira vista, o interesse do Brasil deveria ser o desmembramento da Argentina (e havia quem pensasse assim), essa versão entrou na história como verdadeira, impedindo a compreensão de um problema muito mais complexo e de rivalidade existente entre o Brasil e os países da Europa, sobretudo França e Grã-Bretanha, na Bacia do Prata.

27. Carta de Andrés Lamas ao barão de Mauá, Rio de Janeiro, 8/7/1859, in Visconde de Mauá, *Correspondência política...*, pp. 100-102.

28. Carta de Mauá a Andrés Lamas, Rio de Janeiro, 17/9/1859, pp. 103-104.

29. Essa lei beneficiava com isenções as mercadorias que entrassem na Confederação por outros portos que não o de Buenos Aires e onerava com gravames as que por lá saíssem. Seu objetivo era fundamentalmente animar o porto de Rosario. R. Puigross, op. cit., pp. 181-182.

30. Rudolf Hilferding, *El capital financiero*, Madri, Editorial Tecnos, 1973, p. 377 Colección de Ciências Sociales.

31. Carta de Francisco Otaviano de Almeida Rosa ao barão de Cotegipe, Buenos Aires, 8/6/1865, in Almeida Rosa, *Cartas de Francisco Otaviano*, coligidas, anotadas e prefaciadas por Wanderley Pinho, Rio de Janeiro, Civilização Brasileira/Instituto Nacional do Livro, 1977.

32. Documiento nº 484 — Borrador de Rufino de Elizalde: Aportes pecuniarios para la revolución del general Cezar Díaz — Buenos Aires, enero de 1858. Doc. nº 485 — Recibo a nombre de Bartolomé Mitre por el importe de 230 fusiles — Buenos Aires, 27 de enero de 1858, in *El Doctor Rufino de Elizalde y su época vista a través de su archivo*, tomo III, pp. 109-110.

33. O presidente Gabriel Pereira, quando sucedeu a Flores no governo do Uruguai, tentou extinguir os velhos partidos blanco e colorado e promover a união nacional. Pouco tempo depois, os colorados conservadores, liderados por Flores e Juan Carlos Gómez, romperam, entendendo que Pereira estava entregando o poder aos blancos.

34. Em parecer datado de 2 de abril de 1857, o visconde do Uruguai previu que, "desprendida a República Oriental dos últimos laços da aliança que conosco

A EXPANSÃO DO BRASIL E A FORMAÇÃO DOS ESTADOS

celebrara, findo daqui a quatro anos o prazo de dez marcado no art. 49 do Tratado de 12 de outubro, poderá ela impor no gado em pé que das estâncias entre o Arapehy e o Quaraim é importado na Província do Rio Grande do Sul. Poderá mesmo tornar esse imposto proibitivo. Perderá com isso? Não. Porque beneficiando esse gado, há-de ter um mercado seguro no Brasil para o seu charque, visto que o que fornecem a Província do Rio Grande do Sul e Buenos Aires é insuficiente para o nosso consumo". Apud J. A. S. de Souza, *A vida do visconde do Uruguai*, p. 515. Vide também C. Machado, op. cit., pp. 200-204. "A medida respondia não só ao afã de lograr maiores rendas para o Estado, como também, fundamentalmente, à pressão dos saladeiros orientais que se queixavam da concorrência desleal dos estabelecimentos brasileiros." J. P. Barrán, op. cit., p. 83.

35. J. P. Barrán, op. cit., p. 83.
36. Ibidem, p. 65.
37. Despacho n° 4, Henderson ao Foreign Office, Assunção, 28/3/1855, PRO-FO59-12.
38. A. Teixeira Soares, *O drama da Tríplice Aliança*, Rio de Janeiro, Editora Brand, 1956, p. 142. Hugo Licandro, "La Guerra del Paraguay (sus orígenes y la lucha diplomática)", in *Guerra y Revolución en la Cuenca del Plata — Cinco Años Cruciales — 1863-1868*, Cuadernos de Marcha, n° 5, set. 1967, Montevidéu, pp. 79-80.
39. Memoria para las negociaciones con Limpo de Abreu, Legación de la República Oriental del Uruguay, Rio de Janeiro, 25/10/1854, Andrés Lamas, carpeta 1, caja 132, Archivo de Andrés Lamas, AGN-U.
40. Ibidem.
41. Temístocles Linhares, *História econômica do mate*, Rio de Janeiro, Livraria José Olympio Editora, 1969.
42. Pareceres do Conselho de Estado, Consulta n° 121, Rio de Janeiro, 17/7/1847 AHI. Vide também R. A. Ramos, *Juan Andrés Gelly*, pp. 332-333.
43. Juan José Fernandez, *La República de Chile y el Império del Brasil (historia de sus relaciones diplomáticas)*, Santiago de Chile, Editorial Andrés Bello, 1959, p. 36. "O comércio de erva-mate com os países platinos se desdobra, valendo-se da dificuldade das comunicações com o Paraguai, cerrado ao resto do mundo enquanto o governou o Doutor Francia. Só se vende em Buenos Aires o 'mate de Paranaguá.'" P. Calmon, *História social do Brasil*, 2° tomo, p. 151. Eulalia Maria Lahmeyer Lobo, *História político-administrativa da agricultura brasileira — 1808-1889 (pesquisa financiada pelo Ministério da Agricultura)*, Rio de Janeiro, s/ed, s/d, pp. 50, 51, 153 e 154. T. Linhares, op. cit., pp. 82, 98, 105, 126 e 127.

44. B. Poucel, op. cit., p. 168. T. Linhares, op. cit., p. 49. J. H. Williams, op. cit., p. 171.

45. Em 1862, Antônio Barbosa Gomes Nogueira, na mensagem à Assembleia Provincial, declarou: "A exportação da erva-mate está passando por uma verdadeira crise: sendo toda sua produção realizada nos mercados das Repúblicas do Prata e do Pacífico, todas as revoluções que nelas se dão, e com especialidade nas primeiras, têm eco doloroso nesta praça; eco cuja repercussão se estende até a paralisação de semelhante ramo de exportação. Acresce a estas circunstâncias, já em si péssimas, que alguns especuladores daqueles Estados, visando ao lucro que podiam auferir no monopólio deste comércio, têm feito grandes plantações de erva, cujo fabrico a torna muito superior em qualidade ao desta Província." Antônio Barbosa Gomes Nogueira, *Relatório*, Curitiba,Typ. do Correio Oficial, 1862, p. 22, apud T. Linhares, op. cit., p. 128. A alusão era, evidentemente, ao Paraguai.

46. George Thompson, *La Guerra del Paraguay*, Assunção, RP Ediciones, 2003, p. 21.

47. Cel. A. Bray, op. cit., pp. 360-362.

48. Ibidem, pp. 151-153.

49. R. A. White, op. cit., in *Estudios paraguayos*, vol. III, nº 2, p. 97.

50. T. Linhares, op. cit., p. 251.

51. Cel. A. Bray, op. cit., p. 180.

52. Carta Francisco Solano López a Gregorio Benitez, Asunción, 20/4/1862, in Francisco Solano López, *Pensamiento político*, Buenos Aires, Editorial Sudestada, 1969, pp. 89-91.

53. Despacho de Charles A. Washburn a William H. Seward, secretário de Estado dos Estados Unidos, Assunção, 2/11/1862. Apud Cel. A. Bray, op. cit., pp. 181-182.

54. A. Teixeira Soares, *O drama da Tríplice Aliança*, pp. 143-156. H. Licandro, op. cit., in *Cuadernos de Marcha*, pp. 79-80. T. Fragoso, op. cit., I vol. pp. 157-180.

55. De Maillefer ao conde Walewski, ministro das Relações Exteriores de França, Montevidéu, 28/12/1859, in *Revista Histórica*, ano XLVII, tomo XIX, nos 55-57, set. 1953, Montevidéu, p. 280.

56. De Maillefer a Walewski, Montevidéu, 28/11/1859, *Revista Histórica*, nos 55-57, pp. 272-277.

57. Ibidem, p. 276.

58. Pró-memória das notícias recém-chegadas do Rio da Prata que fazem urgente (...) a abertura de hum caminho da Villa de Antonina à de Miranda (...), Rio de Janeiro, 8/8/1862, Duarte da Ponte Ribeiro, pasta 3, maço 4, lata 266,

A EXPANSÃO DO BRASIL E A FORMAÇÃO DOS ESTADOS

AHI. Consideração sobre a urgência de abrir hum caminho desde a Villa de Antonina até a de Miranda, para as comunicações com a Província de Mato Grosso (...) Rio de Janeiro, 26 e 30 de setembro de 1862, pasta 3, maço 4, lata 266, AHI. Extrato de um *Memorandum* dirigido ao governo imperial em data de junho de 1862 por Duarte da Ponte Ribeiro, pasta 3, maço 4, lata 266, AHI.

59. H. Licandro, op. cit., in *Cuadernos de Marcha*, nº 5, pp. 79-80.

60. A. Teixeira Soares, *O drama da Tríplice Aliança*, p. 142. T. Fragoso, op. cit., pp. 157-158.

61. "Muitos poucos esforços seriam necessários para que a população francesa fora mais numerosa que a população oriental. A República do Uruguai formaria então uma colônia francesa, que não imporia nenhuma carga à mãe-pátria e lhe proporcionaria, pelo contrário, as maiores vantagens, segurando ao comércio vastos mercados sobretudo hoje em dia em que não se pode falar em navegação nos rios." Nota de John Le Long a Drouyn de Lhuys, Montevidéu, 25/9/1853, Informes de Maillefer, in *Revista Histórica*, nº 51, p. 527. Desde a década de 1880, os franceses começaram a investir sobre a Bacia do Prata, procurando o controle de Montevidéu. Jogaram com Rivera e Lanvalle, bem como com Rivadávia. Tentaram ainda penetrar na Bolívia por meio do general Santa Cruz e também se voltaram para o Chile. Carta de Woodbine Parish ao capitão Bowels (Private), Londres, 14/2/1859, PRO-FO354-9.

62. Carvalho Moreira ao conselheiro Bevenuto Augusto de Magalhães Taques, ministro dos Negócios Estrangeiros, Londres, 22/2/1861, reservado, Ofícios Confidenciais e Reservados, 217-3-12, AHI. Nota de Carvalho Moreira ao conde Russel, Londres, 19/10/1861, cópia, Ofícios Confidenciais e Reservados, 217-3-12, AHI. Maillefer ao Sr. Thouvenel, ministro das Relações Exteriores de França, Montevidéu, 30/3/1862, in *Revista Histórica*, nᵒˢ 55-57, pp. 355-360. Instruções de Thouvenel a Maillefer, Paris, 24/3/1862, in *Revista Histórica*, nᵒˢ 55-57, pp. 361-362. Maillefer a Thouvenel, Montevidéu, 29/7/1862, ibidem, pp. 370-375. Vide também A. Teixeira Soares, *Diplomacia do Império no Rio da Prata*, p. 236.

63. Herrera acreditava que o Brasil deveria intervir contra Flores e, consequentemente, contra a Argentina, se conservasse fidelidade aos tratados de 1851. T. Fragoso, op. cit., I vol., p. 167. A. Teixeira Soares, *O drama da Tríplice Aliança*, p. 145.

64. H. Licandro, op. cit., in *Cuadernos de Marcha*, nº 5, pp. 79-80.

65. López pedira a Octavio Lapido que o Uruguai lhe desse, "nas questões internacionais, a parte, mais honrosa e respeitável em relação aos demais gover-

224

nos". Informação de Aureliano Berro, apud T. Fragoso, op. cit., I vol., p. 103.

66. Carta de Mauá a Andrés Lamas, Montevidéu, 3/8/1863, in Visconde de Mauá, *Correspondência política*.... p. 149.

67. Carta de Mauá a André Lamas, Rio de Janeiro, 7/6/1863, p. 144. Carta de Mauá a André Lamas, Montevidéu, 9/11/1863, p. 160.

68. Carta de Mauá a Juan José Herrera, Buenos Aires, 18/11/1863, pp. 160-161.

69. Ibidem, p. 161.

70. Nota de Juan José de Herrera a Inácio de Avelar Barbosa da Silva, Montevidéu, 31/3/1863, carpeta I, caja 143, Archivo de Andrés Lamas, AGN-U.

71. Nota da Legação Imperial do Brasil, I. A. Barbosa da Silva a Juan José de Herrera, Montevidéu, 14/4/1863. Nota de Juan José de Herrera a Barbosa da Silva, Montevidéu, 24/4/1863, carpeta 1, caja 143, Archivo de Andrés Lamas, AGN-U.

72. Nota de Herrera a Barbosa da Silva, Montevidéu, 28/4/1863. Nota de Herrera a Barbosa da Silva, Montevidéu, 8/5/1863, carpeta I, caja 143, Archivo de Andrés Lamas, AGN-U.

73. T. Fragoso, op. cit., 1 vol., p. 109.

74. "Oh! famoso patriota, que, por seus interesses pessoais, levou o imbecil governo do conselheiro Zacarias a fazer a guerra ao partido blanco, e foi assim uma das causas de tudo isto." André Rebouças, *Diário da Guerra do Paraguai (1866)*, introdução e notas de Maria Odila Silva Dias, São Paulo, Instituto de Estudos Brasileiros da Universidade de São Paulo, 1973, p. 24. O brigadeiro honorário Antônio de Souza Neto era um poderoso saladeirista, que enriquecera como fornecedor de carne para o exército de Oribe, durante os nove anos do cerco de Montevidéu. Quando o governo de Berro estabeleceu o imposto sobre as exportações de gado em pé e elevou outros tributos, ele se voltou contra os blancos e começou a agitar em favor da intervenção brasileira no Estado Oriental, tendo como porta-voz o deputado Felipe Nery.

75. J. M. Carvalho, op. cit., p. 172.

76. L. Besouchet, op. cit., p. 133.

77. Saraiva ao conselheiro João Pedro Dias Vieira, Montevidéu, 14/5/1864, 1ª Seção, Missão Especial do Brasil (Confidencial), in *correspondência e documentos oficiais relativos à missão especial do conselheiro José Antônio Saraiva ao Rio da Prata em 1864*, Typ. do *Diário*, 1872, pp. 8-9.

78. Ibidem, pp. 8-9.

79. Discurso do deputado Felipe Nery (Pedido de Informações) em 28/5/1864, in *Annaes da Câmara dos Srs. Deputados*, 2º Anno da 12º Legislatura, Sessão de 1864, tomo I, Typ. Imperiale Constitucional de J. Villeneuve & C., 1864,

A EXPANSÃO DO BRASIL E A FORMAÇÃO DOS ESTADOS

pp. 215-217. Discurso do ministro da Marinha, Sessão em 16/8/1864, pp. 137-138.

80. Discurso do deputado Ferreira da Veiga em 16/8/1864, pp. 130-132.

81. Discurso do deputado Junqueira em 16/8/1864, pp. 138-142.

82. Apud T. Fragoso, op. cit., 1 vol., p. 126.

83. Nota do conselheiro Saraiva ao general Mitre, Buenos Aires, 2/9/1864, doc. 6144, carpeta 1, caja 20, Archivo Inédito de Bartolomé Mitre. Este documento reitera os termos das conversações mantidas entre Mitre, Elizalde e Saraiva antes da entrega do *ultimatum* ao governador de Montevidéu.

84. Nota de José Berges a Cezar Sauvan Viana de Lima, Assunção, 30/8/1864, in T. Fragoso, op. cit., p. 199.

Capítulo XI

LÓPEZ E O ESTADO DO PARAGUAI • A PREPARAÇÃO DA GUERRA E A DOUTRINA DO EQUILÍBRIO POLÍTICO NA BACIA DO PRATA • FATORES DO CONFLITO • O OBJETIVO DAS OPERAÇÕES DE LÓPEZ • ARMAS NORTE-AMERICANAS PARA O PARAGUAI ATRAVÉS DA BOLÍVIA • O TRATADO DA TRÍPLICE ALIANÇA • A DISPUTA DOS ERVATAIS DE MATO GROSSO • A POSIÇÃO DA GRÃ-BRETANHA, DOS ESTADOS UNIDOS E DA FRANÇA NO CONFLITO

Os esforços do governo de Berro, visando a estabelecer com o de López uma conexão comercial e política, frutificaram, porque correspondiam às necessidades objetivas tanto do Uruguai quanto do Paraguai. Se é certo que a classe mercantil de Montevidéu se voltava para o Paraguai (e também para Entre Rios e Corrientes), da mesma forma que a de Buenos Aires, mais poderosa, para as províncias do interior e do litoral da Bacia do Prata, por modo a expandir seus negócios, o Paraguai, em função do desenvolvimento que alcançara, precisava igualmente aumentar o comércio com o exterior, a fim de assegurar a continuidade e o ritmo de seus investimentos, mediante a importação de tecnologia estrangeira, como até então o fizera. E isto o impulsava a ressurtir de sua concha, a projetar-se cada vez mais para fora de suas fronteiras, a imiscuir-se nas contendas da Bacia do Prata, a buscar seu Lebensraum. O Uruguai tinha os portos. O Paraguai, as armas.

Apesar de todo o progresso econômico e militar, o Paraguai conservara, entretanto, uma estrutura política bastante primitiva, que a absorção da tecnologia estrangeira, rebaixada em nível geral de atraso e

A EXPANSÃO DO BRASIL E A FORMAÇÃO DOS ESTADOS

pobreza de suas relações de produção, fortaleceu. O Estado, a baloiçar sobre os *self-sustaining members of community*, resumia-se no poder onímodo de um homem, que, oriundo da rediviva oligarquia de latifundiários, debilitada por Francia, mas não extinta, exercia despoticamente a coerção política, através de vasta rede de *pyragüe* — alcaguetes infiltrados em todas as casas e locais de trabalho —, e administrava o país como se fosse sua propriedade privada. Este sentimento de posse era tal que, após assumir a Presidência da República, Francisco Solano López dirigiu-se à sua companheira, a escocesa Elisa Alicia Lynch, e lhe disse em francês: *"Madame, depuis ce soir, le Paraguay c'est moi!"*[1]

O engenheiro britânico George Thompson (1839-1876), que trabalhou para o governo paraguaio até dezembro de 1868, quando foi preso pelos Aliados, escreveu, em suas memórias, que *"probablemente el espectáculo de los grandes ejércitos europeos le sugirió la idea de imitarlos, y de representar en Sud América el papel de Napoleón"*. E acrescentou que *"su misión no tenía otro objeto que el de hacer conocer al Paraguay"*.[2] Não seria de estranhar, portanto, que, ao ensenhorear-se do país, pretendesse ainda proclamar-se imperador, alentado pelo exemplo do México, segundo notícia que Maillefer recebeu em Montevidéu.[3] Ele tomara por modelo Napoleão, não Napoleão, o Grande, mas Napoleão, o Pequeno, autor do golpe de Estado de 2 de dezembro de 1851, que o recebera em Paris e o fascinara com a pompa de sua Corte. Houve realmente certa similitude entre algumas das *idées napoléoniennes* e as que a conduta de López expressou. Ele tornou o Exército *point d'honneur* de sua política, transformou a farda em símbolo do poder, confundiu o próprio ego com a nacionalidade, imaginou a guerra como cena de ópera e o sentimento de propriedade inspirou-lhe o patriotismo. Só não soube fazer a história, conforme as circunstâncias com que diretamente se defrontou, legadas e transmitidas pelo passado. Antes, a história foi que o fez, de acordo com as situações por ele elaboradas, sob o efeito de ilusões no presente e de sonhos para o futuro.[4]

As condições em que López se educou e exerceu o poder, sem dúvida, moldaram-lhe a personalidade e a par com as necessidades objetivas do Paraguai determinaram-lhe o comportamento. General em chefe do

LUIZ ALBERTO MONIZ BANDEIRA

Exército e ministro da Guerra no gabinete de seu pai, antes de completar 19 anos, ele, autodidata, nunca passara pelos escalões inferiores da hierarquia militar nem frequentara qualquer instituto ou academia do gênero, inexistentes, aliás, no Paraguai.[5] Pior ainda, não possuía sequer vivência de guerra, como Flores e tantos outros generais formados nos campos de batalha, porquanto o Paraguai não passara pela prova das lutas civis nem se envolvera em conflitos armados com os demais vizinhos da Bacia do Prata, salvo uma frustrada tentativa de intervir, por volta de 1846, na contenda entre Corrientes e Entre Rios.[6]

O Paraguai, que tinha uma aliança com Corrientes, enviou uma força para combater Entre Rios, com cerca de 4.500 homens sob o comando de Francisco Solano López. Mas nem chegou a travar batalha. E o general argentino José Maria Paz, que o encontrara àquela época, deixou o depoimento de que López não possuía então qualquer espécie de conhecimento militar, "nenhuma ideia de guerra nem do modo de fazê-la".[7] E até ascender à Presidência da República, aos 36 anos, nada extraordinário aconteceu que lhe enriquecesse, substancialmente, a experiência e as noções de guerra.

Da mesma forma, quando substituiu o velho Carlos Antonio no governo de Assunção, seus conhecimentos internacionais consistiam, praticamente, na viagem à Europa, em 1853-54, e na atuação que tivera como mediador entre o Estado de Buenos Aires e a Confederação Argentina, ao final de 1859. Político bisonho e inepto, devido mesmo ao insulamento e ao secular atraso cultural do Paraguai (a supressão do analfabetismo não implicou socialização e atualização de informações), López não percebera, como Maillefer, que a ação oficiosa, porém aberta, do ministro britânico Edward Thornton, pressionando Buenos Aires e a Confederação Argentina em favor de uma solução conveniente ao Foreign Office e aos *bondholders* de Londres, foi o que contribuiu, decisivamente, para a assinatura do Pacto de San José de las Flores e não sua mediação.[8] Acreditou-se, assim, habilíssimo diplomata, além de notável general, e, em face das exigências reais de expansão do Paraguai, ele passou a reivindicar a posição de árbitro entre os países da Bacia do Prata, o que significava, em última análise, aspirar à prevalência e desa-

A EXPANSÃO DO BRASIL E A FORMAÇÃO DOS ESTADOS

fiar o Brasil na região. Em 6 de junho de 1864, escreveu a Felix Egus-quiza, seu agente comercial em Buenos Aires, que "todo o país se vai militarizando e creia você que nos colocaremos em estado de fazer ouvir a voz do governo paraguaio nos sucessos que se desenvolvem no Rio da Prata e talvez cheguemos a tirar o véu da política sombria e encapotada do Brasil".[9]

López preparava-se, obviamente, para intervir na questão do Uruguai e instalar o confronto com o Brasil. Apenas buscava o pretexto e o modo pelo qual poderia inserir-se nos acontecimentos. Já pleiteara, em 1863, que o Uruguai lhe desse, "nas questões internacionais, a parte mais honrosa e respeitável em relação aos demais governos"[10] e escreve-ra a Mitre, admoestando-o, por causa do apoio de Buenos Aires à suble-vação de Flores. E como a indicação de seu nome para a arbitragem das pendências entre o Uruguai e a Argentina malograra, López, onze dias depois de manifestar a Egusquiza seu intuito de "tirar o véu da política sombria e encapotada do Brasil", ofereceu seus bons ofícios ao governo imperial. Comprometido, como estava, com o governo blanco, nenhum país, de certo, aceitaria sua mediação e o Brasil, cujo objetivo, além do mais, era realmente intervir na guerra civil, não a admitiu. José Berges passou então a nota de 30 de agosto a Viana de Lima, advertindo que o Paraguai consideraria a ocupação de qualquer parte do território do Uruguai atentatória ao equilíbrio dos Estados do Rio da Prata, e López começou a preparar a opinião pública para a possibilidade da guerra. Em 12 de setembro, ele anunciou que havia "chamado a atenção do Império do Brasil sobre sua política no Rio da Prata" e esperava que, ante esta "nova prova de amizade e moderação", sua voz não fosse de-satendida.[11] No dia seguinte, em outro discurso, declarou que o perigo até aquele momento não era iminente, pois seu protesto fora condicio-nal, mas concluiu, dizendo que "talvez seja agora a ocasião de mostrar-lhes o que realmente somos e o nível que, por nossa força, e nosso progresso, devemos ocupar entre as Repúblicas sul-americanas".[12]

O Paraguai começou a preparar-se para a guerra contra o Brasil desde o início de 1864, quando, em março, López instalou em Cerro Leon um acampamento para treinamento de 30 mil homens entre 15 e 50 anos, outros 17.000 em Encarnación, 10 mil em Humaitá, 4 mil em Assunção e 3 mil em Concepción. Um total de cerca de 64 mil foram treinados entre março e agosto de 1964.[13] López estava turvado pela ideia de fazer-se ouvir e cria que somente pelo feito das armas, segundo revelou ao ministro norte-americano Charles A. Washburn, o Paraguai poderia obter "o respeito e a atenção", que (ele julgava) o mundo lhe devia, e compelir os outros países a tratá-lo com "mais consideração".[14] O engenheiro britânico George Thompson confirmou, em suas memórias, que López, em novembro de 1864, *"tenía la idea de que el Paraguay solo podría hacerse conocer por la guerra y su ambición y su ambición personal lo precipitaba en este sendero"*.[15] Sabia também que *"los brasileros emplearían mucho tiempo para reunir fuerzas de consideración y que no estarían dispuestos a sostener una guerra tenaz y prolongada"*.[16]

O Paraguai, efetivamente, não possuía o potencial de pressão diplomática que pudesse influir sobre a ação dos demais Estados da Bacia do Prata e alcançar parte dos resultados de uma guerra vitoriosa, sem necessidade de combater. Não contava, aliás, nem com o potencial de pressão diplomática nem com o aparelho diplomático para exprimir e impor uma audiência à voz de López, como queria. Apesar de seu relativo progresso econômico e de sua proporcional força militar, o Paraguai não dispunha dos elementos que poderiam certificar-lhe, nos limites do previsível, o triunfo contra o Brasil. Pelo contrário, Washburn, conquanto instigasse López, contou que o alertara para o fato de que ele iria enfrentar um país cuja população era dez vezes superior à do Paraguai, calculada em torno de 800 mil a um milhão de habitantes,[17] cerca de 10% menos que a população brasileira. Seus recursos eram demasiadamente escassos para empreender uma guerra. E López não era completamente néscio a ponto de não ter consciência de suas desvantagens.

Em instruções a José Berges, datadas de 4 de novembro de 1864, ele reconheceu que, "devido ao predomínio das forças navais do Brasil no Rio da Prata", era "praticamente impossível" socorrer Montevidéu.[18] A fim de enviar, por água, 4 mil soldados (número ainda assim insuficiente) àquela cidade, com o objetivo de a ocupar e proteger, necessitaria

A EXPANSÃO DO BRASIL E A FORMAÇÃO DOS ESTADOS

utilizar 20 navios a vapor, cujo retorno a Assunção era incerto, em virtude da "preponderância marítima do Brasil". E o Paraguai "privar-se-ia de sua Marinha de Guerra, para seus meios de defesa e movimentos fluviais, inabilitando-se para toda ação efetiva contra o Brasil e deixando seu litoral aberto aos insultos do inimigo".[19] López tampouco concordava em discutir a possibilidade de fornecer a Montevidéu um subsídio mensal de 80 mil a 100 mil pesos, uma vez que o Paraguai não tinha condições de desviar seus recursos financeiros, "numa luta cujo fim não se pode prever e para cujo êxito o governo oriental, por sua posição interna, pouco pode contribuir".[20] E argumentava que "a posição topográfica [sic] do Paraguai torna inevitável a estagnação de todas as suas rendas no princípio da guerra, que pode estalar com o Brasil ainda com a Confederação Argentina [sic], ao mesmo tempo".[21]

Como se infere das instruções que passara a José López, Solano López aprestava-se, igualmente, para arrostar a Argentina, ao mesmo tempo em que o Império do Brasil, e já em outubro de 1864 oferecera apoio militar a Urquiza, em quaisquer circunstâncias em que ele se insurgisse contra o governo de Buenos Aires, fosse apenas com Entre Rios e Corrientes ou fosse com todas as outras províncias, que antes integraram a Confederação Argentina. López, entretanto, não tinha meios sequer para mandar 4 mil homens a Montevidéu, não possuía recursos financeiros para emprestar ao aliado, não contava com força naval capaz de desobstruir o Rio da Prata, artéria vital, que o Império do Brasil infalivelmente bloquearia de maneira a sufocar o Paraguai na mesopotâmia, não recebera ainda todo o material bélico encomendado à Europa e, mesmo assim, ia arrojar-se à guerra, cujo fim não podia prever e para cujo êxito o governo blanco, esbarrondando-se, não podia contribuir.[22] Confiou, naturalmente, na dissidência de Urquiza e imaginou que somente lhe bastaria um exército numeroso, da ordem de 65 mil homens,[23] com 600 peças de artilharia e 17 navios de guerra, para desdobrar e modificar, por meio da guerra, as relações políticas entre o Paraguai e o Império do Brasil, numa tentativa de preservar ou estabelecer um equilíbrio, que, em verdade, não existia nem poderia existir, àquela época, entre os Estados da Bacia do Prata.

Vários e complexos fatores, objetivos e subjetivos, entrançaram-se e concorreram para que então os dois países colidissem. Um dos objetivos do Império do Brasil, após abater o governo blanco, seria, ao que tudo indicava, apropriar-se da área mais rica dos ervatais do Paraguai, mediante a fixação da linha de fronteira no Rio Apa, e afastar do mercado "alguns especuladores", entre os Estados da Bacia do Prata, que aumentavam suas plantações, "visando ao lucro que podiam auferir no monopólio" do comércio do mate, conforme preocupação manifestada por Antonio Barbosa Gomes Nogueira, em 1862, à Assembleia Provincial do Paraguai.[24] E López, conquanto premido pela necessidade de incrementar as exportações daquele produto[25] de forma a realizar o capital e garantir o fluxo das importações de equipamentos e, sobretudo, de armas,[26] fez-lhe o jogo, ao afoitar, levianamente, uma guerra, provável, mas não fatal, tanto que o velho Carlos Antonio sempre a conseguira eludir, em outras ocasiões. Naquela conjuntura, o Império do Brasil, com recursos financeiros, políticos e militares incomparavelmente maiores, vantagem geográfica e uma organização de Estado, que se projetava no exterior através de eficiente serviço diplomático, inigualável na América do Sul, e de uma rede de espionagem, empregando agentes secretos em Montevidéu, Buenos Aires, Paraná e Assunção,[27] não considerou nem poderia considerar a advertência de 30 de agosto, se o Paraguai era o alvo que colimava.

Enquanto o marechal de campo João Propício Mena Barreto reunia as tropas, na Província do Rio Grande do Sul, para invadir o Estado Oriental, o barão de Tamandaré, com a esquadra, iniciou as represálias. Atacou alguns navios uruguaios, que transportavam reforços e material bélico para os contingentes leais ao governo blanco, e, aliando-se a Flores,[28] acometeu a Vila de Salto e Paysandu, sem que ao menos o Império do Brasil declarasse guerra ao Estado Oriental. O ministro Edward Thornton, em Buenos Aires, tentou demover Paranhos, que substituíra Saraiva, da execução daquelas "medidas extremas" e alvitrou a sujeição do caso com o Uruguai à arbitragem, observando que, embora as relações diplomáticas entre o Brasil e a Grã-Bretanha estivessem rompidas, seu governo não lhe desaprovaria a iniciativa.[29] Também ponderou que a continuação das hostilidades nada renderia ao Brasil, exceto aumentar

A EXPANSÃO DO BRASIL E A FORMAÇÃO DOS ESTADOS

sua impopularidade, e que o bombardeio de Paysandu, ainda que necessário fosse, gerava-lhe mais inimigos, mesmo entre seus supostos Aliados, os adeptos do general Flores.[30]

A interferência de Thornton, cuja simpatia não era, sem dúvida alguma, pelos blancos, de nada adiantou. Vila de Salto caíra em 12 de novembro, antes da chegada de Paranhos a Buenos Aires. Paysandu, cujo cerco por oito canhoneiras de Tamandaré, 6 mil homens (brasileiros e uruguaios) sob o comando de Flores e 30 peças de artilharia começara em 2 de dezembro, resistiu, durante um mês, até que o bombardeio a reduziu a escombros.[31] E, quando capitulou, os colorados fuzilaram o general Leandro Gómez e todos os oficiais que comandaram a defesa da cidade. Era a réplica ao massacre de Quinteros. O presidente Aguirre, indignado com a ferocidade daquele episódio, decretou a queima de todos os Tratados de 12 de outubro de 1851, em praça pública, ao som do Hino Nacional.[32] E, por outro decreto, tomou um empréstimo forçado de 500 mil patacões ao Banco Mauá e ao Banco Comercial, tornando obrigatória e legal a circulação de suas notas, emitidas até aquele valor, o que, segundo se soube, visou a encobrir e justificar, com a conivência dos gerentes, o fornecimento de recursos financeiros a um governo que estava em conflito armado com o Brasil.[33]

O governo imperial reconheceu, oficialmente, a beligerância de Flores e, com o exército do marechal Mena Barreto já a adentrar e a ocupar o território do Uruguai, Tamandaré, com oito canhoneiras, apareceu, em 2 de fevereiro de 1865, diante de Montevidéu, poupada até ali por se tratar de uma cidade onde o comércio internacional predominava, e, advertindo os navios mercantes e os estrangeiros para que a abandonassem, deu o *ultimatum* ao governo blanco.[34] Aguirre, ainda confiando na ajuda de López e na sublevação de Entre Rios e Corrientes, continuou a repulsar qualquer acordo.[35] E se recusou a renunciar, conforme o corpo diplomático lhe sugerira.[36] Mas, ante a ameaça dos canhões de Tamandaré, o Senado reuniu-se e elegeu Tomás Villalba presidente da República.[37] Foi o golpe de misericórdia. Com a queda de Aguirre, Villalba passou o poder para Flores. Ao término do prazo do *ultimatum*, 15 de fevereiro, o governo blanco não mais existia.

Entrementes, após o ataque de um destacamento brasileiro, por volta de 14 de outubro, à Vila de Melo, no Uruguai, Lopez ordenou a captura do navio *Marquês de Olinda*, que transitava, através do Rio Paraguai, com destino a Mato Grosso, e ordenou a invasão de Corumbá, onde suas tropas, sob o comando dos coronéis Vicente Barrios e Izidoro Resquin, cometeram as maiores atrocidades, fuzilando e lanceando os prisioneiros, bem como violentando as mulheres.[38] As orelhas dos mortos eram cortadas, insertadas em uma corda e pendurada nos cabos dos barcos. Os paraguaios saquearam todas as casas, apoderando-se de todos os bens como butim de guerra.[39] A notícia da invasão do Mato Grosso chegou ao Rio de Janeiro, um mês depois, por meio de Joaquim José Gomes da Silva, barão de Vila Maria, que conseguiu escapar, embrenhando-se no mato, quando sua fazenda foi invadida e o gado roubado pelos paraguaios.[40]

López rompeu então as relações diplomáticas com o governo imperial. Thornton, ao saber da notícia, informou ao Foreign Office, em 9 de dezembro de 1864, que não cria fosse intuito do governo de Assunção "prestar assistência direta" a Montevidéu, naquela difícil situação.[41] Pelo contrário, ele, Thornton, estava "indignado em pensar" que López "se deleitava" em ter um "pretexto especioso" para buscar um conflito com o Brasil.[42] Segundo previa, o que López, "com uma falsa demonstração de generosidade em relação à República do Uruguai", tencionava, realmente, era atacar o Brasil, "ao nordeste da fronteira do Paraguai", a fim de "apossar-se do território disputado" e mesmo penetrar em Mato Grosso, com a "esperança de colocar-se em melhor posição" para negociar com o governo imperial o tratado de limites.[43] Com efeito, López já descartara a possibilidade de enviar auxílio ao Uruguai, por via fluvial, temendo perder seus navios; porém, mesmo assim, quando movimentou suas tropas, no final de dezembro, ele não as despachou para o Rio Grande do Sul, através de Corrientes, como depois o faria. Mandou primeiro duas expedições, com um total de cerca de 6 mil a 7 mil homens,[44] sob o comando dos coronéis Vicente Barrios e Isidoro Resquín, ocupar o território entre o Rio Apa e o Rio Branco, justamente a área dos ricos ervatais, disputada pelo Brasil. O general Tasso Fragoso, em sua obra sobre a guerra do Paraguai, concluiu que "o exame ponderado das operações

A EXPANSÃO DO BRASIL E A FORMAÇÃO DOS ESTADOS

tanto de Vicente Barrios como de Isidoro Resquín não deixa a mínima sombra de dúvida de que López só ambicionava pôr a mão sobre os terrenos limítrofes em litígio na sua fronteira setentrional".[45]

A operação contra Mato Grosso não se esgotava, todavia, no assenhoreamento da zona de litígio com o Brasil. A professora Eulália Maria Lahmeyer Lobo assinalou que um dos objetivos de López, ao determinar a invasão daquela província, foi reabrir o caminho de Chiquitos, ligando o porto de Corumbá à antiga missão jesuítica de Santiago, e assim assegurar uma comunicação com o Pacífico, através da Bolívia e do Peru, e o abastecimento do Paraguai, em face da perspectiva de bloqueio do Rio da Prata pela Marinha de Guerra do Brasil.[46] O governo de Assunção, efetivamente, não só enviou uma expedição, sob o comando do francês Domingos Pomiers,[47] explorar a região, para o início de construção da estrada, como concedeu proteção e garantia, além de transporte gratuito em navios paraguaios, aos comerciantes da Bolívia que realizassem transações pela rota de Corumbá.[48] Este intercâmbio, ao que parece, foi intenso e os comerciantes bolivianos obtinham enormes lucros, levando alguns bens de consumo, como açúcar, café e têxteis ingleses, importados do Peru, e outras mercadorias, inclusive armamentos americanos, para Assunção. Entre 1867 e 1868 o comércio entre o Paraguai e a Bolívia recresceu.[49] E López recebeu, também, o apoio do presidente da Bolívia, o general Mariano Melgarejo, cuja participação na guerra José Berges solicitara, acenando-lhe a oportunidade de "recuperar seus territórios e direitos usurpados pelo Brasil".[50] Malgarejo, a princípio, inclinou-se a aceitar essa sugestão e ofereceu a López uma "coluna de 12 mil bolivianos".[51] A ação diplomática do Brasil, enviando a Sucre o conselheiro Felipe Lopes Neto, como ministro plenipotenciário, neutralizou-o e levou-o a assinar o Tratado de 27 de março de 1867, pelo qual a Bolívia perdeu a margem direita do Rio Paraguai e uma larga faixa de terra entre a foz de Bení e o Javari.[52] Não obstante, segundo informe da Legação de Espanha no Rio de Janeiro, Melgarejo "deixou passar, constantemente, sem obstáculos, todas as armas e munições que vinham dirigidas ao presidente López".[53]

* * *

Embora ele mesmo se comprometesse a prover, via Corumbá, o exército de López com pólvora e armamentos,[54] tais petrechos bélicos, aparentemente, procediam dos Estados Unidos, cujo apoio ao Paraguai, desde 1865, Saraiva, ocupando o Ministério dos Negócios Estrangeiros, já previra.[55] O serviço secreto do governo imperial, logo no início da conflagração, interceptara um documento, em que Charles A. Washburn, ministro norte-americano em Assunção, prometia ajuda ao Paraguai, para combater o Brasil,[56] tal como o fizera, em 1862, após a investidura de López como presidente da República. Esta provavelmente foi uma das razões pelas quais o Império do Brasil, em 1866, obstaculizou seu regresso a Assunção, de onde saíra, antes do bloqueio, com a incumbência de ajustar a compra de armas nos Estados Unidos, para o que recebera de Felix Egusquiza, em Buenos Aires, a importância inicial de 1 mil patacões. Seu compatriota e companheiro Porter Cornelius Bliss foi que, a serviço de Assunção, elaborou o projeto de comunicação do Paraguai com os Estados Unidos, considerado de "grande utilidade" por Washburn,[57] candidatando-se, ele próprio, a desempenhar reduções confidenciais e a transportar despachos, através do trajeto Corumbá-Lima-Panamá-Nova York.[58] López não chegou a utilizá-lo como emissário, nesse plano, e em 1868 acusou-o, juntamente com Washburn, de conspiração e espionagem em favor do Império do Brasil.[59] Aberta, entretanto, a estrada até Santo Corazón, no extremo da Província de Chiquitos, pelo coronel Hermógenes Cabral, um correio passou a funcionar, mensalmente, entre Corumbá e Santa Cruz de la Sierra[60] e vários mensageiros entraram e saíram do Paraguai para os Estados Unidos e a Europa, fazendo aquele percurso com a colaboração, inclusive financeira, de Melgarejo.[61] A conexão com a Bolívia foi vital para o governo de López, como único respiradouro que lhe restou, pois, com a ascensão de Flores ao poder, no Estado Oriental, a deserção de Urquiza, obtida mediante a compra de 30 mil cavalos pelo governo imperial,[62] e a aproximação entre o Brasil e a Argentina, o Rio da Prata fechou-se-lhe, dificultando-lhe, senão impossibilitando-lhe as comunicações e o comércio pela rota do Oceano Atlântico.

O entendimento entre o Brasil e a Argentina, gestado nas missões de Saraiva e Paranhos, constituía o desdobramento natural dos sucessos

A EXPANSÃO DO BRASIL E A FORMAÇÃO DOS ESTADOS

que culminaram com a derrocada do governo blanco e a vitória de Flores no Uruguai. Tanto o governo do Rio de Janeiro quanto o de Buenos Aires, na verdade, o buscavam.[63] E López, cuja principal característica era a vaidade,[64] corroborou para o efetivar, com sua habilidade política, perícia militar e ânsia de exprimir-se e, segundo disse a Washburn, fazer respeitar o Paraguai como potência, na América do Sul, porque tinha cerca de 60 mil ou 65 mil homens em armas.[65] Quando a Argentina não autorizou o trânsito de suas tropas, pelo território de Misiones na direção do Rio Grande do Sul, da mesma forma que negara ao Império do Brasil,[66] ele não hesitou. Como não lhe bastava enfrentar apenas o Brasil e o Uruguai, convocou o Congresso, que não se reunia havia três anos, e, com sua licença, o título de marechal, um soldo de 60 mil duros mensais (o pai nunca recebera mais de 4 mil) e uma espada com empunhadura incrustada de brilhantes e bainha de prata, declarou guerra à Argentina, mandando-lhe a comunicação em 29 de março de 1865.[67] Era o que Mitre esperava. Embora a nota do Paraguai, levada pelo tenente Cipriano Ayala, só chegasse a Buenos Aires em 8 de abril, o governo da Argentina soube, seguramente, da deliberação do Congresso paraguaio, cujas sessões se realizaram entre 5 e 18 de março. No dia 2 de abril, ao passar por Montevidéu, José Mármol, enviado ao Rio de Janeiro como plenipotenciário, encontrou o ministro Francisco Otaviano de Almeida Rosa, que ia substituir Paranhos em Buenos Aires, e lhe revelou que Mitre já iniciara a compra de armamentos e se achava tão irritado com López que talvez se dispusesse a assinar uma "aliança agressiva" com o Brasil.[68] Ainda adiantou que, "dentro de um mês", a Argentina teria de declarar guerra ao Paraguai, pois López estava "tão louco" que invadiria, "levianamente", seu território.[69] E isto seria para Mitre *casus belli*. Um mês não transcorrera, quando as forças do Paraguai, em 13 de abril, caíram sobre Corrientes, conquistando-a e apresando os barcos argentinos que lá se encontravam.

A invasão da Argentina, da mesma forma que a do Brasil, foi promovida por López sem prévia declaração de guerra. Seu fito foi capturar, de surpresa, os vapores, ancorados em Corrientes.[70] Porém, na mesma ocasião, Francisco Otaviano de Almeida Rosa, como plenipotenciário do governo imperial, chegou a Buenos Aires e iniciou as negociações para formalizar o tão amadurecido Tratado da Tríplice Aliança, colher o fruto que López se incumbira de cortar. A única dificuldade foi dissuadir Mitre e Elizalde do propósito mais ou menos manifesto de anexar o Paraguai como Província da Argentina.[71] Eles queriam do Brasil o auxílio indispensável à guerra, "sem assumir qualquer compromisso, de sorte que, no dia do triunfo, pudessem, com uma vanguarda de exploradores políticos, promover pronunciamentos em Assunção no sentido da incorporação do Paraguai à antiga cabeça do Vice-Reino do Rio da Prata".[72]

Esse obstáculo foi superado em face da intransigência de Almeida Rosa, que, expressando os interesses econômicos e políticos do Império do Brasil, considerava a existência do Paraguai, como nação formalmente soberana, ponto capital de sua política na Bacia do Prata. E se estabeleceu que o Paraguai não podia "incorporar-se a nenhum dos Aliados nem pedir seu protetorado como consequência dessa guerra".[73] Entretanto, embora a Argentina e o Brasil se comprometessem a respeitar sua independência, soberania e integridade territorial, os dois países, já no texto do Tratado da Tríplice Aliança, fixaram as lindes que exigiriam do futuro governo do Paraguai, após a destruição de López.[74] A Argentina ficaria com a margem direita do Rio Paraguai, até a Baía Negra, ou seja, a região do Chaco Boreal, e a margem esquerda do Rio Paraná, até o Rio Iguaçu, o que compreendia a Província de Misiones. O Império do Brasil, por sua vez, apoderar-se-ia de cerca de um terço do território do Paraguai, que, segundo o ministro britânico em Montevidéu, W. G. Lettson, responsável pela revelação do Tratado, observou, "incluía o distrito onde a erva de alta qualidade ou o chá paraguaio (...) é cultivada".[75]

As reivindicações territoriais do Brasil tomavam por limite a linha do Rio Iguatemi-Serra do Maracaju-Rio Apa-Rio Paraguai. Almeida Rosa ultrapassou suas instruções e avançou ainda mais a linde, ao substituir o Rio Iguatemi pelo Rio Igureí, porquanto, ele justificou,

tendo variado as circunstâncias e indo agora o Brasil com sacrifício de vidas e de grossas somas desforçar-se de injúrias recebidas, as quais (nin-

A EXPANSÃO DO BRASIL E A FORMAÇÃO DOS ESTADOS

guém ignora) tiveram por origem verdadeira a pretensão do governo paraguaio de assenhorear-se do território litigioso, não cabia no caso tanta generosidade.[76]

Dessa forma, o Império do Brasil assegurou uma "linha de limites mais vantajosa", apossou-se de todo o Alto Paraná, "sem a incômoda concorrência de um ribeirinho tão provocador",[77] e, na opinião de Temístocles Linhares, coube-lhe, "por direito de conquista, incorporar ao seu território a área mais rica de ervatais" do Paraguai liquidando-lhe, com a guerra, a hegemonia no mercado da Bacia do Prata.[78] O Uruguai foi o único a não receber nenhum quinhão de terra, naquela retalhadura, em que a Argentina e o Brasil, como Lettson comentou, negociaram a independência, a soberania e a integridade territorial do Paraguai, enquanto as prometiam preservar.[79]

Os Aliados também decidiram arrasar a fortaleza de Humaitá e demais fortificações, que pudessem embaraçar a livre navegação, por barcos mercantes ou de guerra, proibir o Paraguai de, no futuro, reconstruí-las ou erguer outras, confiscar todos os petrechos bélicos lá encontrados, formar uma Legião Paraguaia e não depor armas nem assinar, separadamente, qualquer tratado de paz, convenção, trégua ou armistício senão depois da derrocada do governo de López e de comum acordo com todos.[80] Mitre seria o comandante em chefe do exército aliado, *in partibus*, uma vez que Tamandaré dirigiria as operações navais. E com tais estipulações, *inter alia*, Almeida Rosa, pelo Brasil, Elizalde, pela Argentina, e Carlos de Castro, pelo Uruguai, firmaram o Tratado da Tríplice Aliança, com caráter secreto, em 1º de maio de 1865, divulgando-se apenas o protocolo, que continha o resumo de algumas cláusulas.[81] O Império do Brasil, em seguida, antecipou à Argentina um empréstimo de 2 milhões de duros (cerca de ££ 400 mil), para a compra de armamentos, e 800 mil ao Uruguai.[82] E, dali para frente, Mauá, que se opusera à guerra,[83] e os banqueiros britânicos passaram a financiá-la.

No início dos anos 1860, a dívida do Brasil era de ££ 7,6 milhões e, para saldar o vencimento de vários empréstimos, tentou tomar um empréstimo à Casa Rothschild, porém, a operação foi obstruída pela ruptura de relações diplomáticas com a Grã-Bretanha, em 4 de junho de 1863, em virtude do incidente conhecido como Questão Christie. O ministro plenipotenciário do Brasil em Londres, Francisco Inácio de Carvalho Moreira, barão de Penedo, teve de pedir os passaportes e abandonar a cidade. O conflito diplomático, entretanto, não interrompeu as relações econômicas. Em outubro, o empréstimo, já negociado pelo barão de Penedo, foi concedido à base de 88% do valor de 4,5% a.a., incluindo os juros. Esse empréstimo nenhuma relação teve com a guerra com o Paraguai, deflagrada por López, em dezembro de 1864, e recebeu no Brasil duras críticas, por ser demasiadamente oneroso para o País. Seu objetivo havia sido cobrir o déficit das contas públicas, pagar juros em atraso e amortizar empréstimos já vencidos. Afirmar que os recursos, que o Império emprestou à Argentina logo que a guerra estalou eram uma parte do ouro que obtivera de Rothschild, *"ayuda inglesa en última instancia"*, como o fez o historiador León Pomer, é uma simplificação forçada e inconsistente.[84]

Não resta a menor dúvida de que, sem os recursos financeiros supridos posteriormente pelas casas Rothschild e Baring Brothers,[85] os Aliados dificilmente poderiam sustentar o esforço de guerra durante cinco anos. Isso é tão óbvio que lorde Byron, já por volta de 1822, denunciara o *"jew Rothschild and his fellow-Christian, Baring"*, como os verdadeiros senhores da Europa, *"who hold the balance of the world"*, assinalando que

> *...every loan*
> *is not a merely speculative hit,*
> *but sets a nation or upsets a throne.*[86]

Todas as guerras sempre geraram grandes negócios para alguns e prejuízos para outros. Porém, não se pode, absolutamente, creditar a supostos interesses da Grã-Bretanha por trás do Império do Brasil a responsabilidade pela erupção da guerra com o Paraguai, a fim de incorporá-lo ao mercado mundial, destruir um possível modelo de desenvolvimento econômico alternativo para o capitalismo e/ou buscar terras para o cultivo

A EXPANSÃO DO BRASIL E A FORMAÇÃO DOS ESTADOS

de algodão. Este é um teorema que nem a lógica nem os fatos comprovaram. Após vinte anos de contínuos atritos, que culminaram com a ruptura de relações em 1863, os interesses econômicos e políticos do Brasil haviam quebrantado a influência da Grã-Bretanha, a partir dos anos 1840, em virtude não apenas da questão do tráfico de escravos, agravada com a aplicação do Bill Aberdeen (1845), mas também pela não renovação do Tratado de Comércio e do acordo consular.[87] Celso Furtado apontou "os conflitos da primeira metade do século XIX entre os dirigentes da grande agricultura brasileira e a Inglaterra" como o fator que contribuiu, "indiretamente, para que se formasse uma clara consciência da necessidade de lograr plena independência política", embora não resultassem de discrepâncias ideológicas, porém de uma reação ao "instrumento criador de privilégios", constituído pelo sistema liberal.[88]

A guerra da Tríplice Aliança certamente acelerou a integração do Paraguai — como, aliás, dos demais países da Bacia do Prata — na economia capitalista, à medida que o processo de acumulação de capital, cujo centro mais importante se localizava, àquela época, na Grã-Bretanha, impunha a dissolução progressiva e contínua das formações pré-capitalistas e não capitalistas, substituindo a economia natural pela economia simples de mercado pela economia internacional de mercado capitalista. A integração do Paraguai, iniciada ao tempo de Carlos Antonio López, completar-se-ia, portanto, mais cedo ou mais tarde, em função das próprias exigências internas de acumulação de capital, sem a necessidade de uma guerra, que destruiria, como destruiu, as potencialidades do mercado e de suas forças produtivas. Carlos Antonio López tinha uma fé quase infantil na indústria britânica, e seu filho, Francisco Solano, não só estabeleceu vínculos profundos com a empresa John & Alfred Blyth, que se tornou agente financeiro do Paraguai, prestando-lhe toda espécie de serviços e assistência até o bloqueio do Rio da Prata, como contratou a firma do banqueiro Nathanael M. Rotschild & Sons, também de Londres, para a colocação de tabaco na Europa. Os negócios realizaram-se, desde 1863, por intermédio do agente comercial do Paraguai em Buenos Aires, Felix Egusquiza, que remetia os fardos de tabaco para a Grã-Bretanha, onde Rothschild & Sons se encarregava de vendê-los e, com o dinheiro resultante, pagar as compras que López fazia a John & Alfred Blyth.[89] Quando Carlos Antonio López faleceu, em 1862, Maillefer augurou que "seu sistema um pouco japonês se debilitará, inevitavelmente, entre as mãos de seu herdeiro e se pode prever que novos e importantes mercados se abrirão por esse lado às empresas da indústria e à civilização europeias".[90]

Francisco Solano López, como Maillefer prognosticou, teria de alargar ainda mais, decerto, a abertura do Paraguai ao estrangeiro, que ele próprio realizara, desde o governo de seu pai, com a importação de tecnologia da Grã-Bretanha e de outros países, em virtude, justamente, do impasse a que chegara, da dificuldade cada vez maior de prosseguir o financiamento de sua expansão econômica apenas com a receita das exportações de erva-mate e, em muito menor escala, tabaco e madeiras, sendo este, inclusive, um dos fatores da guerra contra o Brasil. Não foi por outro motivo que ele, com angústia, tentou introduzir o consumo da erva- mate na Prússia e na França, por volta de 1863-1864.[91] Esta necessidade de encontrar outras fontes de recursos se aguçou, logo no começo do conflito com o Brasil, e López intentou tomar um empréstimo de 300 mil a 500 mil patacões, na praça de Buenos Aires.[92] Em seguida, ao declarar guerra à Argentina, ele autorizou Candido Bareiro, encarregado de negócios do Paraguai na Grã-Bretanha e na França, a negociar uma operação de 4 a 25 milhões de pesos fortes, com qualquer banco de Londres ou Paris, só não a conseguindo realizar porque não dispunha realmente de um aparelho diplomático, com tradição, experiência e credibilidade.[93] De qualquer forma, com ou sem a guerra, López já pensava, positivamente, em recorrer aos créditos internacionais, com o objetivo de financiar a construção de vias férreas, que ligariam o Rio Paraguai, através do Grande Chaco, à Bolívia.[94]

O monopólio da comercialização da erva-mate e do tabaco, por outro lado, era uma herança do regime colonial e tenderia a ruir, em consequência das injunções do mercado e da premente diversificação da produção, porquanto, não obedecendo a nenhuma inspiração ideológica, só se mantivera devido às condições de insulamento do Paraguai e ao fato de que o Estado, com a primariedade de sua organização, conti-

A EXPANSÃO DO BRASIL E A FORMAÇÃO DOS ESTADOS

nuou a condensar-se no próprio Francisco Solano López, que, sem a austeridade e os escrúpulos de Francia, não distinguia bens públicos e privados, a ponto de utilizar os representantes do governo para a venda do produto de seus ervatais particulares e de transferir vastas extensões de terras comunais para a propriedade de Madame Lynch.[95] Ela recebeu mais de 32 milhões de hectares de terras fiscais por um preço ínfimo, nominal e simbólico.[96] A economia do Paraguai, que, por volta de 1865-66, ainda conservava a escravatura (Carlos Antonio López não a aboliu, apenas promulgou, em 1843, uma lei do ventre livre) e empregava amplamente o trabalho forçado dos detentos e dos soldados em obras do Estado ou do próprio López,[97] não poderia constituir, dada a sua inexequibilidade, modelo alternativo para o capitalismo, posto que seria impossível criar, dentro da moldura nacional, um sistema harmonioso e autossuficiente, com todos os ramos da produção, sem considerar as condições geográficas, históricas e culturais do Paraguai, como parte da economia mundial, em cujo decurso de formação o mercantilismo determinou a colonização das Américas.

Os homens de negócios de Buenos Aires não simpatizavam, naturalmente, com o regime do Paraguai, que consideravam econômica e politicamente retrógrado. Em 1863, o banqueiro argentino Norberto de la Riestra, ministro das Finanças do governo de Mitre, ressaltou, em carta ao comerciante britânico David Robertson, que, enquanto o sistema de governo de López subsistisse, não se poderia realizar nenhum empreendimento importante para o aproveitamento das potencialidades econômicas do Paraguai e a produção de valiosas matérias-primas agrícolas, entre as quais o algodão, de fina qualidade e baixo preço.[98]

A Grã-Bretanha não possuía, entretanto, nenhum interesse específico tão grande, nem mesmo a procura de terras para o cultivo do algodão, que justificasse a preparação da guerra contra o Paraguai, mormente usando um país, como o Brasil, com o qual suas relações diplomáticas estavam rompidas desde 1863. Quando o conflito na Bacia do Prata irrompeu, em fins de 1864, a Guerra de Secessão nos Estados Unidos terminava e já se previa o colapso no mercado do algodão, cujo preço cairia de 27 pence a libra para 15,2 e, finalmente, para 6 pence.[99]

244

Além do mais, em 1862, Carlos Antonio López, pouco antes de morrer, anunciara seu propósito de cultivar algodão em larga escala, o que facilitou, segundo Maillefer, sua reconciliação com a Grã-Bretanha,[100] superando o incidente diplomático que a prisão do cidadão anglo-uruguaio Santiago Cansat provocara. No ano seguinte, Francisco Solano López, como presidente da República, recebeu uma proposta de Thomas Emmolt, de Londres, que lhe oferecia 24 pence por libra de algodão.[101] Ele enviou então ££ 1.500 do produto paraguaio, como amostra, ao cônsul em Paris, Ludovico Tenré, 13 fardos à firma John & Alfred Blyth, em Londres, e 14 a Alfredo du Graty, em Bruxelas.[102] Em 1864, quando o algodão paraguaio já se cotizava nominalmente em Havre a 335 FF por 50 quilos, sementes de alta qualidade e máquinas para o beneficiamento daquele produto, enviadas pela Cotton Suply Association, de Manchester, chegaram ao Paraguai, procedentes dos Estados Unidos e da Grã-Bretanha.[103] Àquela época, o algodão, com a guerra civil nos Estados Unidos, voltara a constituir um dos principais itens do comércio exterior do Brasil, que passou a ocupar o terceiro lugar entre os países exportadores, com suas vendas para a Grã-Bretanha.[104] Se algum interesse algodoeiro influiu, por conseguinte, na preparação da guerra contra o Paraguai, não foi certamente da Grã-Bretanha, em busca de terras de cultivo, e sim do Império do Brasil, para destruir o novo concorrente.

O Foreign Office assumiu, oficialmente, a postura de neutralidade, da mesma forma que a França, proibindo os navios mercantes de transportarem armamentos para "qualquer dos países envolvidos na questão" da Bacia do Prata,[105] e revelou o Tratado da Tríplice Aliança, que Lettsom obtivera de Carlos de Castro, ministro das Relações Exteriores do Uruguai, e lhe enviara, com certa perfídia e duras críticas ao comportamento da Argentina e do Império do Brasil.[106] O próprio Thornton, nem mesmo pessoalmente, mostrou-se favorável à guerra contra o Paraguai. Em carta particular ao banqueiro Thomas Baring, escrita após a invasão do Uruguai pelas tropas do Brasil e da ocupação de Mato Grosso pelas forças de López, ele informou, simpaticamente, que o governo de Buenos Aires, apesar das pressões do ministro brasileiro, dispunha-se a preservar a paz e a ficar fora do conflito, na medida em que estava ansioso para

A EXPANSÃO DO BRASIL E A FORMAÇÃO DOS ESTADOS

promover o comércio, cumprir seus compromissos internos e externos e, recuperando o crédito do país, impulsionar-lhe o desenvolvimento, com a construção de ferrovias, pontes etc.[107] Considerava difícil, no entanto, que a Argentina pudesse evitar a guerra contra o Paraguai, pois já sabia que López teria de invadir-lhe o território, para atacar a Província do Rio Grande do Sul.[108]

Não obstante, Thornton foi conivente com toda a ação de Mitre e Elizalde e se transformou em importante personagem na política da Argentina, durante todo o tempo em que lá serviu. Os representantes diplomáticos da Grã-Bretanha, conquanto passassem a oferecer mediação, insistindo, inclusive Thornton, para o término do conflito,[109] simpatizaram, naturalmente, mais com a Tríplice Aliança do que com o Paraguai. Esta posição decorria tanto de afinidades ideológicas, uma vez que a Tríplice Aliança se identificava com o liberalismo, quanto do fato de que os interesses econômicos da Grã-Bretanha não apenas se expandiam no Brasil, apesar do rompimento de relações diplomáticas, como se concentravam, mais ainda, na Argentina, cuja formação e consolidação do Estado nacional condicionavam. A guerra, travada num cenário longínquo de Buenos Aires e Montevidéu, não prejudicou nem o comércio nem os investimentos, antes, favoreceu-os, só afetando as plantações, entre as quais a de algodão, em Corrientes e Entre Rios.[110] O dinheiro gasto pelo Brasil em Buenos Aires e Montevidéu, "com mais prodigalidade do que discrição",[111] propiciou tais negócios[112] que levou o marquês de Caxias a acusar Mitre de procrastinar a guerra, por causa dos lucros auferidos pela Argentina.[113] Outrossim, Thornton observou que, enquanto Mitre, pouco contribuindo materialmente para a guerra, impedia o avanço das forças da Tríplice Aliança, o Império do Brasil perdia em ação ou pelas enfermidades "imenso número de homens" e gastava, por si próprio, "enormes somas de dinheiro" em Buenos Aires e na Confederação Argentina, cujos habitantes assim acumulavam largas fortunas.[114]

Se os agentes diplomáticos da Grã-Bretanha demonstraram maior benevolência com a Tríplice Aliança, os de França, a exemplo de Maillefer, inclinaram-se pelo governo de López e até cooperaram na remessa de fundos e correspondência para Gregório Benites, encarregado de negócios do Paraguai em Paris e Londres.[115] Era natural que assim se alinhassem, pois os interesses comerciais da França se assentaram, particularmente, em Montevidéu, vinculando-se aos blancos, e tratavam de penetrar no Paraguai, para onde Francisco Solano López, quando estivera em Paris, buscara atrair algumas centenas de imigrantes, com o objetivo de colonizar a margem direita do Rio Paraguai, no Grande Chaco, uma região disputada pela Argentina.[116] A polarização desses interesses em Montevidéu e em contraposição aos da Grã-Bretanha, que se nucleavam em Buenos Aires, animaram, possivelmente, as tentativas dos blancos de estabelecer a conexão com o Paraguai e, com a adesão de Corrientes e Entre Rios, formar outro Estado importante pela sua dimensão territorial, economia e força militar, assegurando assim o sistema de equilíbrio na Bacia do Prata.

Mais do que a França, que ainda resguardou, oficialmente, sua neutralidade, os Estados Unidos patrocinaram a causa do Paraguai. Seu Congresso recomendou ao Departamento de Estado que oferecesse os bons ofícios para acabar a guerra da Tríplice Aliança, cuja continuação julgava "absolutamente destruidora do comércio, injuriosa e prejudicial às instituições republicanas".[117] O governo imperial considerou essas razões "inadmissíveis, indício de favor ao inimigo", tirando a "imparcialidade" do gesto,[118] pois, conforme o barão de Cotegipe, ministro dos Negócios Estrangeiros, comentou, oferecer "bons ofícios para salvar instituições que não corriam o menor risco era ofender o Brasil (...) e também seus Aliados (...) regidos pelas instituições republicanas".[119]

Os governos da Tríplice Aliança repeliram a oferta de mediação que os ministros norte-americanos, general Alexander Asboth, em Buenos Aires, general J. Watson Webb, no Rio de Janeiro, e general Charles A. Washburn, em Assunção, apresentaram-lhes com tenacidade e insolência. Maior do que a promiscuidade de Thornton com a política de Mitre e Elizalde, na Argentina, foi a de Washburn com a de López. Ele, como negociante de armas, não só o instigou à guerra, desde 1862, como, inclusive, procurou orientar operações militares contra o Brasil, aconselhando López a desencadear um ataque, à noite, sobre o acampamento

A EXPANSÃO DO BRASIL E A FORMAÇÃO DOS ESTADOS

de Caxias, cujos soldados, "naturalmente covardes", segundo julgava, dissipar-se-iam como fumo.[120] Quando as autoridades da Argentina capturaram Egusquiza, encontraram em seus arquivos as provas de que Washburn recebera "vultosa quantia", por ordem de López, para a compra de armamentos nos Estados Unidos,[121] fato este que seu companheiro Porter Cornelius Bliss, posteriormente, confirmou. Washburn entendia que o propósito do Império era destruir tudo o que existia de república na parte ocidental da América do Sul e não suportaria o custo da guerra não fossem as influências aristocráticas e monárquicas da Europa sobre seu governo.[122] E prognosticou uma guerra em larga escala entre o republicanismo e a monarquia, na região do Prata, com a participação direta de outras potências, decerto os Estados Unidos.[123] A atitude daquele agente diplomático e dos comandantes dos navios de guerra americanos, forçando o rompimento do bloqueio do Rio da Prata, abalou de tal forma as relações do Império do Brasil com os Estados Unidos que quase provocou uma guerra entre os dois países.[124]

A adensar a política do governo de Washington, as Repúblicas do Pacífico — Peru, Chile, Bolívia, Equador e Colômbia — ofereceram, também, seus bons ofícios para a mediação coletiva com o Paraguai e, como o Império do Brasil não os aceitasse, protestaram, energicamente, contra o Tratado da Tríplice Aliança.[125] A situação configurou-se tão grave e ameaçadora que o governo imperial, por temer um ataque do Peru, despachou tropas, armamentos e munições para fortificar as províncias do Amazonas e do Pará.[126] O que valeu ao Império do Brasil, naquela conjuntura, foi o fato de possuir uma organização de Estado, com tradição e experiência, dispondo de ampla, ativa e qualificada rede diplomática, apta a articular uma política internacional, em reforço de seus objetivos militares na Bacia do Prata. Assim, quando o conflito armado com o Paraguai irrompeu, Carvalho Moreira, acentuando que "a previdência é a prática da sabedoria e a política não a pode excluir de nenhum de seus cálculos", alertou João Pedro Dias Vieira, ministro dos Negócios Estrangeiros, para a possibilidade de que a "posição expectante" do governo da Inglaterra, "que não sabe o que é generosidade", viesse a mudar "por qualquer pretexto que seu interesse e má vontade" encontrariam e interferir na Bacia do Prata, contra o Brasil, pois tinha "muitas vezes mostrado os modos e meios de fazer-se sentir a sua ação, sem comprometer-se oficialmente".[127] A Inglaterra era *"la perfide Albion"*, como a chamara o poeta e diplomata francês Augustin Louis Marie, marquês de Ximénèz (1726-1817), família originária de Aragón (Espanha), no livro *L'ere des Français*, publicado en 1793.

O governo imperial anuiu às bases negociadas pelo conde de Lavradio, em nome do rei de Portugal, para o reatamento das relações diplomáticas com a Grã-Bretanha, e Thornton visitou D. Pedro II, após a vitória dos Aliados em Uruguaiana, apresentando-lhe as escusas da rainha Vitória. As relações entre a Grã-Bretanha e os Estados Unidos estavam muito tensas, desde 1861, devido a diversos fatores, como a tendência do primeiro-ministro lorde Parlmerston e do ministro de Assuntos Exteriores, lorde Russell (John Russell), de intervir na guerra de secessão (1861-1865), em favor da Confederação (Estados Confederados da América),[128] ou outorgar-lhe o reconhecimento oficial, além de incidentes navais, ocorridos desde que, em fins de 1861, o capitão Charles Wilkes, comandante do cruzador americano *San Jacinto*, abordou o vapor *Trent*, da Grã-Bretanha e capturou dois agentes confederados, James M. Mason e John Slidell, que viajavam para Londres.[129] O governo do presidente Abraham Lincoln (1861-1865) manifestou, claramente, que qualquer iniciativa de apoio à Confederação significaria uma guerra com os Estados Unidos, o que poderia implicar a extensão do conflito ao Canadá e produzir outras graves consequências para a Grã-Bretanha. E essa possibilidade foi o que concorreu, sobretudo, o governo de lorde Parlmerston tratar de restabelecer as relações da Grã-Bretanha com o Brasil, cujo extenso litoral, na América, era muito importante para sua navegação.[130]

Outrossim, com o objetivo de neutralizar as Repúblicas do Pacífico e eludir qualquer justificativa para um atrito, envolvendo, direta ou indiretamente, os Estados Unidos e/ou a Grã-Bretanha, que já possuíam "grandes territórios fluviais no Peru e no Equador" e poderiam insuflar, o governo imperial decidiu franquear a Bacia do Amazonas à navegação internacional, advertido pelo Conselho de Estado para o fato de que a

A EXPANSÃO DO BRASIL E A FORMAÇÃO DOS ESTADOS

guerra com o Paraguai não era "indiferente ao assunto", pois seria "mais fácil abusar de uma nação que se acha em dificuldade do que daquela que tem seus recursos disponíveis".[131] Dessa forma, com a viagem do conselheiro Felipe Lopes Neto à Bolívia, a fim de negociar os tratados de limites e navegação e evitar a aliança de Melgarejo com López, o Império do Brasil, que, visando a serenar o Chile, protestaria contra o bombardeio de Valparaíso pela esquadra da Espanha, desdobrou suas medidas acauteladoras, na América do Sul, e tratou de empecer a incipiente e precária atividade dos agentes diplomáticos do Paraguai, na Europa. O visconde de Itajubá, na Prússia, conseguiu embargar a remessa de 36 peças de artilharia de grosso calibre, fabricadas pela Krupp, para o Paraguai.[132] E, na França, onde o Brasil encomendara a construção de algumas corvetas, o problema foi reverter os termos de sua neutralidade, induzindo o governo de Paris a levantar, precisamente, todo e qualquer embargo à saída de material bélico, pois o Paraguai poucas possibilidades tinha de receber qualquer mercadoria, em consequência do bloqueio do Rio da Prata. O argumento de Carvalho Moreira, ao encontrar-se com Napoleão III, que não tinha boas relações com o governo imperial[133] e simpatizava com López, foi apontar, no mapa da América do Sul, o tamanho do Brasil *vis-à-vis* do Paraguai.[134] E conseguiu mudar sua política de neutralidade.

Um aparelho de Estado, com organização, recursos e quadros capazes de efetuar a guerra, tanto em nível econômico e financeiro quanto político e militar, faltava, além de outros requisitos, para que o Paraguai constituísse uma potência na Bacia do Prata, como López pretendera. Seu serviço diplomático, na Europa, resumia-se a um ministro plenipotenciário para todos os países, cargo este criado já na década de 1860 e ocupado, primeiro, pelo argentino Carlos Calvo e, depois, por Cândido Bareiro, cuja incompetência Gregório Benites, seu secretário e sucessor, não desmereceu.[135] O escritor argentino Juan Bautista Alberdi, ex-ministro plenipotenciário de Urquiza e partidário de López, auxiliou-os, muitas vezes, ao redigir as notas diplomáticas da Legação paraguaia. Os demais representantes eram dois ou três cônsules, tais como Ludovico Teeré e Alfred du Graty, que nem paraguaios eram e exerciam funções

250

exclusivamente comerciais. O governo de Assunção também não mantinha ministros residentes nos Estados Unidos, nem mesmo nos países da América do Sul, salvo dois agentes comerciais, Félix Egusquiza e Juan Brizuela, em Buenos Aires e Montevidéu. A carência de organização e de quadros, porém, não existia unicamente no serviço diplomático. Caracterizava todo o aparelho político e administrativo do Paraguai. Mesmo nas forças armadas, às quais López se dedicou com zelo e algum sentido lúdico desde que seu pai o nomeou, aos 19 anos, ministro da Guerra, a situação não era muito diferente. López nunca tivera educação militar e qualquer experiência e capacidade para ser investido nessa função.[136] E até a invasão da Argentina, quando assumiu o título de marechal,[137] era o único general no Exército do Paraguai, pois jamais permitiu que alguém se lhe ombreasse ou tomasse qualquer iniciativa sem sua ordem. O restante da oficialidade compunha-se de cinco coronéis, dois tenentes-coronéis, dez majores, 51 capitães e 22 primeiros-tenentes, em um exército de cerca de, pelo menos, 60 mil soldados, no início do conflito.[138]

López, na verdade, teve uma concepção quantitativa de poderio militar e, consequentemente, da guerra. Imaginou que, dispondo apenas de alguns milhares de soldados e de certo grau de modernização dos armamentos, o Paraguai podia arrostar qualquer país ou todos os países da Bacia do Prata. Porém, com uma infraestrutura deficiente, organização inadequada e precária, indigência de comando e total despreparo militar (teórico e prático), seu exército era ainda aquela "massa informe", como o general argentino José Maria Paz o qualificara em 1846,[139] e não tinha condições para sustentar a ofensiva. Assim, um mês e onze dias após a assinatura do Tratado da Tríplice Aliança, a Marinha de Guerra do Brasil destruiu ou inutilizou todos os navios de sua esquadra, na batalha de Riachuelo, e só não avançou até Assunção por causa da fortaleza de Humaitá e da morosidade extrema das operações do almirante Tamandaré, que preferia desfrutar os prazeres de Buenos Aires.[140] E cinco meses após a invasão de Corrientes, as forças terrestres de López, derrotadas e expulsas de Uruguaiana, começaram a retroceder e a travar, dali por diante, uma guerra defensiva, perdendo, sucessivamen-

A EXPANSÃO DO BRASIL E A FORMAÇÃO DOS ESTADOS

te, quase todas as batalhas, com baixas muito superiores às dos Aliados.[141] Um ano depois do ataque à Argentina, os Aliados, já a invadirem o território do Paraguai, destroçaram-lhe completamente o exército na batalha de Tuiuti (24 de maio de 1866). Cerca de 60 mil homens foram desbaratados e debandaram. Entre 6 mil e 8 mil paraguaios pereceram e 16 mil saíram feridos. Do Exército de López não restaram mais que 5 mil em condições de combate.[142]

Ali se confirmou o desastre militar do Paraguai e não foi por outro motivo que López procurou um entendimento com Mitre em Itaiti-Corá (12 de setembro de 1866). Como os Aliados, todavia, consideravam sua retirada do governo de Assunção condição *sine qua non* para qualquer ajuste de paz, ao que ele nunca anuiu, só lhe restou improvisar, seguidamente, outros exércitos, em situação cada vez pior, dissipando os recursos humanos do Paraguai, sem nenhuma chance de vitória. Ele recrutou até velhos, mulheres e crianças, que combateram, brava e desesperadamente, não apenas com patriotismo, mas, também, com pavor e ódio racial, incutido pelo governo contra os "macacos", os negros como a propaganda oficial apresentava os soldados brasileiros.[143] Conforme a historiadora Siân Reese confirma, *"familias enteras vivían en el frente y huérfanos andrajosos, que recibían recados y pedían limosnas en el frente con uniformes reducidos"*,[144] que tiravam dos cadáveres. E o conflito gradualmente se converteu em guerra de guerrilhas,[145] à medida que os Aliados moviam implacável perseguição a López, e a fome, a falta de higiene, o cólera e outras enfermidades dizimavam as forças paraguaias.

López esteve gravemente enfermo em 1867. Quando se restabeleceu, soube que houve movimentação política para fazer seu sucessor na eventualidade de que morresse.[146] Porém, ao acentuar-se-lhe, com o fracasso da aventura, a paranoia, o próprio López encarregou-se de reduzir seu séquito. Prendeu, condenou e mandou executar, por suposta ou real conspiração, seus ministros, oficiais, amigos, colaboradores, parentes, seus irmãos Venâncio e Benigno e a própria mãe.[147] Desde 1868, as execuções de centenas supostos traidores ocorriam, diariamente, nos currais em torno de San Fernando, ao norte do Rio Tebicuary, onde López instalara seu quartel-general após a queda de Humaitá. Os suspeitos, sobretudo os relacionados com estrangeiros, eram barbaramente torturados no cepo, todos os dias, ameaçados com chibata e tinham a maça dos dedos, fixados sobre um bloco de madeira, destroçada, e confessavam qualquer coisa, o que sabiam e o que não sabiam.[148] A repressão atingiu praticamente a metade dos parentes de quase todos os que eram presos, condenados e fuzilados. E, quando as balas eram poucas, os homens eram mortos a baioneta, chibatadas ou amarrados nas árvores e lanceados.[149] O diário do general Resquín, encontrado pelo Exército brasileiro, continha uma lista com o informe de que, em San Fernando, 596 pessoas (estrangeiros e paraguaios) haviam sido executadas até 14 de dezembro de 1868.[150] Não há dúvida — escreveu George Thompson — de que López cometeu tais crimes com o propósito de apoderar-se de todo o dinheiro público e privado que havia, bem como eliminar todos os possíveis adversários.[151]

Cada vez mais acossado, López abandonou San Fernando, tendo sob seu comando os generais Bernardino Caballero e Francisco Isidoro Resquín, com cerca de 9 mil homens, e fortificou-se em Lomas Valentinas e Angostura. Mas depois das batalhas de Itaibaté (Lomas Valentinas) e Angostura, entre 21 e 30 de dezembro de 1869, perdeu muito mais da metade, *i.e.*, cerca de três quartos de suas forças. Uma bala que quase o atingira, cortou-lhe a gravata e ele ficou ainda mais desalentado.[152] As tropas dos Aliados eram numericamente muito maiores e dispunham de modernas armas de precisão. Contudo, López não atendeu ao *ultimatum* de Caxias e dos outros chefes militares para que se rendesse. Escapou com o que restava de suas forças para Cerro León. O Exército brasileiro, em 5 de janeiro de 1869, ocupou Assunção onde instalou um governo provisório com o paraguaio Cirillo Antônio Rivarola. E o almirante Charles H. Davis, comandante da esquadra americana do Atlântico Sul, recomendou que os Estados Unidos se recusassem a reconhecer o novo governo implantado no Paraguai,[153] enquanto o general Martin Thomas McMahon, sucessor de Washburn como representante de Washington, aliado abertamente a López, foi o único agente diplomático a acompanhá-lo na retirada, dando-lhe todo o respaldo político e moral, o

A EXPANSÃO DO BRASIL E A FORMAÇÃO DOS ESTADOS

que contribuiu, na opinião de Cotegipe, para animar a resistência e pro-
longar a guerra.[154] Suas atividades contra o Brasil chegaram a tal ponto
que D. Pedro II recomendou a Cotegipe a apresentação de outra queixa
ao governo de Washington.[155] O general Martin T. Mahon foi quem,
depois, se encarregou dos filhos de López.

Embora considerasse a guerra terminada, Caxias percebeu que López continuava no Paraguai e ainda pretendia resistir, "porque, do
contrário, McMahon não estaria ainda por lá aguentando-lhe as costas".[156] Porém, entendia que López e seus soldados não poderiam viver
nas colinas sem trajes e sem mantimentos, e, adoentado, retirou-se
para o Rio de Janeiro. Substituiu-o no comando do exército o genro
do imperador, Luís Filipe Gastão de Orléans, conde d'Eu. Paranhos
julgou então "ridículo" chamar de guerra aquelas operações, quando
só havia "perseguição de bandos de guerrilhas". E pretendeu que Mitre mandasse um plenipotenciário para assinar o termo de término do
conflito e continuasse o combate às guerrilhas e a perseguição a López,
que estava na competência do governo da Argentina,[157] apesar de que
os problemas internos lhe dificultassem a manutenção de tropas, na
frente de batalha.

O Exército brasileiro continuou, entretanto, no encalço de López,
que, em 14 de fevereiro de 1870, se retirou com cerca de 200 homens
para um acampamento em Cerro Corá. O general José Antônio Correia da Câmara (1824-1893) perseguiu-o, comandando os destacamentos, que atravessaram o Rio Aquidabán-nigui com água pela cintura. Só
restava com López um exército composto, na maioria, por velhos, jovens e crianças, que ele à força recrutava nos povoados. E, em 1º de
março, seu acampamento foi atacado por 400 soldados brasileiros, sob
o comando do coronel João Nunes da Silva Tavares.[158] López, que estava à frente de uma coluna, tentou lutar, até que, lanceado no ventre
pelo cabo Francisco Lacerda (apelidado Chico Diabo), fugiu para a
outra margem do Rio Aquidabán-nigui, onde, a fim de escapar à perseguição, embrenhou-se no mato com alguns de seus oficiais. O padre
Fidel Maiz, em suas memórias, contou que López, a quem acompanha-
va, estava ferido mortalmente, quase moribundo.[159] Assim, ferido, de-

sanimado, exausto, apeou-se do cavalo e caiu de joelhos, com as pernas na água e a espada na mão. O general José Antônio Correia da Câmara, ao vê-lo, intimou-o a render-se, "que lhe garantia os restos de vida".[160] Não queria matá-lo, apenas capturá-lo, conforme o desejo de D. Pedro II. No entanto, López, segundo a narrativa do próprio general Correia da Câmara (visconde de Pelotas), "extremamente pálido, sem dúvida pelos graves ferimentos que recebera durante a fuga e pelo cansaço", respondeu-lhe "com voz clara e em tom arrogante que não se rendia nem que lhe fosse tomada a espada e, na resistência que opôs, ele caiu sobre o arroio e, mal ergueu a cabeça da água, abandonou a espada e exalou o último suspiro".[161] Recebera um tiro de fuzil disparado a distância por um soldado, à revelia do general Correia da Câmara.[162] O padre Fidel Maiz, que também foi aprisionado juntamente com outros acompanhantes de López, comentou que os soldados brasileiros *"cometieron actos tales de barbarie y crueldad, haciendo así más deplorable nuestro desastre final"*.[163] Os soldados brasileiros, eufóricos, perderam o autocontrole.[164] Esses atos não foram, porém, mais bárbaros e cruéis do que os praticados pelos soldados paraguaios contra os brasileiros aprisionados em Corumbá e em outras batalhas. Eram e são comuns nas guerras, inclusive no século XX.

O conflito com o Paraguai, encerrado com a morte de López em Cerro Corá (1º de março de 1870), já se havia tornado impopular no Brasil[165] e, mais ainda, na Argentina, onde desde 1865 o exército de Urquiza debandara e as montoneras se insurgiam.[166] E a crise latente na Tríplice Aliança aflorou. A Argentina, com base no tratado que Almeida Rosa, Elizalde e Carlos de Castro firmaram em 1865, reivindicava a posse de toda a margem esquerda do Rio Paraná, até o Iguaçu, e de toda a riba ocidental do Rio Paraguai, até a Baía Negra, em frente ao Forte Coimbra, isto é, todo o território do Chaco, tendo já ocupado a localidade de Villa Concepción. Como não lhe interessava que ela se engrandecesse, territorialmente, ainda mais, o Império do Brasil, cujas tropas ocupavam Assunção desde 1º de janeiro de 1869, opôs-se a essa pretensão, a pretexto de resguardar os direitos da Bolívia, e só admitiu que sua fronteira, à margem ocidental do Rio Paraguai, chegasse ao Rio Pilco-

A EXPANSÃO DO BRASIL E A FORMAÇÃO DOS ESTADOS

mayo. O governo de Buenos Aires, com Domingo Sarmiento na Presidência da República e Carlos Tejedor no Ministério das Relações Exteriores, declarou então o Chaco província da Argentina, e Villa Concepción sua capital, passando a exigir a retirada das tropas brasileiras de Assunção. E o Império do Brasil, cujo governo voltara às mãos dos conservadores, com Paranhos a assumir a presidência do Conselho de ministros, endureceu sua posição e assinou a paz em separado com o Paraguai, o que rompia, virtualmente, o Tratado da Tríplice Aliança. A crise entre os dois países, engravescendo-se, quase desbordou o nível da diplomacia para o das armas. O barão de Cotegipe, como plenipotenciário, julgara inútil continuar as negociações sem o apoio de uma esquadra e de um exército, e o governo imperial aprestou três encouraçados — *Lima Barros*, *Brasil* e *Salvador*.[167] O conflito entre a Argentina e o Brasil, naquelas circunstâncias, causaria, porém, sérios danos aos vastos e crescentes interesses da Grã-Bretanha, e os homens de negócio da City de Londres trataram de influir para que o Foreign Office oferecesse sua mediação e conseguisse um acordo de paz.[168] E como a Argentina, da mesma forma que o Brasil, não estava em condições de suportar nova guerra, muito menos sem os recursos da Grã-Bretanha, Mitre, com as credenciais de plenipotenciário, viajou para o Rio de Janeiro, em 1872, e restaurou o clima propício à continuidade das conversações.[169] Depois, em 1875, seguiu-lhe o próprio Carlos Tejedor, como plenipotenciário do governo de Nicolás Avellaneda, e através de combinação com o representante do Paraguai, Jaime Sosa, tentou reter a Villa Concepción para a Argentina, em troca do perdão da dívida de guerra, mas o Império do Brasil, agilmente, manipulou o governo de Assunção e forçou a rejeição dos tratados de paz e de limites, que os dois haviam firmado. Só se chegou a um acordo em 1876, quando Bernardo de Irigoyen, substituto de Tejedor, aquiesceu em fixar a linha de fronteira da Argentina no Rio Pilcomayo, submetendo a questão de Villa Concepción à arbitragem do presidente dos Estados Unidos, Ruterford Hayes, que, naturalmente, decidiu em favor do Paraguai, como o Brasil queria.[170] E, com a celebração dos tratados de paz e de limites entre a Argentina e o Paraguai, as tropas brasileiras saíram de Assunção e da Ilha de Atajo (Cerrito).

Apesar do triunfo do Brasil, ao demarcar, conforme suas conveniências geopolíticas, as fronteiras da Argentina com o Paraguai e a Bolívia, este episódio assinalou, entretanto, o ápice de sua política colonial e imperialista na Bacia do Prata. A partir de então, a hegemonia do Brasil, como potência, na América do Sul, começou a declinar e se eclipsou. A tendência à concentração e à centralização do capital, na economia de mercado, acarretou, ao gerar os monopólios, um processo correlato entre as nações, com a supremacia incontrastável de algumas poucas potências imperialistas, mais modernas, tais como Grã-Bretanha, França, Estados Unidos e Alemanha, que se distanciaram, econômica, política e militarmente, de todas as demais, devido ao impulso da industrialização. E aí o Brasil se descompassou, constituindo a campanha da Tríplice Aliança um dos fatores de seu retardamento. A "maldita guerra", segundo Mauá previra, "seria a ruína do vencedor e a destruição do vencido".[171]

Também Juan Bautista Alberdi, assinalando que *"toda guerra de limites es empresa remota, cara y, por lo tanto, desatrosa"*, previu que, para o Brasil, a guerra com o Paraguai seria *"un desastre"*.[172] Com efeito, se o Paraguai, arrasado, perdeu sua autonomia econômica e se incorporou ao sistema capitalista mundial, o Império do Brasil, a fim de obter os recursos para a guerra, teve de fazer concessões alfandegárias, financeiras e políticas, que lhe entorpeceram o esforço de industrialização, e assumiu, como Lídia Besouchet salientou, "compromissos para o futuro difíceis de cumprir ou, posteriormente, de desembaraçar-se deles".[173] A Grã-Bretanha, em pleno *boom*, valeu-se daquelas franquias para acometer ainda mais o mercado brasileiro e a primeira vítima de sua ofensiva foi o próprio Mauá, cujo banco, em consequência de manobras e pressões da casa Rothschild, faliu, juntamente com os estaleiros de Ponta da Areia e todas as demais empresas, em 1878.[174] Por outro lado, os investimentos da Grã-Bretanha no Uruguai, durante a década de 1870, ofuscaram a influência do Brasil[175] e, na Argentina, firmaram o Estado nacional; e, fomentando-lhe a economia, promoveram o equilíbrio na Bacia do Prata. A Argentina, beneficiada pela guerra, despontou em termos de rivalizar-se realmente com o Brasil que, a depender cada vez

A EXPANSÃO DO BRASIL E A FORMAÇÃO DOS ESTADOS

mais das exportações de café, decairia para a órbita dos Estados Unidos, seu maior mercado consumidor. E as divergências entre os dois países, superadas as causas históricas, mas explorados os ressentimentos, passaram a refletir suas conexões econômicas internacionais e a competição interimperialista na América do Sul.

NOTAS

1. A. Bray, op. cit., p. 164.
2. George Thompson, *La Guerra del Paraguay*, Assunção, RP Ediciones, 2003, p. 21.
3. Maillefer e Drouyn de Lhuys, Montevidéu, 14/10/1863, *Revista Histórica*, nos 55-57, p. 472. Manlio Boris e Ivan Cancogni, *Solano López — O Napoleão do Prata*, Rio de Janeiro, Civilização Brasileira, 1975, p. 33.
4. López iludiu-se com a própria força e subestimou a dos adversários. Imaginou que Corrientes e Entre Rios se levantariam, que também haveria dissensões no Império do Brasil. Vide A. Bray, op. cit., p. 214. J. H. Williams, op. cit., p. 206.
5. O primeiro instrutor do Exército paraguaio foi um brasileiro, o comandante João Carlos Villagran Cabrita (1820-1866), que ensinou artilharia e balística, por volta de 1849. Depois dessa missão de Cabrita, nada mais se fez para desenvolver o ensino militar no Paraguai. A. Bray, op. cit., pp. 93, 218-221. O comandante João Carlos Villagran Cabrita comandou um batalhão brasileiro na batalha de Itapiru, a primeira em solo paraguaio, na qual morreu, atingido por um estilhaço de artilharia
6. *"Las constantes revoluciones que en esos azotaban al Uruguay, a Bolivia y a la Argentina no eran característica de la vida paraguaya. El país no había conocido guerras externas, viviendo con hacía aislado del mundo exterior (...) y no había tenido querellas con los vecinos en la cuales los jóvenes del país hubiesen sido sacrificados."* R. B. Cunningham Graham, *Retrato de un dictador — Francisco Solano López. (Paraguay — 1865-1870)*, Buenos Aires, Editorial Elefante Blanco, 2001, p. 84.
7. José Maria Paz, *Memórias póstumas*, La Plata, tomo III, p. 392. Vide também A. Bray, op. cit., p. 108.
8. De Maillefer ao conde Walewski, Montevidéu, 28/12/1859, *Revista Histórica*, nos 55-57, p. 279.
9. Carta de López a Egusquiza, Assunção, 6/6/1864, apud A. Bray, op. cit., p. 192.

LUIZ ALBERTO MONIZ BANDEIRA

10. Depoimento de Aureliano Berro, apud T. Fragoso, op. cit., vol. 1, p. 103.
11. Discurso de López em 12/9/1864, F. S. López, op. cit., p. 132.
12. Discurso de López em 13/9/1864, ibidem, p. 133.
13. George Thompson, op. cit., pp. 24-25.
14. Despacho de J. Watson Webb para William H. Seward, secretário de Estado dos Estados Unidos, Petrópolis, 3/5/1867, Papers Relating Foreign Affairs — 1867, Washington, Government Printing Office, p. 250.
15. George Thompson, op. cit., p. 29. Antes desses preparativos, o Paraguai possuía um exército de 28 mil efetivos e um só general: López.
16. Ibidem, p. 29.
17. Os dados sobre a população do Paraguai antes da guerra são muito controvertidos. Maillefer aludiu a 600 mil habitantes. Williams calculou 400 mil habitantes. J. H. Williams, op. cit., p. 117. Graham estimou 800 mil habitantes. R. B. C. Graham, op. cit., p. 69. O major Max von Versen falou em 900 mil habitantes. Max von Versen, *História da Guerra do Paraguai*, São Paulo/Belo Horizonte, Edusp/Itatiaia, 1976, p. 50. Outros autores calcularam 1 milhão.
18. Instruções de López a José Berges, Cerro León, 4/11/1864, F. S. López, op. cit., pp. 135-138.
19. Ibidem.
20. Ibidem.
21. Ibidem.
22. Gregório Benites, *Anales diplomático y militar de la Guerra del Paraguay*, Assunção, Estabelecimiento Tipográfico Muñoz Hnos, tomo I, pp. 131-144.
23. Segundo Vera Blinn Reber, da Shippensburg University, em 1864 o Exército do Paraguai consistia em 37 batalhões e 29 regimentos, com um total de 35.305 soldados e 3.306 oficiais. Não mais que entre 39 mil e 40 mil estiveram acampados no Paraguai, em qualquer tempo, e, durante a guerra, foram recrutados de 70 mil a 80 mil de uma população calculada entre 312 mil e 407 mil pessoas. De Pedro Lorela y Maury ao ministro dos Assuntos Exteriores, 26 dez. 1865, Archivo General del Ministerio de Asuntos Exteriores de España (AGMEE); Política Paraguay, Correspondencia respecto a la Guerra del Paraguay, 2576; Cuadro del estado-general del ejército, 1865, ANA, SH 344 n° 22; Gabriel Carrasco, *La población del Paraguay, antes y después de la guerra: rectificación de opiniones generalmente aceptadas*, Assunção, Talleres Nacionales de H. Kraus, 1905, p. 6; Reber, *Demographics of Paraguay*, pp. 295.96. Apud Vera Blinn Reber, "A Case of Total War: Paraguay, 1860-1870", *JILAS — Journal of Iberian and Latin American Studies*, 5:1, July 1999, Shippensburg University, disponível em http://

A EXPANSÃO DO BRASIL E A FORMAÇÃO DOS ESTADOS

www.ailasa.org/jilas/all/JILAS-05(1)/C-JILAS%205(1)-Blinn%20Reber. PDF.

24. Antônio Barbosa Gomes Nogueira, *Relatório*, Curitiba, Ed. Typ. do *Correio Oficial*, 1862, p. 22, apud T. Linhares, op. cit., p. 128.

25. Essa premência se manifesta claramente nas cartas de López. Vide, por exemplo, a carta a Egusquiza, Asunção, 6/7/1864, e a correspondência com Gregório Benites, Cerro León, 5/11/1864, López, op. cit., pp. 127-138 e 139-140. G. Benites, op. cit., pp. 77-82.

26. "O negócio de armas me interessa especialmente (...)." Comunicação de López à Legação do Paraguai em Paris e Londres, 6/7/1864. O grifo é do original, G. Benites, op. cit., p. 134.

27. Ofício confidencial, reservadíssimo, F. O. de Almeida Rosa Saraiva, Buenos Aires, 11/8/1865, 272-1-22, AHI. De Sinimbu a Amaral, Rio de Janeiro, 19/12/1859. 271-4-13, AHI.

28. Despacho n° 15, Legação de Espanha em Montevidéu, Montevidéu, 14/2/1865, Martin de Hernandez, Archivo y Biblioteca del Ministério de las Relaciones Exteriores de Espanha, Madri.

29. De Thorton a Russell, Buenos Aires, 26/12/1864, PRO-FO420-18.

30. Ibidem. Lettson também desaprovou em termos duros o bombardeio de Paysandu, que chamou de *"the modern Sebastopol"*. Despacho n° 53, de Lettson a Russell, Montevidéu, 7/5/1865. Despacho n° 54, de Lettson a Russell, Montevidéu, 7/5/1865. Estes despachos estão também publicados em *Correspondence respecting hostilities in the River Plate (Presented to the House of Lords by Command of Her Majesty)*, Londres, Printed by Harrison and Sons, 1865. Há outros documentos relativos no Archivo del Dr. Carlos de Castro, caja 65, carpetes 1, 5 e 3, AGN-U.

31. Carta n° 13 do comandante da Estação Naval de Espanha no Rio de Janeiro, 59.15.1864, ao ministro da Marinha, transcrita em despacho de 11/5/1865. Legação de Espanha em Montevidéu. Ele atribuía ao Brasil o propósito de transformar o Uruguai em um Ducado para o conde d'Eu. Despacho n° 3 da Legação de Espanha em Montevidéu, Montevidéu, 14/1/1865. O corpo consular considerou irregular a conduta de Tamandaré, ao bombardear Paysandu em declaração de guerra. Informe de la Dirección de Asuntos Políticos al ministro de Estado, Montevidéu, 5/3/1865. Parecer de la Dirección de Asuntos Políticos, Legação de Espanha em Montevidéu, 20/3/1865, a José María Magallon. O professor Ariosto Fernandes, generosamente, facilitou ao Autor o acesso a esta documentação. ABMREE.

32. Despacho n° 15, de Martin de Hernandez ao Ministerio de Negocios Estranjeros de Espanha, Legação em Montevidéu, 14/2/1865. Episódio também descrito por Lettson a Russell, no despacho n° 54, Montevidéu, 7/2/1864.

33. Despacho nº 3, de Lettson a Russell, Montevidéu, 12/1/1864, PRO-RO420-18. Despacho nº 3 da Legação de Espanha em Montevidéu, Martin de Hernandez, ABMREE.
34. Despacho nº 15, Legação de Espanha em Montevidéu, Montevidéu, 12/2/1865, Martin de Hernandez, ABMREE.
35. Ibidem.
36. Ibidem.
37. Ibidem.
38. George Thompson, *La Guerra del Paraguay*, Assunção, RP Ediciones, 2003, pp. 35-36.
39. Ibidem, p. 36.
40. Ibidem, pp. 36-37.
41. Despacho nº 102, de Thorton a Russell, Buenos Aires, 9/12/1864, PRO-FO420-18.
42. Ibidem.
43. Ibidem. Carta do contra-almirante C. B. Elliot ao secretário do Almirantado, a bordo do *Bombay*, Montevidéu, 14/12/1864. PRO-FO420-18.
44. Os números variam um pouco nos diversos autores e por isso preferimos falar de cerca de 6 mil a 7 mil homens.
45. T. Fragoso, op. cit., v. 1, p. 220.
46. Eulália Maria Lahmeyer Lobo, "A importância estratégica e econômica da província de Santa Cruz de la Sierra durante a Guerra da Tríplice Aliança", *Boletim de História*, Centro de Estudos de História, nº 6, Rio de Janeiro, pp. 11-22. José Luiz Werneck da Silva, "A significação atual do 'Caminho de Chiquitos' para o Brasil", *Boletim de História*, nº 6, pp. 23-25.
47. Esse engenheiro francês foi posteriormente executado por ordem de López.
48. E. M. L. Lobo, op. cit., pp. 11-22. H. S. Quell, op. cit., pp. 221-226.
49. Vera Blinn Reber, "A Case of Total War: Paraguay, 1860-1870", *JILAS - Journal of Iberian and Latin American Studies*, 5:1, July 1999, Shippensburg University. Disponível em http://www.ailasa.org/jilas/all/JILAS-05(1)/C-JILAS%205(1)-Blinn%20Reber.PDF.
50. Carta de José Berges a Aniceto Arze, Asunción, 31/1/1865, Copiador de Cartas Confidenciais, Arquivo do visconde do Rio Branco, Seção de Manuscritos Biblioteca Nacional, I-22-12-2 nº 45. E. M. L. Lobo, op. cit., p. 16.
51. Carta de Melgarejo a López, Sucre, 3/8/1866, apud A. Teixeira Soares, *História da Formação das Fronteiras do Brasil*, pp. 214-215. Vide também H. S. Quell, op. cit., p. 233.
52. E. Cunha, op. cit., pp. 128-135. A. Teixeira Soares, *História da formação das fronteiras do Brasil*, pp. 215-224.

A EXPANSÃO DO BRASIL E A FORMAÇÃO DOS ESTADOS

53. Despacho n° 22, Legação de Espanha no Rio de Janeiro, de Dionísio Roberto ao Ministério de los Negocios Estranjeros de Espanha, Rio de Janeiro, 6/3/1870, ABMREE.

54. Ofício de Romualdo Nunez a Venâncio López, ministro da Guerra e Marinha do Paraguai, Corumbá, 21/2/1868, AVRB, I-30-17-44-13. E. M. L. Lobo, op. cit., p. 21.

55. Ofício de Saraiva a Joaquim Maria Nascentes de Azambuja, n° 6, reservado, Rio de Janeiro, 3/11/1865, 267-3-21, AHI.

56. Ofício de Saraiva a Azambuja, Rio de Janeiro, 19/6/1865, 267-3-21, Legações Imperiais na América, AHI; também se encontra sob o códice 235-2-1, Reduções Diplomáticas Brasileiras, AHI.

57. Projeto de Porter Cornelius Bliss relativo à comunicação do Paraguai para os Estados Unidos, AVRB, I-30-27-47. Porter Cornelius Bliss, *História secreta de la misión del ciudadano norte-americano Charles A. Washburn, cerca del Gobierno de la Republica del Paraguay (...)*, s/d provavelmente impresso no Paraguai por volta de 1870-1871, p. 65. Um exemplar deste livro se encontra no Archivo Inédito de Bartolomé Mitre, caja 27, carpeta 4, doc. 7796, Buenos Aires. Outro está no Arquivo do visconde do Rio Branco. Carta de Washburn a López, Asunción, 29/3/1867, AVRB, I-30-10-48, n° 4.381. Despacho n° 41, secreto e confidencial, de C. Z. Gould a lorde Stanley, Buenos Aires, 10/4/1868, PRO-FO6-273.

58. Carta de Washburn a López, Asunção, 29/3/1867, AVRB, I-30-10-38, n° 4.381. Sobre esse assunto, consultar E. M. L. Lobo, op. cit., pp. 11-22. L. A. Moniz Bandeira, op. cit., pp. 104-115.

59. Declarações de Berges a respeito de correspondência que teve com Caxias, AVRB, I-30-26-73. *Memorandum* de Washburn a Gumercindo Benítez, ministro das Relações Exteriores do Paraguai, Asunção, 11/8/1868, AVRB, I-30-10-80. Nota de Gumercindo Benítez a Washburn, Luque, 16/7/1868; nota de Benitez a Washburn, Luque, 23/7/1868, AVRB, I-22-11-2, v. II, n°s 47, 58 e 62. Nota de Benitez a Washburn, Luque, 6/8/1868; nota de Washburn a Benitez, s/d, AIBM, caja 27, carpeta 1, doc. 7719. "Caxias não sabe que todos os traidores expiaram seu horroroso crime em San Fernando." De uma carta de Bernardino Caballero ao coronel Martinez anexada à carta do general Juan A. Gelly y Obes a Mitre, s/d, caixa 24, caja 2, doc. 7134, AIBM. Caxias sempre negou que tivesse fomentado essa conspiração, da qual López acusou dezenas de seus auxiliares e outras centenas de pessoas, que confessaram sob tortura e foram executadas em San Fernando, fato este a que se refere Caballero.

60. E. M. L. Lobo, op. cit., pp. 11-22. H. S. Quell, op. cit., pp. 221-226.

61. G. Benites, op. cit., tomo II, pp. 151-159.

62. A compra dos cavalos foi negociada pelo general Osório e Urquiza recebeu um total de 390 mil patacões.

63. "Estamos conquistando a aliança do Brasil, como não é possível desejá-lo melhor, e naturalmente meu concurso para seus acertos com este governo é muito eficaz." Carta de Elizalde a Mitre, Montevidéu, 27/6/1864, in *Correspondência Mitre-Elizalde*, Buenos Aires, Universidade de Buenos Aires, Departamento Editorial, 1960, pp. 126 e 127. "Vamos conquistar a amizade do Brasil pelo serviço mais importante que foi possível fazer-lhe, ainda que não houvesse combinação." Carta de Elizalde a Mitre, Montevidéu, 9/6/1864, pp. 103-105.

64. R. B. Cunningham Graham, *Portrait of a Dictator — Francisco Solano López. (Paraguay — 1865-1870)*, Londres, William Heinemann Ltd., 1933, p. 90.

65. Há autores que calculam os efetivos de López entre 80 mil e 100 mil no início da guerra. Também sobre o Brasil não há números exatos. Alguns autores estimam em 14 mil. Outros em 17 mil. Entretanto, em abril de 1865, só no Uruguai havia 11.404 soldados brasileiros. Ofício de Almeida Rosa ao conselheiro João Pedro Dias Vieira, Montevidéu, 10/4/1865, 272-1-20, AHI. Em discurso no Parlamento, em 18 de maio de 1865, o deputado Macedo falou na existência de 60 mil em armas, sendo que 40 mil estariam no Rio Grande do Sul e no Estado Oriental. Sessão de 18/5/1865, *Annaes do Parlamento Brasileiro*, Câmara dos Srs. deputados — 3° anno, 12ª Legislatura, Sessão de 1865, tomo I, Rio de Janeiro, Typ. Imperial e Constitucional de J. Villeneuve & C., 1865, p. 31.

66. Instruções de Pedro Dias Vieira, ministro dos Negócios Estrangeiros, a F. O. de Almeida Rosa, Rio de Janeiro, 25/3/1865, 272-1-22, AHI.

67. M. Cancogni *et al.*, op. cit., p. 69.

68. Conversa com Mármol em 2/4/1865, 6h-7h da tarde, em Buenos Aires, protocolada conforme Jarbas Moniz Barreto, 272-I-20, AHI.

69. Ibidem.

70. George Thompson, *La Guerra del Paraguay*, Assunção, RP Ediciones, 2003, p. 23.

71. Ofício confidencial n° 6, de Almeida Rosa a Dias Vieira, Buenos Aires, 25/4/1865; ofício confidencial, de Almeida Rosa a Dias Vieira, Buenos Aires, 4/5/1865; instruções de Dias Vieira a Almeida Rosa, Rio de Janeiro, 6/5/1865, 272-1-21, AHI.

72. Ofício confidencial de Almeida Rosa a Dias Vieira, Buenos Aires, 25/4/1865, 272-I-21, AHI.

73. Do texto do Tratado da Tríplice Aliança. Vide T. Fragoso, op. cit., vol. II, pp. 23-27.

A EXPANSÃO DO BRASIL E A FORMAÇÃO DOS ESTADOS

74. De Lettson a Claredon, Montevidéu, 29/5/1866; de Francis Clare Ford a Claredon, Buenos Aires, 8/3/1866, PRO-FO128-83.

75. De Lettson a Claredon, Montevidéu, 29/5/1866, PRO-FO128-83.

76. Ofício de Almeida Rosa a Dias Vieira, Buenos Aires, 4/5/1865, 272-I-20.

77. Ibidem.

78. T. Linhares, op. cit., p. 251.

79. De Lettson a Clarendon, Montevidéu, 29/5/1866, PRO-FO128-83.

80. Vide texto do Tratado da Tríplice Aliança in T. Fragoso, op. cit., vol. II pp. 23-27.

81. Ibidem.

82. De Thorton a Russell, Buenos Aires, 8/6/1865, PRO-FO420-19. A. Teixeira Soares, *O drama da Tríplice Aliança*, pp. 179-180.

83. Carta de Mauá a Lamas, Londres, 20/3/1865; carta de Mauá a Lamas, Londres, 7/4/1866, in Visconde de Mauá, *Correspondência política...*, pp. 171, 172, 176 e 177. Lídia Besouchet, *Mauá e seu tempo*, pp. 125-136. Alberto Faria, *Mauá*, 3ª ed., São Paulo, Companhia Editora Nacional, 1946, pp. 237 e 314. Anyda Marchant, *Viscount Mauá and the Empire of Brazil (A Biography of Irineu Evangelista de Souza)*, Berkeley e Los Angeles, University of California Press, 1965, pp. 136-154. J. A. Oddone, op. cit., pp. 45-46.

84. León Pomer, *La Guerra del Paraguay — Estado, política e negocios*, Buenos Aires, Centro Editor de América Latina, 1987, p. 186 e 199.

85. Sobre os investimentos britânicos no Brasil àquela época, vide Ana Célia Castro, *As empresas estrangeiras no Brasil — 1860-1913*, Rio de Janeiro, Zahar Editores, 1979, pp. 26-41. Sobre os bancos ingleses no Brasil, vide R. G. Granziera, op. cit., pp. 78-85.

86. Lorde George Gordon Byron, Don Juan, canto 12th, V & VI, in *Poems*, v. 3, Londres, J. M. Dent & Sons Ltd., 1948, p. 348.

87. Alan K. Manchester, *Preeminência inglesa no Brasil*, São Paulo, Brasiliense, 1973, p. 243.

88. Celso Furtado, *Formação econômica do Brasil*, 27ª ed., São Paulo, Companhia Editora Nacional, 1998, p. 95.

89. Carta de Felix Egusquiza a Nathanael M. Rotschild, Buenos Aires, 11/12/1863; de Egusquiza a N. M. Rothschild, Buenos Aires, 11/1/1864; de Egusquiza a N. M. Rothschild, Buenos Aires, 12/2/1864; de Egusquiza a N. M. Rothschild, Buenos Aires, 26/2/1864; de Egusquiza a N. M. Rothschild, Buenos Aires, 28/4/1864; de Egusquiza a N. M. Rothschild, Buenos Aires, 11/5/1864; de Egusquiza a N. M. Rothschild, Buenos Aires, 29/7/1864; de Egusquiza a N. M. Rothschild, Buenos Aires, 11/9/1864; de Egusquiza a N. M. Rothschild, Buenos Aires, 29/10/1964; de Egusquiza a N. M. Roths-

child, Buenos Aires, 26/11/1864. RAL-XI/117/13c — N. M. Rothschild Archives — Londres.

90. De Maillefer a Thouneval, Montevidéu, 29/9/1862, *Revista Histórica*, n°s 55-57, p. 382.

91. De López a Egusquiza, Assunção, 6/7/1864; de López a Gregório Benites, Cerro León, 5/11/1864, in F. S. López, op. cit., pp. 127, 130-139 e 140.

92. A. Bray, op. cit., p. 256.

93. G. Benites, op. cit., pp. 202-205. Ele transcreve os documentos relativos à autorização para tais empréstimos.

94. Ibidem, p. 203. H. S. Quell, op. cit., pp. 221-226.

95. A. Bray, op. cit., pp. 152-155 e 360-362. Vários outros autores referem-se a esta questão, mas preferimos a obra de Bray como fonte principal, por ser o autor insuspeito devido à sua simpatia por López. Vide também Siân Rees, *La Mariscala — Elisa Lynch, el protagonista en las sombras de la Guerra de la Triple Alianza*, Buenos Aires, Emecê Editores, 2001.

96. Siân Rees, *La Mariscala — Elisa Linch, el protagonista en las sombras de la Guerra de la Triple Alianza*, Buenos Aires, Emecê Editores, 2001, pp. 242 e 284.

97. R. Puigross, op. cit., p. 234. J. H. Williams, op. cit., p. 164.

98. Carta de Norberto de la Riestra a David Robertson, Assunção, 20/9/1863, cópia, HC4. 1.29 — Baring Brothers Archives.

99. Rosa Luxemburg, A acumulação do capital, Rio de Janeiro, Zahar Editores, 1970, p. 378.

100. De Maillefer a Thouneval, Montevidéu, 29/7/1862, *Revista Histórica*, n°s 55-57, p. 373. "O governo de Sua Majestade soube com prazer as disposições tendentes a facilitar comunicações com o Paraguai e a fomentar o cultivo de algodão no País, disposições que o governo de Sua Majestade crê contribuirão para o desenvolvimento dos grandes recursos naturais do Paraguai". Nota de William Doria, encarregado de negócios da Grã-Bretanha em Buenos Aires, a Francisco Sanchez, ministro das Relações Exteriores do Paraguai, Asunção, 29/9/1962, in G. Benites, op. cit., p. 70. Thornton esteve em Assunção e firmou um convênio conciliatório com o governo de López. G. Benites, op. cit., pp. 67-72.

101. H. S. Quell, op. cit., p. 215.

102. Ibidem, pp. 213-214.

103. Ibidem, p. 214.

104. J. F. Normano, *Evolução econômica do Brasil*, São Paulo, Companhia Editora Nacional, 1939, p. 45. Richard Graham, *Britain & the Onset of Modernization in Brazil — 1850-1914*, Cambridge, Cambridge University Press, 1968, pp. 73-80.

A EXPANSÃO DO BRASIL E A FORMAÇÃO DOS ESTADOS

105. Instruções de Russell a Thornton, Londres, 16/5/1865; instruções de Russell a Lettson, Londres, 16/5/1865, PRO-DO6-254.

106. De Lettson a Clarendon, Montevidéu, 29/5/1866, PRO-FO128-83.

107. Carta de Edward Thornton a Thomas Baring, particular, Buenos Aires, 26/12/1864. MC4.1.45. BBA.

108. Ibidem.

109. Gerald F. Gould, ministro da Grã-Bretanha em Buenos Aires, tentou fazer a mediação, mas fracassou. Thornton também insistiu para o término do conflito e disse ao ministro norte-americano no Rio de Janeiro, J. Watson Webb, que, se os Estados Unidos não conseguissem compelir os Aliados a abandonar as hostilidades, Grã-Bretanha e França o fariam. Despacho de Webb a Seward, Petrópolis, 24/1/1867, in *Papers Relating Foreign Affairs* — 1867, p. 246.

110. Hutchinson, cônsul em Rosário, e James Murray, do Foreign Office, PRO-FO6-264.

111. De Lettson a Clarendon, Montevidéu, 10/2/1866, PRO-FO420-20.

112. "(...) *Los abastecedores argentinos habían obtenido contractos por comida para 48.000 soldados brasileños.*" Siân Rees, *La Mariscala — Elisa Lynch, el protagonista en las sombras de la Guerra de la Triple Alianza*, Buenos Aires, Emecê Editores, 2001, p. 173.

113. Manuscrito sem assinatura, atribuído a Caxias e provavelmente redigido em 1867, caja 26, carpeta 3, doc. 7641, AIBM. Vide também carta de Caxias de 20/9/1867, referida por L. Pomer, *La Guerra del Paraguay*, p. 327.

114. Carta de Edward Thornton a Thomas Bering, particular, Rio de Janeiro, 23/2/1867; Thornton e Baring, particular, Rio de Janeiro, 7/9/1867. HC4.1.45. BBA.

115. G. Benites, op. cit., tomo II, pp. 87-88.

116. De Henderson a Clarendon, Assunção, 13/4/1855; de Henderson a Clarendon, Asunción, 8/12/1855, PRO-FO59-12. J. H. Williams, op. cit., pp. 192-193.

117. Nota da Legação Americana, Rio de Janeiro, 27/1/1868 — Relatório da Repartição de Negócios Estrangeiros, 2ª Sessão da 13ª Legislatura, 1868, Anexo I, Typ. Universal E & Laemmert, p. 4. Papers Relating Foreign Affairs — 1868, pp. 262 e 263.

118. Ofício de Cotegipe a Domingos José Gonçalves de Magalhães, ministro do Brasil em Washington, Rio de Janeiro, 25/5/1869, Legações Imperiais na América, 267-4-I, AHI.

119. Ibidem.

120. De Berges a López, sem data, AVRB, I-30-13-2.

121. De Gould a Stanley, Buenos Aires, 10/4/1868, PRO-FO6-273.

122. Despacho de Washburn a Seward, Paso Pucu, QG do Exército Paraguaio 25/3/1867. Foreign Relations, II, 1867, p. 718.

123. Despacho de 6/7/1867, ibidem, p. 728.

124. Nota de Tamandaré ao capitão Pierce Crosby, comandante do Shamokin, a bordo da canhoneira Iguatemy, três bocas, 3/11/1866, Relatório da Repartição de Negócios Estrangeiros, 1870, pp. 32-33. Charles A Washburn, *The History of Paraguay*, Boston/Nova York, Lee and Shepard Publishers/Lee, Shepard & Dillingham, 1871, v. II, pp. 127, 130 e 133.

125. G. Benites, op. cit., tomo I, pp. 236-246. A. Teixeira Soares, *O drama da Tríplice Aliança*, pp. 187-193. J. F. Fernandez, op. cit., pp. 49-62.

126. G. Benites, op. cit., tomo I, pp. 244-245.

127. Carta de Carvalho Moreira a Dias Vieira, Londres, 8/2/1865, 217-4-1, AHI.

128. Os Estados Confederados, os estados sulistas, eram provedores de algodão para as indústrias britânicas, razão pela qual esperavam o apoio dos Estados Unidos.

129. Julius W. Pratt, *A History of United States Foreign Policy*, Nova York, Prentice Hall Inc., 1995, pp. 304-311.

130. Ibidem.

131. Parecer do conselheiro José Antônio Pimenta Bueno, anexo o despacho de Thornton para Stanley, Rio de Janeiro, 5/1/1867, PRO-FO128-84.

132. G. Benites, op. cit., tomo I, pp. 199-202.

133. A princesa Isabel, filha de D. Pedro II, casou-se com o conde d'Eu, neto do rei Luiz Felipe e membro da casa de Orléans, rival de Napoleão III. D. Pedro II, além do mais, não apoiou a iniciativa da França de fazer o príncipe Maximiliano de Habsburg Imperador do México.

134. R. Mendonça, op. cit., pp. 196-197.

135. Benites, juntamente com outro agente paraguaio, visitou Washington e, segundo informações correntes na época, sugeriu que o presidente Grant mandasse navios de guerra ao Paraguai e ou que o fizesse protetorado dos Estados Unidos. Thornton a Edmund Hammond, Washington, 11/3/1869, PRO-FO391-16. Benites, em sua obra, falou da viagem e dos entendimentos que manteve em Washington, mas não mencionou as tais supostas solicitações. Em todo caso, de acordo com o que se infere do seu relato, seu propósito era realmente obter uma intervenção direta e mais enérgica dos Estados Unidos em favor de López, em combinação com a França, ao menos para exigirem dos Aliados o término da guerra. G. Benites, op. cit., pp. 93-108.

136. R. B. Cunningham Graham, *Portrait of a Dictator Francisco Solano López (Paraguay — 1865-1870)*, Londres, William Heinamann Ltd., 1933, pp. 88-89.

137. M. Cancogni *et al.*, op. cit., pp. 68-69.

A EXPANSÃO DO BRASIL E A FORMAÇÃO DOS ESTADOS

138. J. H. Williams, op. cit., pp. 203-206.

139. J. M. Paz, op. cit., p. 392.

140. Francis Clare Ford a Clarendon, Buenos Aires, 15/2/1866; contra-almirante C. B. Elliot ao secretário do Almirantado, a bordo do *Narcissus*, Montevidéu, 14/4/1866; de Ford a Clarendon, Buenos Aires, 26/6/1866, PRO-FO420-20. Thornton, do Rio de Janeiro, confirmou o descontentamento do imperador D. Pedro II com a conduta de Tamandaré. Thornton a Clarendon, Rio de Janeiro, 23/6/1866, PRO-FO391-l6. Tanto na correspondência dos diplomatas britânicos quanto norte-americanos há muitas críticas à forma como Tamandaré conduziu as operações navais do Brasil, que era o único país da Tríplice Aliança com esquadra na guerra.

141. J. H. Williams, op. cit., pp. 211-217.

142. Siân Rees, *La Mariscala — Elisa Linch, el protagonista en las sombras de la Guerra de la Triple Alianza*, Buenos Aires, Emecê Editores, 2001, pp. 174-175.

143. Alguns fac-símiles dessa propaganda encontram-se reproduzidos in Júlio José Chiavenato, *Genocídio americano: A Guerra do Paraguai*, São Paulo, Brasiliense, 1979, pp. 172-176.

144. Ibidem, p. 179.

145. Os paraguaios deixavam a terra arrasada e López fazia as populações o acompanharem; despacho nº 80, Legação da Espanha no Rio de Janeiro, 8/9/1868; López antes da guerra espalhara armazéns e depósitos bélicos pelo país; suas guerrilhas chegavam às portas de Assunção já ocupada pelos Aliados; despacho nº 23, Legação de Espanha no Rio de Janeiro, Rio de Janeiro, 23/3/1869, Diego de la Quadra; despacho nº 13, Legação de Espanha no Rio de Janeiro, Rio de Janeiro, 10/3/1869, Diego de la Quadra, ABMREE.

146. Fidel Maiz, *Etapas de mi vida*, Cerro Corá y Tacuari (Paraguai), Editorial El Lector, 1996, p. 175.

147. A mãe chegou a salvar-se porque as forças brasileiras invadiram o acampamento de Cerro Corá e López foi morto.

148. Siân Rees, *La Mariscala — Elisa Linch, el protagonista en las sombras de la Guerra de la Triple Alianza*, Buenos Aires, Emecê Editores, 2001, pp. 237-239.

149. Ibidem, pp. 241-242.

150. Ibidem, pp. 252-253. George Thompson, *La Guerra del Paraguay*, Assunção, RP Ediciones, 2003, p. 230.

151. Ibidem, p. 31.

152. Fidel Maiz, *Etapas de mi vida*, Cerro Corá y Tacuari (Paraguai), Editorial El Lector, 1996, p. 183.

153. Ofício de Magalhães a Cotegipe, Washington, 20/4/1869, AHI-MDB 233/4/4.
154. De Caxias a Paranhos, Assunção, lata 222, maço 2, AHI. De D. Pedro II a Cotegipe, Rio de Janeiro, 20/4/1869, in Wanderley Pinho, *Cartas do imperador D. Pedro II ao barão de Cotegipe*, São Paulo, Companhia Editora Nacional, p. 105. De Cotegipe a Magalhães, Rio de Janeiro, 25/5/1869, 267-4-1, AHI.
155. Ibidem.
156. Carta de Caxias a Paranhos, confidencial, Assunção, 14/1/1869, AHI — lata 222, maço 2.
157. Carta do general Juan A. Gelly y Obes a Mitre, Asunção, 7/2/1870, caja 24, carpeta 3, doc.7221, AIBM.
158. Antônio Fragoso, *História da Guerra entre a Tríplice Aliança e o Paraguai*, Rio de Janeiro, Imprensa do Estado-Maior do Exército, 1934, vol. V, pp. 155-166.
159. Fidel Maiz, *Etapas de mi vida*, Cerro Corá y Tacuari (Paraguai), Editorial El Lector, 1996, pp. 70-72.
160. Antônio Fragoso, *História da Guerra entre a Tríplice Aliança e o Paraguai*, Rio de Janeiro, Imprensa do Estado-Maior do Exército, 1934, vol. V, p. 157. Fidel Maiz, *Etapas de mi vida*, Cerro Corá y Tacuari (Paraguai), Editorial El Lector, 1996, pp. 70-72.
161. Ofício do marechal visconde de Pelotas ao conselheiro de Estado Manuel Vieira Tosta, visconde de Muritiba, ministro de Estado dos Negócios da Guerra, 30 de abril de 1870. Idem, ibidem.
162. Sobre a morte de López, vide Francisco Doratioto, *Guerra maldita — Nova história da Guerra do Paraguai*, São Paulo, Companhia das Letras, 2002, pp. 451-452.
163. Fidel Maiz, *Etapas de mi vida*, Cerro Corá y Tacuari (Paraguai), Editorial El Lector, 1996, p.75.
164. Francisco Doratioto, *Guerra maldita — Nova história da Guerra do Paraguai*, São Paulo, Companhia das Letras, 2002, p. 453.
165. Thornton a Stanley, Rio de Janeiro, 7/1/1867; de Thornton a Stanley, Rio de Janeiro, 6/4/1867, PRO-FO128-84. Thornton Hammond, Rio de Janeiro, 7/9/1867, PRO-FO391-16. Despacho nº 20, Legação de Espanha no Rio de Janeiro, 22/2/1868, Diego de la Quadra; despacho nº 58, Legação de Espanha no Rio de Janeiro, Rio de Janeiro, 8/7/1868, Diego de la Quadra, AB-MREE. Em telegrama de 7/5/1868, López informou aos coronéis Alen, Martinez e Cabral que todos os jornais do Rio de Janeiro e do Brasil combatiam a continuação da guerra e que os recursos do Império do Brasil estavam

A EXPANSÃO DO BRASIL E A FORMAÇÃO DOS ESTADOS

esgotados. Nesse mesmo telegrama, ele referiu o levante blanco no Uruguai, o qual resultou na morte de Flores e de Berro, fracassando. E, finalmente, dizia que Mitre estava perdido e temia ser assassinado, como Flores. Caja 25, carpeta 2, doc. 7523, AIBM.

166. Memorial de fatos ocorridos na Argentina e dos exércitos Aliados, de 29/6 a 12/7/1865, Buenos Aires, 12/7/1865, F. O. de Almeida Rosa, 272-1-20, AHI. Correspondência do general Urquiza com o presidente Mitre sobre o linchamento do Exército entrerriano, Buenos Aires, 27/7/1865, 272-1-20, AHI. Memorial de fatos e incidentes da República Argentina na quinzena de 13 a 27/7/1865, 272-1-20, AHI. Carta do general Juan A. Gelly y Obes a Mitre, Asunção, 7/2/1870, caja 24, carpeta 3, doc.7221, AIBM.

167. Despacho nº 6, Legação de Espanha no Rio de Janeiro, Rio de Janeiro, 23/1/1872, Dionísio Roberts; despacho nº 54, Rio de Janeiro, 23/6/1872, Dionísio Roberts; despacho nº 55, Rio de Janeiro, 2/7/1872, Dionísio Roberts, ABMREE.

168. Carta de David Robertson a Thomas Baring, Londres, 21/4/1868; de Robertson a Baring, Londres, 16/7/1872; de Robertson a Baring, Londres, 4/6/1872; de Robertson a Baring, Ladykirk, Berwickshire, 26/10/1872; de Robertson a Baring, Ladykirk, Berwickshire, 1/11/1872, HC4.1.29. BBA.

169. Manoel Francisco Correia, "Missão especial do general argentino D. Bartolomé Mitre ao Brazil em 1872" (Negociação Confidencial), *Revista Trimensal do Instituto Histórico e Geográphico Brazileiro*, tomo LX, parte I, Companhia Typographica do Brazil, Rio de Janeiro, 1897, pp. 5-71. O conselheiro Manoel Francisco Correia era então ministro dos Negócios Estrangeiros do governo imperial. Despacho nº 74, Legação de Espanha no Rio de Janeiro, Rio de Janeiro, 14/8/1872, Dionísio Roberts; despacho nº 88, Rio de Janeiro, 23/9/1872, Dionísio Roberts; despacho nº 91, Rio de Janeiro, 4/10/1872, Dionísio Roberts; despacho nº 96, Rio de Janeiro, 23/10/1872, Dionísio Roberts, ABMREE.

170. A decisão de Hayes foi em 1878. Os Estados Unidos já estavam em excelentes relações com o Brasil, do qual já eram o principal importador de café. D. Pedro II também visitara os Estados Unidos em 1876 e é possível que a diplomacia do Brasil, utilizando estes, haja influenciado a decisão. L. A. Moniz Bandeira, op. cit., pp. 125-130.

171. De Mauá a Lamas, novembro de 1860, in Visconde de Mauá, *Correspondência Política*, p. 120.

172. Juan Bautista Alberdi, *La Guerra del Paraguay*, Assunção, Intercontinental Editora, 2001, p. 39.

173. L. Besouchet, op. cit., p. 146.

174. "Cercado pelo lado do Uruguai, hostilizado pela rede bancária Rothschild, em contínua disputa com os grupos financeiros Baring Brothers, Mac Gregor, Dixon etc., dos quais Mauá fazia parte, restava-lhe apelar para o Banco do Brasil, que ele ajudara a fundar." L. Besouchet, op. cit., p. 157. Mauá nada conseguiu do Banco do Brasil.
175. J. A. Oddone, op. cit., p. 48.

Conclusões

A expansão territorial do Brasil, obedecendo a impulsos do capitalismo mercantil, decorreu de necessidades básicas do modo de produção que os portugueses implantaram para o colonizar, assentado na exploração extensiva da terra, na monocultura e no trabalho escravo, com vistas ao abastecimento da Europa. Senhores rurais, comerciantes, aventureiros ou simples colonos, os bandeirantes, ao dilatarem as lindes do Brasil, serviram como agentes da acumulação original, cujos resultados, porém, emigraram, em grande parte, para Holanda e Grã-Bretanha. Suas expedições constituíram empreendimentos de essência mercantil e, algumas vezes, política, em conexão com as atividades da burguesia portuguesa, que tanto contrabandeava a prata de Potosí como promovia o tráfico de escravos africanos ou indígenas. Esta burguesia, tão precoce quanto decadente, associou-se, devido a vários fatores históricos, ao capitalismo industrial, emergente na Grã-Bretanha, atuando, como intermediária, no comércio colonial, o que de certa maneira modelou as condições de desenvolvimento do Brasil. Não se pode dizer, entretanto, que o Brasil, ao separar-se de Portugal, representou um instrumento dos interesses britânicos na América do Sul. Pelo contrário, ao enformar-se como Reino e, depois, como Império, com o desdobramento do antigo Estado português, que as potencialidades territoriais, demográficas, econômicas e políticas da colônia robusteceram, ele se expressou, internacionalmente, com muito maior autonomia e, o mais das vezes, em contradição com a política da Grã-Bretanha. O Império do Brasil, sendo, na verdade, o *desideratum* de todo o conjunto de medidas que D. João VI adotou desde a transferência da Corte de Lisboa para o Rio de

A EXPANSÃO DO BRASIL E A FORMAÇÃO DOS ESTADOS

Janeiro, contou com a vantagem de possuir um aparelho de Estado, que se ajustara a outras relações sociais e evoluíra, mas, na mudança, não sofrera ruptura nem descontinuidade. E assumiu a posição de grande potência, *vis-à-vis* países da Bacia do Prata, aos quais impôs sua hegemonia entre 1850 e 1876, empreendendo ações de caráter colonial e imperialista, para realizar objetivos econômicos e políticos, que podiam coincidir ou não com os interesses da Grã-Bretanha.

Ao fomentar a guerra contra Oribe e Rosas a intervenção do governo imperial visou, fundamentalmente, a assegurar o trânsito do gado em pé, através da fronteira do Uruguai, para as charqueadas do Rio Grande do Sul e a garantir a liberdade de navegação na Bacia do Prata, indispensável à defesa e à conservação das Províncias de Mato Grosso, Goiás e parte de São Paulo. Embora a Grã-Bretanha apoiasse Rosas, a liberdade de navegação naturalmente lhe interessava, como também às demais potências marítimas e comerciais. Tanto, porém, o Brasil operou em função de seus próprios interesses que, enquanto se empenhava, até mesmo pelas armas, para tornar livre a navegação no Rio da Prata, recusou-se a abrir a Bacia do Amazonas aos navios estrangeiros, durante toda a década de 1850, apesar das pressões dos Estados Unidos e da Grã-Bretanha. E só a franqueou ao tráfego internacional, em 1866, porque, ao enfrentar o Paraguai, receou que as Repúblicas do Pacífico entrassem no conflito, instigadas pelos norte-americanos e/ou ingleses, que dominavam já vastas extensões daquela rede fluvial nos territórios do Equador e do Peru.

Quando a guerra da Tríplice Aliança irrompeu, o Império do Brasil, com sua eficiente diplomacia, tratou de desinçar-se de todos os problemas que pudessem favorecer o Paraguai, e reatou as relações diplomáticas com a Grã-Bretanha, cortadas em 1863, após longo período de tensões e atritos. A suposição de que a Grã-Bretanha o manejou, bem como a Argentina contra o Paraguai, a fim de liquidar os monopólios de Estado e destruir um possível modelo de desenvolvimento alternativo para o capitalismo não encontra o menor suporte nem na lógica nem nos fatos. É mera ficção. Para falar em monopólios de Estado é preciso, antes de mais nada, dimensionar o estado dos monopólios no Paraguai, pois lá, o Estado, mais do que uma expressão de força, era, àquela época, uma força de expressão. E esses monopólios, uma reminiscência do sistema colonial, significavam apenas o controle da comercialização da erva-mate e do tabaco, principais fontes de receita do país, e só sobreviveram na medida em que o Estado, com uma organização político-administrativa bastante rudimentar, se resumiu no poder onímodo de Francia e, depois, de Carlos Antonio e de Francisco Solano López. O Estado nunca foi nada mais, nada menos do que Francia e a família López, que possuía enormes estâncias, outorgava licença para seu cultivo da erva-mate, comprava a produção e exportava, através de seus agentes comerciais Egusquiza e Brizuela, sem pagar impostos, e obtinha lucros de até 800%, ademais de realizar outros negócios.[1] Porém, em 1864, a possibilidade de sustentar o desenvolvimento do Paraguai, mediante a compra de tecnologia estrangeira com a renda das exportações, sobretudo de erva-mate, já se esgotava, devido à saturação do mercado, restrito à Bacia do Prata, sendo esta uma das múltiplas e complexas causas, que se entreteceram e determinaram o conflito da Tríplice Aliança.

A guerra, por várias razões, durou cinco anos e não foi o relativo progresso econômico, senão o atraso das relações sociais e as condições geográficas do Paraguai, o que permitiu a López resistir, com os recursos naturais e o mínimo de tecnologia, à máquina militar do Império do Brasil. As pequenas fazendas possibilitaram ao Paraguai autossuficiência na agricultura, com a produção de mandioca, milho, feijão erva-mate, porém, a partir de 1867, em quantidades cada vez menores e a preços cada vez mais altos. Os comerciantes e banqueiros britânicos aproveitaram-se, evidentemente, da conflagração para realizar bons negócios com os Aliados. E era natural que o fizessem, uma vez que os países da Tríplice Aliança ofereciam melhores oportunidades de investimentos do que o Paraguai, sem estrutura para os captar e insulado na mesopotâmia da Bacia do Prata. Mas o Império do Brasil, a fim de obter o apoio financeiro da Grã-Bretanha, fez-lhe concessões e tomou tais compromissos que lhe entrevariam, por muitas décadas, o esforço de industrialização, agravando-lhe a dependência e retardando-lhe a evolução histórica, no momento em que o processo de concentração e centralização do capital,

A EXPANSÃO DO BRASIL E A FORMAÇÃO DOS ESTADOS

ao gerar os monopólios, possibilitava que algumas poucas potências manufatureiras, tais como Grã-Bretanha, França, Estados Unidos e Alemanha, se distanciassem, econômica e militarmente, de todas as demais nações e lhe impusessem novos termos de relações políticas. O Império do Brasil tanto se enfraqueceu com a guerra que, em face de graves problemas internos, nem sequer se empenhou seriamente para submeter à sua a economia do Paraguai.[2] A depender cada vez mais das exportações de café, inclinou-se para a órbita dos Estados Unidos, enquanto a Argentina, onde os investimentos britânicos soldaram o Estado nacional, expandiu-se, economicamente, estabelecendo, pela primeira vez desde o fim da colonização, um real equilíbrio de poder na Bacia do Prata. E a rivalidade entre os dois países passou a refletir, em seus vínculos internacionais, a disputa interimperialista pela América Latina.

NOTAS

1. Siân Rees, *La Mariscala — Elisa Lynch, el protagonista en las sombras de la Guerra de la Triple Alianza*, Buenos Aires, Emecê Editores, 2001, p. 22.
2. Harris Gaylord Warren, *Paraguay and the Triple Alliance — The Postwar Decade — 1869-1878*, Institute of Latin American Studies, The University of Texas at Austin, 1978, pp. 283-289. Sobre o Paraguai após a Guerra, vide também Domingo Laino, *Paraguay: de la Independencia a la Dependencia*, Asunção, Ediciones Cerro Corá, 1976, pp. 15-76.

Apêndice

D. João VI e a construção do Estado brasileiro

Na primeira metade do século XVIII, nas "Instruções a Marco Antônio de Azevedo Coutinho", D. Luís da Cunha (1662-1749), notável diplomata português, avaliou que D. João V (1689-1750), rei de Portugal, "se achava em idade de ver florentíssimo e bem povoado aquele imenso continente do Brasil", se, nele tomando o título de "imperador do Ocidente", quisesse lá estabelecer sua Corte e instalasse o trono na cidade do Rio de Janeiro, que, na sua opinião, "em pouco tempo viria a ser mais opulenta que a de Lisboa".

Àquela época, o Brasil, cujo território já ocupava uma das quatro maiores áreas contínuas do planeta, desfrutava, sob o regime colonial, de uma situação relativamente muito boa, de alta produtividade, variando de 4 a 40 libras por homem livre. Sua economia era bem maior do que a da Inglaterra, mesmo do ponto de vista industrial (uma indústria considerada quase como etapa superior à da agricultura), e incomparavelmente superior à das treze colônias da Inglaterra que se tornariam os Estados Unidos da América. O Brasil exportava diamantes, algodão, fumo, cacau e couro, além de outros produtos, e começava a desenvolver uma indústria de ourives, fiadores de ouro, linhas de prata, seda, tecidos de algodão, uma indústria siderúrgica e até de construção naval, com estaleiros que construíam navios para Portugal. Em largos períodos, apenas a produção e exportação da indústria açucareira ultrapassaram o valor de 3 milhões de libras anuais, enquanto a exportação total da Inglaterra não alcançava tal cifra. Extraiu e exportou para a Europa

A EXPANSÃO DO BRASIL E A FORMAÇÃO DOS ESTADOS

um volume de ouro equivalente a 50% de todo o ouro até então produzido no mundo nos três séculos anteriores, e igual a toda a produção da América entre 1493 e 1850.

Desde 1700 até meados do século XVIII, Portugal recebeu do Brasil um volume de ouro de aproximadamente 100 milhões de esterlinos, dos quais uma quinta parte — 20 milhões — destinara-se à Fazenda Real, e cerca de 3 milhões de quilates de diamantes, o que propiciou à Coroa, anualmente, um lucro de 5 mil contos, ou seja, 2 milhões de esterlinos. Enorme parte, talvez a maior, foi usada para cobrir o déficit na balança comercial, pagando assim as dívidas de Portugal com a Inglaterra, devido às importações de têxteis e de outras manufaturas, cujo valor superava o das exportações de vinho, intercâmbio estabelecido pelo Tratado de Methuen, de 1703. Com esse tratado, também conhecido como Tratado de Panos e Vinhos, o ouro produzido no Brasil, em larga escala ou, pelo menos, a metade, escoou para a Inglaterra, servindo, como medida de valor, para a circulação monetária do capitalismo e para trasladar de Amsterdã para Londres o centro financeiro da Europa. Não obstante, ainda permitiu à Corte de Portugal desfrutar de enorme luxo durante o reinado de D. João V (1707-1750), bem como foi empregado, posteriormente, na reconstrução de Lisboa, destruída pelo terremoto de 1755. Suas exportações para Portugal atingiram o nível máximo por volta de 1760, quando totalizaram cerca de 2,5 milhões de libras. O Brasil foi, de fato, um "caudal inexaurível" — comentou o grande escritor português Camilo Castelo Branco, visconde Correia Botelho (1825-1890), acrescentando que "havia as frotas abarrotadas de ouro" e as que foram do Rio de Janeiro e da Bahia, em 1764, levaram para os cofres do reino 15,5 milhões de cruzados, 220 arrobas de ouro lavrado, 8.871 marcos de prata, 42.803 peças de 6$40 réis, 3.036 oitavas e cinco quilates de diamantes. Não sem razão, D. Luís da Cunha ponderou que

> (...) o dito príncipe para poder conservar Portugal necessita totalmente das riquezas do Brasil e de nenhuma maneira das de Portugal, que não tem para sustentar o Brasil, de que se segue que é mais cômodo e mais seguro estar onde se tem o que sobeja, que onde se espera o de que se carece.

D. Luís da Cunha aventou a hipótese de que o rei de Portugal, como imperador do Ocidente, "pudesse cuidar em conquistar o reino do Peru até o istmo do Panamá, onde se termina o do México", admitindo um acomodamento com a Espanha, mediante a troca do Algarves pelo Chile, até o estreito de Magalhães. D. Rodrigo de Sousa Coutinho, conde de Linhares (1755-1812), enunciou em exposição feita à Corte, em 1798, que os "domínios na Europa" já não constituíam "a capital e o centro" do Império português, e excogitou a ideia de transferir a sede da Corte para o Brasil, por entender que, reduzido a si mesmo, Portugal não tardaria a tornar-se "uma província de Espanha". O conde de Linhares propôs a abolição do regime colonial no Brasil e voltou a instar o príncipe-regente D. João a transferir a Corte para o Rio de Janeiro, quando as tropas da Espanha, em 1801, invadiram a praça de Olivença, e, dois anos depois, em 1803, afirmou:

> O único meio que ainda resta de assegurar a independência da Coroa de V.A.R. é que, conservando a bem-fundada esperança de se poder assegurar a defesa do reino, deixa a certeza de irem qualquer caso V.A.R. criar no Brasil um grande Império, e assegurar para o futuro a reintegração completa da monarquia em todas as suas partes.

O príncipe regente D. João, em 1801, ouvira também de D. João de Almeida Portugal, segundo marquês de Alorna (1726-1802), a recomendação de transferir a sede da Corte para o Brasil, como forma de manter o reino fora do alcance de agressões por parte de outro estado na Europa e conservar sua independência. E em meado de 1807, quando Napoleão Bonaparte mandou intimar Portugal a aderir ao bloqueio da Inglaterra, ameaçando ocupar-lhe o território, e o general Jean-Andoche Junot, 1º Duke of Abrantès (1771-1813), começou a concentrar tropas em Bayonne, cidade próxima da fronteira com a Espanha, Aires José Maria de Saldanha Albuquerque Coutinho Matos e Noronha, segundo conde da Ega (1755-1827), embaixador em Paris, ao transmitir a nota a Lisboa, advertiu o príncipe regente:

A EXPANSÃO DO BRASIL E A FORMAÇÃO DOS ESTADOS

Ou Portugal há-de fechar seus portos aos ingleses e correr o risco de perder por algum tempo a posse de suas colônias, ou o príncipe, nosso senhor, abandonando o seu reino na Europa, ganhado e conservado pelo suor de seus antepassados, irá estabelecer no Novo Mundo uma nova monarquia que, bem que possa vir a ser um império da maior consideração, produzirá uma semelhante medida a maior de todas as revoluções no sistema geral político.

Naquela conjuntura, a dependência econômica de Portugal em relação ao Brasil não dava ao príncipe regente alternativa, senão a que o conde da Ega alvitrara: transferir a Corte para a América do Sul, com todas as consequências políticas que daí adviessem. Em 8 de setembro de 1807, Percy Clinton Sydney Smythe, sexto visconde de Strangford (1780-1855), comunicou ao Foreign Office que António de Araújo e Azevedo, primeiro conde da Barca (1754-1817), lhe dissera que, uma vez no Brasil, D. João estabeleceria "um grande e poderoso império, que protegido, em uma primeira infância, pela superioridade naval da Inglaterra, poderia, com o tempo, rivalizar com qualquer outro estabelecimento político do universo". E em 22 de outubro de 1807 aceitou negociar uma convenção secreta, mediante a qual a Inglaterra protegeria a ida da Corte para o Rio de Janeiro. Dom João, porém, hesitava em dar a ordem, pois entendia que "o dever o proibia de abandonar seu povo até o último instante". E só o fez em 23 de novembro, depois que chegou a Lisboa um exemplar do *Le Moniteur* no qual Napoleão Bonaparte anunciava sua decisão de acabar a dinastia dos Bragança e usurpar o trono de Portugal. Então, em 29 de novembro, um dia antes da invasão de Lisboa pelas tropas de Junot, a esquadra inglesa, composta de sete naus, cinco fragatas, dois brigues e duas charruas, além de vários navios mercantes, zarpou para o Brasil, transportando a Corte, cerca de 8 mil a 15 mil pessoas, entre nobres e seus domésticos, magistrados, funcionários e outros cortesãos, bem como aproximadamente 80 milhões de cruzados da Fazenda Real, metade do dinheiro em circulação no reino.

Ao chegar a Salvador, assessorado pelo economista José da Silva Lisboa, barão e visconde de Cairu (1756-1835), o príncipe regente D. João, que recusara ceder à Inglaterra um porto exclusivo — o de Santa Catarina, como lorde Strangford pretendera —, assinou a carta-régia de 28 de janeiro de 1808, abrindo os portos do Brasil às nações amigas e acabando assim com o monopólio do comércio pela metrópole, monopólio sobre o qual o regime colonial se alicerçava, uma vez que Portugal fora ocupado pelas forças de Napoleão Bonaparte. Em seguida, anulou as amarras do sistema colonial mediante o alvará de 1º de abril de 1808. E derrogou tanto a carta-régia de 1766, que proibira no Brasil o ofício de ourives, para evitar o contrabando do ouro e seu desvio do comércio monetário, quanto a carta-régia de 1785, que proibira a manufaturação de fios, panos e bordados e apenas permitia o fabrico de "fazendas grossas de algodão para uso e vestuário dos negros, enfardar ou empacotar fazendas e outros misteres semelhantes". A historiadora Nícia Vilela Luz ressaltou que o príncipe regente D. João pretendia, sob o signo do liberalismo, inaugurar no Brasil a era industrial, com o objetivo de multiplicar, promover o desenvolvimento demográfico e dar trabalho a um certo elemento da população que não se acomodava à estrutura socioeconômica, baseada no trabalho escravo, então existente. Por sua vez, Raimundo Faoro ressaltou, em *Os donos do poder*, que "a monarquia portuguesa, assediada pelas armas francesas e pelas manufaturas inglesas, rebelde à absorção estrangeira, voltou-se para a ex-colônia, numa obra quase nacionalista capaz de convertê-la numa nação independente".

Para um Estado-Império (*Staatreich*) como Portugal, não importava onde estivesse a sede do trono. Dom João, impressionado com a grandeza do Brasil, empreendeu a liquidação do regime colonial e a construção do Estado brasileiro. Dotou o Brasil de judicatura própria, instituindo uma Suprema Corte, Tribunal de Recursos e Conselho Militar. Criou também o Ministério da Fazenda, o Banco do Brasil, uma Câmara de Comércio, Indústria e Navegação e o Horto Real (Jardim Botânico), aos pés da montanha do Corcovado, para o transplante experimental de novas culturas, e instalou a fábrica de pólvora, o Arsenal de Marinha, para a construção naval, assim como instituiu o ensino superior militar e mé-

A EXPANSÃO DO BRASIL E A FORMAÇÃO DOS ESTADOS

dico, com a criação do Colégio Militar, do Colégio Naval e da Faculdade de Medicina da Bahia. Outrossim, D. João revogou as restrições à publicação que vigoravam na antiga colônia, e logo começou a circular a *Gazeta do Rio de Janeiro*, fac-símile da *Gazeta de Lisboa*. Os primeiros títulos de marquês, conde e barão foram concedidos no Brasil, onde até então mesmo os que eram nobres de nascimento somente recebiam o foro de fidalgo, que era hereditário.

A fim de desenvolver o país, após liquidar o monopólio colonial com a abertura dos portos, D. João criou a Siderurgia Nacional (10 de outubro de 1808) e fundou o Banco do Brasil (12 de outubro de 1808). E, com o alvará de 28 de abril de 1809, tomou outras iniciativas para impulsionar a industrialização, concedendo isenção de direitos aduaneiros às matérias-primas necessárias às fábricas no Brasil, isenção de imposto de exportação para os produtos manufaturados no país e utilização dos produtos brasileiros no fardamento das tropas reais. E ainda outorgou privilégios exclusivos, por 14 anos, aos inventores ou introdutores de novas máquinas, bem como a distribuição anual de 60 mil cruzados às manufaturas que necessitassem de apoio, sobretudo as de lã, algodão, ferro e ação.

O engenheiro militar alemão Friedrich Ludwig Wilhelm Varnhagen, que chegou ao Rio de Janeiro em fins de 1809, recebeu a incumbência de estudar a possibilidade de construir uma siderúrgica, a Real Fábrica de Ferro de Ipanema, no morro de Araçoitaba, perto de Sorocaba, na Província de São Paulo. Em 1810, D. João criou o Real Gabinete de Mineralogia do Rio de Janeiro, sob a presidência de Wilhelm Ludwig Freiherr von Eschwege, geólogo, geógrafo e metalurgista, contratado para proceder ao estudo do potencial mineiro do país. E, em 1812, com o apoio de D. Manuel de Assis Mascarenhas Castelo Branco da Costa Lencastre, conde de Palma, o barão de Eschwege terminou a construção de outra usina siderúrgica, denominada Fábrica Patriótica, perto de Congonhas do Campo, onde se produzia ferro líquido, enquanto, na mesma província de Minas Gerais, a Fábrica de Ferro do Morro de Gaspar Soares, instalada por Manoel Ferreira da Câmara Bittencourt e Sá, obtinha ferro-gusa em oito fornos, com a colaboração de um súdito alemão. Naquele mesmo ano, em Itabira do Mato Dentro (Minas Gerais), foi pela primeira vez extraído ferro por meio de malho hidráulico, com a ajuda do barão de Eschwege, que inovou a mineração de ouro no Brasil, com a introdução dos pilões hidráulicos na lavra do coronel Romualdo José Monteiro, em Congonhas do Campo. E, em 1815, Varnhagen assumiu a direção da Real Fábrica de Ferro de São João do Ipanema, que começou a produção de ferro. Havia algumas outras pequenas fábricas em Minas Gerais e São Paulo, uma das quais, na capital de São Paulo, produziu cerca de 600 fuzis de modelo prussiano, muito bem-acabados.

É um equívoco supor que a Inglaterra quisesse a abertura dos portos do Brasil. O que ela demandara fora um porto exclusivo, o de Santa Catarina, ao sul do Brasil, com o que o príncipe-regente não concordou durante as negociações em Lisboa. E a Inglaterra, inconformada por não obter esse monopólio portuário, pressionou D. João para levá-lo a assinar o Tratado de 1810, que concedia às manufaturas inglesas uma tarifa preferencial de 15% *ad valorem*, privilégio maior até mesmo que o de Portugal (16%), enquanto as demais nações pagariam direitos da ordem de 24%.

O impulso ao desenvolvimento econômico do Brasil, iniciado por D. João, foi sufocado pelo Tratado de 1810, que derrogou virtualmente a abertura dos portos e obstaculizou os esforços de industrialização. A ideia de consolidar o Império português, a partir do desenvolvimento econômico do Brasil como nação soberana, unida a Portugal, revigorou-se, entretanto, após a pacificação da Europa, com a derrota definitiva de Napoleão Bonaparte na batalha de Waterloo (Bélgica), entre os dias 15 e 18 de junho de 1815. E, em 16 de dezembro de 1815, o príncipe-regente D. João elevou o Brasil ao predicamento de Reino Unido a Portugal e Algarves, reconhecido então como personalidade jurídica do Direito Internacional pelas principais potências da época: Inglaterra, França, Áustria, Prússia, Suécia e Estados Unidos. Tal iniciativa, que contou com o apoio de Charles Maurice de Talleyrand-Périgord, primeiro príncipe de Bénévent (1754-1838), ex-ministro dos Assuntos Estrangeiros de Napoleão Bonaparte, e, após sua derrota, do rei Luís XVIII (1814-1824), visou a robustecer a posição de Portugal *vis-à-vis*

A EXPANSÃO DO BRASIL E A FORMAÇÃO DOS ESTADOS

das potências da época e aumentar seu poder de negociação nas relações com a Inglaterra. O Brasil tornou-se, assim, um país soberano, unido a Portugal e Algarves. Este fora um projeto estratégico de grande magnitude, que produziu, como previra o conde da Ega, "a maior de todas as revoluções no sistema geral político".

A história, no entanto, tomou outro rumo. Os súditos portugueses, residentes em Lisboa, no Porto e em outras cidades, não se conformavam com a abertura dos portos do Brasil, uma vez que lhes retirara as rendas aduaneiras, e diziam que Portugal se tornara colônia da colônia. "Quem tinha ligações com a Corte ou com o governo, ou com qualquer instituição patrocinada por eles, ficou sem renda nem carreira", assinalou Patrick Wilcken, aduzindo que, ao longo dos anos, houve um êxodo contínuo de padres, bibliotecários, burocratas, nobres e mulheres que emigravam para o Rio de Janeiro. Esse fato concorreu para a revolução constitucional, que, em 24 de agosto de 1820, eclodiu na cidade do Porto e se alastrou a Lisboa, bem como à Madeira e a quase todo o arquipélago dos Açores, exprimindo o ressentimento da burguesia e das classes médias, em Portugal, prejudicadas com a emancipação comercial do Brasil. As cortes portuguesas (órgão parlamentar), dominadas pelos liberais, instaram D. João VI para que retornasse a Portugal, o que ele, após muito relutar, terminou por fazer em abril de 1821, e aprovaram uma série de outras medidas, visando a restaurar no Brasil o sistema colonial. Os decretos aprovados não só pretendiam degradar o Brasil do predicamento de reino em igualdade com Portugal, como revelaram o propósito de recolonização e restabelecimento do *statu quo* anterior a 1808, *i.e.*, à abertura dos portos. O objetivo era restituir a Portugal a supremacia política sobre o Brasil, tornando Lisboa único centro de poder. Não era possível, contudo, fazer retroceder o processo histórico. E o fraturamento do Reino Unido tornou-se, por conseguinte, inevitável, embora os brasileiros não o desejassem. O nacionalismo brasileiro, àquele tempo, não buscava a independência do Brasil, mas a manutenção de sua autonomia, a equiparação com Portugal, como Reino Unido.

A independência do Brasil, como sede da monarquia portuguesa, e sua soberania, legitimada com a elevação ao predicamento de Reino

Unido, constituíam irreversíveis avanços de um processo histórico. O Estado brasileiro, como instância superior de comando e administração da sociedade, estava montado por D. João VI, que, ao regressar a Lisboa, já havia tomado as primeiras medidas para a convocação da Assembleia Nacional, a fim de elaborar a Constituição, deixando seu filho, o príncipe D. Pedro, como regente, no Rio de Janeiro, munido de todos os poderes necessários ao pleno exercício de um governo administrativa e politicamente autônomo, até mesmo para fazer a guerra e a paz. E D. Pedro, ante as medidas tomadas pelas Cortes de Lisboa, determinando inclusive seu regresso a Portugal, outra opção não teve senão seguir o conselho que seu pai lhe dera antes de viajar: "Pedro, se o Brasil se separar, antes seja para ti que me hás de respeitar, que para alguns desses aventureiros."

D. Pedro compreendeu que o Brasil se separaria de Portugal, com ou sem a dinastia de Bragança, e que ele perderia o trono se não se colocasse à frente da nação. A separação do Brasil realizar-se-ia sob a forma de república. Por isso, mediante consecutivos atos de rebeldia, tratou de conduzir o processo político, de modo a assegurar a soberania e o direito do Brasil à autodeterminação. E colocou-se à frente dos acontecimentos, segregando o Brasil de Portugal não para subverter, mas para preservar o *statu quo*, contra a tentativa de restauração do sistema colonial, que os comerciantes de Lisboa pretendiam. Ao tornar-se imperador do Brasil, ele apenas levou às últimas consequências a obra iniciada pelo pai, D. João VI, em seus esforços para resistir à prepotência da Grã-Bretanha. Houve um *translatio imperii*. E a solidariedade da nobreza da terra, sobretudo na Bahia, com a monarquia foi fundamental para conter as forças centrífugas que as tendências republicanas e federalistas representavam, ameaçando não apenas a *forma regiminis*, mas também a integridade do Brasil e consequentemente sua *forma imperii* (forma de soberania). Uma vez que não existia no Brasil uma burguesia mercantil com relativa importância, os senhores de engenho constituíam a única classe em condições de assegurar o poder e construir a nação, uma *Adelsnation* (nação de nobres), qualquer que fosse a forma pela qual a separação de Portugal se processasse. Eles, os

A EXPANSÃO DO BRASIL E A FORMAÇÃO DOS ESTADOS

senhores de engenho, e outros proprietários de terra possuíam a consciência da nação (*natio*), da sua integridade territorial, e, não defendessem a realeza (*corona regis*), que unificava o país, a implantação da república e a desagregação das províncias tornar-se-iam inevitáveis, tal como acontecera na América espanhola. "O fazendeiro é o verdadeiro autor da independência brasileira, da unificação do país, da sua constituição e organização", escreveu J. F. Normano, antigo professor da Universidade de Harvard, acrescentando que "ele foi uma das colunas do Império, semelhante ao *Junker* prussiano, ao tipo médio inglês, ao *Pomestshik* russo", e que talvez essa "comparação seja historicamente a mais correta, porque em parte alguma existe uma ligação tão íntima entre a aristocracia da terra e a monarquia como na Rússia e no Brasil".

Contudo, no afã de obter o reconhecimento da separação do Brasil, D. Pedro I firmou com a Inglaterra o Tratado de Amizade e Navegação e Comércio, de 17 de agosto de 1827, válido por 15 anos, renovando e adaptando as concessões feitas por Portugal com o Tratado de 1810. Em seguida, celebrou tratados semelhantes com outros Estados, como França, Prússia, Áustria, Dinamarca, Países Baixos e as cidades hanseáticas (Hamburgo, Bremen e Lübeck). Com os Estados Unidos, em 12 de dezembro de 1828, assinou um Tratado de Amizade, Navegação e Comércio, com o prazo de 12 anos. Esses tratados desiguais, celebrados com base no princípio de nação mais favorecida, concediam privilégios aos Estados estrangeiros que contribuíram para inibir qualquer esforço de industrialização do Brasil.

O liberalismo das baixas tarifas igualmente não foi favorável ao comércio exterior brasileiro, nem foi compensado por investimentos ingleses no Brasil. Ao deixar de ser um entreposto de Portugal, o governo imperial pôde aumentar sua receita, cuja maior fonte era a aduana, porém não teve condições de arrecadar mais recursos, por meio do sistema fiscal, para cobrir sequer a metade dos seus gastos, até que expirasse o Tratado de Comércio com a Inglaterra, em 1844. A intervenção do Brasil nos conflitos do Rio da Prata agravou os gastos, e o governo imperial, com grandes dificuldades financeiras, teve de financiar o déficit das contas públicas com a emissão de papel-moeda.[1] Daí que, quando os tratados expiraram, entre 1842 e 1844, o Brasil adotou a política de não renová-los nem celebrar qualquer outro com nação mais poderosa, o que resultou em uma série de incidentes diplomáticos com a Inglaterra e os Estados Unidos, sobretudo depois que o ministro da Fazenda, Manuel Alves Branco, segundo visconde de Caravelas (1797-1855), elevou a tarifa de importação de 3 mil artigos, que passariam a pagar taxas de 30% sobre produtos importados sem similar nacional e 60% sobre produtos com similar produzido no Brasil. Seu objetivo foi aliviar a grave crise financeira, o déficit orçamentário e a balança comercial, problemas enfrentados pelo governo.

A adoção dessa política tarifária não visou apenas a aumentar a arrecadação aduaneira, mas também a gerar condições para o desenvolvimento industrial, tanto que, na sua justificativa, Alves Branco assinalou que "a indústria manufatureira nacional, em todos os povos, constitui o primeiro, o mais seguro e o mais abundante escoadouro de sua agricultura, e a agricultura nacional, em todos os povos, constitui o primeiro, o mais seguro e abundante escoadouro de sua indústria". Assim, na medida em que afetou seriamente o comércio com a Inglaterra e os negócios dos empresários brasileiros, que passaram a pagar mais caro pelos produtos importados, a Tarifa Alves Branco impulsionou a substituição de importações, com a criação de inúmeras fábricas no Brasil, cujas fronteiras econômicas, Irineu Evangelista de Souza, barão de Mauá (1813-1889), também deslocou rapidamente, com seus empreendimentos industriais e bancários, inclusive no Uruguai e na Argentina. Com razão, J. F. Normano assinalou que "sua penetração na região do Prata é um dos mais excitantes capítulos das relações exteriores brasileiras". E, segundo Amado Luiz Cervo e Clodoaldo Bueno ressaltaram, inaugurou-se um período, que se estenderia de 1844 a 1876, "caracterizado pela ruptura com relação à fase anterior e pelo robustecimento da vontade nacional".

Ao contrário dos Estados Unidos, onde a nação terminou por conformar o Estado, o Estado-Império, instituído no Brasil, foi que construiu a nação, sem ruptura da ordem política, a desdobrar a obra empreendida por D. João VI, e assegurou a unidade de vasta extensão

A EXPANSÃO DO BRASIL E A FORMAÇÃO DOS ESTADOS

territorial. Com razão, o cientista político José Murilo de Carvalho acentuou que a elite brasileira, particularmente na primeira metade do século XIX, teve treinamento em Coimbra, concentrado na formação jurídica, e seria em grande maioria integrante do serviço público, sobretudo da magistratura e do Exército. Ela era ideologicamente homogênea e reproduziu-se no Brasil em condições muito semelhantes. E, conforme José Murilo de Carvalho ainda observou, "essa transposição de um grupo dirigente teria talvez maior importância que a transposição da própria Corte e foi fenômeno único na América". Na sua opinião, "a maior continuidade com a situação pré-independência levou à manutenção de um aparato estatal mais organizado, mais coeso e talvez mesmo mais poderoso". Com efeito, o Império do Brasil, na metade do século XIX, já estava consolidado como nação, com um aparelho burocrático-militar capaz de defender e mesmo impor, tanto interna quanto externamente, a vontade política de suas classes dirigentes. Tornara-se potência regional, tanto que o encarregado de negócios da França em Montevidéu, Pierre-Daniel Martin-Maillefer (1798-1877), em 1854, referiu-se ao Império do Brasil como "Rússia tropical", por ter a "vantagem da organização e a perseverança, em meio dos Estados turbulentos ou mal constituídos" da América do Sul.

St. Leon, dezembro de 2006.

NOTA

1. Celso Furtado, *Formação econômica do Brasil*, 27ª ed., São Paulo, Companhia Editora Nacional, 1998, p. 97.

Referências bibliográficas

ABREU, J. Capistrano de. *Capítulos de História Colonial (1500-1800)*. Rio de Janeiro: Livraria Briguet, 1954.

_____. *Os caminhos antigos e o povoamento do Brasil*. 2ª ed. Rio de Janeiro, Sociedade Capistrano de Abreu/Livraria Briguet, 1960.

_____. *Sobre a Colônia do Sacramento*. Rio de Janeiro: Typographia Leuzinger, 1960.

ADAMS, John Quincy. *Writings, Worthington Chauncey Ford*. The Macmillan Co., 1917.

ALBERDI, Juan Bautista. *El Imperio del Brasil ante la Democracia de América*. Assunção: Edición Especial de El Diário, 1919.

_____. *Las Disensiones de las Republicas del Plata y las Maquinaciones del Brasil*. Montevidéu: Imprenta Tipografica a Vapor, 1865.

_____. *Los Intereses Argentinos en la Guerra del Paraguay*. Paris: Impresión Privada, 1865, Cat. de Obras Paraguayas — Biblioteca Nacional de Asunción.

_____. *La Guerra del Paraguay*. Assunção: Intercontinental Editora, 2001.

ASSADOURIAN, Carlos Sempert *et al*. *Modos de producción en America Latina*. Buenos Aires: Editorial Siglo XXI, 1973, Cuadernos de Pasado y Presente.

AZEVEDO, J. Lúcio. *Épocas de Portugal econômico (esboços de História)*. 4ª ed. Lisboa: Livraria Clássica Editora, 1978.

BALDRICH, J. Amadeo. *Historia de la Guerra del Brasil*. 2ª ed. Buenos Aires: Editorial Universitaria de Buenos Aires, 1974.

BARBAGELATA, Hugo D. *Artigas y la Revolución Americana*. 2ª ed. Paris: Éditions Excelsior, 1930.

BARRÁN, José Pedro. *Apogeo y crisis del Uruguay Pastoril y Caudillesco — 1839-1875*. 2ª ed. Montevidéu: Ediciones de la Banda Oriental, 1975.

BARRÁN, José Pedro e NAHUM, Benjamín. *Bases económicas de la Revolución Artiguista*. 4ª ed. Montevidéu: Ediciones de la Banda Oriental, 1972.

BENITES, Gregorio. *Anales diplomático y militar de la Guerra del Paraguay*. Assunção: Estabelecimiento Tipografico Muñoz Hnos.

BERAZA, Agustín. *El pueblo reunido y armado*. Montevidéu: Ediciones de la Banda Oriental, 1967.

_____. *La economia de la Banda Oriental — 1811-1820*. Montevidéu: Ediciones de la Banda Oriental, 1964.

BESOUCHET, Lídia. *Mauá e seu tempo*. Rio de Janeiro: Nova Fronteira, 1978.

BETHEL, Leslie. *A abolição do tráfico de escravos no Brasil*. São Paulo: Editora Expressão e Cultura/Editora da Universidade de São Paulo, 1976.

BLANCO, Ricardo Román. *Las "Bandeiras" (instituciones bélicas americanas)*. Brasília: Universidade de Brasília, Instituto de Ciências Humanas (Sec. História), 1966.

BLISS, Porter Cornelius. *Historia secreta de la misión del ciudadano norte-americano Charles A. Washburn*, cerca del Gobierno de la República del Paraguay, s/d.

BOCCIA ROMAÑACH, Alfredo. *Paraguay y Brasil — Crónica de sus conflictos*. Cerro Corá/Tacuaray: Editorial El Lector, 2000.

BOITEUX, Lucas Alexandre. *Nossas campanhas navais — a conquista de cayenna*. Rio de Janeiro: Imprensa Naval, 1939.

BOTELHO, J. J. Teixeira. *O domínio português no Uruguai e a Campanha de Montevidéu*, Separata do *Boletim da Academia*, Nova Série, vol. II. Coimbra: Academia de Sciências de Lisboa, Imprensa da Universidade, 1930.

BOXER, Charles Ralph. *O Império Colonial Português*. Lisboa: Edições 70, 1977.

_____. *Salvador de Sá e a luta pelo Brasil e Angola — 1602-1686*. São Paulo: Companhia Editora Nacional, 1975, Coleção Brasiliana.

BRASIL, Assis. *A Guerra dos Farrapos*. Rio de Janeiro: Adersen Editores, s/d.

BRASILIANO, Rubio. *O Rio Grande do Sul e a Cisplatina*. Porto Alegre: Livraria do Globo, 1935.

BRAY, Cel. Arturo. *Solano López (Soldado de la Gloria y del Infortunio)*. Buenos Aires: Guillermo Kraft Ltda., 1945.

BRUNO, Ernani da Silva. Viagem ao país dos paulistas. Rio de Janeiro: Livraria José Olympio Editora, 1966.

BYRON, Lorde George Gordon. "Childe Harold's Pilgrimage", Canto the first, XVI. In *Poems*, vol. 2. Londres: J. M. Dent & Sons Ltd., 1948.

_____. "Don Juan", Canto 12th, vols. V & VI. In *Poems*. Londres: J. M. Dent & Sons Ltd., 1948.

CALMON, Pedro. *História do Brasil (O Império e a Ordem Liberal)*, vol. V. Rio de Janeiro: Livraria José Olympio Editora, 1961.

_____. *História Social do Brasil (Espírito da Sociedade imperial)*, 2º tomo. 3ª ed. São Paulo, Companhia Editora Nacional.

CALÓGERAS, João Pandiá. "A política exterior do Império". *Revista do Instituto Histórico e Geográfico do Brasil*, tomo especial, Rio de Janeiro, Imprensa Nacional, 1927.

CANABRAVA, Alice Piffer. "O comércio português no Rio da Prata — 1580-1640". *Boletim XXXV*, História da Civilização Americana nº 2, Faculdade de Filosofia, Ciências e Letras, Universidade de São Paulo, 1944.

CANCOGNI, Manlio e BORIS, Ivan. *Solano López — o Napoleão do Prata*. Rio de Janeiro: Civilização Brasileira, 1975.

CARDOZO, Efraím. *El Imperio del Brasil*. Buenos Aires: Librería del Plata, 1961.

CARREÑO, Virgínia. *Estancias y estancieros*. Buenos Aires: Editorial y Librería Goncourt, 1968.

CASTELLAÑOS, Alfredo R. *Breve historia de la ganadería en el Uruguay*. Montevidéu: Banco de Crédito, 1971.

_____. *La Cisplatina, la Independencia y la República Caudillesca (1820-1838)*. Montevidéu: Ediciones de la Banda Oriental, 1975.

CASTRO, Ana Celia. *As empresas estrangeiras no Brasil — 1860-1913*. Rio de Janeiro: Zahar Editores, 1979.

CHIAVENATO, Julio José. *Genocídio americano: A Guerra do Paraguai*. São Paulo: Brasiliense, 1979.

CORREIA, Manoel Francisco. "Missão Especial do general argentino D. Bartolomé Mitre ao Brazil em 1872" (negociação confidencial). *Revista Trimensal do Instituto Histórico e Geográfico do Brasil*, tomo LX, parte I, Companhia Typographica do Brazil, Rio de Janeiro, 1897.

CORTESÃO, Jaime. "A província do Paraguai: origens, antecedentes portugueses, fundação, progresso e termo". *In Jesuítas e bandeirantes no*

A EXPANSÃO DO BRASIL E A FORMAÇÃO DOS ESTADOS

Guairá — 1594-1640 — Manuscritos da Coleção de Angelis, Biblioteca Nacional, Divisão de Publicações e Divulgação, Rio de Janeiro, 1969.

_____. "Introdução". In *Jesuítas e bandeirantes no Tape — 1613-1641* — Biblioteca Nacional, Divisão de Publicações e Divulgação, Rio de Janeiro, 1969.

COUTO E SILVA, Golbery do. *Geopolítica do Brasil.* Rio de Janeiro: Livraria José Olympio Editora, 1967.

CUNHA, Euclides da. *Peru versus Bolívia*, São Paulo: Cultrix/Instituto Nacional do Livro, 1975.

DEUTSCH, Karl W. "On the concepts of politics and power". In FARREL, John C. e SMITH, Asa P. (eds.). *Theory and Reality in International Relations.* Nova York: Columbia University Press, 1966.

DEVOTO, Juan E. Pivel. *El arreglo de los campos.* Montevidéu: Editorial Medina, 1974.

DONGHI, Tulio Halperin. *História da América Latina.* Rio de Janeiro: Paz e Terra, 1975.

_____. *Revolución y guerra (Formación de una elite dirigente en la America criolla).* Buenos Aires: Siglo Veintiuno Editores S. A., 1972.

DORATIOTO, Francisco. *Guerra maldita — Nova história da Guerra do Paraguai.* São Paulo: Companhia das Letras, 2002.

DOTTA, Mario; FREIRE, Duaner e RODRIGUEZ, Nelson. *El Uruguay ganadero.* Montevidéu: Ediciones de la Banda Oriental, 1972.

ELLIS JR., Alfredo. *O bandeirantismo paulista e o recuo do meridiano.* 3ª ed. São Paulo: Companhia Editora Nacional, 1938.

FARAONE, Roque. *Introducción a la Historia Económica del Uruguay (1825-1973).* Montevidéu: Arca Editorial, 1974.

FARIA, Alberto. *Mauá.* 3ª ed. São Paulo: Companhia Editora Nacional, 1958.

FERNANDEZ, Ariosto. *Manuel Belgrano y la Princesa Carlota Joaquina — 1808.* Separata da *Revista História* nº 3, jan. mar. 1956, Buenos Aires, 1956.

FERNANDEZ, Juan José. *La República de Chile y el Imperio del Brasil (Historia de sus Relaciones Diplomaticas).* Santiago de Chile: Editorial Andrés Bello, 1959.

FERNS, H. S. *Gran-Bretaña y Argentina en el siglo XIX.* Buenos Aires: Solar/Hachette, 1969.

292

_____. *La Argentina (introducción histórica a sus problemas actuales)*. Buenos Aires: Editorial Sudamericana, 1969.

FERREIRA FILHO, Arthur. *História geral do Rio Grande do Sul (1503-1964)*. 3ª ed. Porto Alegre: Editora Globo, 1965.

FERREIRA LIMA, Heitor. História político-econômica e industrial do Brasil. São Paulo: Companhia Editora Nacional, 1976.

FORBES, John Murray. *Once años en Buenos Aires (Cronicas diplomaticas — 1820-1831)*. Buenos Aires: Emerê Editores, 1950.

FORTES, Gen. João Borges. *Os casais açorianos — presença lusa na formação sul-riograndense*. Porto Alegre: Martins Livreiro Editor, 1978.

FRAGOSO, Augusto Tasso. *História da Guerra entre a Tríplice Aliança e o Paraguai*. Rio de Janeiro: Imprensa do Estado Maior do Exército, 1934, 5 vols.

FRANK, Andre Gunter. *Acumulação mundial — 1492-1789*. Rio de Janeiro: Zahar Editores.

FREITAS, A. F. de Oliveira. *Geopolítica bandeirante (Primeira Parte — Sudeste Brasileiro)*. Porto Alegre: s/ed.

FREITAS, Caio. *George Canning e o Brasil (influência da diplomacia inglesa na formação brasileira), vol. II*. São Paulo: Companhia Editora Nacional, 1958.

FURTADO, Celso. *La economia latino-americana desde la conquista ibérica hasta la revolución cubana*. Santiago de Chile: Editorial Universitaria, 1969.

_____. *Formação econômica do Brasil*. 27ª ed. São Paulo: Companhia Editora Nacional, 1998.

GADELHA, Regina Maria A. F. *As Reduções Jesuítas do Itatim: um estudo das estruturas socioeconômicas coloniais do Paraguai (séculos XVI e XVII)*. Rio de Janeiro: Paz e Terra, 1980.

GANDIA, Enrique de. *Las misiones jesuíticas y los bandeirantes paulistas*. Buenos Aires: Editorial "La Facultad", Bernabé & Cia., 1936.

GARAVAGLIA, Juan Carlos. "Un modo de producción subsidiário: la organización económica de las comunidades guaranizadas durante los siglos XVII-XVIII en la formación regional altoperuana rioplatense". In ASSADOURIAN, Carlos Sempert *et al. Modos de Producción en América Latina*. Buenos Aires: Editorial Siglo XI, 1973, Cuadernos de Pasado y Presente.

A EXPANSÃO DO BRASIL E A FORMAÇÃO DOS ESTADOS

GARAY, Blas. *El comunismo de las misiones — La Revolución de la Independencia del Paraguay*. Asunção: Instituto Colorado de Cultura, 1975.

GOSÁLVEZ, Raul Botello. *Processo del subimperialismo brasileiro*. Buenos Aires: Editorial Universitaria de Buenos Aires, 1974.

GRAHAM, R. B. Cunningham. *Portrait of a Dictator. Francisco Solano López. (Paraguay — 1865-1870)*. Londres: William Heinamann Ltd., 1933.

_____. *Retrato de un Dictador — Francisco Solano López (Paraguay — 1865-1870)*. Buenos Aires: Editorial Elefante Blanco, 2001.

GRAHAM, Richard. *Britain & the Onset of Modernization in Brazil — 1850-1914*. Cambridge: Cambridge University Press, 1968.

GRAMSCI, Antônio. *Maquiavel, a política e o Estado moderno*. 2ª ed. Rio de Janeiro: Civilização Brasileira, 1976.

GRANZIERA, Rui Guilherme. *A Guerra do Paraguai e o capitalismo no Brasil*. São Paulo/Campinas: Hucitec/Unicamp, 1979.

HAUBERT, Maxime. "Prefácio". In GADELHA, Regina Maria A. F. *As Reduções Jesuíticas do Itatim: um estudo das estruturas socioeconômicas coloniais do Paraguai (séculos XVI e XVII)*. Rio de Janeiro: Paz e Terra, 1980.

HILFERDING, Rudolf. *El capital financiero*. Madri: Editorial Tecnos, 1973, Colección de Ciencias Sociales.

HOBSBAWN, Eric. *Formaciones económicas precapitalistas*. Buenos Aires: Editorial Siglo XXI, 1974, Cuadernos de Pasado y Presente.

HOLLANDA, Sérgio Buarque de. *História geral da civilização brasileira, tomos I e II*. São Paulo: Difusão Europeia do Livro, 1960.

_____. *Monções*. Rio de Janeiro: Casa do Estudante do Brasil, 1945.

IBARGUREN, Carlos. *Juan Manuel de Rosas (su vida — su tiempo — su drama)*. 3ª ed. Buenos Aires: Librería "La Facultad", de Juan Roldán y Cia., 1930.

JAEGER, S. J., Pe. Luiz Gonzaga. *As invasões bandeirantes no Rio Grande do Sul (1635-1641)*. 2ª ed. Porto Alegre: Typographia do Centro S. A., s/d.

JANOTTI, Aldo. "Uma questão malposta: A teoria das fronteiras naturais como determinante da invasão do Uruguai por D. João VI". *Revista de História*, Número Jubilar Bis, vol.LII, tomo I, São Paulo, 1975.

_____. "Historiografia brasileira e teoria da fronteira natural". *Revista de História*, São Paulo, ano XXVI, vol. LI, nº 101, jan.-mar. 1975, pp. 239-263.

JÚLIO, Sílvio. *Bolívia e a política internacional de D. Pedro I em 1825.* Rio de Janeiro, 1961.

JUSTO, Libório. *Nuestra patria vasalla — Historia del coloniaje argentino — tomo I (De los Borbones a Baring Brothers).* Buenos Aires: Editorial Schapire S. R. L., 1969.

KAUFMANN, William W. *La política británica y la Independencia de America Latina — 1804-1828.* Caracas: Universidad Central de Venezuela, 1963.

KERN, Arno Álvarez. *Missões: uma utopia política.* Porto Alegre: Mercado Aberto/Propaganda Editora Ltda., 1982.

KOSSOK, Manfre. *El virreynato del Rio de la Plata — Su estructura económica-social.* Buenos Aires: Editorial Futuro S. R. L., 1959.

_____. *Historia de la Santa Alianza y la Emancipación de América Latina.* Buenos Aires: Ediciones Sílaba, 1968.

LA FUENTE MACHAÍN, R. de. *Los portugueses en Buenos Aires (siglo XVII).* Madrid: s/ed., 1931.

LAFER, Celso. "Uma interpretação do sistema de relações internacionais do Brasil". *Revista Brasileira de Política Internacional*, set.-dez. 1967, nº 39-40.

LAINO, Domingo. *Paraguay: de la Independencia a la Dependencia.* Assunção: Ediciones Cerro Corá, 1976.

LAPA, J. R. Amaral. *Economia colonial.* São Paulo: Perspectiva, 1973.

LECUNA, Vicente. *Cartas del Libertador, 1802-1830.* The Colonial Press Inc., 1948.

LENIN, V. I. "El imperialismo — Fase superior del capitalismo". In *Obras escogidas.* Moscou: Ediciones en Lenguas Extranjeras, 1948.

LICANDRO, Hugo. "La Guerra del Paraguay (sus orígenes y la lucha diplomatica)". In *Guerra y Revolución en la Cuenca del Plata — Cinco años cruciales — 1863-1868*, Cuadernos de Marcha nº 5, set. 1967, Montevidéu.

LILLIS, Michael e FANNING, Ronan. *Calúnia — Elisa Lynch e a Guerra do Paraguai.* São Paulo: Editora Terceiro Nome, 2009.

LINHARES, Temístocles. *História econômica do mate.* Rio de Janeiro: Livraria José Olympio Editora, 1969.

LIPINER, Elias. *Os judaizantes nas capitanias de cima.* São Paulo: Brasiliense, 1969.

LOBO, Eulália Maria Lahmeyer. "A importância estratégica e econômica da província de Santa Cruz de la Sierra durante a Guerra da Tríplice Aliança". *Boletim de História*, n° 6, Centro de Estudos de História, Rio de Janeiro.

_____. *História político-administrativa da agricultura brasileira — 1808-1889*. Pesquisa financiada pelo Ministério da Agricultura. Rio de Janeiro: s/ed., s/d.

LÓPEZ, Francisco Solano. *Pensamiento político*. Buenos Aires: Editorial Sudestada, 1969.

LUGGN, Clóvis. *A república comunista cristã dos guaranis — 1610-1768*. Rio de Janeiro: Paz e Terra, 1968.

LUXEMBURG, Rosa. *A acumulação do capital*. Rio de Janeiro: Zahar Editores, 1970.

MACHADO, Carlos. *Historia de los orientales*. 3ª ed. Montevidéu: Ediciones de la Banda Oriental, 1973.

MACHADO, Janete da Rocha. *Povoado missioneiro: cenografia do barroco — A Igreja e o teatro da vida*. Faculdade de Filosofia e Ciências Humanas, Curso de Licenciatura e Bacharelado em História, Pontifícia Universidade Católica do Rio Grande do Sul, Porto Alegre, 2007.

MACHADO, José de Alcântara. *Vida e morte do bandeirante*. São Paulo: Livraria Martins Editora, 1965.

MAGALHÃES, Basílio. *Expansão geográfica do Brasil até fim do século XVII*. Rio de Janeiro: Imprensa Nacional, 1915.

_____. Expansão geográfica do Brasil Colonial. 3ª ed. Rio de Janeiro: Epasa, 1944.

MAGALHÃES, Homero Batista de. *Argentina-Brasil (sentido de sus relaciones económicas)*. Buenos Aires: Editorial Losada, 1945.

MAGDOFF, Harry. *Imperialismo — da Era Colonial ao presente*. Rio de Janeiro: Zahar Editores, 1978.

MAIZ, Fidel. *Etapas de mi vida*. Cerro Corá y Tacuari (Paraguai): Editorial El Lector, 1996

MANCHESTER, Alan K. *Preeminência inglesa no Brasil*. São Paulo: Brasiliense, 1973.

MANNING, William R. *Diplomatic Correspondence of the United States Concerning the Independence of Latin American Nations*. Oxford: Oxford University Press, 1925.

_____. *Diplomatic Correspondence of the United States Inter-American Affairs — 1831-1860.* Washington: Carnegie Endowment, 1932.

MANNIX, Daniel P. e COWLEY, Malcolm. *Black Cargoes — A History of the Atlantic Slave Trade.* Nova York: The Vicking Press.

MARCHANT, Anyda. *Viscount Mauá and the Empire of Brasil (A Biography of Irineu Evangelista de Souza).* Berkeley/Los Angeles: University of California Press, 1965.

MARX, Karl. "Formas que preceden a la producción capitalista". In HOBSBAWN, Eric. *Formaciones económicas precapitalistas.* Buenos Aires: Editorial Siglo XXI, 1974, Cuadernos de Pasado y Presente.

_____. *O Capital, livro 3, vol. 6.* Rio de Janeiro: Civilização Brasileira, 1974.

MASUR, Gerhard. *Simón Bolívar.* México: Biografias Gandesa, 1960.

MAUÁ, visconde de. *Autobiografia.* Rio de Janeiro: Zélio Valverde Livreiro Editor, 1942.

_____. *Correspondência política de Mauá em Rio da Prata: 1850-1885.* 29ª ed. São Paulo: Companhia Editora Nacional/Instituto Nacional do Livro, 1977.

MAURO, Frédéric. *Do Brasil à América.* São Paulo: Perspectiva, 1975.

MEDINA, José Toribio. *El Tribunal del Santo Oficio de la Inquisición en las Províncias del Plata.* Buenos Aires: Editorial Huarpes, 1945.

MELO, general Raul Silveira de. *Aos guaicurus deve o Brasil o sul de Mato Grosso.* Rio de Janeiro: SMG/Imprensa do Exército, 1957.

_____. *Espionagem e incursões paraguaias em Mato Grosso antes da guerra.* Separata de *A Defesa Nacional,* fevereiro 1955.

_____. *Tiveram os bandeirantes fins políticos?* Separata de *A Defesa Nacional,* dezembro 1954.

MELOGNO, Abadie; REYES, Washington e BRUSCHERA, Oscar H. *La Banda Oriental — pradera, frontera, puerto.* Montevidéu: Ediciones de la Banda Oriental, 1974.

MENDONÇA, Renato. *Um diplomata na corte de Inglaterra (O barão de Penedo e sua época).* São Paulo: Companhia Editora Nacional.

MONIZ BANDEIRA, Luiz Alberto. *Presença dos Estados Unidos no Brasil.* 1ª ed. Rio de Janeiro: Civilização Brasileira, 1973.

MONTEIRO, Jonathas da Costa Rego. *A Colônia do Sacramento (1680-1777).* Publicação financiada pelo governo do Estado do Rio Grande do Sul. Porto Alegre: Oficinas Gráficas da Livraria do Globo, 1937.

A EXPANSÃO DO BRASIL E A FORMAÇÃO DOS ESTADOS

MONTEIRO, John Manuel. *Negros da terra — Índios e bandeirantes nas origens de São Paulo*. São Paulo: Companhia das Letras, 1994.

MOOG, Clodomir Viana. *Bandeirantes e pioneiros*. 2ª ed. Porto Alegre: Editora Globo, 1961.

MÖRNER, Magnus. *Actividades políticas y económicas de los jesuitas en el Rio de la Plata*. Buenos Aires: Editorial Paidos, 1968.

NEIMAR, Machado de Sousa. *A Redução de Nuestra Señora De La Fe No Itatim: Entre a cruz e a espada (1631-1659)*. Dissertação apresentada como requisito parcial à obtenção do grau de Mestre em História, Programa de Pós-Graduação em História da Universidade Federal de Mato Grosso do Sul, Campus de Dourados, 2002.

NÓBREGA, Manoel. *Cartas do Brasil*. Belo Horizonte/São Paulo: Itatiaia/ Edusp, 1988.

NOGUEIRA, Antonio Barbosa Gomes. *Relatório*. Curitiba: Ed. Typ. do *Correio Oficial*, 1862.

NORMAMO, J. F. *Evolução econômica do Brasil*. São Paulo: Companhia Editora Nacional, 1939.

NOVAIS, Fernando A. *Portugal e Brasil na crise do antigo sistema colonial (1777-1808)*. São Paulo: Hucitec.

NOVINSKY, Anita. *Cristãos-Novos na Bahia*. São Paulo: Edusp/Perspectiva, 1972.

ODONNE, Blanca Paris de. "Colonia y revolución". In *De la colonia a la consolidación del Uruguay*. Montevidéu: Ediciones de la Banda Oriental, 1973.

ODONNE, Blanca Paris de; TOURON, Lucia Sala e ALONSO, Rose. *De la colonia a la consolidación del Uruguay*. Montevidéu: Ediciones de la Banda Oriental, 1973.

ODONNE, Juan Antonio. "Mauá, el banquero del Império y de la crisis". *Cuadernos de Marcha*, nº 5, set. 1967, Montevidéu.

ONETO y VIANNA, Carlos. *La diplomacia del Brasil en el Rio de la Plata*. Montevidéu: Librería de la Universidad, 1903.

ORTIZ, Raul S. *Política británica en el Rio de la Plata*. 6ª ed. Buenos Aires: Editorial Plus Ultra, 1973.

OTAVIANO, Francisco. *Cartas de Francisco Otaviano*. Coligidas, anotadas e prefaciadas por Wanderley Pinho. Rio de Janeiro: Civilização Brasileira/Instituto Nacional do Livro, 1977.

PANTALEÃO, Olga. *A penetração comercial da Inglaterra na América espanhola de 1713 a 1783*. São Paulo: s/ed., 1946.

PASTORE, Carlos. "Orígenes, evolución y estado actual del latifundio y minifundio en el Paraguay". *Estudios Paraguayos*, vol. III, nº 1, Asunción, out. 1975.

PEÑA, Rodolfo Ortega e DUHALDE, Eduardo Luis. *Baring Brothers y la historia política Argentina*. 3ª ed. Buenos Aires: A. Peña Lillo Mitor S. R. L., 1974.

PEREIRA DA SILVA, I. M. *História da fundação do Império Brasileiro*, tomo II. B. Rio de Janeiro: L. Garnier Editor, 1865.

PETERSON, Harold P. *La Argentina y los Estados Unidos — 1810-1960*. Buenos Aires: Editorial Universitaria de Buenos Aires, 1964.

PICCIRILI, Ricardo. *Argentinos en Rio de Janeiro — 1815-1820*. Buenos Aires: Editorial Pleamar, 1969.

PINHO, Wanderley. *Cartas do imperador D. Pedro II ao barão de Cotegipe*. São Paulo: Companhia Editora Nacional.

PINTO, Virgilio Nova. *O ouro brasileiro e o comércio anglo-português*. São Paulo: Companhia Editora Nacional/MEC, 1979.

PITTMAN, Howard T. *Who Commands the Heartland — A Geopolitical of Bolivia, prepared for Twentieth Century Diplomacy of Latin America*. Washington: The American University, 1977.

POMER, León. *La Guerra del Paraguay — Gran Negocio!* Buenos Aires: Ediciones Calden, 1968.

_____. *Os conflitos da Bacia do Prata*. São Paulo: Brasiliense, 1979.

_____. *La Guerra del Paraguay — Estado, política e negócios*. Buenos Aires: Centro Editor de América Latina, 1987.

POUCEL, Benjamín. *Le Paraguay Moderne et l'Interêt Général du Commerce*. Paris: Marseille Typ. Ve. Marius Olive, 1867.

PRADO Jr., Caio. *História econômica do Brasil*. 8ª ed. São Paulo: Brasiliense, 1963.

PRATT, Julius W. *A History of United States Foreign Policy*. Nova York: Prentice Hall. Inc., 1995.

PUENTES, Gabriel A. *La intervención francesa en el Rio de la Plata*. Buenos Aires: Ediciones Theoria, 1958.

PUIG, J. C.; MONETA, C.; PEREZ LIANA, C. e CARELLA, A. L. *De la independencia a la liberación (política externa de América Latina)*. Buenos Aires: Ediciones La Bastilla, 1973.

A EXPANSÃO DO BRASIL E A FORMAÇÃO DOS ESTADOS

PUIGROSS, Rodolfo. *Historia económica del Rio de la Plata*. 4ª ed. Buenos Aires: A. Pena Lillo Editor S. R. L., 1974.

QUELL, H. Sanchez. *La Diplomacia Paraguaya de Mayo a Cerro Corá*. 5ª ed. Assunção: Casa America, 1973.

QUESADA, Ernesto. *La política argentina en el Paraguay*. Buenos Aires, 1902.

QUESADA, Vicente G. *La política del Brasil con las repúblicas del Rio de la Plata*. Buenos Aires: Casa Vaccaro, 1919.

_____. *La política imperialista del Brasil y las cuestiones de limites de las repúblicas sudamericanas*. Buenos Aires: Casa Vaccaro, 1920.

RAMOS, Jorge Abelardo. *Revolución y contrarrevolución en la Argentina — Las masas y las lanzas*. 5ª ed. Buenos Aires: Editorial Plus Ultra, 1973.

_____. *História de la nación latino-americana*. Buenos Aires: A. Peña Lillo Editor, 1973.

RAMOS, R. Antonio. *La política del Brasil en el Paraguay bajo la dictadura de Francia*. Buenos Aires: Editorial Ayacucho, 1944.

_____. *La Independencia del Paraguay y el Imperio del Brasil*. Publicação conjunta do Conselho Federal de Cultura e do Instituto Histórico e Geográfico do Brasil. Rio de Janeiro: Imprensa Nacional, 1976.

_____. *Juan Andrés Gelly*. Buenos Aires: Tallenes Gráficos Lucanda, 1972.

REBAUDI, A. *Guerra del Paraguay*. Buenos Aires: Imprenta Constancia, 1917.

REBER, Vera Blinn. "A Case of Total War: Paraguay, 1860-1870". *JILAS — Journal of Iberian and Latin American Studies*, 5:1, jul. 1999, Shippensburg University. Disponível em: http://www.ailasa.org/jilas/all/JILAS-05(1)/C-JILAS%205(1)-Blinn%20Reber.PDF

REBES, Maria Isabel Artigas de. *Antonio Ruiz de Montoya — testemunha de seu tempo*. Dissertação de Mestria em História. Área de concentração: Estudos Ibero-Americanos. Universidade do Vale do Rio dos Sinos, 2001. Disponível em: http://www.dominiopublico.gov.br/download/texto/cp000216.pdf

REBOUÇAS, André. *Diário da Guerra do Paraguai (1866)*. São Paulo: Instituto de Estudos Brasileiros da Universidade de São Paulo, 1973.

REES, Siân. *La Mariscala — Elisa Lynch, el protagonista en las sombras de la Guerra de la Triple Alianza*. Buenos Aires: Emecê Editores, 2001.

REIS, Arthur Cezar Ferreira. *A Amazônia e a cobiça internacional*. 2ª ed. Rio de Janeiro: Edinova Ltda., 1965.

_____. "Imperialismo Brasileiro". *Carta Mensal*, Confederação Nacional do Comércio, agosto de 1973.

_____. "O Brasil no contexto continental". *Revista Brasileira de Cultura*, Ministério da Educação e Cultura, Conselho Federal de Cultura, nº 17, jul.-set. de 1973.

RIBEIRO, Duarte da Ponte. *As relações do Brasil com as repúblicas do Rio da Prata de 1829 a 1843*. Rio de Janeiro: Officinas Graphicas do Archivo Nacional, 1936.

RIBEIRO, Pedro Freire. *A Missão Pimenta Bueno (1843-1847)*. Divisão de Documentação, Seção de Publicações do Ministério das Relações Exteriores, 1965.

RIPPY, I. Fred. *La Rivalidad entre Estados Unidos y Gran-Bretaña por America Latina (1808-1830)*. Buenos Aires: Editorial Universitaria de Buenos Aires, 1967.

RODRIGUES, José Honório. *Interesse nacional e política externa*. Rio de Janeiro: Civilização Brasileira, 1966.

ROMANATO, Gianpaolo. *Gesuti, guarani et emigranti nelle Riduzioni del Paraguay*. Ravena: Longo Editore, 2008.

ROSA, José Maria. *La caída de Rosas*. Madri: Instituto de Estudios Políticos, 1958.

SÁ, Simão Pereira de. *História topográfica da Nova Colônia do Sacramento*. Separata da *Revista do Instituto de Estudos Brasileiros*, nº 3, São Paulo, 1968.

SÁENZ QUESADA, María. *La Argentina — Historia del país y de su gente*. 3ª ed. Buenos Aires: Editorial Sudamericana, 2004.

SALUM-FLECHA, Antônio. *Facetas públicas y privadas en la Guerra de la Triple Alianza*. Assunção: Intercontinental Editora, 2001.

SALVADOR, José Gonçalves. *Os cristãos-novos: povoamento e conquista do solo brasileiro (1530-1680)*. São Paulo: Pioneira/Edusp, 1976.

SANMARTIN, Olynto. *Bandeirante no Sul do Brasil*. Porto Alegre: Edições Nação, 1949.

SARMIENTO, Domingo F. *Facundo — Civilización y barbarie*. Buenos Aires: Edicol, 2006.

SCENNA, Miguel Angel. *Argentina-Brasil: cuatro siglos de rivalidad*. Buenos Aires: Ediciones La Bastilla, 1975.

A EXPANSÃO DO BRASIL E A FORMAÇÃO DOS ESTADOS

_____. *Como fueron las relaciones argentino-norteamericanas*. Buenos Aires: Editorial Plus Ultra, 1970, p. 45.

SILIONI, Rolando Segundo. *La diplomacia luso-brasileira en la Cuenca del Plata*. Buenos Aires: Editorial Rioplatense, 1974.

SILVA, Raul de Andrada. *Ensaio sobre a ditadura do Paraguai 1814-1840*. São Paulo, Coleção Museu Paulista, Série Ensaios, 1978.

SIMONSEN, Roberto C. *História econômica do Brasil — 1500-1820*. 4ª ed. São Paulo: Companhia Editora Nacional, 1962.

SODRÉ, Nelson Werneck. *As razões da Independência*. 2ª ed. Civilização Brasileira: Rio de Janeiro.

SOUZA, José Antonio Soares de. *A vida do Visconde do Uruguai (1870-1866)*. São Paulo: Companhia Editora Nacional, 1944.

_____. *Honório Hermeto no Rio da Prata (Missão Especial de 1851-52)*. São Paulo: Companhia Editora Nacional, 1959.

TAMBS, Lewis A. "Geopolitic of the Amazon". Apud WAGLEY, Charles. *Man in the Amazon*. Miami: University of Florida Press, 1975.

TAUNAY, Affonso d'E. *História das bandeiras paulistas*. São Paulo: Melhoramentos, 1953.

TEIXEIRA SOARES, Álvaro. *Diplomacia do Império no Rio da Prata*. Rio de Janeiro, Editora Brand Ltda., 1955.

_____. *História da formação das fronteiras do Brasil*. 3ª ed. Rio de Janeiro: Conquista, 1975.

_____. *O drama da Tríplice Aliança*. Rio de Janeiro: Ed. Brand, 1956.

_____. *O gigante e o rio (ação de Mauá no Uruguai e Argentina — 1859-1878)*. Rio de Janeiro: Edição do Autor, 1957.

_____. *O marquês de Pombal (A lição do passado e a lição do presente)*. Rio de Janeiro: Alba, 1961.

_____. *Um grande desafio diplomático no século passado (navegação e limites na Amazônia. Missão de Nascentes de Azambuja a Bogotá)*. Rio de Janeiro: Conselho Federal de Cultura, 1971.

THOMPSON, George. *La Guerra del Paraguay*. Assunção: RP Ediciones, 2003.

TORRE, Nelson de La; RODRIGUEZ, Julio C. e TOURON, Lucia Sala de. *Artigas: tierra y revolución*. 2ª ed. Montevidéu: Bolsilibros Arca, 1971.

TRIAS, Vivian. *Juan Manuel de Rosas*. 2ª ed. Buenos Aires: Siglo XXI, 1974.

_____. *El Paraguay de Francia el Supremo a la Guerra de la Triple Alianza.* Buenos Aires: Cuadernos de Crisis, 1975.

_____. *Imperialismo y geopolítica en América Latina.* Buenos Aires: Editorial Jorge Alvarez, 1969.

VARNHAGEN, Francisco Adolfo de. *História geral do Brasil.* 6ª ed. 5ª ed. Integral. São Paulo: Melhoramentos, 1956, 5 tomos.

VENTRE, Daniel Fretes. "Evolución e perspectivas de la estrutura social y económica del Paraguay". *Estudios Paraguayos*, vol. III nº 1, Asunção, out. 1975.

VERSEN, Max Von. *História da Guerra do Paraguai.* Belo Horizonte/São Paulo: Itatiaia/Edusp, 1976.

VIANA FILHO, Luiz. *O negro na Bahia.* 2ª ed. São Paulo: Livraria Martins Editora/Instituto Nacional do Livro, 1976.

VIEIRA DE MELO, Arnaldo. *Bolívar, o Brasil e as nossas questões na Prata (Da Questão de Chiquitos à Guerra Cisplatina).* Rio de Janeiro, 1936.

WAGLEY, Charles. *Man in the Amazon.* Miami: University of Florida Press, 1975.

WARREN, Harris Gaylord. *Paraguay and the Triple Alliance — The Postwar Decade — 1869-1878.* Institute of Latin American Studies, The University of Texas at Austin, 1978.

WASHBURN, Charles A. *The History of Paraguay.* Boston/Nova York: Lee and Shepard, Publ./Lee, Shepard & Dillingham, 1871.

WESTPHALEN, Cecília Maria. "Comércio exterior do Brasil meridional no século XVII". *Revista de História*, vol. L, tomo I, São Paulo, 1974.

WHITTAKER, Arthur Preston. *Estados Unidos y la Independencia de América Latina (1800-1850).* Buenos Aires: Editorial Universitaria de Buenos Aires, 1964.

WHITTE, Richard Alan. "La política económica del Paraguay popular — 1810-1840". *Estudios Paraguayos*, vol. III, nº I, Asunção, out. 1975.

WILLIAM, John Hoyt. *The Rise and Fall of the Paraguay Republic — 1800-1870.* Austin: Institute of Latin American Studies, The University of Texas at Austin, 1979.

WIZNITZER, Arnold. *Os judeus no Brasil colonial.* São Paulo: Pioneira/Edusp, 1966.

Fontes impressas

A Missão Especial do visconde de Abrantes (de out. de 1844 a out. de 1846), tomo I, Emp. Typ. 2 de dezembro — de P. Brito, Impressor da Casa Imperial, 1853.

Annaes do Museu Paulista, tomo V, São Paulo, Imprensa Oficial, 1931.

Annaes do Parlamento Brasileiro — Câmara dos Srs. deputados, 1º ano da 5ª Legislatura, 1º Sessão de 1843, 1º e 2º tomos, Typ. da Viúva Pinto A Filho, Rio de Janeiro, 1843.

3º anno da 5ª Legislatura, sessões de 18/5/1844 e 22/5/1844, tomo único, Rio de Janeiro, Typ. da Viúva Pinto A Filho, 1844.

3º anno da 3ª Legislatura, senão de 1851, tomos I e 2, Rio de Janeiro, Typ. da Viúva Pinto & Filho, 1878.

Arquivo Diplomático da Independência, tomo V.

Bandeirantes no Paraguai — século XVII (Documentos Inéditos), Publicação da Divisão de Arquivo Histórico, Prefeitura do Município de São Paulo, 1949.

Boletim de História, Centro de Estudos de História, nº 6, Rio de Janeiro.

Boletim XXXV, História da Civilização Americana, nº 2, Faculdade de Filosofia, Ciências e Letras, Universidade de São Paulo, 1944.

Boletin del Ejército Republicano, Buenos Aires, reimpresión en facsímile — Correspondencia Militar del Ano 1825, publicado por El Estado Mayor del Ejército — División Histórica Archivo, tomos I y II, Montevidéu, Imprenta Militar, 1932.

Contribuições para a história da Guerra entre o Brasil e Buenos Aires (uma testemunha ocular), autor anônimo, Belo Horizonte/São Paulo, Itatiaia/Edusp, 1975.

Correspondência e documentos oficiais relativos à Missão Especial do conselheiro José Antônio Saraiva ao Rio da Prata em 1864, Typ. do *Diário*, 1872.

A EXPANSÃO DO BRASIL E A FORMAÇÃO DOS ESTADOS

Correspondencia Mitre-Elizalde, Universidade de Buenos Aires, Departamento Editorial, Buenos Aires, 1960.

Cuadernos de Marcha, n° 5, set. 1967, Montevidéu.

El Doctor Rufino de Elizalde y su época vista a través de su archivo, tomo III, Faculdade de Filosofia y Letras, Universidade de Buenos Aires, 1973.

Estudios Paraguayos, vol. III nᵒˢ 1 e 2, Asunção, 1975.

Informes de Maillafer, *Revista Histórica*, n° 51, set. 1952 e nᵒˢ 55-7, set. 193, Montevidéu.

MANNING, William R. *Diplomatic Correspondence of the United States concerning the Independence of Latin-American Nations*. Oxford: Oxford University Press, 1925, vol. II.

_____. *Diplomatic Correspondence, of the United States Inter-American Affairs — 1831-1860*. Washington: Carnegie Endowment, 1832.

Manuscritos da Coleção de Angelis, Biblioteca Nacional.

Jesuítas e bandeirantes no Guairá — 1594-1640, Rio de Janeiro, Divisão de Publicações e Divulgação, vol. I, 1969.

Jesuítas e bandeirantes no Tape — 1615-1641, Rio de Janeiro, Divisão de Publicações e Divulgação, vol. III, 1969.

Tratado de Madri — Antecedentes — Colônia do Sacramento — 1669-1749, Rio de Janeiro, Divisão de Obras Raras e Publicações, vol. V, 1954.

Do Tratado de Madri à Conquista dos Sete Povos das Reduções (1750-1802), Rio de Janeiro, Divisão de Publicações e Divulgação, vol. VII, 1969.

Negócios do Rio da Prata (Discussão sobre várias questões pendentes entre o governo imperial e a Confederação Argentina), Rio de Janeiro, Typ. Imp. e Const. de J. Villeneuve, 1850.

O Tratado de 24 de Março de 1843 entre o Brasil e a Confederação — Argentina. Coletânea de documentos s/a, Rio de Janeiro, Typ. Imp. e Const. de. Villeneuve, 1945.

Papers Relating Foreign Affairs — 1867, Washington, Government Printing Office.

Relatório de presidente da Província de Mato Grosso — coronel do Corpo de Engenheiros Antônio Pedro de Alencastro — na Abertura da Sessão Ordinária da Assembleia Legislativa Provincial em 3/5/1860, Cuiabá, Typ. Voz da Verdade, 1860.

Relatório da Repartição dos Negócios Estrangeiros.

2ª Sessão da 8ª Legislatura, Paulino José Soares de Souza, 16/5/1850, Rio de Janeiro, Typ. Universal de Laemmert, 1850.

3ª Sessão da 8ª Legislatura, Paulino José Soares de Souza, 1850, Rio de Janeiro, Typ. Universal de Laemmert, 1850.

2ª Sessão da 13ª Legislatura, 1868 e 1860, Anexo I.

1ª Sessão da 8ª Legislatura, 7/1/1850, Rio de Janeiro, Typ. Imp. e Const. de J. Villeneuve, 1850.

Revista Brasileira de Política Internacional, set.-dez. 1967, nos 39-40.

Revista de História, Número Jubilar Bis, vol. LII, tomo I, São Paulo, 1975.

Revista de História, nº 101, vols. L e LI, São Paulo, 1974 e 1975.

Revista História, nº 3, jan.-mar. 1956, Buenos Aires, 1956.

Revista Trimestral do Instituto Histórico e Geográfico Brasileiro, tomo LX, parte I, Rio de Janeiro, Cia. Typographica do Brazil, 1897.

Arquivos pesquisados

Brasil
Arquivo Histórico do Itamaraty
Arquivo do visconde do Rio Branco
Biblioteca Nacional — Seção de Manuscritos. Seção de Obras Raras
Instituto de Estudos Brasileiros

Argentina
Archivo general de la Nación
Archivo del Ministerio de Relaciones Exteriores y Culto de Argentina
Archivo Victorino de la Plaza
Archivo de Tomás Guido
Archivo Roque Sans-Peña
Archivo de la Revista Estrategia
Archivo Inédito de Bartolomé Mitre

Uruguai
Archivo general de la Nación
Archivo Carlos de Castro
Archivo Andrés Lamas
Archivo del profesor Ariosto Fernandez
Museo Histórico

Paraguai
Archivo general de Asunción
Biblioteca Especial Solano López
Biblioteca Nacional de Asunción

Espanha
Archivo y Biblioteca del Ministerio de las Relaciones Exteriores

França
Archive Diplomatique du Ministère des Affaires Étrangers

Inglaterra
Baring Brothers Archives
British Museum
Public Record Office — Foreign Office
Rothschild Archives-London

Estados Unidos
National Archives
The Library of Congress

Índice onomástico

Aberdeen. *ver* Gordon, George Hamilton (lorde Aberdeen)

Abreu, Antonio Paulino Limpo de (visconde de Abaeté), 129, 139, 181-183, 187, 196-197, 203, 208, 222

Abreu, Francisco Pedro de (barão de Jacuí), 130, 131

Abreu, João Capistrano de, 39, 43, 45-47, 57-58, 68, 71-72, 77, 83, 289

Adams, John Quincy, 94, 101, 103-104

Aguirre, Atanasio, 184, 215-218, 234

Alberdi, Juan Bautista, 83, 118-119, 142, 146, 162-163, 169, 195, 220-221, 250, 257, 270

Almeida, José Egídio Alvares de (marquês de Santo Amaro), 126, 137

Almeida, Miguel Calmon du Pin e (visconde de Abrantes), 126-129, 137, 180, 305

Almeida Rosa, Francisco Otaviano de, 205, 221, 238-240, 255, 260, 263-264, 270

Alsina, Valentín, 146, 201

Alvarez, Ignácio, 87

Alvear, Carlos de, 87, 92, 96-98

Alves Branco, Manuel, 137, 176-177, 287

Amaral, José Maria do (visconde de Maranguape), 185, 186-187, 202-203

Anchieta, José de, 43

Anchorena, Juan Esteban, 107

Anchorena, Juan José Nicolás, 101

Andrada, Gomes Freire de, 82, 86

Araújo, Marcos Antônio de (visconde de Itajubá), 250

Arias de Saavedra, Hernando, 42

Arroyo Grande, 114

Artigas, José, 8, 75, 80-82, 86-90, 96, 100, 133

Asboth, Alexander, 247

Avellaneda, Nicolás, 256

Ayala, Cipriano, 238

Azara, D. Felix de, 78, 83-84

Balcarce, Antonio, 87

Balcarce, Juan Ramón, 99, 119

Barão de Cotegipe. *ver* Wanderley, João Mauricio

Barão de Jacuí. *ver* Abreu, Francisco Pedro de

Barão de Laguna. *ver* Lecor, Carlos Frederico

Barão de Leprédour. *ver* Lepredour, Joseph-Hyacinthe Fortuné

Barão de Rothschild. *ver* Rothschild, Nathanael M.

Bareiro, Cândido, 146, 219, 243, 250

Baring, Thomas, 245, 266, 270

Barrios, Vicente (coronel), 235, 236

Belgrano, Manuel, 80, 84, 292

Bellegarde, Pedro de Alcântara, 158

Belzu, Manuel Isidoro, 150, 152

Benites, Gregório, 246, 250, 259, 260, 265

Berges, José, 162, 218, 226, 230-231, 236, 259, 261

Berro, Bernardo, 149, 184, 206

Besouchet, Lídia, 194-195, 257, 264

A EXPANSÃO DO BRASIL E A FORMAÇÃO DOS ESTADOS

Biddle, James, 94
Bolívar, Simón, 8, 92-93, 99, 103, 297, 303
Bonaparte, Napoleão, 78, 82, 97, 172, 174, 279,-281, 283
Boxer, C. R., 56
Bragança, D. Catarina de, 56
Bragança, D. Isabel Cristina Gonzaga de (Brasil), 267
Bragança, duque de. *ver* João IV
Branco, Manuel Alves. *ver* Alves Branco, Manuel
Bray, Arturo, 210, 219
Bueno, José Antonio Pimenta, 116, 123, 126, 132, 135, 136, 142, 267
Buschental, José, 181, 194
Byron, George Gordon (lorde), 174, 190, 241, 264

Calmon, Pedro, 115, 120, 177, 190
Calvo, Carlos, 250
Canabarro, David, 214
Canning, George, 93, 172, 175, 190, 293
Cansat, Santiago, 245
Caramurus (Rio Grande do Sul), 109, 117, 134
Caribe, 49, 64, 76, 128
Carlos III (Espanha), 153
Carlos II (Inglaterra), 56
Carlos IV (Espanha), 79, 96
Carvalho e Melo, Sebastião José de (marquês de Pombal), 67, 69, 74, 102, 174, 190, 302
Carvalho, José Joaquim de, 158
Castanho da Silva, Antonio, 42
Castro, Carlos de, 240, 245, 255, 260, 309
Catamarca, 146
Cerrito, 133, 156, 256
Cerro Corá, 166, 254-255, 268-269, 276, 290, 295-296, 300
Cerro Largo, 181
Cevallos y Calderón, D. Pedro, 68
Chaná, 48
Charcas, Audiência de, 43, 50, 52

Charruas, 77, 280
Chile, 47, 61, 69, 146, 150-151, 209, 222, 224, 248, 250, 279, 292-293
Chiquitos, 42, 61, 92-93, 102, 151, 236-237, 261, 303
Christie, William Douglas, 178
Chuy, 147
Clay, Henry, 93, 102, 104
Cobija, 150
Coimbra, 85, 159, 288, 290
Colômbia, 25, 93, 98, 248
Colônia, 172
Colônia do Sacramento, 57, 62,-78, 960-97, 289, 297, 301, 306
Colorados (Uruguai), 108-109, 111, 113, 117, 134, 148-149, 203, 205, 212, 221, 234
Companhia de Jesus. *ver* jesuítas
Conde de Lavradio. *ver* Correia de Sá, D. Antonio de Almeida
Conde de Linhares. *ver* Coutinho, D. Rodrigo de Sousa
Conde d'Eu. *ver* Orléans, Luís Filipe Gastão de
Congresso de Tucumán, 82, 87-88, 91
Conselho Ultramarino, 55, 64
Convenção Preliminar de Paz (1827), 98-99, 107, 123
Córdoba, 49, 50, 64, 91, 96, 98
Corrêa, Antônio Manuel (cônsul), 125
Correia de Sá, D. Antonio de Almeida (conde de Lavradio), 249
Correia de Sá e Benevides, Salvador, 55, 79
Corrientes, 42, 52, 66, 78-79, 81, 87, 91, 96, 112, 117, 119-121, 133, 136, 146, 152, 181, 188, 205-206, 212-213, 216, 218, 227, 229, 232, 234-235, 238, 246-247, 251, 258
Cortesão, Jaime, 40, 46, 61-62
Corumbá, 159, 235-237, 255, 262
Cotton Suply Association, 245
Coutinho, D. Rodrigo de Sousa (conde de Linhares), 79, 84, 85, 279

312

Cuareim, 78
Cuba, 32, 101, 112, 128
Cuiabá, 77, 142, 168, 187, 306
Cunha, Carneiro da, 114, 122, 137
Cuyas e Sempere, Antonio, 143

Davis, Charles H., 253
Derqui, Santiago, 187, 188, 198, 203
Dias Vieira, João Pedro, 216, 225, 248, 263-264, 267
Díaz, Cezar, 205, 206, 221
Díaz Taño, Francisco, 62
Dinamarca, 57, 217, 286
Dorrego, Manuel, 98
Doutrina Monroe, 93

Echagüe, Pascoal, 112
Egusquiza, Felix, 219, 230, 237, 242, 264
Eldorado, 37, 39
Elío, Francisco Javier, 80, 96
Elizalde, Rufino de (chanceler), 196, 205, 213, 217, 221, 306
Emmolt, Thomas, 245
encomenderos, 40, 41
Entre Rios, 42, 66, 81, 87, 91, 112, 119, 121, 133, 136, 146-147, 181, 205-206, 212-213, 216, 218, 227, 229, 232, 234, 246-247, 258
Estado Oriental. *ver* Uruguai
Estados Unidos, 9, 14-18, 23, 28, 30, 32, 34, 75, 84, 89, 93-94, 96, 99-104, 112, 128, 130, 136, 151, 154-156, 160, 164, 172, 176, 178, 180, 184-185, 190, 192-194, 202, 210, 215, 223, 237, 244, 245, 247, -249, 251, 253, 256-259, 262, 266, 267, 270, 274, 276-277, 283, 286-287, 297, 299, 301, 303, 310
Europa, 47, 51, 57, 59, 76, 78-79, 89, 117, 125-126, 128, 137, 154-155, 166, 169, 172, 175, 180, 186, 197, 200, 209, 217, 220-221, 229, 232, 237, 241-242, 248, 250, 273, 277-280, 283

Faoro, Raimundo, 175, 281
Farrapos (Rio Grande do Sul), 108, 111, 113-114, 120, 126, 134, 215
Farroupilha (Rio Grande do Sul). *ver* Farrapos
Fecho dos Morros, 157
Federalistas (Rio Grande do Sul), 99, 109, 117, 132, 205, 212, 285
Felipe II (Espanha), 31, 50
Felipe IV (Espanha), 60
Ferns, H. S., 85, 95, 99, 100-105, 118, 138, 140-141, 143, 195
Ferraz de Araújo, Antonio, 42
Ferré, Pedro, 112, 117, 121
Flandres, 64
Flores, Venâncio, 149, 203, 206
Forbes, John Murray, 94, 102, 136
Forte Coimbra, 151, 255
Forte do Presépio (1616), 65
Fragoso, Tasso, 167, 235
França, 9, 18, 28, 32, 57-58, 65-70, 73, 79, 83, 97, 99, 112-114, 121, 128, 131-132, 135, 141, 148-150, 155, 160, 163, 167, 172, 175, 180, 182, 184-186, 190, 194, 200, 202, 212, 221, 223-224, 243, 24-247, 250, 257, 266-267, 276, 283, 286, 288, 310
França, Ernesto Ferreira, 24, 127, 180
Francia, José Gaspar Rodrigues de, 19, 92, 125, 135, 152-154, 157, 163, 167, 209, 222, 228, 244, 275, 300, 303
Francia, José Gaspar Rodriguez de, 19, 92, 125, 135, 152,-154, 157, 163, 167, 209, 222, 228, 244, 275, 300, 303
Frias, Manoel de, 42

Garay, Juan de, 42
García, D. Manuel José, 87, 91, 98, 175
Garro, D. Joseph de, 63
Gelly, Juan Andrés, 142, 160, 166-169, 222, 300
Giró, Juan Francisco José, 147-149, 159, 184, 206, 214

A EXPANSÃO DO BRASIL E A FORMAÇÃO DOS ESTADOS

Goes e Vasconcelos, Zacarias de, 208, 215-216
Goiás, 38, 77, 82, 274
Gomes Nogueira, Antonio Barbosa, 233
Gomes Nogueira, Antônio Barbosa, 223, 260
Gomez, Leandro, 217
Gonçalves, Bento, 112, 121
Gordon, George Hamilton (lorde Aberdeen), 127, 177
Gordon, Robert, 95
Gore, Robert, 134, 192
Gower, Georges Leveson (conde de Granville), 133, 143
Grã-Bretanha, 8, 9, 17-20, 28, 32-33, 79, 92-95, 97-99, 103, 112-114, 119, 125, 127-128, 131-133, 135, 138, 140, 142-144, 149, 155, 160, 167, 172-182, 185-186, 190-196, 200, 210, 212, 214, 217, 219, 220-221, 233, 241-247, 249, 256-257, 265-266, 273-276, 285
Gramsci, Antônio, 199, 218
Grande Chaco, 33, 60, 151, 153, 188, 239, 243, 247, 255, 256
Grant, Lee, 267
Granville. *ver* Gower, Georges Leveson
Graty, Alfredo du, 245
Guaicuru, 157, 159
Gualeguaychú, 181
Guaporé (rio), 61
Guaranis, 39, 52-53, 56, 68, 73, 81, 296
Guayra, 39
Guiana, 43, 84
Guiana Francesa, 79
Guido, Carlos, 211
Guido, Tomás, 99, 113-114, 119, 121-122, 131, 138, 140, 143, 197, 309
Guiné, 51

Habsburg, Maximiliano de, 267
Haro, Cristóvão de, 57
Havre, 245
Hayes, Ruterford, 256
Henderson, C. A., 160, 161-162, 166-169, 222, 266

Herrera, Juan José de, 207, 212-213, 225
Holanda, 32, 57-59, 66, 67, 73, 273
Hopkins, Edward A., 155
Hornos, Cabo, 96
Hotham, Charles, 131
Humaitá, 156, 231, 240, 251, 253

Ibarguren, Carlos, 109, 116
Ibicuí (rio), 73, 78, 80, 107, 156
Iguaçu (rio), 45, 239, 255
Iguatemi (rio), 239
Igureí (rio), 239
Império Inca, 37
Índia, 59, 61
Índias Ocidentais, 73, 176
Inglaterra. *ver* Grã-Bretanha
Irigoyen, Bernardo de (chanceler), 256
Itabayana, visconde de, 96
Itália, 52, 59, 215
Itapua, 152, 167
Itaqui, 209
Itatim, 39, 41, 45, 47, 52, 60, 165, 293, 294, 298
Ivaí (rio), 45

Jamaica, 176
Javari (rio), 236
João IV, 53, 56
João V, 71, 76, 82, 86, 174, 277-278
João VI, 8, 70, 72, 82, 87-89, 91, 97, 172-173, 175-176, 190, 273, 277, 284-285, 287, 294
Joaquina, D. Carlota, 79, 80
John & Alfred Blyth, 17, 155-156, 160, 242-243, 245
José I (Portugal), 69, 174
Jujuy, 49, 146

Kossok, Manfred, 64, 70, 85

Lafer, Celso, 17, 20, 178, 193
Laguna, 65, 82
Lamas, Andrés, 130, 139, 141, 147, 149, 163, 183, 195-196, 208, 219, 220-222, 225, 309

Lapido, Octávio, 212
La Rioja, 146
Lavalleja, Juan Antonio (general), 8, 90-91, 96-97, 101, 107
Leal, Felipe José Pereira, 159
Leão, Honório Hermeto Carneiro (marquês do Paraná), 114, 143, 182
Lecor, Carlos Frederico (barão de Laguna), 82
Lenin, V. I., 180, 193
Lepredour, Joseph-Hyacinthe Fortuné (barão de Leprédour), 132
Lettson, W. G., 239
Lhuys, Drouyn de, 163, 167, 169, 189, 196, 219, 224, 258
Linhares, Temístocles, 222, 240
Liniers, Santiago de, 96
Lisboa, 11, 32, 41, 52-55, 59, 62, 64, 69, 70-71, 78, 82, 85-86, 89, 101, 172-174, 273, 277-280, 283-285, 289, 290
Lisboa, Joaquim Marques (almirante e barão de Tamandaré), 186, 233
Lisboa, José da Silva (visconde de Cairu), 281
Lizarazu, D. Juan de, 52, 60
Lobo, Eulália Maria Lahmeyer, 29, 236, 261
Lobo, Manoel, 57, 63
Londres, 28, 30, 51, 69, 89, 101, 118-119, 126-129, 131, 133-135, 137-138, 140, 142-144, 146, 155, 162-163, 165-166, 172, 176-177, 179, 182, 190, 192-197, 205, 219, 220-221, 224, 229, 241-243, 245, 247, 249, 256, 260, 263,-267, 270, 278, 291, 294
Lopes Neto, Felipe, 236, 250
López, D. Carlos Antonio, 142, 152, 154, 165-169, 185-186, 189, 203, 207-208, 211, 242-245
López, Francisco Solano, 9, 11, 17, 19, 34, 156, 161, 165, 168-169, 189, 197, 203, 209, 210, 219, 223, 228-229, 232, 243-245, 247, 258, 263, 267, 275, 290-291, 294, 309

Lopez, Juan Pablo, 121
Lorde Aberdeen. *ver* Gordon, George Hamilton
Lorde Byron. *ver* Byron, George Gordon (lorde)
Lorde Granville. *ver* Gower, Georges Leveson (conde de)
Lorde Palmerston. *ver* Temple, Henry John (visconde de)
Lorde Strangford. *ver* Smythe, Percy Clinton Sydney (visconde de)
Lugon, Clovis, 41, 47
Lynch, Elisa Alicia, 228, 244, 265, 266, 276, 295, 300

Macedo, Sérgio Teixeira de, 135, 140, 179, 193
Madeira, Ilha da, 59, 284
Madeira (rio), 61, 151
Maillefer, Martin, 24, 149, 150, 163-164, 167-169, 171, 184, 189, 196, 211, 219, 223-224, 228-229, 243, 245-246, 258-259, 265, 288
Maldonado, 76
Mamoré (rio), 61, 151
Manchester, 245
Manoel, D. Nuno, 57
Maracaju, Serra do, 42, 239
Maranhão, 38
Maria I, 174
Marquês de Herval. *ver* Osório, Manuel Luis
Marquês de Pombal. *ver* Carvalho e Melo, Sebastião José de
Marquês de Porto Alegre. *ver* Souza, Manuel Marques de
Marquês de Santo Amaro. *ver* Almeida, José Egídio Alvares de
marquês de Tamandaré. *ver* Lisboa, Joaquim Marques (almirante e barão de Tamandaré)
Marquês do Paraná. *ver* Leão, Honório Hermeto Carneiro
Marrocos, 59

A EXPANSÃO DO BRASIL E A FORMAÇÃO DOS ESTADOS

Martinez de Irala, Domingos, 41

Martinez de Salazar, Joseph, 62

Martín García, Ilha de, 98

Martín Pueyrredón, Juan, 87

Mato Grosso, 9, 33, 38-39, 41, 48, 60, 73, 77, 82, 102, 110, 126, 136, 157, 159, 162, 167-168, 185-189, 197, 211, 224, 235-236, 245, 274, 297-298, 306

Mauro, Frédéric, 37, 43, 58, 60

McMahon, general Martin Thomas, 253, 254

Medina, Anadeto, 205

Mejillones, 150

Melgarejo, Mariano, 236

Mena Barreto, João Propício, 216, 233, 234

Mendoza, 118, 146

Mercedes, 181

México, 43, 102, 228, 267, 279, 297

Miranda, 157, 224

Miranda, João Antônio de, 186

Misiones, 42, 47, 52, 66, 78-79, 81, 87, 160, 188, 238, 239

Mitre, Bartolomé, 11, 137, 182, 201, 204, 221, 226, 262, 270, 291, 309

Mojo, 92

Montevidéu, 9, 66, 71-74, 76, 79-89, 90, 94, 96, 98, 101, 105, 107-111, 113-118, 121-123, 125-126, 128-129, 132-135, 140-144, 147-150, 159, 163-164, 167-169, 179, 181-184, 186-187, 189, 191, 196, 200, 205-213, 215-219, 222-228, 231-235, 238-239, 246-247, 251, 258, 260-261, 263-266, 268, 288-292, 295-298, 302, 305-306

Moreira, Francisco Inácio de Carvalho, 150, 164, 179, 192, 241

Napoleão III (França), 24, 250, 267

Nassau, João Maurício de, 61

Negro, Cabo, 66

Negro (rio), 147, 183

Nery, Felipe, 217, 225

Nestares de Marin, D. Francisco, 56

Nova Granada. *ver* Colômbia

Oceano Atlântico, 56, 76, 151, 237

Oceano Pacífico, 49, 150

Oddone, Juan Antonio, 29, 142, 200

Oiapoque, 65

Olinda, 29, 61, 142, 192, 235

Oliveira, Pedro Ferreira de (almirante), 8, 115, 160-161, 167-169, 179, 207

Olivença, 78, 83, 279

Oribe, Manuel, 97, 111, 140

Orléans, Luís Filipe Gastão de (conde d'Eu), 254, 260, 267

Osório, Manuel Luis (marquês de Herval), 215, 263

Países Baixos, 53-54, 56, 286

Pandiá Calógeras, João, 66, 71

Pará, 62, 65, 70, 248

Paraguai, 1, 3, 8-9, 17-20, 23-25, 27-28, 33-34, 39, 42-43, 45-47, 49, 53, 55, 60, 69, 77-78, 80, 83, 85, 92, 94, 96-97, 109-110, 116, 118-119, 125-127, 129, 132-133, 135-136, 142, 146-147, 150-162, 164-169, 179, 181, 184-189, 191, 197, 201, 203, 205-214, 216, 218-219, 222-223, 225, 227-233, 235-248, 250-260, 262, 265, 267-269, 274-276, 291-296, 300, 302-303, 305, 309

Paraguai (rio), 42-43, 118, 121, 151, 155, 159, 160-162, 185-188, 235-236, 239, 243, 247, 255

Paraná, 24-25, 33, 39, 46-48, 62, 77, 94, 98, 119, 121, 126, 136, 138, 142, 147, 161, 181-182, 187, 189, 198, 201, 203-204, 206, 208, 211, 213, 215, 233, 239, 240, 255

Paranaguá, 76, 222

Paranapanema (rio), 45, 46

Paraná (rio), 94, 98, 119, 121, 204, 239, 255

Paranhos, José Maria da Silva (visconde do Rio Branco), 149, 162, 181, 187-189,

195, 198, 201, 203, 211, 233-234, 237-238, 254, 256, 261-262, 269, 309
Parish, Frank (cônsul), 182, 195, 220
Paso de Quinteros, 205
Pavón, 205-206, 212
Paysandu, 112, 181, 217, 233-234, 260
Paz, José Maria, 112, 138, 229, 251, 258
Pedro I (Brasil), 91-92, 97-99, 102, 126, 136, 173, 176-177, 286, 295
Peel, Robert, 129
Pelotas, 217, 255, 269
Peña, Luís de la, 201, 203
Península Ibérica, 50-51, 56
Pereira, Gabriel, 205-206, 221
Pernambuco, 38, 44, 61, 89, 142
Peru, 25, 37-38, 41-43, 46, 49-54, 56, 60, 63-64, 66, 69, 92, 102, 150-151, 180, 184, 196, 236, 248-249, 274, 279, 292
Peterson, Harold F., 94, 101
Pilar, 152
Pilcomayo (rio), 255, 256
Piratininga, Planalto de, 37-39
Pires, Manoel, 52-53
Pomer, León, 18, 20-21, 29, 168, 187, 197, 241, 264
Ponsonby, John (lorde), 95-99
Ponta da Areia, 257
Ponte Ribeiro, Duarte da, 108, 114, 116, 122, 132, 150, 152, 184, 186, 197, 211, 223-224
Pontes, Rodrigo de Souza Silva, 140
Popham, Home, 57
Porto, 284
Portugal, 4, 7, 14, 23, 27-28, 31-32, 38-39, 42, 44, 49-57, 59, 62-69, 72-73, 76, 80-83, 87-90, 97, 100, 136, 158, 172-174, 176, 190, 249, 273, 277-281, 283-286, 289, 298
Potosí, 7, 37-39, 42-43, 50, 54-56, 58, 61-63, 69, 103, 150, 273
Prata (rio da), 8, 23, 39, 42-43, 47, 49-50, 56-59, 61, 63-73, 76-82, 86-91, 94, 96-99, 102-105, 108, 110-111, 116-117,

119-121, 123, 125-128, 132-134, 136, 138, 141, 143-144, 146-147, 150-152, 155-156, 158-159, 163, 167-169, 179-181, 184, 192, 195, 201, 203, 208, 211, 219-220, 223-225, 230-232, 236-237, 239, 242, 248, 250, 274, 286, 291, 297, 301-302, 305-306
Província Cisplatina. *ver* Uruguai
Província Real do Paraguai e Rio da Prata. *ver* Paraguai
Províncias Unidas dos Países Baixos, 53-54, 56
Prússia, 19, 33, 162, 172, 190, 210, 243, 250, 283, 286
Puigross, Rodolf, 154

Queiroz, Eusébio de, 177
Quesada, Ernesto, 162, 169

Raguet, Condy, 94, 103
Rainha Vitória, 249
Raposo Tavares, Antonio, 42, 52
Raposo Tavares, Antônio, 52, 55, 61
Rebelo, José Silvestre, 104
Rebouças, André, 114, 122, 225
Recife, 89
Reduções
de Chiquitos, 42
de San Antonio, 45
de San Ignacio, 46
de San Miguel, 45
de San Pablo, 46
do Tape, 39, 46, 52
Resquín, Isidoro, 235-236, 253
Resquin, Izidoro, 235
Rhode Island Co., 155
Rincón de las Gallinas, 212, 214
Rio de Janeiro, 3-4, 30, 32, 43, 45, 47-48, 55-57, 61-62, 70-71, 77-78, 82-85, 87-89, 94-95, 98-100, 102, 110-111, 113, 115-117, 119-123, 125, 127, 129-130, 137-142, 145, 148, 151, 158-165, 167-169, 172, 174, 176-179, 182, 185-186,

A EXPANSÃO DO BRASIL E A FORMAÇÃO DOS ESTADOS

190, 192, 194-197, 201, 208, 211, 215, 217-225, 235-236, 238, 247, 254, 256, 258, 260-270, 273, 277-280, 282, 284-285, 289-303, 305-307

Rio Grande de São Pedro. *ver* Rio Grande do Sul

Rio Grande do Sul, 8, 39, 45, 60, 71, 73, 82-83, 85, 108, 111-112, 114, 116, 120, 126, 128-131, 134-135, 140, 142, 147-148, 183-184, 206, 208-209, 211-212, 214-217, 222, 233, 235, 238, 246, 263, 274, 290, 293-294, 296-297

Rivadávia, Bernardino, 91-92, 98-99, 103, 105, 117, 132, 224

Rivera, Frutuoso, 89-90, 99, 101, 111-115, 119-123, 128, 135, 138, 224

Robertson, David, 244, 265, 270

Rodrigues Peña, Manuel Belgrano Saturnino, 79

Rosa, Francisco Otaviano de Almeida, 205, 221, 238-240, 255, 260, 263-264, 270

Rosário, 181, 195, 204, 266

Rosas, Juan Manuel de (general), 99, 101, 107-109, 116, 294, 302

Rothschild, Nathanael M., 30, 264-265

Rothschild & Sons (Casa Bancária), 18, 210, 241-242, 257

Rússia, 24, 31, 34, 171-172, 190, 286, 288

Ruyer, Cláudio, 60

Saavedra, Hernandarias de. *ver* Arias de Saavedra, Hernando

Saladeiristas, 8, 24, 109-110, 128, 130, 135

Salta, 49, 136, 146

Salto, 148, 181

Salvador, 43, 55-56, 61, 64, 79, 89, 173, 281, 290

Salvador, José Gonçalves, 44, 47, 60

San Eugenio, 214

San José de las Flores, 163, 203-204, 211, 229

San Juan, 48, 146

San Martin, D. José de, 88

Sanmartin, Olynto, 39, 44, 46

Santa Aliança, 92

Santa Catarina, 39, 42, 48, 73, 76, 79, 281, 283

Santa Catarina, ilha de, 65

Santa Cruz de la Sierra, 42, 61, 237, 261, 296

Santa Fé, 25, 42, 78, 81, 87, 91, 96, 121, 136, 146

Santander, 92

Santa Rosa, 214

Santa Tecla, 78

Santiago, 47, 222, 236

Santiago de Jerez, 42

Santiago del Estero, 49

Santo Ofício, 51

Santos, 56, 194

São Paulo, 13, 18, 21, 28, 37, 39-40, 43-44, 46-48, 53, 58-60, 62, 70-71, 73-74, 83, 86, 123, 126, 143, 164, 190-197, 218, 225, 259, 264-265, 268-269, 274, 282-283, 288, 290-303, 305, 307

São Vicente, 37, 44

Saraiva, José Antônio, 216, 225, 305

Sarandi, 91

Sardenha, 155, 160, 167

Sarmiento, Domingo F., 134, 144, 202, 220, 256

Sarratea, Manuel de, 113

Serra do Mar, 37

Sete Povos das Reduções, 67, 78, 84, 306

Sevilha, 46, 67

Silva, José Inácio de Avelar Barbosa da, 214, 225

Sinimbu, João Lins Vieira Cansanção de, 115, 163, 192-193, 196, 219

Smythe, Percy Clinton Sydney, 280

Soares de Souza, Paulino José (visconde do Uruguai), 123, 137, 140, 143, 148, 163-164, 169, 185-186, 189, 191, 194-197, 201-202, 220-222, 307

Sosa, Jaime, 256

Southern, Henry, 131, 133-134, 196

LUIZ ALBERTO MONIZ BANDEIRA

South Sea Company, 69, 74

Souza, D. Diogo de, 80, 85

Souza, Irineu Evangelista de (visconde de Mauá), 132, 141, 264, 287, 297

Souza, Manuel Marques de (marquês de Porto Alegre), 135, 215

Souza, Martim Afonso de, 37, 58

Souza Neto, Antônio de, 215, 225

Souza, Tomé de, 38

Sucre, 43, 92, 102, 184, 236, 261

Sumter Jr., Thomas, 84, 190

Tabambaé, 41

Tacuarembó, 101

Tape, 39, 46-47, 52, 60-61, 292, 306

Tebicuari, 153

Teixeira Soares, Álvaro, 23, 29, 64, 68, 70-71, 73, 75, 82, 102-105, 120, 123, 141, 163-164, 167-169, 190, 193-194, 196, 222-224, 261, 264, 267

Tejedor, Carlos, 256

Tejo, 61

Temple, Henry John (visconde e lorde Palmerston), 178

Tenré, Ludovico (cônsul), 245

Thornton, Edward, 217, 233, 266

Tietê (rio), 42

Tratados

Brasil-Confederação Argentina (1843), 8-9, 108-115, 117-118, 121-122, 125-127, 131-136, 138, 140, 145-147, 150, 155, 157-158, 161-163, 178, 180-182, 187-189, 195, 198, 201-204, 220, 229, 232, 246, 306

da Tríplice Aliança (1865), 3, 9, 13, 15-20, 24, 30, 33, 167, 169, 187, 198, 222-224, 239-240, 242, 245-248, 251, 255-257, 261, 263-264, 267-269, 274-275, 293, 296, 302

de Alfonza (1701), 66, 72

de Aliança Brasil-Uruguai (1851), 149, 183

de Aliança Defensiva Brasil-Paraguai (1850), 207

de Amizade, Comércio e Navegação Brasil-Paraguai (1856), 162

de Amizade, Comércio e Navegação Estados Unidos-Paraguai (1853), 160

de Amizade, Comércio e Navegação França-Paraguai (1853), 160

de Amizade, Comércio e Navegação Inglaterra-Paraguai (1853), 160

de Amizade, Comércio e Navegação Sardenha-Paraguai (1853), 160

de Badajoz (1801), 78, 84, 158

de Comércio Brasil-Inglaterra (1827), 177

de Comércio e Navegação Brasil-Uruguai (1851), 183

de El Pardo, 68

de Limites (1750), 41

de Limites Brasil-Bolívia, 184

de Limites e Navegação Brasil-Peru (1851), 184

de Livre Navegação Confederação Argentina-França (1853), 180

de Livre Navegação Confederação Argentina-Inglaterra (1853), 180

de Madri, 7, 14, 62, 67-68, 70, 72-73, 75, 84, 306

de Methwen (1703), 67, 72

de Paris (1763), 68

de Prestação de Socorros Brasil-Uruguai (1851), 183

de Santo Ildefonso (1777), 68, 78

de Tordesilhas, 31, 37-38, 43, 50, 65, 75

de Utrecht (1713), 31, 65, 67, 73

Treuenfelt, Robert von Fischer, 156

Tucumán, 49, 55, 64

Tudor, William, 103

Tupambaé, 41

Turquia, 59

Unitários (Confederação Argentina), 98-99, 108-109, 111, 113, 117-118, 120, 128, 131, 134, 146, 182, 202-205, 216

United States & Paraguay Navigation Co., 156

A EXPANSÃO DO BRASIL E A FORMAÇÃO DOS ESTADOS

Urquiza, Justo José de, 112, 133-135, 143, 145-147, 158, 163, 181-182, 187-188, 194, 201-206, 211, 220, 232, 237, 250, 255, 263, 270

Uruguai, 1, 3, 8-9, 18, 23, 25, 28-29, 33-34, 39, 42-43, 46-48, 52-53, 56, 62, 67, 70, 72-73, 76-78, 80, 82, 85, 90, 94, 98-99, 107-116, 120-121, 123, 126-127, 129-131, 134, 138-139, 142-143, 147-149, 157, 159, 163-164, 167, 169, 181-183, 185-187, 189, 191, 194-196, 197-198, 201-202, 205-222, 224, 227, 230, 233-235, 238, 240, 245, 257, 260, 263, 270-271, 274, 287, 290, 294, 302, 309

Uruguaiana, 249, 251

Uruguai (rio), 121, 142, 183-184, 213

Vacaria, 42, 52

Valparaíso, 250

Vaticano, 41

Venezuela, 43, 85, 180, 295

Viana de Lima, Cezar Sauvan, 218, 226, 230

Vice-Reino do Peru, 53-54, 60, 64

Vice-Reino do Rio da Prata, 8, 97, 108, 125-126, 132, 150, 152, 239

Vieira, Antônio, 55, 61

Vieira, João Pedro Dias, 216, 225, 248, 263-264, 267

Vila de Melo, 78, 235

Vila de Salto, 233, 234

Vila de São Francisco, 65

Villa Concepción, 255-256

Villalba, Tomás, 234

Villa Rica, 39, 156, 166

Visconde de Abaeté. *ver* Abreu, Antonio Paulino Limpo de

Visconde de Abrantes. *ver* Almeida, Miguel Calmon du Pin e

Visconde de Cairu. *ver* Lisboa, José da Silva

Visconde de Itajubá. *ver* Araújo, Marcos Antônio de

Visconde de Mauá. *ver* Souza, Irineu Evangelista de

Visconde do Rio Branco. *ver* Paranhos, José Maria da Silva

Visconde do Uruguai. *ver* Soares de Souza, Paulino José

Volta de Obligado, 131

Wanderley, João Mauricio (barão de Cotegipe), 221, 247, 256, 269, 299

Washburn, Charles A., 210, 223, 231, 237-238, 247-248, 253, 262, 267, 290

Washington, 28, 30, 71, 94, 101, 150, 164, 192, 248, 253, 254, 259, 266-267, 269, 297, 299, 306

Webb, J. Watson, 247, 259, 266

White, Ferdinand, 146

Whitehead, William K., 156

O texto deste livro foi composto em Sabon,
desenho tipográfico de Jan Tschichold de
1964, baseado nos estudos de Claude
Garamond e Jacques Sabon no século XVI,
em corpo 11/15. Para títulos e destaques,
foi utilizada a tipografia Frutiger, desenhada
por Adrian Frutiger, em 1975.

A impressão se deu sobre papel off-white
$80g/m^2$ pelo Sistema Digital Instant Duplex
da Divisão Gráfica da Distribuidora Record.